MUTAÇÃO NA CONCESSÃO

LETÍCIA LINS DE ALENCAR

Rodrigo Pagani de Souza
Prefácio

Juliana Bonacorsi de Palma
Apresentação

MUTAÇÃO NA CONCESSÃO

Belo Horizonte
FÓRUM
CONHECIMENTO JURÍDICO
2023

© 2023 Editora Fórum Ltda.

É proibida a reprodução total ou parcial desta obra, por qualquer meio eletrônico, inclusive por processos xerográficos, sem autorização expressa do Editor.

Conselho Editorial

Adilson Abreu Dallari
Alécia Paolucci Nogueira Bicalho
Alexandre Coutinho Pagliarini
André Ramos Tavares
Carlos Ayres Britto
Carlos Mário da Silva Velloso
Cármen Lúcia Antunes Rocha
Cesar Augusto Guimarães Pereira
Clovis Beznos
Cristiana Fortini
Dinorá Adelaide Musetti Grotti
Diogo de Figueiredo Moreira Neto (*in memoriam*)
Egon Bockmann Moreira
Emerson Gabardo
Fabrício Motta
Fernando Rossi
Flávio Henrique Unes Pereira
Floriano de Azevedo Marques Neto
Gustavo Justino de Oliveira
Inês Virgínia Prado Soares
Jorge Ulisses Jacoby Fernandes
Juarez Freitas
Luciano Ferraz
Lúcio Delfino
Marcia Carla Pereira Ribeiro
Márcio Cammarosano
Marcos Ehrhardt Jr.
Maria Sylvia Zanella Di Pietro
Ney José de Freitas
Oswaldo Othon de Pontes Saraiva Filho
Paulo Modesto
Romeu Felipe Bacellar Filho
Sérgio Guerra
Walber de Moura Agra

FÓRUM
CONHECIMENTO JURÍDICO

Luís Cláudio Rodrigues Ferreira
Presidente e Editor

Coordenação editorial: Leonardo Eustáquio Siqueira Araújo
Aline Sobreira de Oliveira

Rua Paulo Ribeiro Bastos, 211 – Jardim Atlântico – CEP 31710-430
Belo Horizonte – Minas Gerais – Tel.: (31) 99412.0131
www.editoraforum.com.br – editoraforum@editoraforum.com.br

Técnica. Empenho. Zelo. Esses foram alguns dos cuidados aplicados na edição desta obra. No entanto, podem ocorrer erros de impressão, digitação ou mesmo restar alguma dúvida conceitual. Caso se constate algo assim, solicitamos a gentileza de nos comunicar através do *e-mail* editorial@editoraforum.com.br para que possamos esclarecer, no que couber. A sua contribuição é muito importante para mantermos a excelência editorial. A Editora Fórum agradece a sua contribuição.

Dados Internacionais de Catalogação na Publicação (CIP) de acordo com ISBD

A368m	Alencar, Leticia Lins de Mutação na concessão / Leticia Lins de Alencar. Belo Horizonte: Fórum, 2023. 337p.; 14,5cm x 21,5cm. ISBN: 978-65-5518-551-5 1. Concessão. 2. Serviço público. 3. Contrato de concessão. 4. Contratos incompletos. 5. Mutabilidade. 6. Regulação por contrato. I. Título. CDD 351.711 CDU 351

Ficha catalográfica elaborada por Lissandra Ruas Lima – CRB/6 – 2851

Informação bibliográfica deste livro, conforme a NBR 6023:2018 da Associação Brasileira de Normas Técnicas (ABNT):

ALENCAR, Leticia Lins de. *Mutação na concessão*. Belo Horizonte: Fórum, 2023. 337 p. ISBN 978-65-5518-551-5.

Aos alicerces desta e de tantas outras empreitadas da vida, Mário, Juraci, Regina e Vanessa.

AGRADECIMENTOS

  Este livro é fruto da tese de doutorado que defendi na Faculdade de Direito da Universidade de São Paulo em maio de 2022.
  O processo de elaboração de uma tese, que naturalmente já envolve inúmeras dificuldades, tornou-se desafio verdadeiramente singular no contexto da pandemia de COVID-19, que insistiu em se fazer presente em meio ao desenvolvimento da pesquisa que deu origem a esta obra. Incertezas quanto à duração e intensidade da pandemia e de seus corolários, o constante medo de perda de entes queridos, alterações repentinas na rotina a que estávamos habituados, a ansiedade pela criação e disponibilização de vacinas à população, o fechamento de bibliotecas, a necessidade de adaptação a uma nova dinâmica de aulas, de trabalho e de interação com as pessoas, uma involuntária mudança de planos, metas e prioridades: são estas apenas algumas das inúmeras variáveis que permearam a elaboração deste e de outros tantos trabalhos acadêmicos desenvolvidos nesse período e que exigiram dos pesquisadores forte dose de resiliência e equilíbrio, bem como por parte daqueles que os acompanharam nessa jornada.
  Por tais motivos, não posso deixar de registrar, nestas breves linhas, os meus sinceros agradecimentos a todos que estiveram ao meu lado durante o desenvolvimento desta obra.
  Primeiramente, agradeço ao professor Rodrigo Pagani de Souza, que, uma vez mais, me concedeu a honra de ser sua orientanda no programa de pós-graduação da Faculdade de Direito da Universidade de São Paulo e que, apesar do distanciamento imposto pela pandemia, se fez presente durante a elaboração da tese, trazendo brilhantes provocações, compartilhando sua experiência e conselhos diversos. Por isso, agradeço-lhe imensamente: seu incentivo, generosidade, amizade e confiança foram verdadeiramente essenciais.
  Agradeço aos professores Fernando Dias Menezes de Almeida e Marcos Augusto Perez pela valiosa contribuição em meio ao exame de qualificação. Também devo agradecer ao professor Gustavo Justino de Oliveira pelos debates instigantes e por compartilhar, com a generosidade que lhe é peculiar, conhecimento e conteúdo de grande importância para a reflexão crítica que empreendi em meio ao desenvolvimento

deste trabalho. Também agradeço imensamente à professora Juliana Bonacorsi de Palma e aos professores Alexandre Santos de Aragão, Jacintho Arruda Câmara, Marcos Nóbrega e Marcos Augusto Perez pela leitura atenta da tese e por terem proporcionado, em meio à banca examinadora, sob a excelente presidência do professor Rodrigo Pagani de Souza, arguições brilhantes, precisas e perspicazes, que recompensaram todo o esforço empreendido ao longo dos anos de desenvolvimento da tese. À professora Juliana Bonacorsi de Palma e ao professor Rodrigo Pagani de Souza, acadêmicos que tanto admiro e que me inspiram há longa data, agradeço, também, por gentilmente terem aceitado a tarefa de elaborar apresentação e prefácio, respectivamente, enriquecendo sobremaneira o conteúdo desta obra com sua contribuição inestimável.

Embora a indisponibilidade do acervo físico da biblioteca da Faculdade de Direito tenha trazido dificuldades e limitações, a generosidade dos professores Luiz Nelson Araújo, Marcos Nóbrega, Rafael Véras, Luiz Gustavo Kaercher Loureiro e Karina Harb em discussões e no compartilhamento de ideias, artigos, pesquisas e trabalhos variados foi de grande importância para o refinamento de ideias e elaboração da tese. Por esse motivo, registro meus sinceros agradecimentos.

De fundamental importância para a elaboração desta obra foi o apoio dos integrantes do departamento jurídico da Raízen S.A. Em especial, agradeço à Yve Carpi de Souza, não somente por todo o genuíno incentivo durante o desenvolvimento deste trabalho, mas também pelos aprendizados, conversas, confiança, amizade e por me estimular a buscar, constantemente, ser minha melhor versão. Agradeço ao Antonio Ferreira Martins e ao Rodrigo Cesar Caldas de Sá, pelo constante incentivo aos estudos. Agradeço a Marília Salim Kotait, Carlos Leandro Frade Domingues, Ana Clara Klein Pegorim, Larissa Macedo, Jacson Sonaglio, Leon Harari, Natália Simões Araújo, Alessandra Caldas Lima, Tamara Luisa Bardi, Livia Dias de Melo, Nubia Samanta Valoto, Bruno de Oliveira Cortopassi e Geraldo Lavigne de Lemos, amigos extremamente competentes e queridos, pelo apoio incondicional, pela amizade e por tornarem a rotina mais leve e prazerosa.

Aos amigos que me acompanharam ao longo de discussões nas variadas reuniões de orientação a respeito dos projetos de pesquisa ou nas disciplinas cursadas no programa de pós-graduação, agradeço ao Raphael de Matos Cardoso, Thiago Priess Valiati, Caio de Souza Loureiro, Silvia Helena Johonsom Di Salvo, Danilo Guerreiro Moraes, Gustavo Guimarães, Natália de Sousa da Silva, Alexandre Carneiro e

Newton Antônio Pinto Bordin pela companhia e pela sempre valiosa troca de ideias.

A amizade e o incentivo de outros tantos colegas, amigos e amigas queridos também se mostraram verdadeiramente essenciais durante o desenvolvimento desta obra. Em meio a esses, não poderia deixar de agradecer à Anna Beatriz Savioli, Natália de Aquino Cesário, José Mauro de Barros Cardoso, Beatriz Rosemberg, Larissa Araújo Santos, Andrea Arantes, Gisela Istamati, Raquel Lamboglia, Mateus Piva Adami, Marina Cardoso, Michel Calabraro, Natália Rebello, Bruno Fagali, Ursula Bassoukou, Renan Lopez, Marcela de Oliveira Santos, Kamille Medeiros do Valle, Luana Pinter, Diego Lecuona, Cristiane Chang, Renata Lopes, Felipe Luciano Pires e Joana Artes. A vocês, o meu muito obrigada!

Agradeço aos meus familiares, que, apesar das inúmeras horas roubadas do seu convívio para o desenvolvimento deste trabalho, são meus maiores incentivadores e não se permitem desapegar. Ao meu pai, José Juraci, agradeço por me ensinar tanto, não somente pelo que é, mas, também, pelo que não é – e que o torna ainda mais inigualável. À minha mãe, Regina, agradeço por, desde sempre, ser meu porto seguro, fonte inesgotável de carinho e doação. À minha irmã, Vanessa, agradeço por me trazer equilíbrio e se orgulhar por cada pequena conquista.

Agradeço aos meus queridos cunhados, Fernando e Mário César, pela amizade e por sempre proporcionarem momentos de descontração. À minha sogra, Lamia, agradeço por todo o incentivo e compreensão por eventual ausência durante a elaboração deste trabalho. Agradeço à minha querida avó Dita (*in memoriam*) por todo o amor. Como não poderia deixar de ser, agradeço aos meus corações de quatro patas, Bentinho e Capitu, que trazem cor a dias cinzas e, com sua doçura, fazem tudo valer a pena.

Por fim, agradeço ao meu amado marido, Mário Saadi, que, há 10 anos, chegou em minha vida para dela não mais sair! Ao longo desses últimos anos, compartilhei com o Mário inúmeras escolhas e decisões, das menores às mais relevantes, e momentos de alegria e de dor. Um sempre apoiando o outro e se desdobrando, dentro do possível, para viabilizar seus planos e projetos. Afinal: o sonho de um é o sonho do outro! Durante a elaboração desta obra, desenvolvida em período de convivência integral devido ao isolamento imposto pela pandemia, não foi diferente: Mário, que já era marido, confidente e melhor amigo, se transformou, também, em bibliotecário, revisor, orientador, adestrador de *pets*, cozinheiro, terapeuta, conselheiro e tudo que se fizesse necessário para garantir que eu pudesse, nas horas livres, me dedicar ao desenvolvimento pesquisa. Por isso – e por tudo que ele é e representa para mim –, deixo aqui registrados os meus mais sinceros agradecimentos!

LISTA DE ABREVIATURAS E SIGLAS

AIR	Análise de Impacto Regulatório.
ABEAR	Associação Brasileira das Empresas Aéreas.
ANAC	Agência Nacional de Aviação Civil.
ANTAQ	Agência Nacional de Transportes Aquaviários.
BNDES	Banco Nacional de Desenvolvimento Econômico e Social.
CF/88 ou Constituição Federal	Constituição Federal brasileira de 1988.
Código Brasileiro de Aeronáutica ou Lei Federal nº 7.565/1986	Lei Federal nº 7.565, de 19 de dezembro de 1986, que dispõe sobre o Código Brasileiro de Aeronáutica.
Código Civil ou Lei Federal nº 10.406/2002	Lei Federal nº 10.406, de 10 de janeiro de 2002, que institui o Código Civil.
Código de Processo Civil, ou CPC, ou Lei Federal nº 13.105/2015	Lei Federal nº 13.105, de 16 de março de 2015, que institui o Código de Processo Civil.
COVID-19	Pandemia de COVID-19.
Fator Q	Fator de qualidade de serviço, que, nos termos dos contratos de concessão do setor aeroportuário, é obtido mediante avaliação do cumprimento dos Indicadores de Qualidade de Serviço selecionados e deve ser aplicado no âmbito dos reajustes tarifários.
Fator X	Fator de produtividade, que, nos termos dos contratos de concessão do setor aeroportuário, deve ser aplicado no âmbito dos reajustes tarifários com o objetivo de compartilhar ganhos de produtividade e eficiência com os usuários.

Infraero	Empresa Brasileira de Infraestrutura Aeroportuária.
IQS	Indicadores de Qualidade de Serviço.
Lei da Ação Popular ou Lei Federal nº 4.717/1965	Lei Federal nº 4.717, de 29 de junho de 1965, lei que regula a ação popular.
Lei de Acesso à Informação ou Lei Federal nº 12.527/2011	Lei Federal nº 12.527, de 18 de novembro de 2011, que regula o acesso a informações previsto no inciso XXXIII do art. 5º, no inciso II do §3º do art. 37 e no §2º do art. 216 da CF/88.
Lei de Agências Reguladoras ou Lei Federal nº 13.848/2019	Lei Federal nº 13.848, de 25 de junho de 2019, que dispõe sobre a gestão, a organização, o processo decisório e o controle social das agências reguladoras, altera a Lei Federal nº 9.427/1996, a Lei Federal nº 9.472/1997, a Lei Federal nº 9.478/1997, a Lei Federal nº 9.782/1999, a Lei Federal nº 9.961/2000, a Lei Federal nº 9.984/2000, a Lei Federal nº 9.986/2000, a Lei Federal nº 10.233/2001, a Medida Provisória nº 2.228-1/2001, a Lei Federal nº 11.182/2005 e a Lei Federal nº 10.180/2001.
Lei de Arbitragem ou Lei Federal nº 9.307/1996	Lei Federal nº 9.307, de 23 de setembro de 1996, que dispõe sobre arbitragem.
Lei de Autocomposição ou Lei Federal nº 13.140/2015	Lei Federal nº 13.140, de 26 de junho de 2015, que dispõe sobre a mediação entre particulares como meio de solução de controvérsias e sobre a autocomposição de conflitos no âmbito da administração pública.
Lei de Contratos Administrativos ou Lei Federal nº 8.666/1993	Lei Federal nº 8.666, de 21 de junho de 1993, que regulamenta o art. 37, XXI, da CF/88, institui normas para licitações e contratos da administração pública e dá outras providências.
Lei de Portos ou Lei Federal nº 12.815/2013	Lei Federal nº 12.815, de 5 de junho de 2013, que dispõe sobre a exploração direta e indireta pela União de portos e instalações portuárias e sobre as atividades desempenhadas pelos operadores portuários e dá outras providências.

Lei Federal de Processo Administrativo ou Lei Federal nº 9.784/1999	Lei Federal nº 9.784, de 29 de janeiro de 1999, que regula o processo administrativo no âmbito da administração pública federal.
Lei Geral de Concessões ou Lei Federal nº 8.987/1995	Lei Federal nº 8.987, de 13 de fevereiro de 1995, que dispõe sobre o regime de concessão e permissão da prestação de serviços públicos previsto no art. 175 da CF/88.
Lei Federal nº 11.182/2005	Lei Federal nº 11.182, de 27 de setembro de 2005, que cria a ANAC.
Lei de Liberdade Econômica ou Lei Federal nº 13.874/2019	Lei Federal nº 13.874, de 20 de setembro de 2019, que institui a declaração de direitos de liberdade econômica, estabelece garantias de livre mercado, altera o Código Civil e as Leis Federais nº 6.404, de 15 de dezembro de 1976, 11.598, de 3 de dezembro de 2007, 12.682, de 9 de julho de 2012, 6.015, de 31 de dezembro de 1973, 10.522, de 19 de julho de 2002, 8.934, de 18 de novembro 1994, o Decreto-Lei nº 9.760, de 5 de setembro de 1946 e a Consolidação das Leis do Trabalho, aprovada pelo Decreto-Lei nº 5.452, de 1º de maio de 1943 e, por fim, revoga a Lei Delegada nº 4, de 26 de setembro de 1962, a Lei nº 11.887, de 24 de dezembro de 2008, e dispositivos do Decreto-Lei nº 73, de 21 de novembro de 1966.
Lei de Relicitação ou Lei Federal nº 13.448/2017	Lei Federal nº 13.448, de 5 de junho de 2017, que estabelece diretrizes gerais para prorrogação e relicitação dos contratos de parceria definidos nos termos da Lei nº 13.334, de 13 de setembro de 2016, nos setores rodoviário, ferroviário e aeroportuário da administração pública federal.
Lei de PPPs ou Lei Federal nº 11.079/2004	Lei Federal nº 11.079, de 30 de dezembro de 2004, que institui normas gerais para licitação e contratação de parceria público-privada no âmbito da administração pública.
LINDB	Decreto-Lei nº 4.657, de 4 de setembro de 1942, que institui a Lei de Introdução às Normas do Direito Brasileiro.

Nova Lei de Licitações ou Lei Federal nº 14.133/2021	Lei Federal nº 14.133, de 1º de abril de 2021, que institui a Lei de Licitações e Contratos Administrativos e que, após decorridos 2 (dois) anos da sua publicação oficial, tornará revogada a Lei Federal nº 8.666/1993 (art. 192, II).
MIP	Manifestação de Interesse Privado.
MP	Medida Provisória.
Novo Código de Processo Civil ou CPC	Lei Federal nº 13.105, de 16 de março de 2015, que institui o Código de Processo Civil.
PEA	Plano de Exploração Aeroportuária.
PQS	Plano de Qualidade de Serviços.
PMI	Procedimento de Manifestação de Interesse.
PND	Programa Nacional de Desestatização.
PNS	Propostas Não Solicitadas.
PPI	Programa de Parcerias de Investimentos da Presidência da República.
RQS	Relatório de Qualidade de Serviço.
RPC	Revisão dos Parâmetros da Concessão.
SEAE	Secretaria de Acompanhamento Econômico.
SPE	Sociedade de Propósito Específico.
SRA	Superintendência de Regulação Econômica de Aeroportos da Agência Nacional de Aviação Civil.
STF	Supremo Tribunal Federal.
STJ	Superior Tribunal de Justiça.
TAC	Termo de Ajustamento de Conduta.
TCU	Tribunal de Contas da União.

SUMÁRIO

PREFÁCIO
Rodrigo Pagani de Souza..19

APRESENTAÇÃO
Juliana Bonacorsi de Palma..25

INTRODUÇÃO 29

PARTE I
AS CONCESSÕES DE SERVIÇOS PÚBLICOS E O FENÔMENO DA MUTABILIDADE

CAPÍTULO 1
A MUTABILIDADE NO ORDENAMENTO JURÍDICO BRASILEIRO..43

1.1 Uma breve síntese evolutiva: do *pacta sunt servanda* à teoria dos contratos incompletos..47
1.2 A mutabilidade das concessões na doutrina administrativista brasileira 52
1.2.1 Primeira abordagem: mutabilidade como sinônimo de alteração unilateral..55
1.2.2 Segunda abordagem: busca pela definição de limites materiais ao objeto da alteração 58
1.2.3 Terceira abordagem: reconhecimento da ampla mutabilidade das concessões e preocupação com adoção de mecanismos para introdução de mutação nos contratos..65
1.3 Fundamento constitucional e legal para a mutabilidade das concessões 73

PARTE II
TRANSFORMAÇÕES E PANORAMA ATUAL DA MUTABILIDADE NAS CONCESSÕES BRASILEIRAS

CAPÍTULO 2
DIAGNÓSTICO DA MUTABILIDADE NA PRAXE CONCESSÓRIA: O CASO DO SETOR AEROPORTUÁRIO 85

2.1 Evolução normativa aplicável às concessões no setor aeroportuário 88
2.2 Tratamento contratual dispensado à mutabilidade 98
2.2.1 Hipóteses de mutação expressamente incorporadas ao instrumento contratual 101
2.2.2 Procedimento para alteração ou complementação do contrato 103
2.2.3 Abertura à complementação ou integração posterior do contrato ... 107
2.3 Características dos aditamentos contratuais firmados 110
2.4 Instrumentos extracontratuais para introdução da mutabilidade ... 113
2.4.1 Mutabilidade decorrente de atos normativos 113
2.4.2 Mutabilidade decorrente de decisões administrativas 123
2.4.3 Mutabilidade promovida por meio de acordos administrativos 127

CAPÍTULO 3
BOAS PRÁTICAS E PROBLEMAS IDENTIFICADOS NA PRAXE CONCESSÓRIA 133

3.1 Boas práticas identificadas na experiência do setor aeroportuário ...134
3.1.1 Impossibilidade de definição apriorística de todas as hipóteses de mutabilidade 134
3.1.2 Introdução da mutabilidade por instrumentos plurais..................... 136
3.1.3 Preocupação de, no desenho contratual, tornar o instrumento permeável à mutabilidade 137
3.1.4 Predefinição de procedimentos específicos para introduzir mutabilidade 137
3.1.5 Envolvimento dos interessados nos processos em que se discute mutabilidade 138
3.1.6 Impossibilidade de identificação de limites materiais gerais e apriorísticos ao conteúdo da mutabilidade 139
3.1.7 Ampla autonomia do concessionário para definição da forma de prestação dos serviços concedidos 139
3.1.8 Utilização da via da regulação por agência para integração de lacunas 142
3.2 Problemas decorrentes da experiência do setor aeroportuário 143
3.2.1 Realização de alterações unilaterais sem restabelecimento do equilíbrio econômico-financeiro 143

PARTE III
CONDICIONAMENTOS JURÍDICOS PARA A MUTABILIDADE NAS CONCESSÕES

CAPÍTULO 4
ETAPA DE ELABORAÇÃO DOS CONTRATOS DE CONCESSÃO 167

4.1 Concessão como instrumento para efetivação da política pública setorial 168
4.2 Instrumentos de governança pública na etapa de planejamento dos contratos de concessão 171
4.3 Técnicas contratuais para viabilizar a introdução de mutação durante a execução contratual 180
4.3.1 Considerandos e cláusulas principiológicas 183

CAPÍTULO 5
ETAPA DE EXECUÇÃO DOS CONTRATOS DE CONCESSÃO 199

5.1 Sujeitos: agentes a serem envolvidos no âmbito da mutação do contrato de concessão 203
5.2 Forma: instrumentos capazes de introduzir mutabilidade na concessão 208
5.3 Processo administrativo: aspectos procedimentais mínimos a serem observados para introdução da mutabilidade na concessão 214
5.4 Objeto: matérias que podem ser objeto de alteração ou complementação 221
5.5 Motivo: elementos de fato e de direito capazes de justificar a mutabilidade 229
5.6 Finalidade: resultado esperado com a mutação que se pretende introduzir 235

CONCLUSÃO 241

REFERÊNCIAS 255

APÊNDICE A 265

Tabela com análise dos contratos de concessão e conteúdo dos respectivos termos aditivos 265
1 1ª Rodada de Concessões de Aeroportos (2011): Aeroporto de São Gonçalo do Amarante 266

2	2ª Rodada de Concessões de Aeroportos (2012): Aeroportos Internacionais de Brasília (DF), Campinas (SP) e Guarulhos (SP)	286
3	3ª Rodada de Concessões de Aeroportos (2013): Aeroportos de Confins (MG) e Galeão (RJ)	295
4	4ª Rodada de Concessões de Aeroportos (2017): Aeroportos Internacionais de Florianópolis (SC), Fortaleza (CE), Porto Alegre (RS) e Salvador (BA)	306
5	5ª Rodada de Concessões de Aeroportos (2019): Aeroportos do Bloco Nordeste (Recife/PE, Maceió/AL, João Pessoa/PB, Aracajú/SE, Campina Grande/PB e Juazeiro do Norte/CE), Bloco Centro-Oeste (Cuiabá/MT, Sinop/MT, Rondonópolis/MT e Alta Floresta/MT) e Bloco Sudeste (Vitória/ES e Macaé/RJ)	314

APÊNDICE B 321

Tabela com análise de atos normativos editados pela ANAC 321

PREFÁCIO

Mutação na concessão é fruto da tese elaborada e defendida por Letícia Oliveira Lins de Alencar no programa de pós-graduação da Faculdade de Direito da Universidade de São Paulo, pela qual, afinal, se tornou doutora em ciências. Fui seu orientador. Tive essa satisfação mais de uma vez, a começar pelo seu mestrado no mesmo programa. Lá, a jurista defendera dissertação – a rigor, já então uma verdadeira tese – que resultaria na obra *Equilíbrio na concessão* (Belo Horizonte, 2019, 280 p.), publicada pela mesma casa editorial que acolhe a presente (Editora Fórum). Aquela se tornaria influente pelo Brasil, erigida firmemente nos seus tantos méritos. No entanto, era apenas a base, agora vemos, para mais reflexões reunidas neste novo trabalho, que, acredito, serão novamente impactantes. Cuida este de um assunto conexo: o fenômeno jurídico da mutação nas concessões.

Para tratar desse fenômeno e desta obra mais recente, creio seja útil explicar como vejo sua conexão com aquela. Ambas as obras perfazem um *continuum* no pensamento da autora. Naquela, sobre o *Equilíbrio...*, já defendera que a preservação do equilíbrio econômico-financeiro dos contratos de concessão não é moeda de troca, em prol do concessionário, em face do reconhecimento legal de prerrogativas de alteração unilateral da concessão ao poder concedente. A garantia de equilíbrio tem fundamentos outros, mais expressivos e abrangentes, que não o de contrabalançar tal pontual prerrogativa; por isso mesmo, aliás, não opera apenas em favor do concessionário. São concebíveis desequilíbrios em desfavor até mesmo do poder concedente. Evidente, pois, que não é garantia ao concessionário, mas às partes, protegendo o contrato – deduziu a autora com maestria na ocasião. Essa e outras contribuições já dera no seu *Equilíbrio...*; agora, neste seu *Mutações...*, dedica-se a compreender melhor o fenômeno das alterações desse tipo de contrato de longo prazo. Sua curiosidade intelectual e dedicação fizeram-na pretender examinar com mais detença as sobreditas alterações. Visto que a alteração unilateral não é mero contrabalanço de uma garantia de equilíbrio e vice-versa (nem esta é daquela), que outros aprendizados estariam por ser descortinados acerca das múltiplas hipóteses de alteração contratual? Quais seriam os verdadeiros fundamentos e limites dessas alterações? Neste seu *Mutação na concessão*, a autora compartilha os frutos de sua nova investigação, calcada nas suas novas indagações.

Já naquela empreitada investigativa anterior, a autora percebera o fenômeno das alterações da concessão muito mais amplo e complexo do que aquelas hipóteses em que tipicamente reconhecida a aplicabilidade da prerrogativa de alteração unilateral pelo poder concedente. Há outras tantas hipóteses e problemas, apesar do foco quiçá excessivo dado às de alteração unilateral. Daí a necessidade de um novo trabalho, desta feita enfocado no amplo e complexo fenômeno jurídico da mutação desses contratos.

Também o vejo como complexo, a justificar a nova empreitada escolhida pela autora. Ilustram tal complexidade, por exemplo, os distintos propósitos que podem assumir alterações de impacto no equilíbrio econômico-financeiro das concessões. Há alterações das condições do contrato de concessão que, por seus impactos de desestabilização da relação original de equilíbrio entre deveres e haveres, constituem *motivos* deflagradores do imperativo de adoção de medidas de restabelecimento daquela equação. E há também alterações das condições do contrato que não são motivo, mas, isto sim, o próprio *remédio* jurídico voltado ao reequilíbrio. Em suma, ora as alterações são *motivo de desequilíbrio*, ora são *medida de reequilíbrio*. A depender do contexto, podem ser o "mal" ou o "remédio", a "doença" ou a "cura" – sentidos bem diversos um do outro.

Reconheço o exagero do uso que faço dessas expressões próprias ao campo da medicina, visto que os motivos causadores de desequilíbrio da original equação econômico-financeira de uma concessão não são necessariamente nocivos ou ruins, como uma doença. Podem ser motivos louváveis – como nas alterações calcadas na necessidade de prestação de um "serviço adequado", nos termos da Constituição e da lei. Eles são o que são, fatores cuja consequência juridicamente prevista é a necessária adoção de medida de reequilíbrio. O que precisamos ter bem claro é se as modificações do contrato de que estivermos a tratar, em dada situação, de impacto no equilíbrio, são parte do problema (causas de desequilíbrio) ou da solução (medidas de reequilíbrio). Discursos genéricos sobre alterações de impacto no equilíbrio das concessões que não tragam esse esclarecimento elementar acerca do que signifiquem (desequilíbrio ou reequilíbrio) embaralharão os problemas ao invés de ajudar a resolvê-los.

Há também complexidade de partida na própria linguagem jurídica sobre alteração das concessões. Vejam-se, por exemplo, as dúvidas que a expressão "condições do contrato" (as tais passíveis de alterações) pode ensejar nas tantas vezes em que empregada pelo direito pátrio. As tais condições têm mesmo múltiplas alusões no tráfico jurídico sobre concessões. Diz a lei brasileira, numa das mais importantes referências à expressão: "Sempre que forem atendidas as *condições do contrato*, considera-se mantido seu equilíbrio econômico-financeiro" (art. 10 da Lei nº 8.987/95). Para mais, se pegarmos somente a Constituição Federal, encontraremos alusões às *"condições da (...) concessão"* de serviços públicos (v. art. 175, parágrafo único, I); às *"condições de contratação"* no setor de petróleo e gás natural (v. art. 177, §2º, II); às *"condições"* para a *"concessão de uso"* de imóveis rurais (v. art. 189, parágrafo único); e às *"condições (...) da proposta"* nos processos de licitação pública (v. art. 37, XXI). De que tratam esses textos normativos, basicamente?

É evidente que cada texto precisa ser interpretado em seu contexto, mas entendo que "condições" contratuais é expressão empregada para designar, geralmente, *pressupostos, requisitos ou condicionamentos, de fato e de direito*, para a *válida contratação*, e contratação é um processo que vai da celebração à execução do contrato. Como pressupostos, requisitos ou condicionamentos, as tais condições serão, assim, essencialmente, *restrições* a serem por todos respeitadas, sob pena de alguma invalidade no processo de contratação. Se é isso o que essencialmente devamos entender por "condições da contratação" – e a fixação dessa premissa já não escapará a debates –, teremos de reconhecer que nem sempre os juristas deixamos claro, nas nossas narrativas, se as condições originais a que nos referimos são de fato ou de direito. Isto é, deixamos por esclarecer se tais condições, objeto de alguma alteração, residem nos fatos, no chamado mundo fenomênico, ou se elas se encontram no mundo do direito, isto é, nas normas jurídicas que qualificam os fatos. E não só os juristas deixamos a questão em aberto; as normas postas frequentemente não deixam explicitamente esclarecido a que condições elas se reportam. E assim parecem tudo embaralhar. E ainda: nem sempre está claro, em nossos discursos doutrinários e nas nossas leis, outro dado importante: o de saber se estamos a cuidar de condições (condicionamentos, requisitos, pressupostos) para a *celebração* do contrato ou para a sua *execução*. Não espanta que pareça tão difícil a compreensão do fenômeno da alteração das "condições do contrato de concessão" (que condições...?).

Em suma, vejo razões de sobra para a empreitada escolhida pela autora, que começam já nas dúvidas que a terminologia usualmente empregada sobre alterações nas concessões pode ensejar, bem como nos sentidos plurais que podem assumir, juridicamente, as sobreditas alterações. Fato é que a autora elegeu tratar do fenômeno justamente por perceber no tratamento doutrinário e legislativo dele um conjunto expressivo de dúvidas e até insuficiências. E, aliás, tratou de estruturar a sua tese, desde logo, de modo a bem distinguir as etapas de elaboração e de execução dos contratos de concessão; assim, buscou evitar maiores ruídos ao explicar a respeito de alterações nas condições para a contratação – se para a sua celebração ou para a sua execução. Sabemos, assim, que, na sua obra, as perguntas *"condição para o quê?"* e *"mutação do quê?"* estarão respondidas – um avanço.

Também esclarece a autora, de partida, que sua abordagem abarca tanto a *alteração* de cláusulas originalmente previstas em contratos de concessão como a sua *complementação* por cláusulas inexistentes na origem. Fica clara, assim, a possibilidade de integração contratual para além da nítida modificação (tudo sob a alcunha de *mutação* do contrato). Mas, em qualquer caso (de alteração ou complementação do originalmente pactuado), eis um recorte significativo do objeto que ela anuncia: sua obra trata de mutações no contrato *promovidas pelas partes ou por uma delas*; não trata de mutações causadas por fatores externos às partes e alheios aos seus campos de ingerência – tais como, ela cita expressamente, a eclosão de uma pandemia ou questões de mercado que gerem a indisponibilidade de insumos. Assim, o amplo fenômeno da mutação é por ela recortado para os fins deste trabalho.

Apesar do recorte que entendeu necessário – sinal de percepção cautelosa da magnitude do tema –, a autora é incisiva na sua observação de que o fenômeno da mutação nas concessões reclama análises mais sistemáticas, menos reféns de problemas e situações de ocasião. Necessitamos, eis o diagnóstico, de análises que percebam o fenômeno na sua inteireza e não se restrinjam a alguns de seus aspectos. Por isso, as reflexões ora reunidas se pretendem abrangentes, ainda que dentro do recorte pragmaticamente efetuado do tema. Daí a sua pergunta de pesquisa, tão simples quanto desconcertante para qualquer pessoa preocupada com segurança jurídica no Brasil: "Qual o regime jurídico aplicável à mutação nos contratos de concessão de serviços públicos?". Ora, se não soubermos qual é o direito, que se dirá sobre aplicá-lo corretamente e fazê-lo efetivo.

Vemos por aí que a problemática está longe de se cingir à academia. Tem grandes implicações práticas. A autora aponta que a falta de clareza quanto às condições jurídicas a serem observadas para a alteração ou complementação do contrato gera insegurança jurídica; temor no gestor público responsável pela decisão a respeito de eventual alteração ou integração; risco de abuso por órgãos de controle nas suas determinações ou recomendações envolvendo alterações de contratos de concessão com base em parâmetros ou limites materiais inaplicáveis, em usurpação ao papel de gestores públicos; e aumento de situações contenciosas.

E sua tese traz então ao menos duas contribuições das mais relevantes ao enfrentamento desses agudos problemas.

Primeiro, ela defende ser possível sacar do ordenamento jurídico brasileiro o que chama de *condicionamentos jurídicos mínimos a serem observados no processo administrativo voltado à introdução de mutação*. Ao identificá-los, enfrenta pela raiz o problema da insegurança a respeito de qual o direito aplicável a tais alterações.

Perceber tais condicionamentos mínimos e a sua importância, sistematizá-los e apontá-los de forma didática, tudo isso só é possível porque a autora adota uma nova maneira de enxergar o fenômeno. Propugna um giro nas preocupações acadêmicas sobre o tema. E aí está a sua segunda contribuição original: ao invés de uma doutrina que se preocupe excessivamente com a definição dos limites materiais ao objeto da alteração do contrato de concessão – por exemplo, que repise o suposto limite geral segundo o qual qualquer alteração contratual não poderá desvirtuar o objeto originalmente licitado –, defende uma abordagem que reconheça a importância de uma "mutabilidade ampla". Entende-a como uma mutabilidade não circunscrita a hipóteses de alteração unilateral e como uma noção – esta, a de "mutabilidade ampla" – propulsora da ideia de que o cerne das preocupações não deve seguir sendo a estipulação de limites materiais a alterações, mas, isto sim, a discussão da melhor forma para que sejam veiculadas – por exemplo, se pela inclusão, no contrato, de cláusulas prevendo a sua renegociação, entre outras que aponta como cabíveis. A provocação é das maiores: vamos nos preocupar menos com os limites materiais e mais com o modo de veicular, permitir, realizar a alteração? Querendo-a mais suave, podemos reformulá-la assim: preocupemo-nos menos com limites materiais e mais com condicionamentos processuais?

Longe de sugerir uma extravagância, a autora busca demonstrar como a sua tese se assenta em novos paradigmas, perceptíveis tanto no plano normativo como no plano teórico. Destaca os paradigmas dos chamados *contratos incompletos* e *relacionais*, sob os quais encarta os de concessão de serviços públicos, e também os paradigmas de uma *administração pública democrática*, que centra no diálogo e no devido processo a sua existência. Percebe que a Constituição e a Lei Geral de Concessões estabeleceram "regramento dúctil", que autoriza que a legislação setorial e contratos estabeleçam disposições mais adequadas a cada situação, "(...) respeitando, em qualquer caso, a natural incompletude desses ajustes e certos condicionamentos jurídicos gerais mínimos". As alterações contratuais, vistas por essa óptica – que valoriza o direito posto –, são desmistificadas.

E seu método de trabalho, que lhe permite lançar esse novo olhar sobre um velho tema, é também digno de nota. Revisita legislação e doutrina, mas não só; também mergulha no estudo das mutações em um setor específico, o dos contratos de concessão de infraestrutura aeroportuária no Brasil, para mapear aspectos que possam, na sua avaliação, merecer atenção especial naquele esforço maior de identificar os condicionamentos jurídicos mínimos às alterações de concessões de serviços públicos em geral. Levanta, diligentemente, problemas e boas práticas que possam inspirar uma reflexão mais abrangente sobre o fenômeno que a instiga e nos instiga.

Como se vê, há muito esforço e busca de rigor na identificação do fenômeno, na fixação das bases teóricas e normativas para a sua releitura e no método de trabalho, gerando, tudo isso, contribuição de monta ao pensamento sobre as mutações das concessões no Brasil.

Esta obra é, assim, exemplo do que há de mais alvissareiro na academia jurídica brasileira: uma jovem jurista e advogada refletindo criticamente sobre o direito e a prática administrativa no país, pugnando por melhorias na concepção e na aplicação de normas, fazendo-nos repensar velhos e, também, novos problemas. É exemplo de uma geração de profissionais que veio trilhar o caminho iluminado pela Constituição Federal de 1988, do aprofundamento da democracia e do Estado de Direito, com solidariedade e justiça social. É exemplo de quem constrói sua vida com estudo e trabalho, pensando no Brasil. Este Brasil que queremos seguir construindo está mesmo todo ele duplamente representado nesta obra; no seu objeto, que reúne diagnósticos e propostas sobre o aperfeiçoamento do devido processo legal nas mutações de contratos de concessão; e na sua autora, jurista cuja trajetória e cujos frutos intelectuais, do mestrado ao doutorado, nos inspiram por sua consistência e contribuição, e renovam a esperança em uma nação que cultive a democracia, a lei, a solidariedade e a dignidade para todos.

Rodrigo Pagani de Souza
Professor Doutor da Faculdade de Direito
da Universidade de São Paulo.

APRESENTAÇÃO

O instituto da concessão historicamente acompanha o tão conhecido pêndulo na forma de prestação de serviços públicos, ora variando em direção ao Estado (estatismo), ora ao setor privado (privatismo). Nos tempos de estatismo, a concessão é preterida, e entidades da administração pública, notadamente as empresas estatais, acumulam inquestionável poder de planejadoras, prestadoras e reguladoras. Enquanto instrumento de delegação de serviços públicos, a concessão alça novo patamar no ambiente de maior parceria do poder público com particulares, demarcando a fronteira entre Estado regulador e particular prestador. A dinâmica de *retorno do pêndulo* ajuda a compreender a inusitada contradição de a concessão ser um instituto fundante do direito administrativo brasileiro, mas revigorada apenas no final do século XX. No entanto, ela é incapaz de descrever o atual contexto e, arrisco a predizer, o cenário futuro.

O último retorno do pêndulo ocorreu na década de 1990, culminando na edição da Lei de Concessões (Lei nº 8.987/95). Dificilmente veremos um "movimento harmônico simples" estatista tamanho que arrefeça a concessão. O Estado brasileiro assumiu forte compromisso com a celebração de inúmeros contratos de concessão, que perdurarão pelo menos até o final deste século. A concessão foi capaz de passar por importantes testes no panorama nacional e internacional, como escândalos de corrupção e a pandemia de COVID-19. Desde o advento da Lei de Concessões, houve a construção de um verdadeiro arcabouço jurídico para a concessão: leis, decretos, regulamentos de agências reguladoras, precedentes judiciais, decisões controladoras, práticas concessórias etc. É inquestionável o desenvolvimento de uma cultura jurídica em torno da concessão – a academia reflete o protagonismo que a concessão assumiu em seus cursos, pesquisas, produções bibliográficas e debates.

Todo esse amálgama consolida o pêndulo no lugar em que se encontra, inviabilizando qualquer futuro movimento para o estatismo. Por isso, a agenda do retorno do pêndulo, que tão bem descreveu o cenário político-institucional brasileiro, merece um lugar destacado na história, mas não pode mais ser tomada como força motriz da concessão. Hoje, há que se reconhecer o *movimento em espiral para a inovação na concessão*, já em curso e no qual se insere o livro *Mutação na concessão*, da brilhante publicista Letícia Lins de Alencar.

O ponto fundamental aqui é reconhecer uma linha de aprendizado e evolução incremental nas concessões. Modelagem a modelagem, caso a caso, desafio a desafio, os contratos de concessão se tornam mais sofisticados e complexos. Para que essa evolução ocorra, porém, é imprescindível o envolvimento de profissionais com considerável capacidade analítica para assimilarem as lições passadas e convolá-las em soluções jurídicas relevantes. Felizmente, o Brasil dispõe de profissionais com essa envergadura. Dizer que a Letícia Lins de Alencar figura entre esses profissionais é pouco. Com sólida formação acadêmica e considerável vivência prática, a autora possui rara qualidade de pesquisa jurídica que permite alcançar um panorama completo sobre o tema da mutação das concessões. A sistematização dos debates, posições e correntes sobre a mutabilidade das concessões é incomparável em função da diversidade de fontes analisadas e talento para transmitir ao leitor disputas teóricas ou práticas de modo absolutamente instigante. Ancorada em experiências relevantes, Letícia Lins de Alencar confere aos instrumentos de direito administrativo, como o processo administrativo, nova instrumentalidade para otimização da execução contratual – e esse é, de longe, o ponto alto da obra.

Mais do que uma contribuição ao movimento em espiral na concessão, o livro *Mutação na concessão* é um verdadeiro salto de qualidade, diferenciado também pelas qualidades pessoais únicas da autora.

* * * * *

Letícia Lins de Alencar tem uma tese clara e irrefutável: a mutabilidade é um traço inerente às concessões e determinante ao sucesso do objeto contratual no atendimento de finalidades públicas. Contrariando o lugar-comum da *"supervalorização da licitação"*, nos termos da autora, a execução é o elemento mais relevante da concessão; tratando-se de contrato incompleto e diferido, os grandes desafios ao sucesso da concessão se verificam justamente nessa fase, muitos dos quais requerem a mutabilidade dos termos inicialmente modelados e pactuados para fins de alteração ou de complementação do contrato. Assim, a obra supre uma relativa desatenção doutrinária brasileira acerca da mutabilidade dos contratos de concessão. O ponto de partida pragmático e despido de desconfiança da mutação das concessões permite desenvolver um trabalho completo quanto à abordagem teórica e concreta.

Logo de partida se encontra a ideia de mutabilidade ampla da concessão, que alicerça o raciocínio jurídico empregado na obra. Trata-se de uma perspectiva alinhada com a teoria dos contratos incompletos e uma abordagem mais atual da doutrina administrativista brasileira, que reforça a tese de que a mutabilidade é inerente às concessões. A autora propõe uma releitura da mutabilidade a partir de importantes tendências de direito administrativo, quais sejam: administração pública democrática, consenso e processualização da atividade administrativa. Além disso, faz oportuna sistematização dos mecanismos de adaptação contratual pela mutabilidade, nomeadamente: (i) cláusulas contratuais que prevejam procedimentos de renegociação dos contratos; (ii) função integrativa das agências reguladoras; e (iii) mecanismos alternativos de resolução de conflitos.

Notável estudo de caso é realizado na sequência, com a análise da dinâmica de mutabilidade dos contratos de concessão no setor de infraestrutura aeroportuária federal. Trata-se de um genuíno trabalho empírico de fôlego, que consolida, em uma linha cronológica e organizada, as várias fontes primárias pesquisadas para apresentar um retrato da dinâmica de mutabilidade das concessões aeroportuárias, especialmente quanto ao processo e formalização. A metodologia empregada é inovadora e condizente com o viés aplicado da obra: apresentar a mutação da concessão em bases concretas para melhor compreensão de sua realidade atual e, a partir desse terreno, construir proposições dogmáticas efetivamente conectadas à realidade.

Apesar de as conclusões alcançadas no estudo de caso setorial não poderem ser espraiadas para todos os módulos de concessão, a investigação serve de oportuna porta de entrada para a dinâmica prática da mutabilidade contratual e parâmetro de comparação. É nessa toada que são apresentadas tendências e boas práticas na mutação da concessão. Muitas dessas diretrizes colocam em xeque ideias consolidadas na doutrina administrativista, como a supervalorização da licitação, e apontam para caminhos de eficiência. Assim, por exemplo, debate-se a impossibilidade de definição apriorística de todas as hipóteses de mutabilidade ou de seus limites materiais gerais, instrumentos plurais e envolvimento dos interessados nos processos de mutabilidade, bem como a regulação por agência da dinâmica geral de mutabilidade. Pelo mesmo método, são apresentados os principais problemas evidenciados no estudo do setor aeroportuário, servindo como agenda de reforma na medida em que muitos desses desafios são também reconhecidos em outros setores, como alterações unilaterais sem o restabelecimento do equilíbrio econômico-financeiro concomitantemente e a excessiva incompletude contratual na disciplina da mutabilidade.

Isso posto, o trabalho avança para a parte propositiva a partir de toda a pesquisa realizada. Quanto à elaboração dos contratos de concessão, recomenda-se a aproximação da governança pública e que o contrato avance para prever considerandos e cláusulas principiológicas para melhor interpretação e colmatação de lacunas; disciplinar processos de mutabilidade; e indicar expressamente as hipóteses previsíveis de alteração e integração contratual. Além disso, a mutabilidade dos contratos de concessão pode se beneficiar com uma adequada gestão contratual público-privada, prezando pela transparência, instituição de comitê de auditoria e clareza na definição de papéis e responsabilidades entre partes e atores institucionais que integrem a concessão. A autora se vale dos requisitos de validade dos atos administrativos para apresentar os condicionamentos jurídicos mínimos da mutabilidade das concessões no curso. Longe de propor um regime jurídico único à mutabilidade dos contratos de concessão, Letícia instiga o leitor a refletir sobre os aspectos fundamentais das alterações e complementações durante a execução contratual para que sejam válidas, eficazes e asseguradoras de valores públicos relevantes, como a manutenção de um liame relacional no curso da concessão.

* * * * *

Tenho tido o privilégio de aprender com a Letícia Lins de Alencar, cuja qualidade das publicações já a faz uma expoente no direito administrativo brasileiro. O presente livro resulta da brilhante defesa da tese de doutorado na Faculdade de Direito da USP, sob a valiosa orientação do professor Rodrigo Pagani de Souza, em que tive a honra de participar e conhecer em primeira mão, que nasce como referência obrigatória a acadêmicos, gestores públicos, advogados, procuradores, controladores e qualquer profissional interessado no estudo do tema da concessão.

O livro *Mutação na concessão* tem a qualidade das obras clássicas, que se debruçam com rigor sobre regime jurídico, debates doutrinários e boa análise constitucional, mas também é um livro que tem a ousadia saudável e o frescor da juventude. O novo dá o tom desta obra. Abordagem inovadora, análise em sintonia com as tendências do direito administrativo, oxigenação dos pressupostos e preocupações, metodologia de construção argumentativa com base em pesquisa empírica e forte propósito de contribuir na qualificação da dinâmica prática da mutabilidade das concessões para que alcancem toda a sua potencialidade. E, assim, Letícia se consolida como uma jurista indispensável para inspirar e compartilhar.

Juliana Bonacorsi de Palma
Professora da FGV Direito SP. Coordenadora do Grupo Público da FGV. Mestre e Doutora pela Faculdade de Direito da USP. *Master of Laws* pela *Yale Law School*.

INTRODUÇÃO

Quando se fala sobre concessões de serviços públicos, costuma ser bastante festejada e comentada a etapa de licitação e de assinatura dos contratos. A cada leilão realizado, pululam notícias, entrevistas e fotos dos eventos públicos em que o vencedor da licitação é declarado ou no qual o contrato é assinado.[1]

A título de exemplo, vale fazer referência a algumas das inúmeras notícias veiculadas por ocasião dos leilões aeroportuários relativos à exploração do Aeroporto de São Gonçalo do Amarante, situado no estado do Rio Grande do Norte, e do Aeroporto de Viracopos, no estado de São Paulo, que celebram, à época da realização das licitações, os resultados então verificados:

> A proposta do consórcio Inframérica teve ágio de 228,82% sobre o valor mínimo estipulado pela Agência Nacional de Aviação Civil (Anac). (...) O executivo também assegurou que, apesar do forte ágio pago no leilão em relação ao preço mínimo (228%), o aeroporto de São Gonçalo do Amarante é um negócio rentável para o grupo. "Estamos absolutamente confortáveis com o ágio que estamos pagando hoje. Não temos nenhuma disposição para jogar dinheiro fora", disse Antunes Sobrinho. (...) Na opinião do ministro da Secretaria de Aviação Civil, Wagner Bittencourt, o *leilão demonstrou* "a disposição e a *confiança que o setor privado tem nos aeroportos* brasileiros".[2] (Grifos meus)

---

[1] ALVES, Aluisio. Governo levanta R$3,3 bi em leilão de aeroportos, CCR leva blocos Sul e Central, Vinci fica com Norte. *Isto é Dinheiro*, 07 abr. 2021. Disponível em: https://www.istoedinheiro.com.br/governo-levanta-r33-bi/. Acesso em: 13 nov. 2021; LÁZARO, Natália. Leilão de 22 aeroportos fica até 9,209% acima do esperado e rende R$3,3 bi. *UOL Economia*, 07 abr. 2021. Disponível em: https://economia.uol.com.br/noticias/redacao/2021/04/07/leilao-aeroportos-governo-federal.htm. Acesso em: 13 nov. 2021; ARANHA, Carla. CCR vence leilão da Dutra com lance de 1,7 bilhão de reais. *Exame*, 29 out. 2021. Disponível em: https://exame.com/brasil/ccr-vence-leilao-da-dutra-com-lance-de-17-bilhao-de-reais/. Acesso em: 13 nov. 2021; TUON, Ligia. Governo arrecada R$38,8 milhões com leilão de três portos nesta sexta-feira (13). *CNN Brasil Business*, 13 ago. 2021. Disponível em: https://www.cnnbrasil.com.br/business/governo-leiloa-tres-terminais-portuarios-nesta-sexta-feira-13. Acesso em: 13 nov. 2021.

[2] GUIMARÃES, Ligia. Consórcio Inframérica vence leilão de aeroporto São Gonçalo do Amarante. *G1*, 22 ago. 2011. Disponível em: http://g1.globo.com/economia/noticia/2011/08/consorcio-inframerica-vence-leilao-de-aeroporto-sao-goncalo-do-amarante.html. Acesso em: 28 nov. 2021.

> A concessão de Viracopos, em Campinas, ficou com o consórcio Aeroportos Brasil (45% pela Triunfo Participações e Investimentos, 45% da UTC Participações e 10% da Egis Airport Operation, da França), que ofereceu R$ 3,821 bilhões, um ágio de 159,75%. (...)
> O ministro-chefe da Secretaria de Aviação Civil, Wagner Bittencourt, afirmou considerar o resultado 'bastante expressivo'. Na avaliação dele, o *leilão sinaliza* que *os investimentos no país são seguros e rentáveis*.[3] (Grifos meus)

Pelos depoimentos das autoridades públicas transcritos acima, nota-se que é como se o êxito do empreendimento concessório se confundisse com o mero resultado bem-sucedido do certame licitatório. É evidente que o encerramento do processo licitatório com a obtenção de uma proposta válida e exequível é desejável. Apesar disso, esse *frisson* pode fazer com que outras etapas igualmente relevantes sejam deixadas de lado, o que se reflete em uma menor preocupação em investigá-las e em assegurar que será conferida resposta adequada às cambiantes circunstâncias que se colocarão no decorrer da execução do empreendimento concessório.

A supervalorização da etapa de licitação e de assinatura de contratos pode fazer com que pouca atenção seja direcionada para a (i) etapa anterior, de construção da política pública específica (da qual o empreendimento concessório será um instrumento para a efetivação de seus objetivos), para a (ii) avaliação da qualidade da modelagem contratual estruturada e sua aderência aos instrumentos de planejamento setoriais e, sobretudo, para a (iii) etapa subsequente, de *execução do contrato*, momento a partir do qual desafios naturalmente surgirão.

É justamente durante a *execução do contrato* que se materializa a maior parte dos impasses e dificuldades que permeiam a concessão e é nesta etapa que a *qualidade* da modelagem adotada será testada. No caso do setor aeroportuário, verifica-se que, passados apenas 10 (dez) anos das notícias supracitadas, os empreendimentos concessórios de que tratam revelaram problemas que culminaram na instauração de processos de extinção e relicitação das concessões dos Aeroportos de São Gonçalo do Amarante e Viracopos: prova cabal de que o sucesso de uma concessão não se mede pelo fato de o certame licitatório ter sido encerrado com proposta vencedora em valor elevado.

---

[3] ALVARENGA, Darlan. Governo arrecada R$24,5 bilhões com leilão de aeroportos. *G1*, 06 fev. 2012. Disponível em: http://g1.globo.com/economia/negocios/noticia/2012/02/governo-arrecada-r-245-bilhoes-com-leilao-de-aeroportos.html. Acesso em: 28 nov. 2021.

É durante a execução do contrato de concessão que os equívocos, inadequações e falhas da própria modelagem tendem a se manifestar, assim como situações supervenientes e originalmente não previstas. Diante disso, o sucesso do empreendimento concessório parece depender, na realidade, da sua resiliência às plúrimas circunstâncias que permearão sua execução, e tais circunstâncias podem demandar, justamente, a introdução de *mutação* na concessão.

O conceito de *mutação* será tomado nesta tese para designar as intervenções promovidas pelas partes envolvidas no contrato ou, pelo menos, por alguma delas (notadamente pelo órgão ou entidade pública que exerce, no todo ou em parte, atribuições típicas de poder concedente)[4] a fim de introduzir *alteração* (ou *modificação*) ou *integração* (ou *complementação*) ao contrato.[5]

---

[4] A Lei Geral de Concessões estabeleceu, em suas disposições, diversas atribuições típicas de poder concedente. A título exemplificativo, é prevista a sua competência para (i) elaborar o edital de licitação (art. 18); (ii) realizar ou autorizar que terceiros elaborem os estudos, investigações, levantamentos e projetos a serem considerados para a modelagem da licitação (art. 21); (iii) regulamentar o serviço concedido e fiscalizar sua prestação (art. 29, I); (iv) aplicar penalidades regulamentares e contratuais (art. 29, II); (v) homologar reajustes e proceder à revisão das tarifas (art. 29, V); (vi) zelar pela boa qualidade dos serviços, receber, apurar e solucionar queixas e reclamações dos usuários (art. 29, VII), entre outras.

No entanto, atualmente, nos setores que contam com a atuação de órgãos reguladores, é comum que tais funções sejam, no todo ou em parte, atribuídas ao órgão regulador, a depender do disposto na lei de regência da agência reguladora competente. Nesse sentido, vale citar dois exemplos concretos para ilustrar. No caso do setor aeroportuário, a lei que instituiu o órgão regulador, isto é, a ANAC, estabeleceu que competirá a ela o exercício das atribuições típicas de poder concedente (art. 8º, XXIV, da Lei Federal nº 11.182/2005). Por sua vez, no setor portuário, embora o poder concedente seja o Ministério da Infraestrutura (art. 1º, parágrafo único, do Decreto Federal nº 8.033/2013), parte das atribuições típicas de poder concedente é exercida pelo órgão regulador, isto é, a ANTAQ, uma vez que a sua lei de criação e, também, a Lei Federal nº 12.815/2013 estabelecem que caberá a ela (i) elaborar editais e instrumentos de convocação e realizar as licitações para outorga de concessões (art. 27, XV, da Lei Federal nº 10.233/2001 c/c art. 6º, §2º, da Lei Federal nº 12.815/2013); (ii) editar normas e regulamentos relativos à prestação de serviços de transporte e à exploração da infraestrutura aquaviária e portuária (art. 27, IV e XIV, da Lei Federal nº 10.233/2001); (iii) promover as revisões e os reajustes das tarifas portuárias (art. 27, VII, da Lei Federal nº 10.233/2001); (iv) fiscalizar a execução dos contratos de concessão (art. 27, XXVI, da Lei Federal nº 10.233/2001).

Diante disso, considerando a complexidade do arcabouço jurídico existente, nota-se que, nos casos em que previsto em lei, é possível que a função de poder concedente não seja atribuída, com exclusividade, a apenas um órgão ou entidade.

[5] Tal delimitação é necessária, porque, em concreto, a mutabilidade é característica inerente aos contratos de concessão e pode se impor, inclusive, em função de fatores externos e alheios à esfera de ingerência das partes. A título de exemplo, mudanças tecnológicas, questões de mercado que gerem a indisponibilidade de insumos, a eclosão de uma pandemia, entre outros fatores, constituem fatos capazes de, por si sós, gerar naturalmente algum tipo de alteração nas condições de execução do instrumento concessório, sem que, para tanto, haja intervenção de alguma das partes. A mutabilidade decorrente de fatos cuja prática independe da ação de uma ou ambas as partes foge do escopo desta tese.

A concessão de serviços públicos é contrato dotado de peculiaridades específicas que o diferenciam de outras espécies de contratos firmados pela administração pública. Dentre suas especificidades, costuma-se apontar que a execução de seu objeto é revestida de certo grau de complexidade, demanda a realização de investimentos e a assunção de riscos por parte do concessionário, e possui longo prazo de maturação. Uma decorrência natural de tais características é o fato de sua execução ser permeada por *incertezas* e tais ajustes assumirem caráter *incompleto*, haja vista a impossibilidade de se anteverem todos os potenciais desafios e dificuldades a serem enfrentados no curso da sua execução.

Por tais razões, a *mutabilidade* acaba sendo traço inerente às concessões, haja vista a frequente[6] necessidade de *alteração* e de *complementação* do instrumento contratual para fazer face à realidade cambiante verificada com o decorrer de sua execução.[7] Trata-se, portanto, de elemento crucial ao êxito do empreendimento concessório, pois permite que, diante de necessidade superveniente, haja espaço para a modificação das cláusulas originalmente pactuadas ou para o preenchimento de lacunas, evitando-se, com isso, que a concessão sucumba e, com isso, a realização das suas finalidades maiores.

Não parece que exista dúvida quanto à possibilidade de alteração ou complementação dos contratos de concessão durante sua vigência. Apesar disso, inúmeras controvérsias se colocam em relação ao tema. Inclusive, parece-me que a falta de prestígio do tema fez com que,

---

[6] A mutabilidade pode ser demandada em uma ampla gama de situações, não estando limitada a situações em que haja desequilíbrio econômico-financeiro. Exemplificativamente, é possível que a necessidade de alteração decorra de necessidades de adaptação do contrato em decorrência de avanços tecnológicos, inclusão ou modificação de obrigações ou direitos às partes que sejam razoáveis e até então não previstos, transferência da posição do concessionário a terceiros, fixação de interpretação a respeito do cumprimento de cláusulas contratuais para evitar situações contenciosas, entre outras circunstâncias.

[7] Tal circunstância tem sido amplamente reconhecida pela doutrina, sendo elucidativas as colocações de Carlos Ari Sundfeld, Jacintho Arruda Câmara e Rodrigo Pagani de Souza: "A alteração das regras iniciais da concessão não constitui fenômeno raro. É algo que pode até ser considerado típico desse tipo de relação jurídica, fixada com riqueza de detalhes técnicos e econômicos, cuja pretensão é de regular a prestação de um dado serviço por longo período de tempo (no caso, os contratos preveem inicialmente um prazo de 20 ou 25 anos de duração). É natural que, durante o longo período de vigência do contrato, ajustes sejam realizados. Fatores econômicos, sociais, tecnológicos, mudanças implementadas pelo próprio Poder Público, tudo isso pode fazer com que os termos originais do contrato mereçam posterior revisão. A possibilidade de alteração, portanto, não pode deixar de ser vista como uma contingência das relações oriundas de um contrato de concessão" (*Concessão de serviço público*: limites, condições e consequências da ampliação dos encargos da concessionária, 2007, p. 26-27).

por muito tempo, a própria doutrina especializada pautasse suas análises em aspectos pontuais do fenômeno da mutabilidade, sem uma preocupação em analisá-lo de forma sistematizada e coesa, conforme será aprofundado ao longo do capítulo 1.

A mudança de paradigmas no enfrentamento do tema da mutabilidade tem decorrido, antes, de imperativos de ordem prática identificados na experiência concessória do que, efetivamente, de uma preocupação acadêmica. Da análise da praxe concessória, aprofundada ao longo dos capítulos 2 e 3, nota-se a complexidade da qual se reveste o tema da mutabilidade, bem como as tendências e problemas muitas vezes não respondidos pelas abordagens doutrinárias. A título exemplificativo, quando se avalia a experiência de determinado setor, verifica-se que, concretamente, a mutação não tem sido implementada tão somente por meio da celebração de termos aditivos (que consubstanciem alterações consensuais ou unilaterais), mas também por outros instrumentos formais. A rigor, além dos termos aditivos, abre-se a possibilidade de utilização de *instrumentos extracontratuais* diversos, tais como acordos administrativos, atos normativos ou decisões administrativas (decorrentes de processo contencioso ou não).

Uma abordagem anacrônica ou insuficiente com relação à mutabilidade das concessões enseja uma série de problemas. A rigor, a existência de interpretações conflitantes quanto às premissas da mutabilidade e vagas em relação a pontos específicos relevantes é capaz de trazer forte subjetivismo na avaliação da regularidade da mutação introduzida em determinada concessão. É possível identificar, pelo menos, quatro efeitos práticos perversos decorrentes dessa situação.

Uma primeira externalidade é a *insegurança jurídica* decorrente da falta de clareza quanto às condições jurídicas a serem observadas para alteração ou complementação do contrato. A falta de compreensão em relação aos condicionamentos jurídicos que devem nortear a mutação do contrato faz com que, de um lado, ela possa ser verdadeiramente obstaculizada ou desconstituída em situações nas quais a sua realização era necessária ou tenha ocorrido de forma válida e, de outro, surjam situações em que alterações ou complementações a contratos de concessão realizadas de forma irregular, à revelia da observância das normas que deveriam nortear a sua formalização, permaneçam.

O segundo efeito – e que, em alguma medida, decorre do primeiro – é o *temor sentido pelo agente público* competente para decidir a respeito de eventual alteração ou integração. A dificuldade na compreensão dos condicionamentos jurídicos a serem observados para nortear a alteração ou complementação de contratos de concessão e o receio do controle podem servir de incentivo para que gestores públicos encontrem na inação um porto seguro para si próprios, a despeito de, na prática, essa postura impedir que impasses verificados em concreto sejam resolvidos ou que soluções necessárias para a adequada prestação dos serviços sejam adotadas.

A terceira externalidade é o risco de *órgãos de controle agirem de forma excessivamente ativista* e interventiva em suas determinações ou recomendações envolvendo alterações a contratos de concessão com base em parâmetros ou limites materiais inaplicáveis, acabando por, na prática, usurpar o papel do próprio gestor público. É necessário que o ímpeto de desconstituir escolhas que, do ponto de vista jurídico, são lícitas seja freado. No entanto, no cenário atual, a própria compreensão quanto aos requisitos para avaliação da legalidade ou não da mutação desses contratos é questão nebulosa. Esse cenário de incerteza incrementa a insegurança jurídica envolvida no âmbito da alteração ou complementação de contratos de concessão durante sua vigência e acaba servindo de incentivo para a adoção de postura pouco comedida por órgãos de controle.

Por fim, um *quarto* efeito decorrente da falta de clareza quanto aos condicionamentos jurídicos da mutabilidade na concessão é o aumento de *situações contenciosas*. A elaboração de um contrato de concessão despreocupado com o fenômeno da mutabilidade pode fazer com que, durante sua execução, sobrevenha postura omissa ou conservadora do poder concedente no sentido de promover eventuais ajustes necessários, podendo tornar inevitável o descumprimento de determinadas obrigações contratuais por parte do concessionário. Esse cenário pode culminar em autuações e conflitos que não contribuem para o êxito do empreendimento concessório da perspectiva de todos os interessados na relação jurídica contratual e pode colocar em risco a própria continuidade da prestação do serviço público concedido e o atingimento das finalidades maiores daquela contratação.

Diante do acima exposto, é salutar que o fenômeno da mutabilidade nas concessões seja analisado de forma sistematizada e não focada, tão somente, em problemas ou situações pontuais de alteração ou integração de contratos de concessão. Será esse o objetivo da presente tese, cuja elaboração visa responder a seguinte questão: qual o regime jurídico aplicável à mutação nos contratos de concessão de serviços públicos?

Para respondê-la, a tese sustentada é a de que não existe um regime jurídico único, pois a legislação, regulamentação setorial e os próprios contratos de concessão podem conferir tratamento diferenciado ao tema, à luz das particularidades envolvidas. Apesar disso, existem, sim, *condicionamentos jurídicos mínimos*, identificados a partir do ordenamento jurídico brasileiro, que devem ser observados para nortear a introdução de mutação aos contratos de concessão em geral, representando *limitações* à atuação das partes nele envolvidas e, em especial, ao órgão ou entidade pública que exerça atribuições típicas de poder concedente. Justamente por isso, pode-se dizer que esses condicionamentos trazem densidade ao postulado constitucional do *devido processo legal*[8] e devem ser articulados no âmbito de *processo administrativo*.[9] Tais condicionamentos ora dizem respeito aos *atos* que deverão ser praticados no âmbito do procedimento, ora aos *requisitos substantivos* a serem considerados para a produção do seu provimento final.

Os condicionamentos jurídicos que devem ser observados para a introdução de mutação nas concessões não têm sido devidamente sistematizados e, para que sejam adequadamente considerados, devem ser avaliados sob a ótica (i) da *elaboração* do contrato de concessão; e (ii) da *execução* do contrato de concessão.

Em *primeiro*, a etapa de *elaboração* do contrato de concessão revela-se de extrema importância para que, em um segundo momento, a mutação possa ser introduzida ao contrato de maneira adequada.

Conforme exposto no capítulo 4, é necessário que haja reflexão e preocupação com o tema da mutabilidade desde o *processo de estruturação* do empreendimento concessório, mais especificamente por meio da: (i) compreensão de que a concessão constitui um instrumento para a efetivação de uma política pública setorial, sendo necessária a definição precisa das *finalidades* a serem atingidas pela contratação e que deverão

---

[8] Segundo Cândido Rangel Dinamarco e Bruno Vasconcelos Carrilho Lopes, o "devido processo legal, assegurado constitucionalmente (Const., art. 5º, inc. LIV), é um sistema de *limitações ao poder*, imposto pelo próprio *Estado de direito* para a preservação de *valores democráticos*. Ele tem na ordem constitucional o significado sistemático de fechar o círculo das garantias e exigências relativas ao exercício do poder, mediante uma fórmula sintética destinada a afirmar a indispensabilidade de todas elas e reafirmar a autoridade de cada uma" (grifos meus) (*Teoria geral do novo processo civil*, 2017, p. 74). Nota-se, com isso, o caráter transversal do princípio, que, conforme pontuado por esses autores, assume "*função organizatória*, responsável pelo traçado do *perfil democrático* do processo e por atrair à órbita das medidas de tutela constitucional certas garantias não caracterizadas como verdadeiros princípios ou lançadas de modo genérico em outros dispositivos constitucionais, mas que com ele guardem pertinência" (*idem, ibidem*, p. 75-76).

[9] Para os fins desta tese, seguindo a posição de Carlos Ari Sundfeld, os termos processo e procedimento serão utilizados como expressões sinônimas (*Fundamentos de direito público*, 2007, p. 96). No entanto, reconhecem-se a relevância e existência de controvérsias na doutrina administrativista brasileira, haja vista que parte dela defende que se tratam de expressões com sentido distinto. Neste sentido, cf. MOREIRA, Egon Bockmann. *Processo administrativo*: princípios constitucionais e a Lei 9.784/1999, 2010, p. 43-45.

nortear a mutabilidade em momento posterior, já durante a execução do contrato; (ii) adoção de *instrumentos de governança pública*, sobretudo na etapa de planejamento da contratação, de forma a reduzir custos de transação e a assimetria informacional existente, mediante a antecipação de problemas e dificuldades a serem considerados na redação do contrato e que, certamente, permearão a mutabilidade em momento posterior;[10] e, por fim, da (iii) incorporação de *técnicas contratuais* que tragam previsibilidade no âmbito da introdução de mutação em momento posterior (*v.g.*, inclusão de *considerandos* e cláusulas principiológicas que traduzam as *finalidades* maiores daquela contratação – alinhados com a política pública setorial estabelecida – e que devem nortear a gestão do empreendimento concessório; cláusulas que estabelecem *procedimentos* para mutabilidade; cláusulas que, na medida do possível, antevejam *hipóteses* concretas em que será possível a modificação ou integração posterior do contrato; cláusulas disciplinando a gestão público-privada do contrato; e, por fim, cláusulas regulamentando a utilização de métodos de resolução de conflitos).

Em *segundo*, na etapa de *execução* do contrato de concessão, é preciso que certos *condicionamentos jurídicos* norteiem o procedimento voltado à introdução de mutação em concreto, independentemente da forma pela qual ela será veiculada (termo aditivo, ato normativo, decisão administrativa ou acordo administrativo). Ainda que não seja possível trazer considerações exaustivas sobre o tema – tendo em vista que os contratos e a legislação setorial podem conter tratamento e condicionantes específicas –, é possível identificar, do ordenamento jurídico brasileiro, certos *condicionamentos jurídicos mínimos* que deverão ser observados no âmbito do processo administrativo voltado à introdução da mutação, os quais são abordados, no capítulo 5, a partir da perspectiva dos sujeitos a serem envolvidos, instrumentos formais

---

[10] Por meio da adoção de instrumentos de governança pública, permite-se que sejam concebidas modelagens pautadas pelo consenso e em soluções dialogadas. São variados os instrumentos de governança pública que podem ser utilizados no âmbito da elaboração de políticas públicas e do planejamento dos empreendimentos concessórios. Na construção dos instrumentos de planejamento setoriais, são possíveis: (i) inclusão de representantes da sociedade na composição de órgãos colegiados competentes pela elaboração de políticas públicas em dado setor; (ii) realização de audiências públicas; (iii) consultas públicas; e (iv) reuniões entre representantes dos órgãos competentes e representantes de categorias específicas. Já em meio à estruturação do projeto concessório, é possível a realização de (i) Procedimento de Manifestação de Interesse (PMI); (ii) recebimento de propostas não solicitadas (PNS), procedimento também conhecido como manifestação de interesse privado (MIP); (iii) consultas e audiências públicas; (iv) reuniões com *stakeholders*, entre outros.

capazes de introduzir mutabilidade, atos procedimentais a serem praticados, objeto da mutabilidade, motivo e finalidade da alteração ou complementação do contrato.

A exposição detalhada dos *condicionamentos jurídicos* para introdução de mutabilidade, defendidos nesta tese, encontra-se nos capítulos integrantes da parte III. Seu mapeamento levou em consideração uma avaliação da legislação e evolução doutrinária a respeito do tema (avaliadas na parte I), bem como a identificação dos paradigmas e problemas decorrentes da avaliação da praxe concessória verificada, ao longo dos últimos anos, no setor aeroportuário (descrita ao longo dos capítulos que integram a parte II desta tese).

A partir da identificação dos condicionamentos jurídicos trazidos nesta tese, espera-se que melhores práticas sejam verificadas no âmbito da estruturação, execução de empreendimentos concessórios e, naturalmente, no âmbito do controle de tais contratações. Isso se deve ao fato de que a avaliação posterior da legalidade dos instrumentos formais que veiculam alterações ou complementações a contratos de concessão deve ser pautada pela observância dos elementos evidenciados ao longo desta tese, que condicionam, em concreto, a validade do ato formal que introduz a mutação.

Por meio deste panorama, que reconhece a possibilidade de existência de nuances específicas virem a ser disciplinadas nas legislações setoriais ou mesmo detalhadas no teor dos contratos, busca-se contribuir para a evolução do debate relativo ao tema da mutabilidade nas concessões por meio da exposição de condicionamentos jurídicos gerais que deverão nortear a efetiva alteração ou complementação dos contratos.

PARTE I
AS CONCESSÕES DE SERVIÇOS PÚBLICOS E O FENÔMENO DA MUTABILIDADE

Tal como muitos outros temas do direito administrativo, o da mutabilidade das concessões é um daqueles em relação aos quais há pouco consenso. Embora se trate de tema antigo, de larga aplicação prática e que já foi objeto de inúmeras obras doutrinárias, parece-me que, até o momento, são verificados avanços pontuais e involuções quando se trata de teorizar ou interpretar textos normativos em relação à alteração das concessões.

Por esse motivo, diante da ampla gama de posicionamentos e vertentes, é essencial estabelecer, desde logo, as premissas consideradas para a elaboração da presente tese (parte I), que servem de alicerce para traçar um diagnóstico sobre a realidade e problemas existentes (parte II) e para a identificação dos condicionamentos jurídicos que devem nortear a introdução de mutação nas concessões (parte III).

Sendo assim, esta parte I tem o objetivo de descrever as principais características dos contratos de concessão, passando pelos paradigmas doutrinários em relação à mutabilidade de tais contratos, tanto no âmbito da teoria geral dos contratos como na doutrina administrativista. Na sequência, a partir da definição do entendimento acolhido neste trabalho, será apresentada a interpretação adotada em relação aos principais atos normativos que embasam a mutação de tais contratos e que devem nortear a sua operacionalização em concreto.

CAPÍTULO 1

A MUTABILIDADE NO ORDENAMENTO JURÍDICO BRASILEIRO

A preocupação com o tema da mutabilidade remonta à própria origem da teorização sobre o instituto da concessão de serviços públicos no Brasil. Isso porque já se apontava, como traço característico de tais contratos, a atribuição de prerrogativas exorbitantes ao poder concedente, notadamente a de alteração unilateral do ajuste, que teria por objetivo assegurar que, no decorrer da sua execução, fosse possível a alteração das condições de prestação dos serviços. Nesse sentido, Fernando Dias Menezes de Almeida, tratando sobre a origem dessa concepção – e da sua dimensão – no âmbito da teoria do contrato administrativo no Brasil, identifica que:

> [O] tratamento dogmático dado à *teoria do contrato administrativo – quando transposta ao Brasil* e mesmo em sua evolução na França – acabou por lhe impor uma redução simplificadora e empobrecedora da construção original. Neste sentido, se se tomar o pensamento de Gaston JÈZE como pensamento fundador da teoria do contrato administrativo, verifica-se que sua construção possuía muitas sutilezas a mais do que a *simplificação dogmática* que, no senso comum, *reduz a essência da teoria do contrato administrativo à afirmação das ditas "cláusulas exorbitantes"*, ou seja, de um regime de poderes de ação autoexecutória unilateral por parte da Administração, notadamente no tocante à rescisão ou *alteração unilateral* dos contratos, acompanhada, como contraponto, do equilíbrio econômico-financeiro do contrato.[11]

---
[11] *Contrato administrativo*, 2012, p. 319.

Em decorrência da relevância das referidas prerrogativas (notadamente a de alteração unilateral), inúmeros doutrinadores dedicaram sua atenção a desvendar a *natureza jurídica* da concessão. As discussões, em sua origem, giravam em torno da compreensão do instituto enquanto *contrato*,[12] *ato unilateral* do Estado ou como uma espécie de *misto*[13] de *ato* e *contrato*.[14] Era necessário o estabelecimento de uma classificação adequada e compatível com a frequente necessidade de *alteração* do ajuste para modificar as condições de prestação dos serviços, inclusive por ato unilateral da administração pública – situação atípica para os contratos privados da época em que tais teorizações foram concebidas.

Ou seja: no Brasil, o reconhecimento quanto à natural mutabilidade das concessões se encontra na própria gênese do instituto, já que era preciso assegurar que, diante de relevante interesse público, o poder público teria condições de, independentemente da vontade do concessionário, implementar modificações na forma de prestação dos

---

[12] Há muito, verificam-se, na doutrina administrativista brasileira, defensores da posição segundo a qual a concessão constitui contrato. Um dos principais trabalhos dedicados ao tema foi o de Mário Masagão, que, após profunda análise sobre a natureza jurídica das concessões, concluiu que "a natureza jurídica da concessão de serviço público é a de um contrato de direito público, oneroso, sinalagmático, comutativo e realizado *intuito personae*" (*Natureza jurídica da concessão de serviço público*. São Paulo: Saraiva & Cia, 1933. p. 101). Em semelhante sentido situa-se Themistocles Brandão Cavalcanti, segundo o qual: "[a] natureza contractual da concessão se nos afigura manifesta, porque a sua existência e obrigatoriedade decorre de uma dupla manifestação da vontade do poder concedente e do concessionário. E' indispensável, assim, o accordo de vontades. Pouco importa que hajam clausulas obrigatorias, decorrentes de normas geraes e impessoaes dictadas pela lei e que preexistem, e a ellas se acham subordinadas as autoridades administrativas na estipulação das clausulas contractuaes" (*Instituições de direito administrativo brasileiro*. 2º Volume. Rio de Janeiro: Freitas Bastos, 1938. p. 315).

[13] Como defende Oswaldo Aranha Bandeira de Mello, "(...) na concessão admite-se, no direito pátrio, o poder regulamentar da Administração Pública quanto ao regime de execução de obra ou de prestação de serviço, porque esse ato jurídico administrativo não corresponde a ato jurídico contratual. Absolutamente não configura o instituto jurídico denominado contrato. Contrato é o ato jurídico a ela complementar, pertinente ao aspecto patrimonial da concessão, e insuscetível de modificação unilateral pela Administração Pública. (...) [H]á duas ordens de cláusulas – contratuais propriamente ditas, inalteráveis pelas partes, e regulamentares, alteráveis livremente pela Administração Pública" (*Princípios gerais de direito administrativo*. 3ª edição. 2ª tiragem. Vol. I. São Paulo: Malheiros, 2007. p. 692-693).

[14] A sistematização foi feita, de forma bastante didática, por Mário Masagão: "(...) distinguimos três classes: 1.ª) a das teorias unilaterais; 2.ª) a das teorias contratuais; 3.ª) a da teoria mixta. Na primeira classe, duas teorias se distinguem: a) a de que a *concessão* é áto unilateral da administração; b) a de que aparecem néla dois atos unilaterais, sendo um da administração e outro do concessionário. Na segunda classe, surgem três teorias: a) a do contrato de direito privado; b) a do contrato de direito mixto; e c) a do contrato de direito público. Na terceira classe, finalmente, é colocada a teoria pela qual a concessão se institue por um áto administrativo e por um contrato de direito privado conjuntamente" (*Natureza jurídica da concessão de serviço público*. São Paulo: Saraiva & Cia, 1933. p. 30).

serviços. Se não houvesse preocupação em se assegurar a adaptação da concessão, mediante ato unilateral da administração pública, provavelmente os debates doutrinários em torno da sua natureza jurídica teriam sido menos expressivos.

Embora se trate de discussão iniciada há, aproximadamente, um século, ainda hoje existem doutrinadores que resgatam a controvérsia para debater a natureza jurídica das concessões.[15] Com o reconhecimento expresso, no texto constitucional, da natureza contratual da concessão (art. 175),[16] contudo, tem prevalecido o entendimento quanto à natureza *contratual*[17] das concessões – posicionamento ao qual me filio. Trata-se de importante avanço, pois, fixada a premissa de que se trata de contrato, permite-se que a teorização e a compreensão do fenômeno da mutabilidade nas concessões evoluam.

Não por outro motivo, mais recentemente, passa a doutrina a ressaltar outros aspectos das concessões que derivam da sua natureza contratual. Nesse contexto, como será aprofundado no subcapítulo 1.2, surge doutrina ressaltando o caráter *incompleto* e *relacional* de tais contratos, reconhecimento esse que produz impactos significativos na própria interpretação do regime jurídico aplicável a tais contratos. A rigor, tal classificação envolve o reconhecimento de que tais contratos são dotados de elevado grau de mutabilidade (não somente para sua *modificação* das cláusulas originalmente previstas, mas também para sua posterior *integração*), bem como o de que a colaboração entre as partes é uma premissa. Trata-se de condição essencial para assegurar

---

[15] Por todos, cf. Celso Antonio Bandeira de Mello, segundo o qual, tratando sobre a natureza jurídica das concessões de serviços públicos, sustenta que: "[a] concessão é uma relação jurídica complexa, composta de um ato regulamentar do Estado que fixa unilateralmente condições de funcionamento, organização e modo de prestação do serviço, isto é, as condições em que será oferecido aos usuários; de um ato-condição, por meio do qual o concessionário voluntariamente se insere debaixo da situação jurídica objetiva estabelecida pelo Poder Público, e de contrato, por cuja via se garante a equação econômico-financeira, resguardando os legítimos objetivos de lucro do concessionário" (*Curso de direito administrativo*, 28ª edição, 2011, p. 719).

[16] A Constituição Federal de 1988, ao tratar sobre a prestação indireta de serviços públicos, trouxe reconhecimento quanto à natureza *contratual* das concessões ao prever a necessidade de lei para regulamentar, entre outros aspectos, "o caráter especial de seu *contrato*" (art. 175, parágrafo único, inciso I). A importância do referido dispositivo para pacificação dos entendimentos vem sendo reconhecida pela doutrina. Neste sentido, cf. JUSTEN FILHO, Marçal. *Teoria geral das concessões de serviço público*. São Paulo: Dialética, 2003. p. 162.

[17] Neste sentido, cf. MARQUES NETO, Floriano de Azevedo. *Concessão*, 2015, p. 391; JUSTEN FILHO, Marçal. *Concessões, permissões e autorizações*, 2013, p. 523; ARAGÃO, Alexandre Santos de. *Direito dos Serviços Públicos*, 2013, p. 54; PEREZ, Marcos Augusto. *O risco no contrato de concessão de serviço público*, 2006, p. 57; DI PIETRO, Maria Sylvia Zanella. *Direito administrativo*, 2011, p. 294; MEDAUAR, Odete. *A figura da concessão*, 1995, p. 14-15.

o êxito da contratação e, na maior medida possível, a efetivação da justiça[18] contratual.

Esse paradigma se contrapõe, em alguma medida, àquele que se tinha na origem da teorização dos contratos de concessão, em que o fenômeno da mutabilidade, em boa medida, se *resumia* às hipóteses de alteração *unilateral* justificadas em função de certo interesse público. A defesa de uma *ampla* mutabilidade de contratos de longo prazo é movimento que tem sido impulsionado no âmbito da teoria geral dos contratos e, mais recentemente, também por parte de administrativistas diversos, conforme será demonstrado no subcapítulo 1.2.3.

A identificação do estado da arte sobre o tema da mutabilidade das concessões, no ordenamento jurídico brasileiro, pressupõe compreensão sobre a evolução do tema no âmbito da teoria geral dos contratos (subcapítulo 1.1) e, inclusive, no âmbito da doutrina administrativista (subcapítulo 1.2),[19] a fim de que, a partir disso, seja possível interpretar, à luz da realidade atual, as disposições constitucionais e legais em vigor aplicáveis às concessões e desvendar as normas que devem nortear a operacionalização do fenômeno da mutabilidade (subcapítulo 1.3).

---

[18] Sobre o postulado da justiça contratual, dediquei capítulo específico em minha dissertação de mestrado, que deu origem ao livro *Equilíbrio na concessão*, publicado pela Editora Fórum, em 2019. Neste ponto, cumpre ressaltar que não estou me referindo à *justiça formal* ou à *justiça substancial objetiva* da contratação (esta tutelada pela garantia do equilíbrio econômico-financeiro), mas, sim, à *justiça substancial subjetiva*. A necessidade de colaboração, típica dos contratos relacionais, decorre do fato de que "o direito positivo não intervém nas relações contratuais para, coercitivamente, efetivar a denominada *justiça substancial subjetiva* – isto é, aquela que, na concepção pessoal das partes, deveria representar a melhor relação de equivalência entre as prestações. Isso não significa que a justiça substancial subjetiva não possa ser buscada. Ao contrário. Significa apenas que, para que isso ocorra, cabe às partes do contrato, mediante negociação, restabelecer o sinalagma da forma que entenderem mais conveniente (...)" (*Equilíbrio na concessão*. Belo Horizonte: Fórum, 2019. p. 47-48). Ou seja: colaboração e boa-fé são premissas para que a execução do contrato se mantenha, ao longo dos anos, justa.

[19] Embora uma avaliação histórica da praxe concessória e da legislação brasileira possa produzir resultados interessantes e, até mesmo, permitir questionar a pertinência das concepções doutrinárias abordadas, fugirá do escopo desta tese esse tipo de investigação. A tese se limitou a analisar, na medida da sua pertinência, no subcapítulo 1.2, colocações teóricas, trazidas em obras produzidas em diferentes momentos, em relação ao tema da mutabilidade nas concessões.

1.1 Uma breve síntese evolutiva: do *pacta sunt servanda* à teoria dos contratos incompletos

Nos primórdios da construção das bases da teoria dos contratos de concessão, imperava, na teoria geral dos contratos, o *pacta sunt servanda*. Vigorava a máxima segundo a qual o pactuado faria lei entre as partes, não sendo admissível eventual invocação de fundamento alheio ao contrato para que uma das partes deixasse de cumprir suas obrigações ou reivindicasse a revisão dos seus termos e condições. Subjacente a esse postulado, havia a pressuposição de que os contratos seriam *completos*, já que capazes de fornecer resposta adequada a toda e qualquer contingência verificada ao longo da sua execução.

A inadequação desse modelo para os *contratos de concessão* foi percebida desde o início do século XX. A relevância dos interesses envolvidos e o longo prazo de tais ajustes fizeram com que o Conselho de Estado francês erigisse jurisprudência pautada no reconhecimento da cláusula *rebus sic stantibus* e na possibilidade de exercício de prerrogativas exorbitantes por parte do Estado, sobretudo mediante a *alteração unilateral* do ajuste, desde que assegurada a recomposição do equilíbrio econômico-financeiro do contrato.[20] A partir dessas construções jurisprudenciais e doutrinárias, consolida-se, como lembra Caio Tácito, "princípio correlato, a que Péquignot crismou de 'mutabilidade' do contrato administrativo, por oposição à imutabilidade dos contratos de direito privado".[21] Encontra-se, aqui, uma primeira abertura à mutação das concessões (tomada em acepção restrita, já que limitada às hipóteses de alteração unilateral ou de ocorrência de eventos supervenientes e imprevistos).

---

[20] Como explica Pedro Gonçalves, "[a] sujeição da Administração ao dever estrito de cumprir pontualmente as obrigações contratuais assumidas (*pacta sunt servanda*), que pressupõe o princípio de que o contrato é uma 'lei entre as partes', associada a uma imobilização do quadro de interesses que o contrato acolheu, poderia revelar-se um fator de prejuízo para o interesse público e um modo desadequado de resolver a situação de tensão que pode existir entre o interesse público e os interesses privados do concessionário. É exactamente por isso que, primeiro a doutrina e a jurisprudência, e depois o legislador vieram a reconhecer que o contrato administrativo deve reflectir, em certos termos, a diferente *situação jurídica* da Administração e do particular com quem ela contrata: a Administração está funcionalmente adstrita à prossecução de finalidades de *interesse público* e o contratante privado procura, por via do contrato, essencialmente realizar os seus *interesses próprios*, na maioria das vezes apenas de natureza financeira" (*A Concessão de Serviços Públicos*: uma aplicação da técnica concessória. Coimbra: Almedina, 1999. p. 240).

[21] TÁCITO, Caio. O equilíbrio financeiro na concessão de serviço público. *In*: TÁCITO, Caio. *Temas de direito público (estudos e pareceres)*. v. 1. Rio de Janeiro: Renovar, 1997. p. 203.

Com o passar dos anos, também no âmbito do *direito privado*, constata-se a importância de se assegurar a instabilização do vínculo diante de certas situações capazes de impactar, de maneira significativa, a execução do contrato. Sobretudo após a Primeira Guerra Mundial, começa a ser defendida a aplicabilidade da cláusula *rebus sic stantibus* para tais contratos e, com isso, sobrevêm novas teorias para explicar os fundamentos e importância do tema. Nesse contexto, vale fazer menção às teorias da imprevisão, da onerosidade excessiva, da pressuposição e da base objetiva do negócio. Não se trata, porém, de um abandono da máxima do *pacta sunt servanda*, mas de mera relativização da sua força, diante das situações específicas de que tratam essas teorias.[22] No Brasil, o movimento começa a ganhar força a partir da década de 1930, momento a partir do qual toma a atenção da doutrina civilista e, também, de decisões judiciais ainda esparsas.[23]

Apesar da importância desse reconhecimento – que, paulatinamente, foi conquistando doutrina, jurisprudência e ganha espaço no campo legislativo –, tais concepções eram relativamente limitadas e partiam da premissa de que a alteração dos contratos deveria ocorrer, em verdade, em caráter excepcional, diante da materialização de situações extraordinárias.

No entanto, nas últimas décadas, constatou-se que a mutação dos contratos de longo prazo pode se mostrar necessária em função de uma gama ainda mais ampla de motivos, originalmente não abarcados pelas teorias jurídicas supracitadas, tendo em vista o seu caráter incompleto.

A mola propulsora desse movimento foram as teorias econômicas[24] desenvolvidas por diferentes acadêmicos, como, por exemplo,

---

[22] Segundo Anderson Schreiber, "[a]pós o apogeu do pensamento liberal-voluntarista, a retomada da tradição medieval da cláusula *rebus sic stantibus*, especialmente a partir da Primeira Guerra Mundial, deu ensejo a diferentes teorias (teoria da pressuposição, teorias da base do negócio, teoria da imprevisão etc.), que guardam amplas zonas de interseção sem deixar de abordar o tema sob perspectiva própria. Todas essas teorias, contudo, surgiram em um cenário ainda marcado pela influência do liberal-voluntarismo, de modo que buscavam justificar a mitigação do *pacta sunt servanda* diante do desequilíbrio contratual superveniente com base no desrespeito a representações mentais ou assunções que forma ou deviam ter sido realizadas pelos contratantes no momento da contratação, ou ainda com base na reconstrução da sua vontade diante de fatos que transcendiam os limites inerentes à sua capacidade volitiva (fatos imprevisíveis, extraordinários etc.)" (*Equilíbrio contratual e dever de renegociar*. 2ª edição. São Paulo: Saraiva, 2020. p. 425).

[23] Para melhor compreensão sobre as origens do tema no âmbito do direito privado brasileiro, recomenda-se a leitura da obra de Arnoldo Medeiros da Fonseca, *Caso fortuito e teoria da imprevisão*. 2ª edição. Rio de Janeiro: Imprensa Nacional, 1943. p. 289-304.

[24] Neste ponto, cabe destacar que as referidas teorias econômicas serão abordadas, nesta tese, na medida do necessário para explicitar, em linhas gerais, os seus reflexos no âmbito da doutrina que trata sobre a teoria geral dos contratos e, mais recentemente, as obras

Ronald Coase,[25] Oliver Williamson[26] e Oliver Hart,[27] que demonstram o equívoco da crença segundo a qual seria possível a concepção de *contratos completos*, haja vista que, em se tratando de ajustes de longo prazo, os *custos de transação*[28] envolvidos inviabilizam a sua concepção. Tais custos acabam sendo agravados, ainda mais, em função da racionalidade limitada das partes, do oportunismo das partes e da assimetria de informações existente à época de elaboração dos instrumentos contratuais.

Ou seja: contratos de longo prazo são *incompletos*, o que decorre, em grande medida, dos custos envolvidos na sua elaboração e da verdadeira impossibilidade (e inconveniência) de concepção de um ajuste capaz de antever todas as possíveis contingências e respectivas soluções para situações que surgirão ao longo da sua execução.[29] Justamente por isso, como coloca Rachel Sztajn, "a ideia de que o contrato faz lei entre

---

de direito administrativo. O enfoque do presente trabalho será, estritamente, jurídico, de modo que foge do escopo da presente tese a avaliação quanto ao acerto e às diferentes vertentes de cada uma dessas teorias econômicas.

[25] The Nature of the Firm. *Economica*, New Series, nov. 1937, p. 386-405.

[26] Transaction-cost economics: the governance of contractual relations. *Journal of Law and Economics*, vol. 22, n. 2, oct. 1979, p. 233-261.

[27] HART, Oliver. Incomplete Contracts and Control. *The American Economic Review*, vol. 107, n. 7, jul. 2017, p. 1731-1752; e HART, Oliver; MOORE, John. Incomplete contracts and renegotiation. *Econometrica*, vol. 56, n. 4, jul. 1988, p. 755-785.

[28] Segundo Rachel Sztajn, são considerados custos de transação "aqueles incorridos nas transações ainda quando não representados por dispêndios financeiros (isto é, movimentação de caixa), derivados ou impostos pelo conjunto de medidas tomadas para realizar uma determinada operação ou transação. Incluem-se no conceito de custo de transação o esforço com a procura de bens ou serviços em mercados; a análise comparativa de preço e qualidade entre os bens ofertados; a segurança quanto ao adimplemento da operação pelas partes; a certeza de que o adimplemento será perfeito e a tempo; eventuais garantias que sejam requeridas na hipótese de eventual inadimplemento ou adimplemento imperfeito; a redação de instrumentos contratuais que reflitam todas as tratativas e eventos possíveis que possam afetar as prestações respectivas, que desenhem com clareza os direitos, deveres e obrigações das partes. Compreende, portanto, todos os esforços, cuidados e o tempo gasto entre o início da busca pelo bem, a decisão de efetuar a operação e o cumprimento satisfatório de todas as obrigações assumidas pelos contratantes. Também devem ser incluídos movimentos que se sigam à operação que uma das partes deva fazer para a completa satisfação de seu crédito" (*A incompletude do contrato de sociedade*, p. 285).

[29] Segundo Oliver Hart e John Moore, "[t]he difficult task facing the drafters of a contract is to anticipate and deal appropriately with the many contingencies which may arise during the course of their trading relationship. Since it may be prohibitively costly to specify, in a way that can be enforced, the precise actions that each party should take in every conceivable eventuality, the parties are in practice likely to end up writing a highly incomplete contract" (Incomplete contracts and renegotiation. *Econometrica*, vol. 56, n. 4, jul. 1988, p. 755). Em sentido semelhante, cf. (i) SCOTT Robert E.; TRIANTIS, George G. Incomplete Contracts and the Theory of Contract Design. 56 *Cas. W. Res. L. Rev.* 187, 2005, p. 190-191; (ii) CATEB, Alexandre Bueno; GALLO, José Alberto Albeny. *Breves considerações sobre a teoria dos contratos incompletos*. p. 9-10.

partes e não pode ser revisto perde força diante da impossibilidade de prever todas e quaisquer ações e eventos futuros".[30] A partir disso, dá-se mais um passo no sentido da relativização do princípio do *pacta sunt servanda* e, de outro lado, do reconhecimento quanto à ampla mutabilidade dos contratos de longo prazo.

As teorias dos custos de transação e do contrato incompleto, originalmente concebidas por economistas, têm ganhado espaço e adesão no campo jurídico. As bases tradicionais da teoria geral dos contratos vêm sendo revistas, o que se depreende da produção jurídica mais atual, que passa a defender uma verdadeira mudança na forma de compreensão dos contratos de longo prazo e, inclusive, em relação à dinâmica de relacionamento entre as partes.[31] Assim, o reconhecimento de que tais contratos são incompletos[32] faz com que juristas se ocupem, em boa medida, com a concepção de mecanismos de integração ou revisão dos contratos – e não somente durante a etapa de *execução* dos contratos, mas, inclusive, durante sua *elaboração*.[33] Além disso, impulsiona a formulação e desenvolvimento da teoria dos contratos relacionais, que, segundo Ronaldo Porto Macedo Jr., sugere "revalorização e ampliação do uso do princípio da boa-fé, justiça e equilíbrio contratual como princípios capazes de orientar os agentes contratuais e operadores do

---

[30] A incompletude do contrato de sociedade. *Revista da Faculdade de Direito*, Universidade de São Paulo, São Paulo, n. 99, 2004, p. 292.

[31] Em meio aos teóricos que, neste novo contexto, assumem forte protagonismo na consolidação dos novos paradigmas para o âmbito contratual, vale fazer referência aos seguintes: (i) MCNEIL, Ian. Contracts: adjustment of long-term economic relations under classical, neoclassical and relational contract law. *Northwestern University Law Review*, 1978; (ii) ARAÚJO, Fernando. *Teoria econômica do contrato*. Coimbra: Almedina, 2007; e, no direito brasileiro, (iii) MACEDO JR., Ronaldo Porto. *Contratos relacionais e defesa do consumidor*. 2ª edição. São Paulo: Revista dos Tribunais, 2007.

[32] Nos dizeres de Fernando Araújo: "O inacabamento contratual é a resposta pragmática a um contexto econômico e jurídico eivado de imperfeições e incertezas – é o fruto da constatação de que talvez não valha a pena alongar as negociações quando as resultantes estipulações não erradicariam ou cobririam eficiente os riscos subsistentes, ou quando elas se tornassem insusceptíveis de desencadear reações tutelares adequadas" (*Teoria econômica do contrato*. Coimbra: Almedina, 2007. p. 151).

[33] A preocupação com a elaboração de cláusulas que permitam e, idealmente, procedimentalizem a revisão posterior das condições pactuadas é frequentemente objeto de atenção por parte desses doutrinadores. Como colocam Robert E. Scott e George G. Triantis, *"rather than seeking to prevent renegotiation altogether, contracting parties might try to regulate the renegotiation process so as to predetermine how the surplus will be shared"* (Incomplete Contracts and the Theory of Contract Design, 56 *Cas. W. Res. L. Rev.* 187, 2005, p. 194). A reflexão quanto à importância de avaliação do tema na etapa de elaboração dos contratos, na doutrina brasileira, também está presente em: (i) CAMINHA, Uinie; LIMA, Juliana Cardoso. Contrato incompleto: uma perspectiva entre direito e economia para contratos de longo termo. *Revista Direito GV*, São Paulo, 2014, p. 164; e (ii) SCHREIBER, Anderson. *Equilíbrio contratual e dever de renegociar*. 2ª edição. São Paulo: Saraiva, 2020. p. 401-407.

direito na direção do reconhecimento das circunstâncias fáticas", que deve pautar o relacionamento entre as partes ao longo da execução de tais contratos.[34]

Diante disso, nota-se que, além das hipóteses revisionais decorrentes da teoria da imprevisão (e demais teorias correlatas), ganha força o entendimento segundo o qual, em contratos de longo prazo, *adaptações do pactuado são necessárias* em função do caráter *incompleto* das avenças, demandando postura colaborativa entre as partes.[35] Defendem-se, portanto, hipóteses revisionais plurais,[36] que vão muito além daquelas originalmente baseadas na cláusula *rebus sic stantibus*. Essa realidade faz com que certos autores defendam, inclusive, que não há um caráter acessório das hipóteses revisionais em relação ao postulado do *pacta sunt servanda*, mas, sim, o contrário. Como sustenta Anderson Schreiber: "Não é o princípio do equilíbrio contratual que deve temperar ou mitigar os efeitos do *pacta sunt servanda*; é a obrigatoriedade dos contratos, que, como característica estrutural, subordina-se ao atendimento substancial do princípio do equilíbrio contratual".[37]

Verifica-se, portanto, que, no último século, tem havido verdadeira inversão dos paradigmas que dão base à teoria geral dos contratos, tendo em vista o reconhecimento quanto ao seu caráter incompleto[38] e o aumento da relevância das hipóteses revisionais. Cabe, a partir deste

---

[34] MACEDO JR., Ronaldo Porto. *Contratos relacionais e defesa do consumidor*. 2ª edição. São Paulo: Revista dos Tribunais, 2007. p. 286.

[35] CAMPBELL, David; HARRIS, Donald. *Flexibility in long-term contractual relationships*: the role of co-operation, 1993, p. 167.

[36] CAMINHA, Uinie; LIMA, Juliana Cardoso. Contrato incompleto: uma perspectiva entre direito e economia para contratos de longo termo. *Revista Direito GV*, São Paulo, 2014, p. 181.

[37] *Equilíbrio contratual e dever de renegociar*. 2ª edição. São Paulo: Saraiva, 2020. p. 438.

[38] A nível legal, verifica-se importante avanço nas alterações à Lei Federal nº 10.406/2002 (Código Civil), promovidas pela Lei Federal nº 13.874/2018 (Lei da Liberdade Econômica), tendo em vista que reconhece a importância da boa-fé e consagra, como diretriz interpretativa dos contratos, as premissas de racionalidade limitada, assimetria de informações e oportunismo das partes – elementos envolvidos na teoria dos custos de transação e aptos a justificar a incompletude dos contratos de longo prazo. Com efeito, nos termos do art. 113, §1º, incisos III, IV e V: "A interpretação do negócio jurídico lhe deve atribuir o sentido que: (...) corresponder à boa-fé; for mais benéfico à parte que não redigiu o dispositivo, se identificável; e corresponder a qual seria a razoável negociação das partes sobre a questão discutida, inferida das demais disposições do negócio e da racionalidade das partes, consideradas as informações disponíveis no momento de sua celebração".
Por fim, a valorização da revisão consensual do ajuste é contemplada no §2º, que incentiva as partes a definirem mecanismos de integração de contratos incompletos. De acordo com esse dispositivo: "As partes poderão livremente pactuar regras de interpretação, de preenchimento de lacunas e de integração dos negócios jurídicos diversas daquelas previstas em lei".

ponto, identificar a forma pela qual a doutrina administrativista reagiu e tem incorporado o panorama evolutivo verificado no âmbito da teoria geral dos contratos à teorização relativa às concessões de serviços públicos – mais especificamente à compreensão acerca da sua mutabilidade.

1.2 A mutabilidade das concessões na doutrina administrativista brasileira

Como mencionado brevemente no início deste capítulo 1, o fenômeno da mutabilidade, em alguma medida, encontra-se presente nas bases da teoria dos contratos de concessão. Com efeito, não fosse a necessidade de assegurar a adaptabilidade do ajuste, não teria havido tamanho esforço para a criação das prerrogativas ditas "exorbitantes" em relação ao direito privado, notadamente aquela que confere à administração pública o poder de alterar *unilateralmente* o contrato. No entanto, tal como se verifica no âmbito da teoria geral dos contatos, pode-se dizer que a doutrina administrativista também não se quedou estanque.

A evolução do tratamento doutrinário dispensado ao tema da mutabilidade das concessões, nos últimos anos, é substancial e decorre da combinação de, pelo menos, cinco fatores principais.

O *primeiro* é a influência produzida pelas *teorias dos custos de transação*, dos *contratos incompletos* e dos *contratos relacionais* quanto aos contratos de concessão. Embora tais teorias não tenham sido concebidas especificamente para tratar sobre concessões de serviços públicos, os contratos de que tratam guardam (em geral, contratos de longo prazo) inúmeras semelhanças com os contratos de concessão, sendo aplicável a esses ajustes boa parte das preocupações e recomendações delas decorrentes.

O *segundo* é a própria *experiência adquirida* a partir da edição da Lei Federal nº 8.987/1995 (Lei Geral de Concessões). Embora, muito antes do surgimento da noção de "serviço público",[39] o instituto da concessão

---

[39] Como nota Vitor Rhein Schirato, "[a] concessão de serviço público é dos institutos mais antigos do Direito Administrativo brasileiro. É utilizada desde o Império, em momento anterior ao surgimento da própria noção de serviço público. Desde uma perspectiva evolutiva ao longo da história, pode-se verificar quatro momentos distintos: o primeiro refere-se às concessões de determinadas atividades durante o Império; o segundo refere-se às concessões dos serviços de utilidade pública, compreendido entre o advento da República e o fim da primeira metade do século XX; o terceiro refere-se às concessões de serviços públicos utilizadas a partir da década de 1940; e o quarto e último refere-se às concessões adotadas a partir da edição da Lei Federal nº 8.987/1995" (*As concessões de serviços públicos em evolução*, 2013, p. 569).

já viesse sendo utilizado no Brasil, a efetiva edição de uma lei *geral* de concessões de serviços públicos apenas sobreveio na década de 1990. Desde então e, portanto, já há mais de 25 (vinte e cinco) anos, inúmeros contratos foram firmados com base nas disposições da Lei Geral de Concessões e, com isso, pode-se dizer que há significativa experiência acumulada, que tornou evidentes as fragilidades das concepções originais e a necessidade de evolução em relação a certos temas.

O *terceiro*, que deriva, em alguma medida, do motivo mencionado acima, é o fato de que os termos relativamente abertos da *CF/88, que estabelece reserva de lei para regulamentação do tema*, e da *Lei Geral de Concessões permitem evolução na interpretação* em relação às suas normas. As normas consagradas na Lei Geral de Concessões não tiveram por objetivo conferir tratamento exaustivo sobre todos os aspectos das concessões. Como defendi em outra oportunidade, o legislador, acertadamente, optou por conferir espaço para que os próprios contratos de concessão, leis e regulamentos setoriais trouxessem regramento adequado à luz das particularidades envolvidas em cada caso concreto.[40] Sendo assim, ainda que sob a vigência da mesma lei, é possível que, respeitadas as balizas nela estabelecidas, a interpretação dos dispositivos nela previstos evolua, de acordo com as melhores práticas e necessidades verificadas em concreto.

Um *quarto* elemento a ser considerado é o fato de que, com o tempo, foram editadas novas leis que consolidam um *modelo de atuação consensual da administração pública*, inaugurado pela Constituição Federal de 1988. A atividade administrativa, antes marcada preponderantemente pela unilateralidade, passa a ser pautada pela procedimentalização como requisito às tomadas de decisão, bem como pelo diálogo e envolvimento dos administrados.[41] Com isso, a invocação das prerrogativas ditas exorbitantes (e todo o agir da administração) passa a se subordinar a uma série de requisitos e pressupostos que, na origem da teorização dos contratos de concessão, sequer eram

---

[40] Sobre o caráter intencionalmente incompleto da Lei Geral de Concessões, confira Leticia Lins de Alencar, *Equilíbrio na concessão*, 2019, p. 72-73.

[41] Em relação ao tema da mudança de paradigma da atuação da administração pública brasileira nos últimos anos, confira: (i) PEREZ, Marcos Augusto. *A Administração Pública Democrática*. Belo Horizonte: Fórum, 2009. p. 219-221; (ii) SUNDFELD, Carlos Ari. *O processo administrativo e seu sentido profundo no Brasil*. São Paulo: Atlas, 2011. p. 9; (iii) SOUZA, Rodrigo Pagani de. *A legalização da teoria dos atos administrativos*: apontamentos sobre os seus impactos na jurisprudência do STF. São Paulo: Revista dos Tribunais, 2011; (iv) FUNGHI, Luis Henrique Baeta. *Da dogmática autoritária à administração pública democrática*. Rio de Janeiro, 2011; (v) MARQUES NETO, Floriano de Azevedo. *A superação do ato administrativo autista*. São Paulo: Revista dos Tribunais, 2012. p. 96.

considerados pela doutrina.[42] Além disso, alterações passam a ser verificadas também durante a etapa de elaboração dos contratos, que, por meio de uma série de mecanismos (procedimentos de manifestação de interesse, audiências, consultas públicas e, mais recentemente, o diálogo competitivo), se torna mais permeável à participação da sociedade e de outros *stakeholders* relevantes.

Por fim, o *quinto* fator decorre da atuação, em certos setores, de *agências reguladoras*, dotadas de maior tecnicidade e atentas à realidade de cada setor, e que, por meio do exercício de suas atribuições, trazem *novos elementos à dinâmica de introdução de mutação em contratos de concessão*. Tais órgãos reguladores acabam promovendo alteração ou complementação às cláusulas originalmente pactuadas por meio da edição de atos normativos infralegais, da apreciação de pleitos variados e da celebração de acordos. Além disso, por meio da experiência acumulada, introduzem aperfeiçoamentos e procedimentos variados voltados a viabilizar a renegociação ou integração em novos contratos de concessão.

Diante disso, devido (i) às novas teorias abordadas no subcapítulo 1.1, (ii) à experiência acumulada, (iii) aos termos relativamente abertos da legislação existente e permeável a interpretação evolutiva, (iv) ao crescimento da atuação consensual da administração pública e (v) à atuação das agências reguladoras, pode-se dizer que existem *novos paradigmas em relação ao tema da mutabilidade* dos contratos de concessão que devem ser pontuados e considerados na avaliação sobre o tema.

No entanto, a evolução doutrinária referida não envolve um debate aprofundado e sistematizado que aborde o fenômeno da mutabilidade de forma completa. O tratamento doutrinário em relação ao tema da mutabilidade dos contratos de concessão é, em geral, focado em aspectos pontuais desse fenômeno e há, em alguma medida, falta de uniformidade na sua evolução, tendo em vista que mesmo abordagens doutrinárias mais antigas permanecem sendo defendidas, ainda hoje, por muitos autores, os quais serão identificados nos subcapítulos que seguem.

Para fins didáticos, entendo possível identificar a existência de três abordagens distintas na doutrina administrativista brasileira acerca do tema da mutabilidade das concessões, a saber: (i) uma primeira abordagem, em que a mutabilidade é entendida como sinônimo de

---

[42] Sobre o tema, cf. GUIMARÃES, Fernando Vernalha. *Alteração unilateral do contrato administrativo*: interpretação de dispositivos da Lei 8.666/1993. São Paulo: Malheiros, 2003.

alteração unilateral da concessão; (ii) uma segunda abordagem, em que o foco se volta à definição de *limites materiais ao objeto* da alteração do contrato de concessão; e, por fim, (iii) uma terceira abordagem, por meio da qual, devido à influência das teorias dos contratos incompletos e dos contratos relacionais, se reconhece a importância da mutabilidade ampla (não mais limitada apenas à hipótese de alteração unilateral), sendo discutida a *forma pela qual pode ser veiculada* (inclusão de cláusulas prevendo renegociação mediante complementação da regulação contratual pela via da regulação por agência, entre outros).

O detalhamento de cada uma dessas abordagens doutrinárias é objeto dos subcapítulos que seguem.

1.2.1 Primeira abordagem: mutabilidade como sinônimo de alteração unilateral

Desde os primórdios da teorização do direito administrativo no Brasil, houve forte esforço no sentido de se consagrar a tese de que o Estado ocuparia uma posição de superioridade em relação aos indivíduos.[43] Essa preocupação produziu tamanho reflexo sobre a construção da dogmática em relação às concessões de serviços públicos que leva juristas a, até os dias atuais, apontarem como traço característico de tais contratos o fato de ser da sua natureza a atribuição de prerrogativas à administração pública, que lhe permitiriam, inclusive, alterar

---

[43] José Guilherme Giacomuzzi, em obra dedicada ao estudo comparado da exorbitância dos contratos administrativos nos sistemas jurídicos norte-americano, francês e brasileiro, aponta a influência dos fundamentos epistemológicos da dicotomia do direito público e privado, no direito francês e brasileiro, para a construção da ideia de que haveria uma espécie de superioridade do Estado em relação aos indivíduos. Tal concepção seria determinante para o reconhecimento quanto à necessidade de atribuição de prerrogativas específicas ao Estado no âmbito de contratos administrativos. De acordo com esse autor, "[o] paradigma no qual o jurista francês ou brasileiro operam é diferente, porque suas assunções epistemológicas sobre o mundo (jurídico) são diferentes. Em termos genéricos, o jurista francês (ou brasileiro) louva o Estado antes do indivíduo. (...) Ademais, o aparato cognitivo dos juristas brasileiros e franceses herdou a *summa divisio romana* 'direito público versus direito privado', que facilitou uma concepção de Direito na qual a desigualdade entre o Estado e o indivíduo é não só um lugar-comum no discurso jurídico, mas também um ponto de partida metodológico, como adiante será explorado" (*Estado e contrato: supremacia do interesse público*, 2011, p. 78). Tal circunstância produz efeitos sobre os contratos administrativos, já que, "[c]omo sabemos, as origens da exorbitância na França e no Brasil são diferentes e, num certo sentido, mais amplas em seu alcance. Nesses dois países, como antes referido, as normas ditas exorbitantes têm direta relação com o papel central exercido pelo Estado na cultura jurídica e na sociedade. Os contratos administrativos obedecem a normas exorbitantes não em razão de uma circunstância de guerra ou excepcional, mas porque toda a estrutura jurídico-social desenvolveu 'exorbitando' as normas jusprivadas" (*idem, ibidem*, p. 85-86).

unilateralmente seu conteúdo, resguardados os direitos patrimoniais do particular contratado.[44]

Tratando sobre as bases da teoria e regime jurídico dos contratos administrativos em geral, Pedro Gonçalves aponta que:

> O *regime do contrato administrativo foi, assim, pensado* para exprimir, mais do que a diferente posição das partes, a diferente natureza dos interesses por elas prosseguidos, *conferindo à Administração o poder de introduzir alterações ou modificações* no regime substantivo que dele consta, sem que para isso necessite do consentimento do seu co-contratante (ou seja, as alterações introduzem-se sem necessidade de um contrato adicional, modificativo ou substitutivo).[45] (Grifos meus)

À época em que a teorização sobre os contratos de concessão foi construída, havia preocupação no sentido da *afirmação de tais contratos* como algo *diferente dos contratos regidos pelo direito privado*.[46] Em boa medida, era o exercício das prerrogativas exorbitantes, supostamente necessárias à satisfação do interesse público, que os diferenciaria desses

---

[44] Hely Lopes Meirelles, tratando sobre as características gerais dos contratos administrativos – tomados como gênero –, colocou que: "O que realmente o tipifica e o distingue do contrato privado é a participação da Administração na relação jurídica com supremacia de poder para fixar as condições iniciais do ajuste. Desse privilégio administrativo na relação contratual decorre para a Administração a faculdade de impor as chamadas cláusulas exorbitantes do direito comum" (*Direito administrativo brasileiro*. 8ª edição. São Paulo: Revista dos Tribunais, 1981. p. 190).
Também enaltecendo a prerrogativa de alteração unilateral, pontua Maria Sylvia Zanella Di Pietro, ao tratar sobre as características da concessão: "Não há dúvida de que na concessão de serviço público se estabelece uma relação contratual entre concedente e concessionário, na qual este último tem os interesses especulativos próprios de qualquer empresário (...). Esse aspecto contratual, no entanto, não afasta o fato de que a concessão é uma forma de prestação de serviço público; em consequência, tudo o que diz respeito à organização do serviço é fixado unilateralmente pelo Poder Público e poder ser alterado também unilateralmente para adaptação às necessidades impostas em benefício do interesse público" (*Parcerias na administração pública*: concessão, permissão, franquia, terceirização, parceria público-privada e outras formas, 2011, p. 77).

[45] *A concessão de serviços públicos*: uma aplicação da técnica concessória. Coimbra: Almedina, 1999. p. 241.

[46] Tratando sobre a origem da teorização do contrato administrativo, Fernando Dias Menezes de Almeida pontua que "[a] teoria do contrato administrativo edifica-se, pois, sobre os elementos jurídico-estruturais herdados da teoria geral e do pensamento civilista francês de fins do século XIX e começo do século XX, desenvolvendo-se com apoio em desdobramentos específicos trazidos por autores como JÈZE, que conseguem desvencilhar-se de visões marcadas pelos elementos ideologicamente individualistas do contrato e pelo fundamento da soberania estatal para o Direito administrativo. Como mais adiante se vai discutir, a teoria do contrato administrativo, em muitas situações, sofreu distorções, sobretudo em sua aplicação prática, de modo a ressaltar-se do regime de prerrogativas especiais da Administração um viés fortemente autoritário" (*Contrato administrativo*, 2012, p. 152).

contratos, motivo pelo qual o foco das atenções foi na defesa e reforço da essencialidade da atribuição desse poder à administração pública – a ponto de constituir traço característico do instituto. Note-se que, embora tal abordagem encontrasse na mutabilidade da concessão um de seus elementos definidores, não se nota, em boa parte dessas obras doutrinárias, preocupação no sentido de aprofundar as avaliações sobre o fenômeno da mutabilidade.

Com efeito, da forma como abordada em certas obras doutrinárias, ainda que também fosse admitida a alteração do contrato para reequilibrá-lo em face da ocorrência de caso fortuito e eventos de força maior, pelo tratamento doutrinário dispensado à mutabilidade, era como se ela se esgotasse no exercício da prerrogativa de *alteração unilateral*.

Ao tratar sobre a alteração de tais contratos, Themistocles Brandão Cavalcanti pontuou que: "[d]esde que haja interesse público, conveniência technica incontestável, pode e deve a administração pública *impor* a revisão do contrato de concessão".[47] Ou seja: era como se a mutabilidade *apenas* pudesse ser veiculada por meio do exercício da prerrogativa estatal de alteração unilateral dos contratos. Tamanha a influência dessa concepção que se verifica em obras doutrinárias, inclusive dos dias atuais, entendimento segundo o qual o *princípio da mutabilidade* e o poder de *alteração unilateral* seriam expressões sinônimas.[48]

As alterações promovidas ao contrato pelo poder concedente, contudo, apenas poderiam incidir em relação aos aspectos *regulamentares*[49] da concessão. Como contraposição à prerrogativa de alteração unilateral, assegurava-se ao particular o direito à incolumidade da equação econômico-financeira do contrato, a qual, em hipótese alguma,

---

[47] *Instituições de direito administrativo brasileiro*. 2º Volume, 1938, p. 333.

[48] Maria Sylvia Zanella Di Pietro, tratando sobre o princípio da mutabilidade, coloca que: "[q]uanto ao *princípio da mutabilidade*, cabe destacar que a ele se submetem o concessionário e também os usuários do serviço público. Significa, esse princípio, que *as cláusulas regulamentares do contrato podem ser unilateralmente alteradas pelo poder concedente* para atender a razões de interesse público. Nem o concessionário, nem os usuários do serviço podem opor-se a essas alterações; inexiste direito adquirido à manutenção do regime jurídico vigente no momento da celebração do contrato. Se é o interesse público que determina tais alterações não há como opor-se a elas" (*Parcerias na administração pública*: concessão, permissão, franquia, terceirização, parceria público-privada e outras formas, 2011, p. 80).

[49] A alteração unilateral das denominadas *cláusulas regulamentares* constitui uma intervenção na "forma de gestão dos serviços", compreendendo, nos dizeres de Maria Sylvia Zanella Di Pietro, "o objeto, a forma de execução, a fiscalização, os direitos e deveres das partes, as hipóteses de rescisão, as penalidades, os direitos dos usuários" (*Parcerias na administração pública*: concessão, permissão, franquia, terceirização, parceria público-privada e outras formas, 2011, p. 77).

poderia ser alterada. Nas palavras de Hely Lopes Meirelles, ao "alterar unilateralmente as cláusulas regulamentares do contrato administrativo, a Administração não pode violar o direito do contratante de ver mantida a equação financeira originariamente estabelecida no ajuste".[50] Ou seja: é como se o conteúdo patrimonial – as cláusulas ditas "econômicas" do contrato – não pudesse ser modificado.

Aqui cabe, porém, uma ressalva: mesmo em meio aos doutrinadores que enfatizam o exercício da prerrogativa de alteração unilateral para a introdução de mutação aos contratos de concessão, há também aqueles que reconhecem a possibilidade de não somente as cláusulas regulamentares, mas também as cláusulas econômicas serem alteradas. Nesse sentido, Oswaldo Aranha Bandeira de Mello reconhecia a possibilidade de alteração das cláusulas econômicas (para este autor, as únicas "cláusulas contratuais"), em caso de *acordo entre as partes* ou de existência de *texto legal anterior autorizativo*.[51]

Dos trabalhos doutrinários que adotam a abordagem descrita neste subcapítulo 1.2.1, inferem-se, portanto: (i) a tendência de supervalorização à prerrogativa unilateral, que, para muitos, praticamente esgotaria, em si mesma, o fenômeno da mutabilidade nos contratos de concessão; e (ii) a praxe de atrelar a ideia de mutabilidade dos contratos à necessidade de manutenção do equilíbrio econômico-financeiro original. As lições decorrentes dessas obras, em alguma medida, influenciaram gerações de administrativistas e, ainda hoje, produzem reflexos quando se avalia o tema da mutabilidade.

Apesar disso, com o passar dos anos, nota-se evolução no enfrentamento do tema da mutação dos contratos de concessão, o que nos permite identificar uma segunda abordagem, a seguir exposta.

1.2.2 Segunda abordagem: busca pela definição de limites materiais ao objeto da alteração

Uma segunda abordagem identificada na doutrina administrativista sobre a mutabilidade nas concessões é a busca pela identificação de *limites materiais* ao conteúdo da alteração dos contratos.

---

[50] *Direito administrativo brasileiro*. 8ª edição. São Paulo: Revista dos Tribunais, 1981. p. 194.
[51] Nos dizeres desse autor, "as cláusulas contratuais entre a Administração Pública e os particulares não podem ser alteradas livremente por uma das partes, salvo texto legal anterior que assim disponha como peculiar ao tipo do contrato, e nos seus estritos termos legais, ou acordo de vontade, previsto no próprio contrato ou em documento preliminar, e ao qual as partes aderiram" (*Princípios gerais de direito administrativo*, vol. I, 2007, p. 692).

Quando se trata sobre alterações aos contratos de concessão, um tema que despertou grande atenção da doutrina é o dos *limites* para a sua realização. Uma vez reconhecido que a alteração dos contratos é da sua essência, passa a se discutir "o que" pode ser alterado. A despeito do silêncio da Lei Geral de Concessões em relação a esse aspecto, trata-se de preocupação ainda hoje bastante presente em obras doutrinárias que se dedicam ao tema.

O foco, originalmente orientado, especialmente, para a afirmação da *autonomia do instituto* da concessão de serviços públicos, volta-se, em segundo momento, para o caráter *moralizador* da contratação. A rigor, um dos principais motivos apontados para justificar a necessidade de as alterações aos contratos de concessão observarem limites seria a importância de se coibirem "desvios", vale dizer, a prática de atos "ímprobos". Existe forte receio, explicitado em diferentes obras, no sentido de que a inexistência de limites poderia ensejar alterações oportunistas. Sendo assim, a existência de limites seria uma forma de conter abusos.[52]

Desse modo, parte da doutrina defende que, embora alterações devam ser admitidas, a imposição de limites seria capaz de compatibilizar a necessidade de alteração com a preservação do princípio da *moralidade* e da *impessoalidade*. Trata-se de uma tentativa de se valer do regime jurídico contratual para coibir desvios na execução do contrato. A despeito da existência de normas específicas capazes de sancionar, inclusive criminalmente, aqueles que incorram em condutas ilícitas em meio à execução de tais contratos, essa doutrina reputa como adequada a imposição de amarras à alteração contratual, que assumem papel verdadeiramente "moralizador", portanto.

Particularmente, compartilho a mesma preocupação com a coibição a desvios em meio à execução de contratos. Apesar disso, entendo que a fixação apriorística de limites gerais ao objeto da mutação dos contratos pode não ser a melhor solução. A partir do momento em que se fixam limites objetivos para a alteração, surgem dois riscos.

---

[52] Sobre o tema, Luís Roberto Barroso coloca: "[a] possibilidade ilimitada de alterar os contratos administrativos poderia permitir que o administrador beneficiasse ilicitamente o contratado ou prejudicasse, também ilicitamente, o vencedor de um processo licitatório. Algumas hipóteses não chegam a ser incomuns. Imagine-se um contrato cujo objeto, nos termos descritos no edital, é bastante simples e limitado, o que acaba por afastar do certame empresas de grande porte que atuam no setor. Após a adjudicação, porém, a Administração altera seus termos incrementando o objeto de forma substancial e, consequentemente, o valor a ser pago ao particular. Pode-se visualizar aqui uma forma de burlar a regra licitatória e os princípios da igualdade e da impessoalidade" (*Contratos administrativos*: limites e possibilidades de alteração, 2013, p. 422).

O *primeiro* deles é a possibilidade de, diante de motivo relevante, não ser possível realizar alteração que seja imprescindível à adequada prestação dos serviços pelo fato de existirem barreiras à sua realização, o que, dito de outra forma, pode significar que, em determinados casos, o receio de "desvios" prevalecerá sobre a própria finalidade maior da contratação.

O *segundo* risco é de os limites acabarem, na prática, por legitimar e incentivar alterações que estejam de acordo com eles, mas que sejam verdadeiramente indevidas. Por exemplo, a partir do momento que se autorizam, de forma expressa, alterações dentro de determinado limite, o agente público e o particular que pretendam incorrer em desvios em meio à modificação do contrato podem simplesmente ficar dentro da margem estabelecida e, caso questionados perante órgãos de controle, podem defender a legalidade das alterações com base no argumento de que a modificação esteve "dentro dos limites" autorizados por lei. Note-se que a existência de *limites* prefixados tende, inclusive, a gerar uma espécie de comodismo quanto à *motivação* da alteração na hipótese de eles não serem excedidos, o que pode dificultar o controle sobre a modificação realizada – desvia-se o foco dos "motivos" da alteração para o dos "limites" ao objeto da mutabilidade.

De toda forma, a crítica apontada não parece reverberar na doutrina majoritária. Ainda hoje possui força o entendimento segundo o qual a definição de limites materiais ao conteúdo da alteração é mandatória, sendo variável, contudo, a sua definição. Com efeito, apesar de não se tratar de uma problemática propriamente recente, existem posições em diferentes sentidos. Para analisá-las, é importante que se tenham em mente o disposto na legislação, que será exposta a seguir em apertada síntese (e aprofundada no subcapítulo 1.3), e a interpretação conferida por aqueles que se ocuparam de delinear os limites materiais à alteração de contratos de concessão.

Diferentemente do que fez a Lei Federal nº 8.666/1993 (Lei de Licitações), que procurou estabelecer condicionantes relativamente objetivas para a modificação dos ajustes por ela disciplinados (art. 65, §§1º e 2º), a Lei Geral de Concessões não estabeleceu, de forma expressa, restrições de caráter geral ao *conteúdo* de eventuais alterações de contratos de concessão, conforme será aprofundado no subcapítulo 1.3.

Da análise das disposições legais que trataram, genericamente, sobre o tema da mutação aos contratos de concessão, depreende-se que não existem regras que estabeleçam limites materiais *gerais*, aplicáveis a toda e qualquer hipótese de mutação. Na realidade, o legislador buscou reservar espaço para que os próprios contratos ou legislação setorial tratem sobre o tema. Essa circunstância, contudo, não freou o ímpeto no sentido de fixar restrição ao objeto de eventuais alterações a tais contratos. Doutrina e, inclusive, jurisprudência cuidaram de tentar estabelecer os limites, de caráter geral ou específico, ao seu objeto.

Maria Sylvia Zanella Di Pietro aponta, de forma genérica, que a alteração das concessões deve "respeitar determinadas limitações, como a natureza do objeto, o interesse público, o direito do concessionário à manutenção do equilíbrio econômico-financeiro". Embora a autora reconheça a dificuldade de imposição dos limites quantitativos, tal como aqueles previstos na Lei Federal nº 8.666/1993, aos contratos de concessão de serviços públicos, ela pontua, resumidamente, que "a alteração não pode significar burla ao princípio da licitação". Vale destacar, contudo, que, no caso de concessão de serviço público precedida de *obra pública*, existiriam, na visão da autora, "dados mais objetivos, comensuráveis, passíveis de definição de um valor"; sendo assim, seria "perfeitamente aplicável o limite imposto pelo referido dispositivo da Lei nº 8.666" (a saber, o art. 65, §1º).[53]

Luís Roberto Barroso, em artigo que trata sobre a alteração de contratos de concessão de rodovias, aponta como limites para a realização de modificações a necessidade de "preservação do equilíbrio econômico-financeiro, motivação e demonstração de inexigibilidade de licitação autônoma da alteração". O autor inclui, também, como "diretrizes" a serem observadas os limites estabelecidos pela Lei de Contratos Administrativos no caso de alterações *quantitativas*.[54]

Independentemente das nuances[55] quanto à aplicação dos limites objetivos estabelecidos pela Lei Federal nº 8.666/1993, é possível colher,

---

[53] DI PIETRO, Maria Sylvia Zanella. *Parcerias na administração pública*: concessão, permissão, franquia, terceirização, parceria público-privada e outras formas, 2011, p. 81.

[54] Embora ele entenda que as críticas à aplicação dos parâmetros da Lei Federal nº 8.666/1993 sejam consistentes, o autor conclui: "[P]arece prudente, pelo proveito de se operar com um parâmetro objetivo, que tais percentuais sejam utilizados, não como regras cogentes, mas como diretrizes, também no âmbito das alterações quantitativas dos contratos de concessão. Isto é: o administrador deve considerar esses limites como marcos a serem respeitados no geral e cuja superação, ainda que possível, deve ser acompanhada de motivação mais analítica, que demonstre a conveniência da alteração para o interesse público e sua compatibilidade com os princípios constitucionais que vinculam a Administração Pública" (*O contrato de concessão de rodovias*: particularidades, alteração e recomposição do equilíbrio econômico-financeiro, 2012, p. 207).

[55] Apesar de ambos os autores citados entenderem possível a aplicação dos parâmetros da Lei de Contratos Administrativos para as concessões, o entendimento de cada um deles acerca da hipótese de incidência de tais limites não é o mesmo. Para Maria Sylvia Zanella Di Pietro, isso seria possível tão somente nos casos em que o contrato de concessão envolver, em seu objeto, a execução de *obras* pelo concessionário. Para Luís Roberto Barroso, o objeto da concessão seria irrelevante, porém apenas seriam aplicáveis os limites a alterações *quantitativas*, já que este autor entende que, mesmo para os contratos regidos

na jurisprudência, decisões que apontam a necessidade de consideração dos limites previstos nessa lei para que as alterações sejam realizadas a contratos de concessão, pois teria estabelecido limites objetivos às modificações dos contratos de que trata e se aplicaria aos contratos de concessão de serviços públicos subsidiariamente (art. 124).[56]

Carlos Ari Sundfeld, Jacintho Arruda Câmara e Rodrigo Pagani de Souza, ao analisarem os limites para a alteração de contratos de concessão no setor rodoviário que visem à *ampliação dos encargos* da concessionária (ou seja, em uma situação específica de alteração), apontam, em meio aos limites a serem considerados, a proibição para *extrapolação* do "*conteúdo básico da licitação*, sob pena de, a pretexto de alterar contrato antigo (licitado), formular-se contrato absolutamente novo (sem licitação)", de modo que não se admite a realização de alteração que incorpore encargo "desprovido de qualquer conexão com o objeto licitado". Além disso, para esses autores, uma segunda barreira é a *viabilidade de licitação*, de modo que não poderão ser incluídos na concessão "os encargos que, tomados isoladamente, admitam exploração econômica autônoma pelo sistema das concessões".[57] Além disso, citam, em outras passagens de seu artigo, como pressuposto para a alteração a necessidade de "redefinição do equilíbrio econômico-financeiro do contrato".[58]

Diferentemente do que entendem Luís Roberto Barroso e Maria Sylvia Zanella Di Pietro, esses autores possuem entendimento no sentido da inaplicabilidade às concessões dos limites objetivos previstos na Lei Federal nº 8.666/1993. Trata-se da posição também defendida nesta tese.

---

estritamente pela Lei de Contratos Administrativos, os limites objetivos de 25% e 50%, previstos no art. 65 desta lei, seriam aplicáveis justamente às alterações quantitativas, sendo necessária a observância, tão somente, dos outros limites genéricos nos casos de alterações qualitativas (preservação do equilíbrio econômico-financeiro, motivação e demonstração de inexigibilidade de licitação). No caso de alterações qualitativas, o autor entende que "não haveria sentido em fixar-se, a priori, um limite objetivo para essas alterações, em prejuízo eventual das necessidades concretas do interesse público" (*idem, ibidem*, p. 203), o que não significa, para o autor, que os limites gerais não seriam aplicáveis a esse tipo de alteração.

[56] Tal entendimento foi sufragado pelo Superior Tribunal de Justiça em diferentes julgados, a saber: (i) AREsp nº 442.454/RS, decisão monocrática, rel. Min. Napoleão Nunes Maia Filho, D.O.U. 30.06.2017; (ii) REsp nº 1.455.437/RS, decisão monocrática, rel. Min. Francisco Falcão, D.O.U. 30.03.2017; (iii) REsp 1.320.179/RS, decisão monocrática, rel. Min. Gurgel de Faria, D.O.U. 24.02.2017.

[57] SUNDFELD, Carlos Ari; CÂMARA, Jacintho Arruda; SOUZA, Rodrigo Pagani de. *Concessão de serviço público*: limites, condições e consequências da ampliação dos encargos da concessionária, 2007, p. 29.

[58] *Idem, ibidem*, p. 34.

Em *primeiro*, na visão de Carlos Ari Sundfeld, Jacintho Arruda Câmara e Rodrigo Pagani de Souza, isso se justifica pelo fato de que o fundamento por detrás dos limites objetivos da Lei Federal nº 8.666/1993 se assenta em hipótese de *dispensa* de licitação, "na qual a lei autoriza a contratação sem licitação, de novo objeto, desde que seja correspondente a uma parcela do valor de contrato anterior, que apresente objeto semelhante". Nas concessões, por seu turno, a regra constitucional, prevista no art. 175 da CF/88, exigiria sempre licitação, não sendo toleráveis exceções criadas pelo legislador, como são as dispensas. Por essa razão, o fundamento das alterações, nas concessões, não seria a dispensa, mas, sim, a ideia de *inexigibilidade* de licitação.[59]

Em *segundo*, a impossibilidade de aplicação por analogia dos limites da Lei de Licitações decorre do fato de que a imposição de limites objetivos se impõe como medida voltada a "assegurar equilíbrio fiscal à Administração, que orçou valor determinado e compatível com o objeto original no momento de realizar a licitação".[60] Diferentemente do que ocorre nesses contratos, em que a remuneração do contratado é paga exclusivamente pela administração contratante, as concessões, em regra, envolvem o pagamento de tarifas pelos usuários dos serviços, de modo que tal preocupação não se coloca da mesma forma que nos contratos regidos pela Lei nº 8.666/1993.

Em *terceiro*, nas concessões seria extremamente difícil definir o que seria o "valor do contrato", parâmetro este sobre o qual incidem os percentuais indicados no art. 65, §1º, da Lei de Licitações, haja vista não existir, nesses contratos, "um valor fixo definido como remuneração dos concessionários", fator esse que "dificulta, ou melhor, inviabiliza por completo a aplicação do citado limite, posto que, nas concessões, a limitação estaria baseada em incerta referência (o valor do contrato)".[61]

Eduardo Xavier e Luís Felipe Valerim Pinheiro, tratando sobre a alteração de contratos de infraestrutura – dos quais as concessões de serviços públicos seriam uma espécie –, apontam dois limites, a saber: "O objeto da concessão, de modo a não desnaturar o cerne da atividade delegada ao concessionário" e, também, "a equação econômico-financeira definida sobre investimentos, fluxo de receitas e despesas, custos e riscos considerados no momento da formulação da proposta pelo concessionário ou em episódio posteriores com sua anuência".[62]

---

[59] *Idem, ibidem*, p. 34-35.
[60] *Idem, ibidem*, p. 36.
[61] *Idem, ibidem*, p. 36.
[62] *Atualidade e casuística sobre alteração dos contratos de concessão de infraestrutura*, 2017, p. 133.

Flavio Amaral Garcia, em tese a respeito do tema da mutabilidade nos contratos de concessão, tece uma série de considerações a respeito da forma de introdução de mutação e não deixa de mencionar a necessidade de definição de limites materiais à mutabilidade. Na visão desse autor, "os princípios da concorrência e da intangibilidade do objeto desvelam-se como os mais relevantes parâmetros conformadores da mutabilidade".[63]

Da análise das posições doutrinárias acerca do tema, verifica-se que, a despeito dos termos pouco precisos da Lei Geral de Concessões no tocante aos limites das alterações em geral, foram construídos argumentos com o objetivo de estabelecer amarras ao conteúdo da alteração desses contratos, em muitos casos com o objetivo de evitar a prática de atos ímprobos.

Os limites de *natureza material*, em resumo, dizem respeito ao *conteúdo* (ou o objeto) da alteração e estabelecem a impossibilidade de a modificação: (i) alterar ou transmutar a natureza do objeto licitado; (ii) envolver objeto passível de licitação autônoma; (iii) não restabelecer o equilíbrio econômico-financeiro; e, para alguns doutrinadores, em casos determinados, (iv) deixar de observar os limites quantitativos estabelecidos na Lei nº 8.666/1993. Em relação a eles, algumas ponderações e reservas são pertinentes.

No capítulo 5.4, o tema é retomado e, com isso, são apresentadas minhas considerações acerca de cada um desses limites materiais usualmente invocados. Neste ponto, cabe, tão somente, registrar que os limites *materiais* ao conteúdo da alteração dos contratos de concessão, apontados pela doutrina, ou não constituem barreiras adequadas para a alteração da concessão, ou, no máximo, podem servir como limitação em situações específicas.

Não *parece ser possível* extrair do ordenamento jurídico brasileiro *restrições genéricas* ao *conteúdo* de eventual alteração do contrato de concessão, vale dizer, aplicáveis ao *objeto* de toda e qualquer alteração do contrato de concessão. Com efeito, a Lei Geral de Concessões, quando quis trazer limites ao conteúdo de alterações de seus contratos, fê-lo de forma expressa e específica, conforme detalhado no subcapítulo 5.4. Isso porque, para a realização de alterações específicas, a lei conferiu delineamentos precisos. Desse modo, ressalvados esses casos específicos e a despeito do que coloca a doutrina majoritária, não parece que seja possível extrair, da Lei Federal nº 8.987/1995 ou de outras leis setoriais, limites *genéricos* ao objeto da alteração das concessões.

---

[63] *A mutabilidade nos contratos de concessão*, 2021, p. 331.

A despeito da força, ainda hoje, dessa doutrina que aborda a questão da alteração dos contratos de concessão da perspectiva dos eventuais limites materiais a serem observados em seu objeto, há uma terceira tendência na teorização sobre o tema, que consiste em abordar o fenômeno da perspectiva da *forma* pela qual os contratos poderão ser alterados.

1.2.3 Terceira abordagem: reconhecimento da ampla mutabilidade das concessões e preocupação com adoção de mecanismos para introdução de mutação nos contratos

Há, também, uma terceira abordagem sobre o tema da mutabilidade nas concessões, que reflete tendência mais atual, de amplo reconhecimento quanto à natural mutabilidade das concessões[64] e que se preocupa, primordialmente, com a concepção de *mecanismos capazes de permitir que a mutação possa ser introduzida* de modo adequado. Os autores que tratam sobre o tema a partir dessa perspectiva usualmente tiram (ou, pelo menos, reduzem) a ênfase da abordagem relativa a "o que" alterar e conferem maior projeção ao "como" alterar.

Por detrás dessa terceira abordagem, há um pano de fundo que revisita as próprias bases dos contratos de concessão e questiona uma série de premissas que, até então, vinham sendo amplamente reconhecidas e defendidas por doutrinadores diversos.

Essa mudança na perspectiva de enfrentamento do tema possui íntima relação, de um lado, com as transformações mais atuais, também verificadas na própria *teoria geral dos contratos* (descritas no subcapítulo 1.1); e, de outro, com os paradigmas decorrentes da atuação de uma *administração pública democrática*.

As novas tendências verificadas no âmbito da *teoria geral dos contratos* têm sido adotadas por parte dos administrativistas, citados ao longo deste subcapítulo, devido às inúmeras similitudes entre contratos de concessão e aqueles por elas avaliados. Nesse sentido, a teoria dos contratos incompletos e a teoria dos contratos relacionais passaram a ser incorporadas ao discurso doutrinário mais atual sobre concessões.

O caráter *incompleto* dos contratos de concessão tem sido bastante enfatizado em estudos mais recentes. Há o reconhecimento de que,

---

[64] Neste sentido, cf. MOREIRA, Egon Bockmann. *Direito das concessões de serviço público*: inteligência da Lei 8.987/1995 (parte geral), 2010, p. 37.

durante a elaboração desses contratos, é impossível antecipar solução adequada para todas as possíveis situações a serem enfrentadas durante sua execução. Essa impossibilidade decorre de inúmeros fatores, como, *v.g.*, as incertezas envolvidas, a complexidade do seu objeto, o longo prazo de duração desses contratos, a racionalidade limitada e assimetria informacional de que dispõe a administração durante a fase de modelagem dos projetos. Ou seja, os custos de transação inviabilizam – e tornam absolutamente indesejável – a elaboração de um contrato de concessão "completo".[65] Nesse sentido, como coloca Vera Monteiro, "é própria do contrato de concessão sua incompletude, e contratos com essa característica normalmente importam a necessidade de serem feitas adaptações e de se permitir algum grau de flexibilidade durante sua vigência".[66]

Justamente por isso, deve ser reconhecido o caráter naturalmente flexível de tais contratos, que devem ser permeáveis às modificações que se fizerem necessárias no decorrer de sua execução, e, por conseguinte, a sua ampla mutabilidade.[67]

Além disso, também vem sendo enfatizada a existência de elementos *relacionais* em tais contratos.[68] Na medida em que contratos de concessão são, como coloca Flavio Amaral Garcia, "construídos a partir de uma relação duradoura que se beneficiará no caso das partes adotarem a cooperação, a confiança e a boa-fé como elementos centrais

---

[65] Sobre os motivos da incompletude de tais contratos, Licínio Lopes Martins aponta que "tais contratos são por natureza incompletos, não só pela dificuldade em precisar de antemão todas as vicissitudes futuras da respectiva execução, mas também – ou sobretudo – porque uma prévia planificação rigorosa de todos os aspectos do contrato constituiria uma limitação a uma necessária flexibilidade exigida pela adaptação do contrato à evolução da realidade, impedindo as partes, pois, de 'reorganizar' o contrato, de forma a este corresponder permanentemente às expectativas que motivaram a respectiva celebração" (*O equilíbrio econômico-financeiro do contrato administrativo*: algumas reflexões, 2012).

[66] *Concessão*. São Paulo: Malheiros, 2010. p. 68.

[67] Semelhante diagnóstico é retratado em: (i) MEIRELLES, Fernanda. *O paradoxo da regulação por contrato*: entre a segurança e a flexibilidade: o caso do tratamento de esgotos em Ribeirão Preto, 2005, p. 4-6; (ii) MOREIRA, Egon Bockmann. *Direito das concessões de serviço público*: inteligência da Lei 8.987/1995 (parte geral), 2010, p. 37; (iii) ZANCHIM, Kleber Luiz. *Contratos de parceria público-privada (PPP)*: risco e incerteza, 2012, p. 191; (iv) GARCIA, Flavio Amaral. *A mutabilidade e incompletude na regulação por contrato e a função integrativa das Agências*, 2014; (v) GUIMARÃES, Fernando Vernalha. *A reforma do modelo de concessões no Brasil*, 2019, p. 71; (vi) MAYER, Giovana. *Contratos de concessão, mutabilidade e boa-fé*, 2018, p. 10; (vii) ALENCAR, Leticia Lins de. *Equilíbrio na concessão*, 2019, p. 54; (viii) VALIATI, Thiago Priess. *O sistema duplo de regulação no Brasil*: a regulação por contrato complementada pela regulação por agência, 2019, p. 37; (ix) FREITAS, Rafael Véras de. *Incompletude em contratos de concessão*: ainda a teoria da imprevisão?, 2020, p. 171-172.

[68] Neste sentido, cf. MARQUES NETO, Floriano de Azevedo. *Concessões*, 2015, p. 62 e 391.

da construção coordenada das soluções pós-contratuais",[69] mostram-se pertinentes as lições oriundas da teoria dos contratos relacionais. Justamente por isso, a mutabilidade deve ser gestada em ambiente de transparência, consensualidade e com a consideração de todos os eventuais interesses envolvidos, o que leva autores a defenderem, inclusive, um caráter trilateral[70] ou, até mesmo, multipolar[71] desses contratos. Nesse contexto, exige-se, de todos os envolvidos, a observância dos "princípios da confiança e da boa-fé contratuais, a imporem uma permanente e ativa colaboração das partes, na medida em que só de tal modo é possível obter uma também permanente adaptação regulatória dos contratos", como aponta Licínio Lopes Martins.[72]

Esse posicionamento dos contratos de concessão situa-se em contexto no qual a forma de atuação da administração pública, de modo geral, passa a ser revista. Isso porque vai ao encontro da atual tendência de valorização de uma administração pública democrática, que exerce suas funções pautada no consenso,[73] com a colaboração e envolvimento da iniciativa privada, e procedimentalizada.[74]

---

[69] *A mutabilidade e incompletude na regulação por contrato e a função integrativa das Agências*, 2014, p. 72.

[70] Ao tratar sobre a natureza da concessão, Marçal Justen Filho aponta o caráter *trilateral* desse contrato: "O contrato de concessão produz efeitos jurídicos relativamente a três órbitas jurídicas. Em primeiro lugar, disciplina-se a posição jurídica do ente federativo titular da competência para prestar o serviço (dito 'poder concedente'). Em segundo lugar, dispõe-se sobre a posição jurídica de um sujeito (dito 'concessionário'), a quem é delegada a prestação do serviço público. Mas o contrato de concessão também disciplina os deveres, direitos e poderes jurídicos dos usuários" (*Concessões, permissões e autorizações*, 2013, p. 520).

[71] Floriano de Azevedo Marques Neto, em tese que avalia com profundidade o instituto da concessão, aponta o caráter multipolar desses contratos, o que decorreria, em grande medida, da sua natureza relacional. De acordo com o autor: "(...) na concessão bipolar o pacto concessório é concebido como um ajuste bilateral a vincular o Poder Público e o particular concessionário. Quando olhamos a concessão na perspectiva multipolar, é fundamental que sejam contemplados procedimentos e normas para proteção e participação dos demais interesses de particulares envolvidos no objeto delegado. (...) Enfim, a hodierna concessão passou a refletir justamente o caráter multipolar e a assumir um caráter normativo amplo, disciplinador de várias outras relações jurídicas para além do vínculo concedente-concessionário" (*Concessões*, 2015, p. 373-374).

[72] *O equilíbrio econômico-financeiro do contrato administrativo*: algumas reflexões, 2012.

[73] A concepção de consensualidade que aqui se adota não é aquela segundo a qual o exercício da atividade administrativa dependa da concordância ou anuência de terceiros, mas, sim, uma leitura que sugere o envolvimento ou participação dos terceiros interessados, no âmbito do processo administrativo que antecede a tomada de decisão (que devem, em sua motivação, demonstrar que os diferentes interesses envolvidos foram considerados) pela autoridade pública competente.

[74] Trata-se de um novo paradigma de atuação que, longe de constituir fenômeno restrito ao âmbito nacional, assume relevância verdadeiramente global. José Manuel Sérvulo Correia enfatiza os desdobramentos dessa nova forma de atuação da administração ao identificar os grandes traços do direito administrativo atual, que, incluem, entre outros aspectos, o

A tese segundo a qual a mutabilidade se esgotaria no exercício da prerrogativa de *alteração unilateral*, portanto, cede espaço àquela que defende o amplo grau de mutabilidade aos contratos de concessão, que deve ser operacionalizada de forma transparente e mediante o envolvimento e participação dos interessados. Nas palavras de Egon Bockmann Moreira, no atual contexto, "a mutabilidade consensual é aquela que deve ser prestigiada, com foco no projeto concessionário, que permita ao contrato se adaptar às novas circunstâncias e permanecer no tempo".[75]

Para parte dos autores cujas obras parecem acolher essa terceira abordagem, a alteração *unilateral* dos ajustes torna-se algo excepcional, e a própria valorização às prerrogativas da administração (amplamente aceita no primeiro momento, conforme descrito no subcapítulo 1.1) é, por vezes, questionada.

Em *primeiro*, isso decorre da constatação de que o exercício do poder de alteração unilateral de contratos pode gerar uma série de *externalidades negativas*. A doutrina em geral reconhece possíveis efeitos negativos decorrentes da inclusão desse tipo de cláusula: (i) aumento dos custos de transação, já que os licitantes precificarão o risco oriundo do exercício das prerrogativas de Estado por parte do órgão ou entidade contratante; (ii) possibilidade de a invocação dessas cláusulas ocorrer de forma autoritária e pouco transparente; (iii) incentivo à elaboração de contratos deficientes ou inadequados por parte da administração pública, que pode se valer das prerrogativas para consertá-los em momento posterior; e (iv) risco de a invocação de cláusulas exorbitantes mascarar objetivos escusos e ímprobos.[76]

Em *segundo*, particularmente, há dúvidas quanto à aptidão das alterações unilaterais para atingir os objetivos que, em teoria, justificam sua existência. Com efeito, o motivo para a atribuição desse tipo de prerrogativa ao órgão ou entidade concedente seria, em resumo, a sua aptidão para "satisfazer pelo melhor modo possível o interesse

---

"papel matricial do princípio do Estado de Direito Democrático", "a assunção de uma perspectiva relacional" por parte da administração, que impõe um reposicionamento do administrado no centro da atividade administrativa, e a "centralidade da perspectiva procedimental" (*Os grandes traços do direito administrativo no século XXI*, 2016).

[75] MOREIRA, Egon Bockmann. *Direito das concessões de serviço público*: inteligência da Lei 8.987/1995 (parte geral), 2010, p. 44.
[76] Sobre o tema, confira ALMEIDA, Fernando Dias Menezes de. *Mecanismos de consenso no direito administrativo*, 2008, p. 344-345; e MOREIRA NETO, Diogo de Figueiredo. *O futuro das cláusulas exorbitantes nos contratos administrativos*, 2008, p. 582.

público".⁷⁷ Parte-se da premissa de que todos os demais agentes envolvidos na execução do contrato de concessão ou por ela afetados devem ficar assistindo, como se meros espectadores fossem, à ação do poder concedente, que, sabedor de todos os interesses e necessidades existentes, traria a melhor solução para a satisfação do interesse público, imposta unilateralmente. Há, portanto, uma presunção, subjacente à prerrogativa de alteração unilateral, da forma como originalmente concebida, de que a administração pública contratante seria a porta-voz do interesse público – como se houvesse um único interesse público possível.⁷⁸

Trata-se de uma concepção que ignora a possibilidade de a concessionária, os usuários e quaisquer terceiros impactados, contribuírem para o êxito do empreendimento concessório. Assim, a depender da forma como este poder de alteração unilateral for exercido (isto é, sem qualquer envolvimento dos potenciais afetados), entendo que haverá incompatibilidade com os próprios postulados de uma administração pública que se pretende democrática, que reconhece a importância da participação de diferentes atores no funcionamento da máquina pública, ainda que a palavra final seja da administração pública.

Com a crescente disseminação da consensualidade na atividade administrativa, como premissa inerente à ordem constitucional brasileira e reconhecimento das externalidades negativas supramencionadas, a

---

[77] Diversas obras doutrinárias justificam a importância da prerrogativa de alteração unilateral para a satisfação do interesse público. Por todos, confira Celso Antônio Bandeira de Mello, que, ao tratar sobre as prerrogativas da administração pública, aponta que: "Sendo a concessão um instituto oriundo da necessidade de satisfazer pelo melhor modo possível o interesse público, dispõe o concedente de todos os meios necessários para adequá-la ao alcance deste propósito. O concedente não se despoja – nem poder fazê-lo – dos poderes requeridos para impor a realização mais conveniente do interesse coletivo. Resulta daí que tem, permanentemente, sobre o serviço prestado pelo concessionário plena disponibilidade, a qual se traduz na titularidade de um conjunto de poderes" (*Curso de direito administrativo*, 2011, p. 736).

[78] Trata-se de uma concepção que acaba sendo confrontada, inclusive, pela legislação em vigor. Devido a alterações introduzidas na Lei Federal de Processo Administrativo pela Lei Federal nº 14.210/2021, foi disciplinada a possibilidade de decisão coordenada, entendida como: "Instância de natureza interinstitucional ou intersetorial que atua de forma compartilhada com a finalidade de simplificar o processo administrativo mediante participação concomitante de todas as autoridades e agentes decisórios e dos responsáveis pela instrução técnico-jurídica, observada a natureza do objeto e a compatibilidade do procedimento e de sua formalização com a legislação pertinente" (§1º do art. 49-A da Lei Federal de Processo Administrativo). A decisão coordenada será cabível nos casos em que: (i) for justificável pela relevância da matéria; e (ii) houver discordância que prejudique a celeridade do processo administrativo decisório (art. 49-A, incisos I e II). Não fosse a complexidade na definição do interesse público a prevalecer em concreto, seria desnecessária a concepção de tal instituto.

própria sobrevivência das cláusulas exorbitantes passa a ser questionada por certos doutrinadores. A rigor, há quem defenda a impossibilidade de invocação ampla e irrestrita da prerrogativa de alteração unilateral na hipótese de o contrato nada dispor a respeito do tema. Para determinados autores, a discricionariedade para seu exercício estaria condicionada à expressa previsão contratual atribuindo esta prerrogativa ao poder concedente.[79] No entanto, este entendimento enfrenta divergência na doutrina.[80] Com efeito, diante do disposto na Lei Geral de Concessões, é inequívoco que o poder de alteração unilateral nas concessões permanece na ordem jurídica brasileira, de modo que o foco deve se direcionar à definição dos condicionamentos jurídicos para seu exercício.

Independentemente dessas nuances, nota-se que o foco, em geral, dessa terceira abordagem doutrinária em relação à mutabilidade nas concessões é com o *amplo reconhecimento da mutabilidade* e com a adoção de certos *mecanismos capazes de permitir que a mutação seja introduzida* de forma adequada, o que decorre do reconhecimento quanto à natureza naturalmente *incompleta* desses contratos e da presença de elementos *relacionais*, em linha com os novos paradigmas que devem nortear a atuação da administração pública.

Da análise da literatura mais atual, depreende-se que são plurais os mecanismos que poderão ser adotados com o objetivo de assegurar a adaptação dos contratos às cambiantes circunstâncias, seja na etapa de elaboração dos contratos, seja durante sua execução.

Uma *primeira* ferramenta que vem sendo defendida é a inclusão, na etapa de *elaboração* dos contratos, de *cláusulas contratuais que prevejam procedimentos de renegociação dos contratos*. Floriano de Azevedo Marques Neto, tratando sobre o tema, aponta que "o contrato deve conter procedimentos e critérios para balizar a negociação entre as partes acerca de cada questão desafiadora, de cada evento ensejador de uma repactuação em torno do objeto concedido".[81] Igualmente relevante é a inclusão de cláusulas que disponham sobre a disponibilização de

---

[79] Nesse sentido, confira ZANCHIM, Kleber Luiz. *Contratos de parceria público-privada (PPP)*: risco e incerteza, 2012, p 78-79; e REISDORFER, Guilherme F. Dias. *Contratos administrativos*: considerações sobre o regime contratual administrativo e a aplicação das competências exorbitantes, 2015, p. 113.

[80] ANDRADE, Leticia Queiroz de. *Teoria das relações jurídicas da prestação de serviço público sob regime de concessão*, 2015, p. 203; e GUIMARÃES, Fernando Vernalha. *Uma releitura do poder de modificação unilateral dos contratos administrativos* (ius variandi) *no âmbito das concessões de serviços públicos*, 2000, p. 112.

[81] *Concessões*, 2015, p. 391.

informações à administração pública, a fim de que, diante de contexto de renegociação, seja reduzida a assimetria informacional desta e haja condições de melhor compreensão das dificuldades enfrentadas pelo concessionário.

Um *segundo* mecanismo que tem sido bastante enaltecido consiste na defesa do exercício de *função integrativa pelas agências reguladoras*, que pode complementar a regulação ditada pelo contrato, sobretudo mediante a edição de atos normativos, tornando sua execução mais permeável a alterações.[82] É importante destacar que a regulação por agência não tem por objetivo substituir a regulação contratual, tratando-se de mecanismo a esta complementar e, inclusive, cuja discricionariedade acaba sendo limitada pelas balizas fixadas contratualmente.[83] Apesar do frequente entusiasmo com o potencial da *regulação por agência*, é necessário cautela na sua utilização, haja vista que, como coloca Pedro Gonçalves, "a regulação por contrato revelasse um instrumento essencial para atrair investimentos privados que, de outro modo, só com a regulação por agência não se realizariam".[84] Sendo assim, é preciso identificar o espaço existente para a atuação da regulação por agência – tema ainda pouco discutido.

Um *terceiro* expediente corresponde à adoção de *mecanismos alternativos de resolução de conflitos*. Diante da existência de uma lide e impossibilidade de as partes chegarem a uma solução mediante mútuo acordo por meio da autocomposição, é possível que a questão seja submetida à apreciação de terceiros, a partir da adoção de algum dos diversos instrumentos de heterocomposição disponíveis. Como lembra Giovanna Mayer, "a teoria dos contratos incompletos joga a solução dessas lacunas, caso não haja um consenso entre as partes, para um terceiro, que geralmente é um árbitro ou um juiz".[85] Embora não se trate da solução ideal, também no âmbito das concessões é possível que, diante da impossibilidade de se atingir uma solução adequada

---

[82] Neste sentido, cf. GARCIA, Flavio Amaral. *A mutabilidade e incompletude na regulação por contrato e a função integrativa das Agências*, 2014.

[83] Como bem colocam Joisa Dutra e Gustavo Kaercher, a diferença entre regulação contratual e discricionária é de grau. *In verbis*: "(...) não temos, rigorosamente, um embate entre regulação contratual de um lado e regulação discricionária de outro. Temos um continuum que vai da 'regulação (preponderantemente) contratual' até "regulação (preponderantemente) discricionária", com incontáveis situações intermediárias que desafiam nossa angústia classificatória e a obsessão pela nomenclatura miúda. E essas situações intermediárias se diferenciam por graus, não por cortes" (*Regulação contratual ou discricionária no saneamento?*, 2021).

[84] GONÇALVES, Pedro António P. Costa. *Regulação administrativa e contrato*, 2011, p. 19.

[85] MAYER, Giovanna. *Contratos de concessão, mutabilidade e boa-fé*, 2011, p. 12.

pela via negocial, é possível que seja atribuído a terceiros o papel de dirimir a controvérsia, de modo que, por meio de decisão adjudicada, acordo ou recomendações proferidas pela autoridade competente, seja conferida solução à controvérsia.[86] Em meio aos mecanismos que podem ser utilizados para essa finalidade, vale fazer referência à arbitragem, à resolução de conflitos na via administrativa pela agência reguladora, à utilização de *dispute boards*, à conciliação e à mediação, além, evidentemente, do recurso à via judicial.

A utilização de qualquer um dos mecanismos indicados acima pressupõe que as tratativas sejam tomadas em ambiente de processualidade, com diálogo efetivo e envolvimento dos eventuais impactados. Ademais, é importante notar que, para a sua estruturação, é de suma relevância que a mutabilidade seja objeto de preocupação não somente na etapa de execução dos contratos, mas durante a fase interna da licitação, isto é, durante a modelagem do projeto concessório, haja vista que o desenho contratual pode ser crucial para que a mutação possa ser operacionalidade de forma adequada. Inclusive, efetivamente tem havido uma releitura na forma de elaboração desses contratos, de forma a assegurar que esses ajustes sejam mais flexíveis e permeáveis às alterações ou complementações que se façam necessárias.

Do acima exposto, depreende-se que o tema tem ganhado, paulatinamente, maior relevância e complexidade, tendo passado de abordagens em que a avaliação relativa a esse assunto se dava de forma bastante simplória e limitada para as concepções doutrinárias mais recentes, em que as considerações a respeito da mutabilidade têm se sofisticado, assim como o tratamento contratual e regulatório. Uma vez pontuada a evolução do tema no plano doutrinário, é preciso

---

[86] Tratando sobre as vantagens de métodos alternativos para a resolução de conflitos na seara contratual, Juliana Bonacorsi de Palma pontua que: "Na seara contratual, as relações contratuais enquadram-se em um cenário de mutação na medida em que aumenta consideravelmente o número de contratos de longa duração para prestação de serviços públicos diversos, geralmente objetos de concessão, com duração de 30, 40 ou 50 anos. (...) Os métodos alternativos de solução de conflitos garantem a saúde da relação contratual de prazo diferido, pois os conflitos não se prolongam no âmbito judicial, mas são prontamente resolvidos de forma amigável. Técnicas como conciliação e arbitragem minimizam a instabilidade dos contratos administrativos, além de reduzirem os custos de transação na manutenção do pacto relacional. Outra motivação substancial corresponde à qualidade das decisões de resolução de conflitos. As sentenças arbitrais são largamente reconhecidas como técnicas porquanto proferidas por profissionais da escolha dos compromissários, geralmente ambientados com o objeto de discussão. O diferencial técnico vale significativamente para garantia da execução do objeto contratual" (*Atuação administrativa consensual*: estudo dos acordos substitutivos no processo administrativo sancionador, 2010, p. 204-205).

compreender o disposto na legislação, a fim de que seja analisada a compatibilidade das correntes doutrinárias apresentadas com a legislação e demais aspectos a serem considerados no enfrentamento do tema.

1.3 Fundamento constitucional e legal para a mutabilidade das concessões

Para que possa ser possível identificar os condicionamentos jurídicos que devem nortear a mutabilidade nas concessões, além do entendimento do estado da arte do tema na doutrina, é imprescindível avaliar as disposições normativas aplicáveis. A depender do tratamento dispensado pelas normas em vigor, será necessário considerar as particularidades existentes na avaliação do fenômeno da mutabilidade.

A Constituição Federal de 1988 dedicou dispositivo específico para tratar sobre as concessões de serviços públicos. A opção do texto constitucional foi no sentido de estabelecer, no *caput* do art. 175, as condições para a *outorga* da concessão (que deverá ocorrer mediante licitação) e, no *parágrafo único* desse artigo, balizas a serem observadas na definição do regime a ser observado no decorrer da *execução* contratual. Ou seja, houve escolha deliberada no sentido de segregar, em diferentes partes do mesmo dispositivo (*caput* e parágrafo único), as diretrizes que deverão nortear, em um primeiro momento, a etapa de estruturação da contratação (envolvendo a sua outorga) e, em um segundo momento, a fase de execução contratual. Não cabe, portanto, interpretar as regras inerentes à *execução* dos contratos de concessão (parágrafo único) com base nos princípios e regras que norteiam a sua *outorga* (caput) – notadamente a partir daquela que estabelece o dever de licitar.

De acordo com o *parágrafo único* do art. 175, que busca definir os contornos do regime jurídico contratual, a ser observado durante a execução do contrato, atribui-se à lei o papel de dispor, entre outras condições, sobre: (i) o *caráter especial* do contrato de concessão e de sua prorrogação, bem como as condições de caducidade, fiscalização e rescisão; (ii) direitos dos *usuários*; (iii) política *tarifária*; e (iv) obrigação de manter *serviço adequado*.

Ao prever o *caráter especial* do contrato de concessão, parece-me que houve o reconhecimento de que a concessão possui particularidades e não se confunde com o contrato administrativo típico, voltado à contratação de obras, serviços, compras e alienações, de que trata o art. 37, XXI. Tal especificidade decorre de uma série de fatores, como, por exemplo, o usual longo prazo de execução, a complexidade do seu objeto, riscos contemplados, a relevância dos interesses envolvidos e a necessidade de constante adaptação,[87] de modo que o postulado da prestação de serviço adequado (consagrado constitucionalmente) possa ser atendido. De tais características, depreende-se a aderência da teoria dos contratos *incompletos* às concessões, que as torna naturalmente mutáveis, a fim de que seja possível assegurar o atingimento das suas finalidades precípuas.

Também se inferem do texto constitucional os elementos *relacionais* que têm sido enaltecidos pela doutrina mais atual. Além de o próprio art. 175, parágrafo único, prever a importância de a lei resguardar os direitos dos usuários, que não devem, portanto, permanecer alheios à relação jurídica concessória, inúmeros outros dispositivos impõem uma mudança de paradigma na forma de atuação da administração pública, que deve, na maior medida possível, se despir da sua carapuça autoritária de outrora em prol de um modo de atuação pautado pelo consenso e que permita o exercício da democracia direta pelos envolvidos.[88] Essa mudança de paradigma está presente em diferentes dispositivos constitucionais, como é o caso, a título exemplificativo, do art. 5º, LIV (devido processo legal), LV (contraditório e ampla defesa) e XXXIV, "a" (direito de petição), do art. 37, *caput* (princípio da publicidade) e do art. 37, §3º (participação dos administrados no exercício da atividade administrativa). Tal paradigma de atuação, que pressupõe que a gestão dos contratos de concessão ocorra de forma *procedimentalizada*, mostra-se consentâneo com os pressupostos da teoria dos contratos relacionais, que demanda participação ativa, colaborativa e pautada pela boa-fé entre as partes envolvidas na execução do contrato.

Portanto, da análise das disposições constitucionais em vigor, depreende-se que estão presentes elementos que permitem enquadrar as concessões como contratos incompletos, relacionais e, portanto,

---

[87] Marçal Justen Filho, tratando sobre a necessidade de adequação de tais contratos, pontua: "[e]sse vínculo inafastável entre a concessão de serviço público e a satisfação de necessidades coletivas essenciais conduz à necessidade de permanente adequação da atividade desenvolvida pelo concessionário à obtenção da melhor alternativa para realização dos interesses em jogo" (*Teoria geral das concessões de serviço público*, 2003, p. 75-76).

[88] Neste sentido, Gustavo Binenbojm aponta que: "A nova principiologia constitucional, que tem exercido influência decisiva sobre outros ramos do direito, passa também a ocupar posição central na constituição de um direito administrativo democrático e comprometido com a realização dos direitos do homem" (*A Constitucionalização do Direito Administrativo no Brasil*: um inventário de avanços e retrocessos, 2008, p. 15). Em semelhante sentido, cf. DI PIETRO, Maria Sylvia Zanella. *Da constitucionalização do direito administrativo*: reflexos sobre o princípio da legalidade e a discricionariedade administrativa, 2010.

naturalmente mutáveis, tendo em vista a necessidade de se assegurar a manutenção de *serviço adequado*, sendo necessária que a introdução de mutação decorra de *processo administrativo*, que deverá observar condicionantes jurídicas inerentes à garantia do *devido processo legal*.

Na medida em que a Constituição Federal de 1988, seguindo a tendência de suas antecessoras,[89] estabeleceu *reserva de lei* para disciplinar aspectos cruciais dos contratos de concessão, também é necessário mapear, no plano legal, as principais normas aplicáveis para que se possa identificar, com precisão, o conjunto normativo que estabelece os condicionamentos jurídicos que deverão nortear o fenômeno da mutabilidade no âmbito de tais contratos.

Sem prejuízo da existência de leis setoriais específicas, que estabelecem regras diferenciadas a cada serviço de titularidade estatal (art. 21, XI e XII, art. 25, §2º, e art. 30, V), a Lei Federal nº 8.987/1995 ocupou papel de destaque na regulamentação do art. 175, *caput* e parágrafo único, da CF/88, tendo em vista o seu caráter de lei geral das concessões de serviços públicos. Sendo assim, as disposições estabelecidas por essa lei são de suma importância para a identificação das normas aplicáveis a tais contratos.

Apesar de se tratar de lei editada há mais de duas décadas, seu texto permanece atual. Longe de ter tido a intenção de estabelecer regime jurídico único, aplicável a todo e qualquer contrato de concessão, houve a opção, na Lei Geral de Concessões, no sentido de deixar espaço para regulamentação setorial e contratual, à luz das particularidades envolvidas em cada caso. A deferência ao tratamento contratual e à normatização setorial, prevista no texto dessa lei, nem sempre foi bem interpretada por parte da doutrina, que, muitas vezes, entendeu seu silêncio como uma lacuna a ser preenchida com base nas disposições da Lei Federal nº 8.666/1993, em pontos absolutamente incompatíveis com a própria natureza das concessões – como apontado no subcapítulo 1.2.2.

De toda forma, o que parece possível extrair das disposições da Lei Geral de Concessões e que aproveita ao tema da mutabilidade são, em resumo, os seguintes aspectos:

---

[89] Após o advento da República, todas as constituições, ressalvada a de 1891, fizeram alusão expressa às concessões de serviços públicos (arts. 137 e 142 da Constituição de 1934, art. 147 da Constituição de 1937, art. 151 da Constituição de 1946 e art. 167 da Constituição de 1967), prevendo, contudo, a necessidade de edição de lei para regulamentar determinados aspectos do regime jurídico das concessões.

(i) em linha com o disposto no art. 175 da CF/88, houve reforço à compreensão da concessão de serviços públicos como *contrato* (arts. 1º e 4º), o que produziu impactos significativos na doutrina e permitiu que a teorização acerca do tempo evoluísse;

(ii) diante do caráter incompleto desses contratos, a lei parece ter reconhecido a possibilidade de seu teor ser *integrado* e *complementado por normas* estabelecidas para regular a *prestação dos serviços* (art. 4º, art. 29, I e II, art. 31, I e IV). Sendo assim, é possível que a mutação seja introduzida, em concreto, por atos normativos editados por órgão e/ou entidade que exerça atribuições típicas de poder concedente.

Apesar disso, foi estabelecida na lei *reserva de contrato* para disciplinar certos temas, haja vista que determinadas matérias constituem objeto de cláusulas essenciais (art. 23). Para tais matérias, há, portanto, vedação para que o sejam tuteladas exclusivamente por meio de atos normativos. Sendo assim, é necessário que o contrato disponha sobre elas e que sua eventual alteração seja promovida por meio de termo aditivo ao contrato (instrumento de natureza contratual).

O respeito à *reserva de contrato* estabelecida constitui medida de grande relevância aos concessionários, que necessitam de proteção jurídica aos investimentos realizados ante eventuais ingerências políticas, que poderiam, pela edição de atos normativos, subverter as condições originais da outorga e afetar, com isso, o retorno razoavelmente esperado pelo concessionário;

(iii) um dos pressupostos de toda concessão é a manutenção da prestação de *serviço adequado*, envolvendo, entre outros aspectos, a "continuidade", a "modernidade das técnicas, do equipamento e das instalações" e a "melhoria e expansão do serviço" (art. 6º, *caput* c/c §§1º e 2º), o que pode constituir *fundamento jurídico para alterações ou complementações em geral* aos contratos de concessão que sejam necessárias para a satisfação desse princípio e, portanto, faz com que a *mutabilidade permeie toda a execução do contrato*, sob pena de frustração desta premissa;

(iv) a Lei Geral de Concessões admitiu, expressamente, a possibilidade de a *mutação* ser promovida mediante exercício da prerrogativa de *alteração unilateral* pelo poder concedente (art. 9º, §4º).[90] No entanto, é equivocado supor que tais situações resumam, em si mesmas, o fenômeno da mutabilidade como um todo. A mutabilidade é mais ampla e também poderá ser promovida de forma consensual (e não somente unilateral);

(v) a Lei Geral de Concessões admite que a mutabilidade seja decorrência de um processo de restabelecimento do equilíbrio econômico-financeiro devido à materialização de eventos supervenientes (art. 9º, §3º, e art. 10). Apesar disso, tal como destacado no item acima, a mutação introduzida em decorrência de eventos ensejadores de reequilíbrio não esgota o fenômeno da mutabilidade, que pode decorrer de uma ampla gama de situações, o que se torna possível, em especial, devido à consagração do princípio da prestação de *serviço adequado*, que pode justificar a sua alteração ou complementação em situações fáticas plurais;

(vi) em linha com a doutrina mais atual (subcapítulo 1.2.3), também há incentivo para que a *mutabilidade* tenha por fundamento jurídico o próprio contrato, que poderá incorporar *cláusulas de revisão ordinária* e *cláusulas que estabeleçam gatilhos para renegociação* das condições originalmente pactuadas, sobretudo no que se refere às tarifas, às condições de alteração e expansão do serviço e à modernização, aperfeiçoamento e ampliação dos equipamentos e instalações (art. 9º, §2º, e art. 23, V);

(vii) havendo conflito, discussões relacionadas à execução do contrato podem ser resolvidas *judicialmente, administrativamente* ou, ainda, mediante a utilização de *mecanismos privados para resolução de disputas* (art. 23, XV, art. 23-A e art. 29), que poderão, inclusive, culminar na celebração de acordo administrativo para encerrá-las, cujo teor poderá introduzir, indiretamente, mutação ao contrato de concessão;

---

[90] Neste ponto, como já defendi em outra oportunidade, parece-me que as hipóteses de reequilíbrio decorrentes de outros eventos supervenientes, calcados, por exemplo, na teoria da imprevisão, e previstos na Lei Federal nº 8.666/1993 são aplicáveis às concessões, tendo em vista a compatibilidade da norma trazida no art. 65, II, "d", desta lei com a natureza dos contratos de concessão e a relevância dos interesses envolvidos (*Equilíbrio na concessão*, 2019, p. 79).

(viii) apesar da força da doutrina que busca impor limites materiais à alteração das concessões (subcapítulo 1.2.2), a *lei não teve a intenção de fixar limites materiais gerais* em relação ao *objeto* de toda e qualquer alteração. Na realidade, isso apenas se verifica para as hipóteses nela expressamente previstas, como, por exemplo: (i) no caso de alteração unilateral, o *conteúdo* da mutação deverá vir acompanhado de medida capaz de restabelecer o equilíbrio econômico-financeiro eventualmente rompido (art. 9º, §4º); (ii) alteração da figura do concessionário, na hipótese de transferência da concessão, hipótese em que é necessária a assunção do compromisso, pelo eventual interessado, de cumprimento das cláusulas do contrato em vigor (art. 27).

Diante disso, entendo que, exceto nas hipóteses expressamente previstas, a eventual identificação de limites materiais, em concreto, ao objeto da alteração do contrato dependerá da avaliação de restrições eventualmente previstas no próprio contrato ou na legislação e regulamentação setorial.

(ix) o caráter relacional das concessões é adotado pela lei ao prever, em diferentes passagens, a necessidade de *transparência, postura colaborativa e envolvimento dos interessados* (incluindo os usuários dos serviços) em todas as etapas da concessão, desde a fase da modelagem até a sua execução, premissas que deverão, portanto, nortear o *processo administrativo* voltado a, (i) durante a estruturação do contrato, definir os condicionamentos jurídicos específicos para introdução da mutação e, (ii) durante a execução do contrato, efetivamente viabilizar a introdução de mutação na concessão (art. 3º, art. 5º, art. 7º, II e IV, art. 9º, §5º, art. 21, art. 22, art. 29, VII e XII, art. 30, *caput* c/c parágrafo único, e art. 31, III).

Com base nas diretrizes supradescritas, verifica-se que o desenho normativo aplicável às concessões de serviço público foi estabelecido de forma atenta às particularidades desse tipo de contrato, à complexidade de seu objeto e à relevância das finalidades perseguidas pelo instituto.

Como já enfatizado no início desta parte I, desde os primórdios da teorização das concessões de serviços públicos, houve forte preocupação em se garantir espaço para a mutabilidade de tais contratos, embora em sua origem, por influência doutrinária, resumida à hipótese de alteração unilateral. Atualmente, as normas em vigor parecem reconhecer que a mutabilidade é da essência desses contratos e que eventuais restrições indevidas podem, no limite, comprometer a satisfação dos seus próprios objetivos, notadamente no que se refere à prestação de serviço adequado. Por esse motivo, ao invés de estabelecer limitações rígidas à mutabilidade, tanto a CF/88 como a Lei Geral de Concessões optaram por estabelecer regramento dúctil, que autoriza que a legislação setorial e contratos estabeleçam disposições mais adequadas à luz das especificidades envolvidas em concreto, respeitando, em qualquer caso, a natural incompletude desses ajustes e certos condicionamentos jurídicos gerais mínimos. Eventuais limitações materiais ao objeto da mutação, quando pertinentes, são previstas para casos específicos.

A mutabilidade ganha nova dimensão, e uma leitura atenta da Lei Geral de Concessões revela que houve preocupação no sentido de assegurar que a introdução de mutação possa ocorrer de forma adequada e compatível com a natureza jurídica dos contratos de concessão. Nesse sentido, além das tradicionais hipóteses de alteração unilateral e de reequilíbrio decorrente de fato superveniente, há previsão quanto à possibilidade de inserção de cláusulas de renegociação ou revisão, de integração/complementação do contrato pela via normativa (o que vem ocorrendo, sobretudo, pela atuação das agências reguladoras, que exercem atribuições típicas de poder concedente) e de envolvimento de terceiros, mediante utilização de mecanismos alternativos de resolução de controvérsias (conciliação, mediação, *dispute boards*, arbitragem etc.), conforme mencionado nos itens ii, iv, vi e vii acima. Em qualquer caso, devem a transparência, a consensualidade e a cooperação entre as partes nortear o comportamento de todos os envolvidos no âmbito do processo administrativo de elaboração, assim como o processo administrativo voltado à introdução de mutação a tais contratos, já no âmbito da sua execução.

Diante disso, a identificação dos condicionamentos jurídicos que devem nortear a mutabilidade nas concessões deve levar em consideração os delineamentos gerais conferidos pela CF/88 e Lei Geral de Concessões, sem prejuízo de outras leis setoriais ou relativas a assuntos que permeiam a mutabilidade das concessões, além do disposto nos próprios contratos de concessão.

Uma vez identificadas as balizas gerais, a parte II apresenta como, na prática, a mutação tem sido operacionalizada, a fim de que seja possível identificar os problemas a serem considerados, à luz do estado da arte do fenômeno, para que possamos verificar avanços e cautelas a serem considerados na definição dos condicionamentos jurídicos que devem nortear a alteração e integração dos contratos de concessão.

PARTE II

TRANSFORMAÇÕES E PANORAMA ATUAL DA MUTABILIDADE NAS CONCESSÕES BRASILEIRAS

A evolução do entendimento doutrinário e da interpretação que tem sido conferida às disposições normativas sobre o tema da mutabilidade nas concessões decorre dos fatores apontados ao longo da parte I, mas, também, em boa medida, da constatação *prática* de que uma leitura restritiva quanto ao fenômeno da mutabilidade pode prejudicar o próprio êxito do empreendimento concessório.

Sendo assim, a avaliação da experiência prática acumulada com concessões ao longo das últimas décadas pode contribuir para a identificação das tendências, das boas práticas e, também, dos pontos de preocupação.

Por esse motivo, esta parte II se dedica à descrição do diagnóstico da mutabilidade na prática concessória (capítulo 2), o que permitirá identificar as principais boas práticas e problemas que surgem em concreto em decorrência da falta de clareza quanto aos condicionamentos jurídicos que devem nortear a mutabilidade nas concessões (capítulo 3). A partir da compreensão desse panorama, será possível traçar os condicionamentos jurídicos que devem nortear a mutabilidade nas concessões, objeto dos capítulos que integram a parte III desta tese.

CAPÍTULO 2

DIAGNÓSTICO DA MUTABILIDADE NA PRAXE CONCESSÓRIA: O CASO DO SETOR AEROPORTUÁRIO

O exercício de analisar a prática concessória brasileira não é tarefa trivial. As concessões de serviços públicos vêm sendo utilizadas, há anos, em setores diversos pelos variados órgãos e entidades da União, dos estados, dos municípios e do Distrito Federal. O nível de maturidade de cada órgão ou entidade competente pela elaboração e gestão de tais contratos é distinto, sendo variável, exemplificativamente, a depender da complexidade do setor, da capacitação dos agentes públicos envolvidos, dos recursos financeiros dedicados ao respectivo setor, da experiência acumulada, entre outros fatores. Além disso, lei e regulação setoriais podem, em concreto, estabelecer condicionantes aplicáveis especificamente aos contratos de que tratam.[91] Por fim, são inúmeros os contratos já firmados e em vigor, o que torna hercúleo o esforço de empreender uma análise exaustiva em relação à praxe de todos os setores.

---

[91] Como coloca Dinorá Adelaide Musetti Grotti: "Diante da diversificação dos serviços públicos, fruto de profundas alterações no processo econômico-social definido por vários fatores, entre os quais, a inovação tecnológica e a sofisticação dos serviços, houve uma extinção da uniformidade de regime jurídico e foram sendo editados diplomas legislativos disciplinando setores específicos e determinados, como as Leis nº 9.427, de 26-12-96 e respectivas alterações sobre energia elétrica; e as Leis n. 9.295, de 19-7-96, e 9.472, de 16-7-97 (alterada pela Lei 9.986/00), sobre telecomunicações. Surgem o direito das telecomunicações, o direito da energia elétrica e assim por diante. (...) as concessões de serviço público não podiam sujeitar-se a normas idênticas àquelas previstas para as contratações administrativas genéricas, tendo em conta as regras adequadas às circunstâncias e natureza correspondentes" (*A experiência brasileira nas concessões de serviço público*, 2011).

Sendo assim, generalizações categóricas sobre o tema da mutabilidade não são possíveis. Apesar disso, a avaliação da experiência empírica de determinado setor, ainda que não esgote a praxe concessória brasileira, pode escancarar dilemas concretos em relação ao fenômeno, apontar tendências gerais e evitar que, no campo doutrinário, seja feita mera ode a aspectos que, embora possam parecer novidadeiros, já possuem aplicação consolidada. Dito de outra forma: conciliar teoria com prática traz uma boa dose de realismo às análises e permite que o foco das preocupações seja mais bem direcionado.

Justamente por isso, a fim de identificar tendências atuais em torno das concessões, a presente tese contempla avaliação sobre a experiência acumulada no *setor de infraestrutura aeroportuária federal*. A escolha desse setor decorreu de uma série de fatores.

O *primeiro* motivo para esse recorte metodológico é o fato de que se trata de um setor que, embora com programa de concessão relativamente recente, já reúne experiência relevante na estruturação, outorga e execução de contratos de concessão. Desde a primeira rodada de concessões aeroportuárias federais, em 2011, foram realizadas quatro outras rodadas adicionais, contemplando mais de 20 complexos aeroportuários do país, e vimos, nesse período, as concessões nesse setor nascendo e, ao longo do tempo, sendo aperfeiçoadas para correção de distorções identificadas na etapa de execução dos contratos.

A *segunda* razão é o fato de que se trata de um setor que sofreu impactos diretos, em 2017, de crise econômica e política e, em 2020, da crise instaurada pela pandemia de COVID-19, que trouxeram, em ambos os casos, significativa queda de demanda aos aeroportos e levou o governo federal a editar medidas provisórias com o objetivo de endereçar possíveis medidas de contorno aos impasses verificados. Na mesma toada, pouco tempo antes, a dificuldade para cumprimento das condições originalmente pactuadas havia culminado na criação, em 2016, do instituto da devolução amigável para posterior relicitação das concessões nesse setor. Tais elementos suscitaram discussões e controvérsias, tendo resultado na edição de medida provisória, posteriormente convertida em lei, e celebração de termos aditivos. Sendo assim, constitui experiência emblemática.

O *terceiro* motivo decorre do fato de que a execução dos contratos de concessão nesse setor impacta o interesse de diversos agentes econômicos, que têm assumido protagonismo efetivo na gestão desses empreendimentos concessórios. Além dos usuários dos serviços de transporte aeroportuário, existe o interesse do antigo operador do aeroporto (usualmente a Infraero), das empresas aéreas e das empresas que celebram contratos de cessão de uso de área aeroportuária com a concessionária para desenvolvimento de atividades auxiliares, que fazem uso de espaços físicos no aeroporto mediante remuneração paga à concessionária. Trata-se de agentes dotados de certo grau de sofisticação e que têm acompanhado e se envolvido na execução desses contratos, o que também repercute no teor dos novos contratos. Sendo assim, diferentemente de certos setores em que os usuários ainda não estão devida ou adequadamente organizados e são, por esse motivo, pouco atuantes, o nível de maturidade dos agentes afetados pelas concessões no setor aeroportuário é distinto.

Por fim, o *quarto* fator se relaciona com a existência de um órgão regulador autônomo, que vem exercendo, ativamente, a regulação nesse setor. Com efeito, em 2005, foi criada a Agência Nacional de Aviação Civil (ANAC) com o objetivo de exercer atribuições típicas de poder concedente no âmbito da concessão da exploração de infraestrutura aeroportuária e promover a regulação do setor, o que inclui a edição de atos normativos de observância mandatória aos concessionários. Diante disso, é possível identificar como, na prática, tem convivido o modelo de regulação por contrato e de regulação por agência, que vem sendo defendido por boa parte da doutrina mais recente como mecanismo capaz de viabilizar a supressão da natural incompletude dos contratos de concessão (subcapítulo 1.2.3).

Por tais motivos, justifica-se tomar como ponto de partida, para as investigações empíricas, o setor de concessões aeroportuárias federal a fim de compreender a mutabilidade na praxe concessória, que auxiliará na identificação dos problemas e cautelas a serem consideradas no âmbito da identificação dos condicionamentos jurídicos que devem animar o fenômeno da mutabilidade de contratos de concessão em geral. Isso não significa, como já mencionado, que elementos da experiência de outros setores serão desconsiderados e, tampouco, como já mencionado, que o diagnóstico das concessões aeroportuárias federais possa ser generalizado e aplicável a todas as concessões.

Para que seja possível compreender a realidade do setor em análise, serão, a seguir, apresentadas as particularidades legais do setor aeroportuário (subcapítulo 2.1), que se somam àquelas constantes da Lei Federal nº 8.987/1995, já descritas no subcapítulo 1.3, para, na sequência, descrever o tratamento contratual dispensado à mutabilidade nas concessões (subcapítulo 2.2) e, por fim, apresentar a forma pela qual as concessões nesse setor têm sido, na prática, modificadas (subcapítulos 2.3 e 2.4).

2.1 Evolução normativa aplicável às concessões no setor aeroportuário

A CF/88 atribuiu à União a competência para explorar, diretamente ou mediante autorização, concessão ou permissão, os serviços públicos de navegação aérea, aeroespacial e infraestrutura aeroportuária (art. 21, XII, "c"). A diretriz constitucional vai ao encontro do disposto em leis setoriais editadas anteriormente, como, por exemplo, a Lei Federal nº 6.009/1973 e a Lei Federal nº 7.565/1986 (Código Brasileiro de Aeronáutica),[92] que, antes mesmo da promulgação da Constituição Federal, já haviam estabelecido a possibilidade de a construção, manutenção e exploração de aeródromos públicos serem realizadas por meio de concessão (art. 1º da Lei Federal nº 6.009/1973 e art. 36, IV, do Código Brasileiro de Aeronáutica).

O programa de concessões no setor, contudo, apenas ganhou um colorido especial após a criação da ANAC.

Com a edição da Lei Federal nº 11.182/2005, além da instituição da ANAC, ficou definido, com maior clareza, o arranjo de competências setoriais e as diretrizes a serem observadas para nortear a atuação dessa autarquia. Nesse sentido, coloca-se que, em observância às políticas públicas estabelecidas pelo governo federal,[93] caberá à agência estabelecer o modelo de concessão de infraestrutura aeroportuária (art. 3º, II). Ademais, a lei atribuiu a ela a competência para exercer atribuições típicas de poder concedente, por meio, por exemplo, da aprovação de minutas de editais de licitação, homologação, adjudicação e outorga de concessão da exploração de infraestrutura aeronáutica e aeroportuária (art. 8º, XXIV, e art. 11, VI). Além disso, cabe à agência regular e fiscalizar a infraestrutura aeronáutica e aeroportuária, compor, administrativamente, conflitos de interesse entre agentes atuantes no setor, reprimir infrações à legislação e aplicar sanções cabíveis.

No exercício de seu poder normativo, cabe à ANAC disciplinar temas que afetam a execução dos contratos de concessão, como, por exemplo, aqueles que dizem respeito à definição: (i) do regime tarifário

---

[92] Para uma análise completa do histórico da legislação do setor de aviação e aeroportos no Brasil, cf.: AURÉLIO, Bruno. *A exploração da infraestrutura aeroportuária no Brasil*: a Infraero e as concessionárias de serviço público, 2017.

[93] À época da outorga das primeiras concessões aeroportuárias, tal competência vinha sendo exercida pela Secretaria de Aviação Civil, nos termos da Lei Federal nº 12.462/2011. No entanto, com a publicação da Medida Provisória nº 870/2019, posteriormente convertida na Lei nº 13.844/2019, a definição da política nacional de infraestrutura aeroportuária passou a ser de competência do Ministério da Infraestrutura (art. 35, I e X).

da exploração da infraestrutura aeroportuária, no todo ou em parte (art. 8º, XXV); (ii) de normas e padrões que assegurem a compatibilidade, a operação integrada e a interconexão de informações entre aeródromos (art. 8º, XXIX); (iii) de normas e padrões mínimos de segurança de voo, de desempenho e eficiência, a serem cumpridos pelas prestadoras de serviços aéreos e de infraestrutura aeronáutica e aeroportuária, inclusive quanto a equipamentos, materiais, produtos e processos que utilizem e serviços que prestarem (art. 8º, XXX).

De forma a assegurar a ampla participação dos interessados em tais processos de edição de atos normativos, a Lei Federal nº 11.182/2005 estabeleceu que "as iniciativas ou alterações de atos normativos que afetem direitos de agentes econômicos, inclusive de trabalhadores do setor ou de usuários de serviços aéreos, serão precedidas de *audiência pública* convocada e dirigida pela ANAC" (art. 27). A tal requisito se somam aqueles outros estabelecidos pela Lei Federal nº 13.848/2019 (Lei de Agências Reguladoras), que exige a prévia realização de Análise de Impacto Regulatório (AIR) e consulta pública (arts. 6º e 9º) como condição prévia à edição de atos normativos pelas agências.

Após alguns anos da criação e estruturação da ANAC, foi dado início ao programa de concessões de infraestrutura aeroportuária. A opção pela exploração indireta dos complexos aeroportuários, que, até então, vinham sendo, em sua grande maioria, explorados por empresa estatal federal (a Infraero), decorreu de uma série de fatores, mas, notadamente, do exaurimento da capacidade da infraestrutura existente para fazer face ao substantivo aumento de demanda verificado no período, da premente necessidade de realização de investimentos vultosos nesses ativos e dificuldade de o Estado assumi-los diretamente.[94]

---

[94] Como aponta Carlos da Costa e Silva Filho, "[a]pós um longo período de concentração da atividade aeroportuária nas mãos da Infraero, empresa pública criada pela Lei nº 5.862/72 para operar e explorar os principais aeroportos brasileiros, a tendência de reversão de tal quadro começou a se fazer presente com o surgimento de novas empresas aéreas e com a liberação do preço das passagens aéreas no início da década de 2000, traduzindo-se em aumento da demanda, sem que a infraestrutura aeroportuária estivesse preparada para acompanhar tal incremento e sem que o Poder Público tivesse meios financeiros suficientes à modernização ampla de toda a malha aeroportuária" (*Interferência recíproca entre os setores aeroportuário e aeroviário e seus impactos concorrenciais*, 2019, p. 48).
Outros fatores importantes considerados para a outorga de concessões são lembrados por Bruno Polonio Renzetti, segundo o qual: "A escolha por conceder os aeroportos se deu em um momento em que o Brasil precisava enfrentar sérios problemas de infraestrutura aeroportuária antes de receber dois grandes eventos esportivos: a Copa do Mundo de 2014 e os Jogos Olímpicos de 2016. A concessão de aeroportos ainda acabou assumindo protagonismo a partir do início da crise econômica em 2014, de forma que o Governo Federal não dispunha dos recursos necessários para efetuar as melhorias de infraestrutura necessárias" (*Infraestrutura e concorrência: o caso dos aeroportos brasileiros*, 2018, p. 23).

Apesar da importância da edição da Lei Federal nº 11.182/2005, não havia, propriamente, na época da sua publicação, um marco regulatório definido para a exploração de infraestrutura aeroportuária e atento às especificidades do setor no momento da estruturação do primeiro projeto concessório nesse setor.[95]

Por esse motivo, foi editado decreto federal estabelecendo as principais diretrizes a serem observadas na concessão do primeiro aeroporto incluído no Programa Nacional de Desestatização (PND), a saber, o Aeroporto de São Gonçalo do Amarante (ASGA), localizado no município de São Gonçalo do Amarante, no estado do Rio Grande do Norte (Decreto Federal nº 7.205/2010).

No Decreto Federal nº 7.205/2010, foi prevista, de maneira expressa, a necessidade de a concessão do ASGA observar o disposto na Lei Geral de Concessões. Além disso, esse ato normativo estabeleceu: (i) regras específicas sobre desapropriação e instituição de servidão administrativa (art. 4º); (ii) imposição de restrições ao regime da empresa concessionária a fim de preservar a competição no setor, prevendo, inclusive, período de *lock-up* de três anos, dentro do qual seria vedada a transferência da concessão (arts. 6º, 7º, 8º e 9º); (iii) prazo de até 35 anos para a concessão, com a possibilidade de prorrogação, por uma única vez, para fins de reequilíbrio (art. 12); (iv) necessidade de as tarifas aeroportuárias se sujeitarem ao teto determinado pela ANAC, que deverá observar, na sua fixação, os critérios definidos no decreto, incluindo aquele relativo à consideração de fator de produtividade na prestação dos serviços (arts. 15 ao 19); (v) mecanismos que poderão ser utilizados, a critério da ANAC, para recomposição do equilíbrio econômico-financeiro do contrato, bem como critérios que deverão nortear a sua definição (art. 20).

Além disso, o Decreto Federal nº 7.205/2010, que estabeleceu o modelo de concessão para exploração do ASGA, ocupou-se de ampliar o rol de *cláusulas essenciais* do contrato de concessão. Ou seja, a dita "reserva de contrato" para tal empreendimento concessório é maior do que aquela tipicamente aplicável às concessões. Além da necessidade de o instrumento contratual refletir as disposições previstas no art. 23 da Lei Geral de Concessões, determinou-se a inclusão, no contrato, de

---

[95] Essa circunstância é criticada por parte da doutrina. Segundo Flavio Amaral Garcia e Rafael Véras de Freitas: "[o] ideal seria a edição anterior de um marco regulatório específico para o setor, tal qual ocorreu com as telecomunicações, agregando maior segurança jurídica para todos os envolvidos e um planejamento a longo prazo para o segmento da aviação civil" (*Concessão de aeroportos*: desafios e perspectivas, 2012, p. 14).

cláusulas relativas, entre outras matérias: (i) aos critérios de alocação de riscos; (ii) às regras para transferência de controle e assunção de controle da concessionária pelos financiadores; (iii) garantias securitárias a serem contratadas; (iv) necessidade de certificação aeroportuária; (v) à vinculação às autorizações pertinentes expedidas pela ANAC e às condições para suas revisões (art. 23).

Embora a ANAC fosse a responsável pela execução e acompanhamento do processo de desestatização do ASGA, a elaboração dos estudos técnicos que forneceram as bases para a concessão do ASGA foi coordenada pelo Banco Nacional de Desenvolvimento Econômico e Social (BNDES) (art. 3º do Decreto Federal nº 6.373/2008). Isso ocorreu com o envolvimento da Infraero e demais órgãos setoriais, tendo sido realizado, também, procedimento de *audiência* e *consulta pública* para discussão das minutas com os eventuais interessados.

Trata-se de exigência estabelecida no Decreto Federal nº 7.205/2010, que, seguindo as melhores práticas, exigiu a submissão das minutas de edital e contrato do ASGA à prévia realização de audiência e consulta pública (art. 22). Audiências e consultas públicas são procedimentos de grande importância, capazes de reduzir a assimetria informacional do órgão que elabora a modelagem e de introduzir aperfeiçoamentos ou correção a eventuais equívocos que, se mantidos, poderiam incrementar os custos de transação envolvidos e, com isso, inviabilizar a obtenção da melhor proposta, incrementar os riscos envolvidos na contratação e, em certos casos, até mesmo, comprometer o êxito do empreendimento concessório.

O edital para a licitação do ASGA foi publicado em maio de 2011 e, em agosto desse mesmo ano, foi realizada a sessão pública do leilão (Leilão nº 01/2011-ANAC).

Nesse ínterim, em junho de 2011, foi publicada pela ANAC a Resolução nº 192/2011, de caráter geral, com o objetivo de permitir a apresentação de estudos e projetos técnicos, por parte de empresas, para subsidiar a modelagem da concessão para a expansão, manutenção e exploração de aeroportos brasileiros que viessem a ser concedidos à iniciativa privada. Nota-se que, apesar do ainda embrionário projeto de concessões no setor, a sinalização era clara: as concessões estavam vindo para ficar.

Um mês após a publicação da resolução, mais um passo foi dado nesse sentido com a edição do Decreto Federal nº 7.531/2011, que incluiu no PND o Aeroporto Internacional de Governador André Franco Montoro, localizado no município de Guarulhos, o Aeroporto Internacional de Viracopos, localizado no município de Campinas, ambos no estado de São Paulo, e o Aeroporto Internacional Presidente Juscelino Kubitschek, localizado em Brasília, Distrito Federal (art. 1º). Inicia-se, com isso, a 2ª Rodada de Concessões Aeroportuárias.

Devido à inexistência de um marco regulatório específico e ao fato de que o Decreto Federal nº 7.205/2010 havia tratado especificamente sobre a concessão do ASGA, foi editado novo decreto com o objetivo de fixar as diretrizes – desta vez, de caráter geral – para nortear a estruturação de projetos de concessão de infraestrutura aeroportuária. Trata-se do Decreto Federal nº 7.624/2011, que permanece em vigor.

O Decreto Federal nº 7.624/2011, ao definir diretrizes para nortear a outorga de concessões de infraestrutura aeroportuária em geral, preocupou-se em não cercear a discricionariedade dos órgãos competentes para a estruturação dos projetos. Assim, foram estabelecidas as alternativas cabíveis, cuja adoção, contudo, deverá levar em consideração as balizas normativas nele previstas.

Com efeito, essa orientação pode ser identificada nos dispositivos que tratam, exemplificativamente, sobre (i) o prazo da concessão, que deve ser livremente estabelecido pelo poder concedente, desde que compatível com a amortização dos investimentos, tendo definido, entretanto, os prazos a serem considerados na hipótese de prorrogação de prazo ou de outorga na modalidade de parceria público-privada (art. 6º); (ii) a definição do regime tarifário, que precisa ser estabelecido pela ANAC, devendo refletir, contudo, "transferência de ganhos de eficiência e produtividade aos usuários e considerar aspectos de qualidade na prestação dos serviços" (art. 7º, *caput* c/c §1º); (iii) os mecanismos de recomposição passíveis de serem utilizados pelo poder concedente para promover o reequilíbrio em favor de si próprio ou do concessionário (art. 18); (iv) os critérios a serem observados para que bens reversíveis possam ser dados em garantia pelo concessionário, abrindo-se margem para complementação do rol pela ANAC (art. 19); (v) a definição dos requisitos para a transferência da titularidade da concessão ou do controle acionário, sendo prevista a possibilidade de consideração de período de *lock-up* (art. 17); (vi) a possibilidade de o poder concedente incluir certas medidas, nas minutas, para assegurar as condições de concorrência no aeroporto (arts. 15 e 16); (vii) alternativas para a definição de responsabilidades em matéria de desapropriação ou instituição de servidões (art. 20).

Além disso, da mesma forma que fez o Decreto Federal nº 7.205/2010 (que tratou especificamente sobre a concessão do ASGA), o Decreto Federal nº 7.624/2011 também ampliou a *reserva de contrato*, ao estabelecer outras cláusulas essenciais que, obrigatoriamente, deverão constar nos instrumentos contratuais (art. 14). As matérias são, em geral, semelhantes àquelas definidas no decreto anterior, porém deixou-se de contemplar a obrigatoriedade de cláusula específica tratando sobre a necessidade de certificação aeroportuária e de vinculação do concessionário às autorizações pertinentes expedidas pela ANAC.

A despeito da ampliação do rol de matérias que, obrigatoriamente, deverão ser disciplinadas no instrumento contratual, manteve-se o reconhecimento quanto à possibilidade de o poder concedente exercer *função integrativa* em relação ao contrato, na mesma linha do disposto no art. 29, I e II, da Lei Geral de Concessões. A rigor, o Decreto Federal nº 7.624/2011 estabeleceu a possibilidade de a ANAC, por meio de seu poder normativo, exercer função integrativa no âmbito desses contratos. Isso porque se coloca que o concessionário deverá "prestar serviço adequado aos usuários e *observar as normas legais e regulamentares* relativas a aspectos técnicos e de segurança sobre aviação civil, especialmente as expedidas pela Agência Nacional de Aviação Civil – ANAC" (art. 4º). Sendo assim, além das cláusulas essenciais dos contratos, reconhecem-se o caráter naturalmente incompleto e a competência da agência para integrá-los, mediante ação normativa, em relação aos aspectos técnicos e de segurança.

Após a modelagem dos contratos de concessão dos aeroportos incluídos na 2ª Rodada, pautada nos termos deste decreto, foram estruturadas as concessões das 3ª, 4ª, 5ª e 6ª Rodadas de Concessões Aeroportuárias. A inclusão dos aeroportos integrantes de cada uma dessas rodadas no PND ocorreu, respectivamente, por meio dos Decretos Federais nº 7.896/2013 (3ª Rodada),[96] 8.517/2015 (4ª Rodada),[97]

---

[96] Integram a 3ª Rodada o (i) Aeroporto Internacional do Rio de Janeiro/Galeão – Antonio Carlos Jobim, localizado no município do Rio de Janeiro, estado do Rio de Janeiro, e o (ii) Aeroporto Internacional Tancredo Neves, localizado nos municípios de Confins e de Lagoa Santa, estado de Minas Gerais.

[97] Integram a 4ª Rodada os seguintes aeroportos internacionais: (i) Aeroporto Salgado Filho – SBPA, localizado no município de Porto Alegre, estado do Rio Grande do Sul; (ii) Aeroporto Internacional de Salvador – Deputado Luís Eduardo Magalhães – SBSV, localizado no município de Salvador, estado da Bahia; (iii) Aeroporto de Florianópolis – Hercílio Luz – SBFL, localizado no município de Florianópolis, estado de Santa Catarina; e (iv) Aeroporto Pinto Martins – SBFZ, localizado no município de Fortaleza, estado do Ceará.

9.180/2017 (5ª Rodada)[98] e 9.972/2019 (6ª Rodada).[99] A partir da 4ª Rodada, notam-se alterações na forma de condução da modelagem dos processos devido à criação do Programa de Parcerias de Investimentos (PPI), por meio da Lei Federal nº 13.334/2016.

---

[98] Integram a 5ª Rodada os seguintes aeroportos, que, nos termos do Decreto Federal nº 9.180/2017, poderiam ser concedidos individualmente ou em blocos, a depender das conclusões dos estudos a serem realizados para a licitação das áreas (art. 1º, parágrafo único): (i) Aeroporto Eurico de Aguiar Salles, localizado no município de Vitória, estado do Espírito Santo; (ii) Aeroporto Gilberto Freyre, localizado no município de Recife, estado de Pernambuco; (iii) Aeroporto Marechal Rondon, localizado no município de Várzea Grande, estado de Mato Grosso; (iv) Aeroporto de Macaé, localizado no município de Macaé, estado do Rio de Janeiro; (v) Aeroporto Orlando Bezerra de Menezes, localizado no município de Juazeiro do Norte, estado do Ceará; (vi) Aeroporto Presidente Castro Pinto, localizado no município de Bayeux, estado da Paraíba; (vii) Aeroporto Presidente João Suassuna, localizado no município de Campina Grande, estado da Paraíba; (viii) Aeroporto Santa Maria, localizado no município de Aracaju, estado de Sergipe; (ix) Aeroporto Zumbi dos Palmares, localizado no município de Maceió, estado de Alagoas; (x) Aeroporto Maestro Marinho Franco, localizado no município de Rondonópolis, estado de Mato Grosso; (xi) Aeroporto Presidente João Batista Figueiredo, localizado no município de Sinop, estado de Mato Grosso; (xii) Aeroporto Piloto Oswaldo Marques Dias, localizado no município de Alta Floresta, estado de Mato Grosso; e (xiii) Aeroporto de Barra do Garças, localizado no município de Barra do Garças, estado de Mato Grosso.

[99] Integram a 6ª Rodada os seguintes aeroportos, que, nos termos do Decreto Federal nº 9.972/2019, poderiam ser concedidos individualmente ou em blocos, a depender das conclusões trazidas nos estudos a serem utilizados para embasar a modelagem da licitação das áreas (art. 13, §2º): (i) Aeroporto Internacional de Curitiba – Afonso Pena, localizado em São José dos Pinhais, estado do Paraná; (ii) Aeroporto Internacional de Foz do Iguaçu – Cataratas, localizado em Foz do Iguaçu, estado do Paraná; (iii) Aeroporto Internacional de Navegantes – Ministro Victor Konder, localizado em Navegantes, estado de Santa Catarina; (iv) Aeroporto de Londrina – Governador José Richa, localizado em Londrina, estado do Paraná; (v) Aeroporto de Joinville – Lauro Carneiro de Loyola, localizado em Joinville, estado de Santa Catarina; (vi) Aeroporto de Bacacheri, localizado em Curitiba, estado do Paraná; (vii) Aeroporto Internacional de Pelotas – João Simões Lopes Neto, localizado em Pelotas, estado do Rio Grande do Sul; (viii) Aeroporto Internacional de Uruguaiana – Rubem Berta, localizado em Uruguaiana, estado do Rio Grande do Sul; (ix) Aeroporto Internacional de Bagé – Comandante Gustavo Kraemer, localizado em Bagé, estado do Rio Grande do Sul; (x) Aeroporto de Goiânia – Santa Genoveva, localizado em Goiânia, estado de Goiás; (xi) Aeroporto Internacional de São Luís – Marechal Cunha Machado, localizado em São Luís, estado do Maranhão; (xii) Aeroporto de Teresina – Senador Petrônio Portella, localizado em Teresina, estado do Piauí; (xiii) Aeroporto de Palmas – Brigadeiro Lysias Rodrigues, localizado em Palmas, estado do Tocantins; (xiv) Aeroporto de Petrolina – Senador Nilo Coelho, localizado em Petrolina, estado de Pernambuco; (xv) Aeroporto de Imperatriz – Prefeito Renato Moreira, localizado em Imperatriz, estado do Maranhão; (xvi) Aeroporto Internacional de Manaus – Eduardo Gomes, localizado em Manaus, estado do Amazonas; (xvii) Aeroporto Internacional de Porto Velho – Governador Jorge Teixeira de Oliveira, localizado em Porto Velho, estado de Rondônia; (xviii) Aeroporto de Rio Branco – Plácido de Castro, localizado em Rio Branco, estado do Acre; (xix) Aeroporto Internacional de Boa Vista – Atlas Brasil Cantanhede, localizado em Boa Vista, estado de Roraima; (xx) Aeroporto Internacional Cruzeiro do Sul, localizado em Cruzeiro do Sul, estado do Acre; (xxi) Aeroporto Internacional de Tabatinga, localizado em Tabatinga, estado do Amazonas; e (xxii) Aeroporto de Tefé, localizado em Tefé, estado do Amazonas.

Embora tais modelagens tenham sido erigidas durante a vigência do Decreto Federal nº 7.624/2011, foram incorporados ajustes a fim de refletir as particularidades de cada caso específico, bem como as lições aprendidas a partir da experiência acumulada. Em boa medida, essa adaptabilidade apenas torna-se possível pelo fato de a legislação não ter conferido tratamento categórico e exaustivo para essas concessões. Trata-se de aspecto de suma relevância para o êxito do empreendimento concessório.

Com o tempo, também foram editadas leis distintas com o objetivo de trazer resposta a problemas setoriais concretos e que acolheram, de forma expressa, a mutabilidade de contratos já firmados como uma possível solução aos impasses verificados. Foram três as leis, editadas ao longo da execução de contratos de concessão nesse setor, cujo teor possui relação com o fenômeno da mutabilidade. Trata-se das Leis Federais nº 13.448/2017 (Lei de Relicitação), 13.499/2017 e 14.034/2020.

Por meio da Lei de Relicitação, foi previsto o instituto da "relicitação" de contratos de concessão dos setores aeroportuário, rodoviário e ferroviário. De acordo com essa lei, trata-se de procedimento que abrange a "extinção amigável do contrato de parceria e a celebração de novo ajuste negocial para o empreendimento, em novas condições contratuais e com novos contratos, mediante licitação promovida para esse fim" (art. 4º, III).

Com isso, admite-se que o concessionário que esteja com dificuldade de cumprir as obrigações contratualmente assumidas requeira a devolução da concessão para fins de relicitação, de forma que seja assegurada a continuidade da prestação dos serviços (art. 13). A lei estabelece os requisitos que precisarão ser atendidos pelo concessionário, bem como os critérios a serem considerados pelo poder concedente para avaliar a necessidade, pertinência e razoabilidade de instauração do processo de relicitação (art. 14, §1º).

O processo de relicitação depende de celebração de termo aditivo com o atual contratado, cujo conteúdo foi especificado na lei e abrange, entre outras condições, a aderência do concessionário à relicitação e posterior extinção amigável, a suspensão das obrigações de investimentos vincendas e o compromisso arbitral para resolução de controvérsias (art. 15). Além disso, um dos efeitos da qualificação do contrato para fins de relicitação é o sobrestamento das medidas destinadas a instaurar ou dar seguimento a processos de caducidade eventualmente em curso contra o concessionário (art. 14, §3º). Desse efeito, nota-se semelhança entre o termo aditivo a que se refere a Lei de Relicitação e os acordos administrativos substitutivos de sanção, previstos também no art. 26 do Decreto-Lei nº 4.657/1942 (LINDB), conforme alterações introduzidas pela Lei Federal nº 13.655//2018, e no art. 32 da Lei de Agências Reguladoras.[100]

Além da Lei de Relicitação, também as Leis Federais nº 13.499/2017 e 14.034/2020, diante de contextos de crise específicos, concederam autorização específica para a celebração de termos aditivos aos contratos de concessão no setor aeroportuário como forma de minorar, em alguma medida, os impactos sofridos pelos concessionários.

A Lei Federal nº 13.499/2017, resultado da conversão da Medida Provisória nº 779/2017, foi editada em cenário de crise econômica e política que produziu forte impacto aos concessionários do setor. Por esse motivo, restou autorizada, por essa lei, a celebração de aditivos contratuais naquele momento para promover alteração do cronograma de pagamentos das outorgas nos contratos firmados até 31 de dezembro de 2016 (art. 1º). Para que tal modificação fosse realizada, para cada concessão, seria necessária a comprovação de atendimento a certos requisitos, de natureza procedimental e material, por parte dos concessionários (art. 2º), como, por exemplo, aquele relativo à necessidade de manutenção do equilíbrio econômico-financeiro original (art. 2º, §1º).[101]

Diante de novo cenário de crise que produziu impactos significativos no setor aeroportuário, decorrente da pandemia de COVID-19, foi editada a Medida Provisória nº 925/2020. O objetivo

---

[100] Apesar da referência a essas importantes leis que tratam sobre tais acordos administrativos, vale enfatizar que os fundamentos jurídicos para a celebração de tais instrumentos já poderiam ser extraídos de outros diplomas editados em momento anterior. Como apontam Sérgio Guerra e Juliana Bonacorsi de Palma, "[e]ssa visão de uma função da Administração Pública fundamentada na consensualidade já vem permeada em diversas áreas (ambiental, infraestrutura, antitruste etc.) como instrumento de promoção do interesse público. Contudo, a prática demonstrou que a falta de segurança jurídica decorrente da ausência de regras gerais, como agora surge com a LINDB, constituíam obstáculo à efetiva realização de acordos substitutivos em matéria que vai além da simples penalidade compensatória e alcança outras situações, como a incerteza jurídica ou situação contenciosa na aplicação do direito público" (*Art. 26 da LINDB*: novo regime jurídico de negociação com a Administração Pública, 2018, p. 166-167). Havia, até a edição da LINDB, forte resistência para a aceitação da ideia de que a administração pública poderia firmar acordos, o que, em alguma medida, pode justificar a edição da Lei de Relicitação nos termos ora descritos.

[101] Com a edição da Lei Federal nº 13.499/2019, o Ministério da Infraestrutura (à época denominado Ministério dos Transportes, Portos e Aviação Civil) editou a Portaria nº 135/2017 com o objetivo de disciplinar os parâmetros mínimos para análise dos processos de reprogramação da contribuição fixa dos contratos. Nessa norma, foram estabelecidos os prazos e requisitos a serem atendidos pelo concessionário interessado na modificação do cronograma de pagamentos previsto em seu contrato, bem como a competência do ministério para decidir sobre a solicitação.

dessa MP foi prever medida emergencial para atenuar os efeitos da crise decorrente da pandemia, de forma que o pagamento das contribuições, fixas e variáveis, com vencimento no ano de 2020, pudesse ser postergado por alguns meses (art. 2º). Essa MP foi convertida na Lei Federal nº 14.034/2020, que não apenas manteve a medida de auxílio prevista originalmente, como incluiu uma segunda alternativa ao franquear a alteração do cronograma de pagamentos das outorgas em tais contratos – instrumento incorporado, anteriormente, na Lei Federal nº 13.499/2017 (art. 9º).[102] Tanto a medida originalmente veiculada por meio da MP como, também, aquela acrescida ao texto da Lei Federal nº 14.034/2020 não se tratam, propriamente, de um reequilíbrio econômico-financeiro dos contratos – o que, no contexto, mostrava-se inviável –, mas de uma forma de minorar os impactos da pandemia para, eventualmente, reduzir o montante do desequilíbrio contratual verificado, a ser apurado em um segundo momento para fins de restabelecimento do equilíbrio rompido.[103]

---

[102] Com a edição da Lei Federal nº 14.034/2020, o Ministério da Infraestrutura editou a Portaria nº 157/2020 com o objetivo de disciplinar os parâmetros mínimos para análise dos processos de reprogramação da contribuição fixa dos contratos de concessão federal de infraestrutura aeroportuária celebrados até 31 de dezembro de 2016. Nessa norma, foram estabelecidos os prazos e requisitos a serem atendidos pelo concessionário interessado na modificação do cronograma de pagamentos previsto em seu contrato, bem como a competência do Ministério da Infraestrutura para decidir sobre a solicitação.

[103] Logo após a eclosão da pandemia, não era possível antever quais seriam os impactos dela decorrentes (ou das medidas restritivas estabelecidas pelo Estado para conter a sua proliferação). Com efeito, seu tempo de duração e proporção eram – e, no momento de elaboração desta tese, ainda são – incertos. Diante disso, a adoção de medidas imediatas voltadas a minorar os efeitos negativos e assegurar a continuidade dos empreendimentos concessórios tornou-se mandatória, sem prejuízo de eventual reequilíbrio em um segundo momento. Tratando sobre o tema em obra coletiva organizada durante os primeiros meses da pandemia, tive a oportunidade de registrar que: "(...) independentemente da possibilidade de existir direito ao reequilíbrio dos contratos de concessão, mediante comprovação dos impactos sofridos, a prioridade, neste momento, deve ser em evitar ou mitigar os desequilíbrios contratuais, o que apenas será possível mediante renegociação de cláusulas do contrato (ainda que em caráter temporário, por meio, por exemplo, da suspensão de determinadas obrigações). Isso pode, até mesmo, evitar eventuais procedimentos futuros (complexos, custosos e demorados) de reequilíbrio de contratos de concessão, os quais, de toda forma, me parece que serão cabíveis (desde que comprovados os impactos no equilíbrio contratual) e não devam ser descartados" (*Entre riscos e incertezas*: onde se enquadra o covid-19, 2020, p. 68-69).
Em semelhante sentido, Fernando Menezes de Almeida e Guilherme F. Dias Reisdorfer, avaliando a situação dos contratos administrativos, identificaram que: "Uma primeira etapa da reorganização, voltada ao enfrentamento das circunstâncias atuais, teria como finalidade viabilizar condições imediatas para o prosseguimento da execução do contrato, assim como mitigar os prejuízos aos contratantes. (...) O propósito que norteará essas iniciativas e o seu conteúdo é viabilizar o prosseguimento das atividades que atendem aos fins públicos", sem prejuízo da existência de "uma segunda etapa da reorganização do contrato constituiria na estipulação de uma solução definitiva – ao menos dentro dos

Trata-se de leis que não promovem, diretamente, alterações em contratos de concessão, mas foram editadas, todas elas, em contextos de crise específicos, com o objetivo de fornecer bases seguras para a celebração de termos aditivos voltados à modificação dos contratos. Sua edição – em casos nos quais sequer seria necessária – decorre do forte ceticismo e das dúvidas ainda existentes quanto à possibilidade e limite para a realização de alterações em contratos de concessão.[104] Sendo assim, trata-se de leis que se assemelham, em boa medida, a leis de efeito concreto, tendo em vista que voltadas a fornecer resposta a situações de crises ou dificuldades individualmente consideradas.

Além disso, vale ressaltar que, com o tempo, a ANAC passou a editar atos normativos plurais com o objetivo de regular os vínculos concessórios, sendo aplicáveis aos instrumentos que já se encontravam em vigor, mas, também, em alguns casos, aos novos instrumentos contratuais. No entanto, a fim de evitar repetição, os atos normativos pertinentes, que produzem algum tipo de efeito no âmbito da mutabilidade das concessões nesse setor, serão aprofundados no subcapítulo 2.4.

A seguir, será avaliada a evolução do tratamento contratual dispensado à mutabilidade para, na sequência, aprofundar a avaliação dos instrumentos, endo e extracontratuais, que, na prática, materializam o fenômeno da mutabilidade.

2.2 Tratamento contratual dispensado à mutabilidade

O primeiro contrato de concessão aeroportuária, relativo ao Aeroporto de São Gonçalo do Amarante, foi firmado em 2011 e, desde então, inúmeros outros complexos aeroportuários foram concedidos à iniciativa privada. A rigor, em 2012, foram outorgados os aeroportos integrantes da 2ª Rodada (Guarulhos, Viracopos e Brasília); em 2014, os da 3ª Rodada (Confins e Galeão); em 2017, os da 4ª Rodada (Florianópolis, Fortaleza, Porto Alegre e Salvador); em 2019, os da 5ª Rodada (Blocos Nordeste, Centro-Oeste e Sudeste); e, por fim, em 2020, os da 6ª Rodada (Blocos Sul, Central e Norte). Apesar do curto espaço

---

quadrantes dos efeitos produzidos pela pandemia e/ou pelo fato do príncipe de que trate –, diante de um cenário que se revele estável o suficiente para embasar tal deliberação. O receituário clássico se aplica aqui: promover o reequilíbrio contratual, por meio de uma ou mais das diversas medidas – não tipificadas – disponíveis no direito positivo" (Covid-19: imprevisão e fato do príncipe nos contratos administrativos, 2020, p. 34-35).

[104] Os limites materiais indicados no art. 2º, §1º, da Lei nº 13.499/2017, em boa medida, são bastante ilustrativos nesse sentido, haja vista que, com a restrição imposta, os próprios benefícios decorrentes da alteração acabam sendo relativizados.

de tempo entre cada uma dessas rodadas, houve esforço por parte dos órgãos competentes no sentido de incorporar aperfeiçoamentos a cada nova modelagem.[105]

Pode-se dizer que as mudanças que passaram a ser implementadas decorrem, em boa medida, da experiência adquirida, mas, também, do engajamento de diferentes *stakeholders* na fase de estruturação dos projetos. Em *primeiro*, o fato de a modelagem ter sido permeável ao diálogo com os agentes atuantes no setor ou impactados pelos projetos viabiliza o recebimento de subsídios no âmbito de consultas e audiências públicas,[106] de crucial importância para o aprimoramento das minutas. Em *segundo*, também o Tribunal de Contas da União tem veiculado recomendações e determinações, durante a etapa interna da licitação, com o objetivo de implementar, antes da realização dos certames, ajustes que lhe pareçam necessários, nos termos da Instrução Normativa nº 81/2018.[107] Em *terceiro*, a inclusão dos projetos no âmbito do PPI também veio acompanhada de modificações na modelagem, o que pode sinalizar que o novo arranjo institucional pode ter contribuído, em alguma medida, para esse processo.

Os principais aperfeiçoamentos dizem respeito a aspectos como (i) alteração das regras sobre outorga, de modo que, a partir das 2ª e 3ª Rodadas, a outorga fixa (ofertada pelo licitante vencedor no leilão) passa a conviver com uma outorga variável, já previamente definida, e, a partir

---

[105] Em sentido semelhante, cf.: MACHADO, Bernardo Vianna Zurli; INGOUVILLE, Martin; DAMASCENO, Thiago Machado; SALLES, Daniel Cardoso de; ALBUQUERQUE, Clarissa Taquette Vaz. *A evolução recente do modelo de concessão aeroportuária sob a ótica da financiabilidade*, 2019, p. 48.

[106] Vale lembrar que a realização de todos os leilões nesse setor foi antecedida da realização de consultas e audiências públicas e nota-se, ao longo dos anos, aumento relevante no engajamento e submissão de contribuições, sobretudo escritas, por parte dos interessados – somando algumas centenas de contribuições para cada nova rodada de concessões. Tal foi o propósito das Audiências Públicas nº 21/2010, 16/2011, 05/2013, 09/2016, 24/2016, 11/2018 e das Consultas Públicas nº 03 e 20/2020 – apesar das denominações utilizadas pela agência, em todos esses procedimentos foram realizadas audiência e consulta pública, nos termos dos arts. 31 e 32 da Lei Federal nº 9.784/1999.

[107] O TCU vem realizando avaliação dos projetos durante a fase interna da licitação e, nesse contexto, também realiza recomendações ou determinações plurais que acabam por contribuir para o desenvolvimento, inclusive, das cláusulas de renegociação do ajuste. Nesse sentido, vale fazer referência ao Acórdão nº 2.462/2018-Plenário, que, ao avaliar o processo de desestatização referente à 5ª Rodada de concessões aeroportuárias, recomendou à ANAC que, "em relação ao instituto da proposta apoiada, defina por meio de regulamentação superveniente ou disposição contratual as linhas gerais sobre o que constitui um nível adequado de transparência das informações da concessionária perante as demais partes interessadas, para fins de dar legitimidade ao processo de consulta aos usuários, evitando principalmente assimetria de informação entre a concessionária e as empresas aéreas" (item 9.2.1).

da 4ª Rodada, a dinâmica de pagamento da outorga fixa; (ii) inclusão de gatilhos para a realização de investimentos, baseados na demanda efetivamente observada, mecanismo este que se amolda bem à dinâmica de contratos incompletos, cujas incertezas permeiam sua execução;[108] (iii) flexibilização de exigência de participação da Infraero na sociedade de propósito específico (SPE), que havia sido estabelecida nos leilões das 2ª e 3ª Rodadas; (iv) paulatina incorporação de mecanismos que torna a gestão do contrato mais permeável à construção de soluções consensuais e negociadas, tal como o mecanismo da "consulta às partes interessadas relevantes" e da "proposta apoiada".[109]

Nem todos os mecanismos incorporados aos editais e contratos de concessão, ao longo do tempo, se relacionam diretamente com o tema da mutabilidade nas concessões, motivo pelo qual boa parte deles não será avaliada com profundidade ao longo deste subcapítulo.[110] O objetivo do presente subcapítulo é aprofundar, justamente, a análise das

---

[108] Tratando sobre as vantagens dessa sistemática, Bernardo Vianna Zurli Machado, Martin Ingouville, Thiago Machado Damasceno, Daniel Cardoso de Salles, Clarissa Taquette Vaz Albuquerque apontam que tais gatilhos: "(...) garantem alinhamento entre o investimento em ampliação de capacidade e o aumento de faturamento do aeroporto. Justificam o financiamento do investimento, à medida que o aumento de receita ajuda o projeto a pagar o serviço da dívida incremental. Se houver um investimento relevante que não é justificado pela demanda, o fluxo de caixa do projeto será pressionado. Outro ponto importante a ser considerado é que os investimentos não são prescritivos (...)" (*A evolução recente do modelo de concessão aeroportuária sob a ótica da financiabilidade*, 2019, p. 38).

[109] De acordo com a cláusula 6.16 dos contratos de concessão da 5ª Rodada de Concessões de Aeroportos, a proposta apoiada constitui "mecanismo de flexibilização regulatória cujo objetivo é permitir a manutenção do equilíbrio econômico-financeiro da concessão e da eficiência na gestão aeroportuária ao longo do período da concessão". Com isso, coloca-se, na cláusula 6.17, que: "A Concessionária poderá, apoiada pelas Empresas Aéreas, apresentar Proposta Apoiada para, em conjunto ou isoladamente: 6.17.1. Alterar valores de Receita Teto e Teto Tarifário ou estabelecer modelos alternativos de tarifação; 6.17.2. Estabelecer um ou mais parâmetros da concessão que irão vigorar no quinquênio subsequente a partir da Revisão de Parâmetros da Concessão seguinte; 6.17.3. Estabelecer novos compromissos relativos à oferta de infraestrutura e serviços aeroportuários não previstos no Contrato; ou 6.17.4. Alterar obrigações contratuais relativas à oferta de infraestrutura e serviços aeroportuários". A decisão da agência, em relação à proposta recebida, deve ser norteada pelos parâmetros definidos contratualmente. Nos termos da cláusula 6.18: "A ANAC deverá aprovar ou rejeitar a proposta levando em consideração: (i) critérios de boas práticas em termos de tarifação, investimentos, eficiência operacional ou de qualidade de serviço no aeroporto e/ou (ii) os interesses dos Usuários finais do aeroporto". O contrato também prevê, na cláusula 6.21, que, "enquanto vigente, a Proposta Apoiada, aprovada pela ANAC, prevalece sobre dispositivos contratuais que disciplinam as restrições à tarifação, as obrigações relativas à oferta de infraestrutura e serviços aeroportuários e os parâmetros que compõem a RPC, no que couber, tendo em vista o escopo da proposta".

[110] Para um panorama geral sobre a evolução dos contratos de concessão ao longo das diferentes rodadas de concessões aeroportuárias já realizadas, cf. VÉRAS, Rafael; ALBUQUERQUE, Gustavo Carneiro de. *Evoluções regulatórias e experimentais e as concessões de aeroportos*, FGV Transportes.

disposições contratuais que, em alguma medida, estabelecem limitações ou viabilizam a modificação posterior das condições originalmente pactuadas.

Para identificar o tratamento conferido pelos contratos de concessão ao tema, foi selecionado, ao menos, 1 (um) empreendimento concessório representativo de cada rodada de concessões aeroportuárias cujo contrato tenha sido firmado até maio de 2021. A partir disso, foram mapeadas as disposições contratuais que tratam, expressamente, sobre: (i) hipóteses de modificação do contrato; (ii) procedimento para alteração do contrato; e (iii) abertura à complementação ou integração posterior do contrato, por meio de acordo entre as partes, solicitação da concessionária, determinação do poder concedente ou edição de atos normativos pela ANAC, na qualidade de órgão regulador. No *apêndice A*, foram inseridas as tabelas que descrevem os resultados do levantamento empírico, cujos principais aspectos são apontados neste subcapítulo.

2.2.1 Hipóteses de mutação expressamente incorporadas ao instrumento contratual

Em relação ao *primeiro* eixo da avaliação, relativo às hipóteses de modificação expressamente previstas no contrato, nota-se que, desde a outorga da primeira concessão no setor, houve preocupação no sentido de, dentro do possível, antever situações que poderiam ensejar a alteração do contrato. Os contratos elaborados em momento posterior passaram a ampliar o rol de hipóteses em que o contrato poderia ser alterado. Isso porque, a partir da experiência adquirida, tornou-se possível vislumbrar novas situações ensejadoras de alterações ou integração, que valeriam ser antecipadas no instrumento contratual.

Originalmente, no âmbito da 1ª Rodada de Concessões, as hipóteses de alteração expressamente contempladas no instrumento contratual diziam respeito aos seguintes temas: (i) extinção de índices de reajuste; (ii) prorrogação do prazo contratual; (iii) alteração do cronograma de obras a serem executadas pelo poder público, caso o concessionário as assumisse; (iv) alteração na estrutura do sistema tarifário; (v) revisão dos parâmetros da concessão, a fim de determinar a metodologia de cálculo dos fatores X e Q; (vi) determinação da taxa de desconto a ser utilizada no fluxo de caixa marginal; (vii) alteração do valor das tarifas, das obrigações contratuais das concessionárias, além do prazo, para fins de reequilíbrio; (viii) transferência da concessão a outro concessionário.

Nos contratos de concessão subsequentes, outras hipóteses foram acrescidas a essas, como é o caso daquelas relativas à (ix) alteração do *conceito* de controle da concessionária; (x) solicitação de relicitação da concessão, a ser submetida pela concessionária e condicionada ao atendimento de certos requisitos e celebração de termo aditivo; (xi) possibilidade de alteração posterior do regime de liberdade de preços, previsto para a utilização de áreas aeroportuárias por terceiros interessados; (xii) inclusão da possibilidade de alteração de outras disposições contratuais para fins de reequilíbrio, como, por exemplo, a modificação das contribuições ao sistema; (xiii) alteração do capital social mínimo.

Da análise do panorama contratual sobre o tema, verifica-se que há esforço no sentido de trazer, no teor do instrumento contratual, previsibilidade quanto às hipóteses nas quais o instrumento poderá ser alterado. A cada nova rodada de concessões, novas situações são acrescidas ao rol, o que, em boa medida, decorre da experiência acumulada.

O esforço no sentido de antecipar possíveis situações em que a mutação terá cabimento demonstra o reconhecimento quanto à relevância de, dentro do possível, existir certo grau de previsibilidade, a fim de que sejam evitadas discussões, em momento futuro, quanto à regularidade de eventuais modificações realizadas ao instrumento contratual.

No entanto, o fato de o rol de matérias estar sendo ampliado, nos últimos anos, também reforça o entendimento segundo o qual é impossível antever, durante a elaboração desses contratos, todos os acontecimentos e necessidades supervenientes, do que se infere o caráter incompleto desses ajustes.

Justamente por isso, na medida em que o elemento "incerteza" permeia a etapa de elaboração e execução desses contratos, não é possível que se considere possível a previsão de um rol *taxativo* de situações nas quais o ajuste poderá ser modificado. Ao contrário: as situações aptas a ensejar a mutabilidade, expressamente previstas no texto contratual, constituem uma enumeração *exemplificativa* das situações de alteração do vínculo. Entendimento em sentido diverso, além de incompatível com a própria natureza das concessões, poderia comprometer a realização de uma das principais finalidades que devem ser almejadas pelas concessões: a prestação de serviço adequado (o que inclui, entre outros princípios, a continuidade e a atualidade).

2.2.2 Procedimento para alteração ou complementação do contrato

Os contratos de concessão não têm se limitado a prever *situações* hipotéticas nas quais o ajuste poderá ser modificado, indo além ao disciplinar, com maior ou menor intensidade, os *procedimentos* a serem manejados para introduzir algum tipo de mutabilidade nas condições de execução do contrato, seja mediante alteração dos termos originalmente pactuados, seja mediante complementação do seu teor.

Por cláusulas que definem os *procedimentos*, refiro às disposições contratuais que (i) estabeleçam, em si mesmas, a sucessão de atos que deverão ser praticados para que a alteração seja materializada; e, também, aquelas que (ii) façam alusão aos meios de resolução de conflitos que poderão ser manejados, tendo em vista que, em certos casos, é possível que a mutabilidade seja resultado da solução de alguma controvérsia em torno da execução do contrato.

No contrato de concessão da 1ª Rodada, foram previstos contratualmente os seguintes procedimentos para, na via *administrativa*, induzir mutabilidade à execução contratual: (i) procedimento de *reajuste*, cujo objetivo é alterar os valores previstos contratualmente, de forma a manter o equilíbrio econômico-financeiro (cl. 6.3 e 6.13); (ii) procedimento de *revisão dos parâmetros da concessão*, realizado em periodicidade quinquenal, mediante ampla discussão pública, a fim de permitir a determinação da metodologia de cálculo dos fatores X e Q, a serem aplicados nos reajustes, e a determinação de taxa de desconto (cl. 6.14 e 6.16); (iii) procedimento de *revisão extraordinária*, que visa à recomposição do equilíbrio econômico-financeiro mediante a adoção dos expedientes previstos contratualmente, como, por exemplo, modificação de obrigações ou do prazo contratual (cl. 6.19); (iv) procedimento de *autorização para a modificação ou realização* de projetos, planos e programas envolvendo *investimentos* nas instalações, inclusive diante da materialização de gatilhos de investimento (cls. 2.16.1, 3.1.17, 3.1.31, 3.1.34 e 3.2.6);[111] (v) procedimento para definição de *plano de transição*

---

[111] Nos contratos da 3ª Rodada, houve um detalhamento diferenciado em relação ao procedimento de aprovação dos projetos de investimentos a serem realizados após o adimplemento das condições de eficácia do contrato. A título exemplificativo, valendo-me do disposto no Contrato de Concessão para Ampliação, Manutenção e Exploração do Aeroporto Internacional do Rio de Janeiro/Galeão – Antonio Carlos Jobim, coloca-se que, "em até 90 (noventa) dias, a contar da implementação das condições de eficácia do Contrato, a Concessionária deverá 'apresentar o Anteprojeto dos investimentos de ampliação e adequação das instalações do Aeroporto' (cl. 2.25.1), bem como 'o cronograma de realização dos

operacional, que deverá nortear o comportamento das partes diante da proximidade do término da execução contratual (cl. 3.1.19).

Além desses procedimentos, esse contrato contempla cláusula que prevê a utilização da *arbitragem* como meio alternativo de resolução de conflito. No entanto, sua utilização teria cabimento em hipóteses bastante restritas, limitadas às discussões sobre "indenizações eventualmente devidas quando da extinção do presente contrato, inclusive quanto aos bens revertidos" (cl. 15.5). Sendo assim, caso não resolvidos na via administrativa, eventuais conflitos relacionados ao tema da mutabilidade deverão, em regra, ser submetidos à via *judicial* (cl. 15.14).

A partir da 4ª Rodada de Concessões Aeroportuárias, foram introduzidas aos contratos de concessão cláusulas que detalham *outros procedimentos* a serem observados em situações específicas para viabilizar alterações voltadas a *complementar* o contrato em aspectos em relação aos quais a solução não foi predefinida em seus termos originais.

Nesse sentido, vale fazer referência às disposições contratuais que estabelecem o procedimento para elaboração, pela concessionária, da (i) proposta para cumprimento do Plano de Exploração Aeroportuária (PEA), sobretudo no tocante aos projetos de investimento, plano de gestão da infraestrutura, plano de qualidade de serviço e acordos de nível de serviço; (ii) proposta para a remuneração pela utilização de áreas e atividades operacionais; e (iii) propostas de gerenciamento tarifário que envolvam majoração tarifária.

Em meio à elaboração desses documentos, foram estabelecidas regras, de natureza procedimental, que deverão ser observadas. A principal delas é aquela que demanda a realização de *"consulta às partes interessadas relevantes"* (cls. 2.30, 4.6, 11.8 e 15.1.1.). Vale dizer, exige-se a submissão das propostas elaboradas pela concessionária à prévia avaliação e contribuição pelas *partes interessadas relevantes*,[112] promovendo

---

investimentos' (cl. 2.25.2). É prevista a necessidade de análise e aprovação do Anteprojeto pela ANAC, dentro do prazo de 30 dias (cl. 2.27)". No entanto, tal aprovação "não exclui a necessidade de sua alteração posterior para eventual adequação aos requisitos constantes no contrato, legislação e regulamentação do setor, somente sendo cabível a recomposição do equilíbrio econômico-financeiro nas situações previstas no Capítulo V, Seção I, deste Contrato" (cl. 2.27). Todas as alterações devem ser submetidas para aprovação da ANAC (cl. 2.29).

[112] De acordo com o contrato, cabe à concessionária identificar quais são as "partes interessadas relevantes", exceto se houver cláusula específica que as delimite (cl. 15.6). Além disso, sugere-se que "as consultas às partes interessadas relevantes podem ser realizadas por meio de associações, comitês técnicos, fóruns de governança ou outros grupos capazes de intensificar a cooperação entre as partes e colaborar para o alcance de acordos e soluções negociadas" (cl. 15.7).

acordos e soluções negociadas, objetivando-se, com isso, induzir efetiva cooperação e compartilhamento de informações (cl. 15.2). Em meio a tais procedimentos, a concessionária deve estipular prazo razoável para o envio de contribuições e garantir que elas tenham acesso às informações necessárias para elaboração de manifestações fundamentadas (cl. 15.2.1). Além disso, os subsídios recebidos devem ser levados em consideração na elaboração das propostas finais (cl. 15.2.2).

A depender dos desdobramentos, caso entenda que os documentos não são adequados ou que não tenham sido consideradas contribuições recebidas, a ANAC pode obstar a utilização do documento elaborado pela concessionária. Além disso, na hipótese de conflito envolvendo a proposta para a remuneração pela utilização de áreas e atividades operacionais, é prevista a competência da ANAC para dirimir eventuais controvérsias (cl. 11.11).

A um só tempo, a sistemática enfatiza o aspecto *incompleto* e *relacional* dos contratos de concessão. *Incompleto*, pois a possibilidade de elaboração e revisão de documentos técnico-operacionais da concessão nos moldes descritos, sem que haja necessidade de formalização de termo aditivo específico, pode tornar a gestão do empreendimento concessório mais permeável às adequações que se façam necessárias, ao longo do tempo, para assegurar a prestação de serviço adequado. *Relacional*, porque valoriza o envolvimento e a participação de terceiros, que possuem interesse e são impactados pela execução dos contratos, bem como a busca por soluções consensuais e dialogadas.

Além da incorporação do procedimento de "consulta às partes interessadas relevantes", voltado à construção de soluções consensuais, é possível identificar, nos contratos de concessão da 4ª Rodada, outra inovação relevante no tocante aos instrumentos de heterocomposição. Isso porque o rol de hipóteses em que se torna possível a utilização da via *arbitral* foi ampliado nesses contratos ao fazer referência ao disposto na Medida Provisória nº 752/2016, posteriormente convertida na Lei de Relicitação, que prevê a possibilidade de a arbitragem ser utilizada para: (i) questões relacionadas à recomposição do equilíbrio econômico-financeiro dos contratos; (ii) o cálculo de indenizações decorrentes de extinção ou de transferência do contrato de concessão; e (iii) o inadimplemento de obrigações contratuais por qualquer das partes (art. 31, §4º). A depender da solução obtida na via arbitral, é possível que as condições de execução do contrato sejam alteradas. Por esse motivo, trata-se de um procedimento cuja utilização pode, em concreto, concretizar o fenômeno da mutabilidade.

Por fim, a partir da 5ª Rodada, nota-se que alguns dos mecanismos já existentes foram aperfeiçoados e, além disso, foram incluídos expedientes adicionais voltados à operacionalização da mutabilidade em tais contratos.

Em relação aos aperfeiçoamentos, seguindo a tendência dos contratos de concessão que integram a 4ª Rodada, foi mantida a previsão de utilização da arbitragem para resolver conflitos não dirimidos na via administrativa, sendo feita referência à Lei de Relicitação e à Lei Federal nº 9.307/1996 (Lei de Arbitragem); porém, houve preocupação no sentido de detalhar as regras mínimas que deverão nortear o processo de instauração da arbitragem e a condução do respectivo processo.

Além desse aperfeiçoamento, nota-se a incorporação, no contrato, de dois outros importantes procedimentos capazes de endereçar alteração das condições pactuadas, em situações em que exista ou não um conflito.

O *primeiro* deles é a inclusão de cláusula reconhecendo a possibilidade de utilização de meios alternativos de solução de conflitos, conforme regulamentação a ser editada pela agência (cl. 17.15).[113] Em meio aos mecanismos alternativos usualmente utilizados, vale fazer referência à conciliação, mediação e criação de *dispute boards*.

O *segundo* é a concepção do procedimento de "proposta apoiada". Conforme definido contratualmente, trata-se de um "mecanismo de flexibilização regulatória cujo objetivo é permitir a manutenção do equilíbrio econômico-financeiro da concessão e da eficiência na gestão aeroportuária ao longo do período da concessão" (cl. 6.16). Ainda que as condições originalmente pactuadas sejam alteradas, busca-se, com esse expediente, tornar a execução do contrato maleável, de forma que possa ser satisfeito o postulado da justiça substancial subjetiva. A sua utilização depende da formulação de proposta pela concessionária, que deve ser apoiada pelas empresas aéreas, para (i) alterar valores das receitas teto e teto tarifário ou estabelecer modelos alternativos de tarifação (cl. 6.17.1); (ii) estabelecer um ou mais parâmetros da concessão que vigorarão no quinquênio subsequente a partir da revisão dos parâmetros da concessão seguinte (cl. 6.17.2); (iii) estabelecer novos compromissos relativos à oferta de infraestrutura e serviços aeroportuários não previstos no contrato (cl. 6.17.3); ou (iv) alterar obrigações contratuais relativas à oferta de infraestrutura e serviços aeroportuários

---

[113] Nos termos da cláusula 17.15, "a ANAC poderá editar ato regulamentar superveniente relativo à arbitragem ou a outros meios alternativos de solução de conflitos".

(cl. 6.17.4). Em tais negociações, a ANAC pode exercer mediação de eventuais conflitos (cl. 6.21).

A proposta apoiada deve ser submetida à apreciação da ANAC, que deverá levar em consideração os parâmetros definidos contratualmente, incluindo a avaliação quanto ao atendimento dos usuários finais do aeroporto. Ou seja, a proposta apoiada, embora sugerida pela concessionária, depende de anuência do órgão regulador para que possa produzir efeitos. Vale destacar que, enquanto vigente, a proposta apoiada "prevalece sobre dispositivos contratuais que disciplinam as restrições à tarifação, as obrigações relativas à oferta de infraestrutura e serviços aeroportuários e os parâmetros que compõem a RPC, no que couber, tendo em vista o escopo da proposta" (cl. 6.21). Ou seja, trata-se de mecanismo apto a introduzir modificação no contrato, ainda que em caráter temporário.

Diante do acima exposto, nota-se que são variados os procedimentos disciplinados contratualmente com o objetivo de tornar o contrato permeável a alterações que se façam necessárias no decorrer da sua execução. A experiência acumulada com base nas concessões já outorgadas tem ensejado, inclusive, aumento, a cada nova rodada, dos procedimentos contratualmente previstos, o que decorre, em boa medida, da consciência quanto ao caráter *incompleto* (e, portanto, naturalmente mutável desses ajustes) e *relacional* (que exige a busca de soluções pautadas pelo consenso e envolvendo os diferentes agentes impactados pelas medidas) desses contratos.

2.2.3 Abertura à complementação ou integração posterior do contrato

Além da incorporação, nos contratos de concessão, de cláusulas estabelecendo hipóteses e procedimentos específicos para a alteração do contrato, há preocupação no sentido de manter *lacunas*, em relação a certos temas, no instrumento contratual, a serem preenchidas em momento posterior. Nesses casos, há o objetivo de *complementar* (isto é, integrar) o teor do contrato e, portanto, *não* modificar cláusulas originalmente pactuadas. Não deixa, contudo, de se tratar de uma situação em que o conteúdo do contrato sofre mutação, tendo em vista que novas condições passam a nortear a sua execução.

Essa sistemática foi inaugurada já na 1ª Rodada de Concessões Aeroportuárias e se manteve, com alguns ajustes e inclusões pontuais, ao longo das rodadas subsequentes.

De acordo com o disposto nos contratos, a sua integração pode ser feita por meio (i) da edição de ato normativo ou de determinação da ANAC ou (ii) de acordo entre as partes.

Dentro do *primeiro* grupo, isto é, das cláusulas que estabelecem que determinado tema será disciplinado ou pormenorizado por meio de *determinação ou ato normativo da ANAC*, vale fazer referência àquelas que estabelecem que a função integrativa será exercida para: (i) indicar o procedimento para a realização do pagamento do valor de outorga pelo concessionário; (ii) estabelecer condições a serem observadas pela concessionária para execução do contrato, notadamente voltada à regulamentação da prestação dos serviços no aeroporto, sua operação e manutenção; (iii) definir o fator X, a ser considerado para fins de reajustamento do contrato, bem como definir a sua metodologia; (iv) detalhar infrações e sanções que possam ser aplicáveis ao concessionário, sem prejuízo daquelas já previstas no instrumento contratual; e, para os contratos da 3ª Rodada de Concessões, (v) incrementar o rol de obrigações do concessionário diante de compromissos assumidos pelo poder público para sediar os Jogos Olímpicos e Paraolímpicos Rio 2016, ainda que posteriores à publicação do edital, cabendo ao concessionário realizar os investimentos e ações necessários ao seu atendimento; (vi) determinar à concessionária a disponibilização de área do complexo aeroportuário à concessionária do projeto do Trem de Alta Velocidade, conforme parâmetros estabelecidos pelos órgãos e entidades competentes.

Trata-se de situações em que a *função integrativa* é exercida pelo poder público sem a necessidade de prévia anuência da concessionária. Algumas delas, inclusive, são legalmente previstas, como, por exemplo, aquelas relativas à regulamentação dos serviços e das penalidades (art. 29, I e II, da Lei Geral de Concessões).

No *segundo* grupo, que abrange as hipóteses em que a integração pressupõe um *acordo* entre as partes, encontram-se as cláusulas que preveem posterior complementação para: (i) definição do projeto básico e cronograma de realização dos investimentos necessários, devendo o concessionário elaborar tais documentos e submeter à aprovação da ANAC; (ii) em caso de materialização de gatilhos de investimento, a elaboração de plano ou anteprojeto dos novos investimentos e/ou indicação das ações operacionais necessárias pela concessionária e submissão à ANAC; (iii) indicação dos bens integrantes da concessão, o que deve ocorrer mediante celebração, entre as partes, de termo de aceitação definitivo e de permissão de uso de ativos das instalações; (iv) definição do plano de transferência da operação aeroportuária, ao final do prazo contratual, a fim de assegurar a eficácia, segurança operacional e o menor impacto possível à população em função da transição, devendo o documento ser elaborado pela concessionária e aprovado pela ANAC.

Por fim, é importante destacar que algumas das matérias que, nesses contratos, estão sujeitas à complementação posterior estão contempladas no rol de *cláusulas essenciais*, previsto no art. 23 da Lei Geral de Concessões, no art. 23 do Decreto Federal nº 7.205/2010 e no art. 14 do Decreto Federal nº 7.624/2011. A título exemplificativo, isso ocorre em relação à definição dos bens reversíveis e do valor do fator X, a ser considerado para fins de reajuste dos valores previstos contratualmente (art. 23, IV e X, da Lei Geral de Concessões).

Nos casos em que a complementação ocorrer mediante *acordo* entre as partes (no caso dos bens reversíveis, *v.g.*, exige-se a assinatura, por ambas, do "termo de aceitação definitivo e de permissão de uso dos ativos"), não parece que haja algum tipo de violação ao dispositivo legal que imponha a *reserva de contrato* – abordado no subcapítulo 1.3 –, haja vista que a finalidade da lei será preservada, a saber, assegurar que não será imposta solução unilateral pelo poder concedente sem a observância das garantias legais (art. 9º, §4º), o que traria prejuízos à segurança jurídica e direitos do contratado.

Já nas situações em que a função integrativa é exercida por meio de *atos normativos* ou determinações unilaterais de caráter geral – que não tenham contado com o consentimento do concessionário e que tenham sido promovidas sem a observância do dever de restabelecimento do equilíbrio econômico-financeiro (art. 9º, §4º) – em matéria cujo conteúdo se subsuma às cláusulas essenciais, é preciso avaliar a situação de forma cautelosa. Embora a solução possa apresentar vantagens práticas, como, por exemplo, a redução de *assimetria regulatória* entre concessionários e representar solução que facilite a gestão dos contratos por parte do órgão regulador, esse tipo de praxe pode acabar subvertendo as finalidades da Lei Geral de Concessões e conduzir a um esvaziamento do conteúdo contratual do vínculo concessório, ao atribuir discricionariedade ampla e irrestrita ao órgão que detém a competência de ditar solução unilateral (sem a observância dos requisitos e garantias legalmente previstos no art. 9º, §4º), prejudicando a segurança jurídica e os direitos do concessionário. No subcapítulo 5.2, que trata sobre os condicionamentos jurídicos relativos aos *instrumentos formais* capazes de introduzir mutação aos contratos de concessão, o tema é retomado e são trazidas recomendações específicas para a mitigação dos riscos apontados.

2.3 Características dos aditamentos contratuais firmados

Desde a celebração do primeiro contrato de concessão aeroportuária, diversos termos aditivos foram firmados. Para as finalidades desta tese, avaliei todos os aditivos celebrados em relação a, pelo menos, uma concessão integrante de cada rodada de concessões e foram levados em consideração, nos levantamentos, os contratos e respectivos termos aditivos firmados até maio de 2021. Um registro em relação ao conteúdo e principais aspectos de tais termos aditivos foi juntado ao *apêndice A*.

A análise dos termos aditivos firmados revela a existência de problemas formais. Tais instrumentos não detalham, em seu teor, o *motivo* das alterações, isto é, as razões de fato e de direito que ensejam a modificação do ajuste. Essa situação faz com que, muitas vezes, se torne difícil a compreensão das próprias cláusulas que estão sendo inseridas ou alteradas. Costuma ser feita referência ao processo administrativo que culminou na celebração do aditamento, sendo possível, realmente, identificar no âmbito do processo que, via de regra, foi franqueado espaço para a apresentação de defesa e de pareceres, técnicos e jurídicos, por parte de órgãos internos da agência. Apesar disso, e a despeito do disposto no art. 50, §1º, da Lei Federal nº 9.784/1999, a má redação dos termos aditivos é incompatível com o caráter relacional desses contratos, haja vista que compromete a transparência e publicidade que deve nortear a execução do ajuste, dificultando o controle, sobretudo social, em relação às alterações formalizadas.

Em relação ao conteúdo das alterações, os termos aditivos analisados tratam sobre as seguintes matérias: (i) alteração de data para a realização da revisão dos parâmetros da concessão; (ii) alteração da data para emissão de ordem de serviço, flexibilizando as condições originalmente pactuadas, que estabeleciam ônus maior à concessionária; (iii) alteração do valor de tarifas aeroportuárias; (iv) reprogramação dos pagamentos de contribuição física; (v) estabelecimento do cronograma com valores diferenciados para outorga de garantia de execução; (vi) alteração das condições para a cessão de área pelo concessionário a terceiros, autorizando que, em certas circunstâncias, o prazo desse contrato ultrapasse o da concessão; (vii) alteração da data de pagamento da contribuição variável relativa à receita bruta do exercício do ano de 2019 em função da COVID-19; (viii) modificação do regime de execução das obras que haviam sido assumidas pela Infraero, de modo que o concessionário possa executá-las diretamente;[114] (ix) alteração

---

[114] O Contrato de Concessão para Ampliação, Manutenção e Exploração do Aeroporto Internacional do Rio de Janeiro/Galeão – Antônio Carlos Jobim estabelece o regime de execução

dos requisitos estabelecidos para a realização de revisão quinquenal do fluxo de caixa marginal;[115] (x) revisão do cronograma de obras, de forma a ampliar o prazo previsto para sua conclusão; (xi) redução da área original do complexo aeroportuário.[116]

O termo aditivo que promoveu alterações mais substanciais foi aquele firmado no âmbito do Contrato de Concessão do Aeroporto Internacional de São Gonçalo do Amarante com o objetivo de disciplinar as condições para a relicitação do complexo aeroportuário.

Nos termos do 7º Termo Aditivo, foram (i) suspensas as obrigações de pagamento do valor de outorga e da contribuição mensal (cláusula 2.1), bem como modificadas as cláusulas de reajuste; (ii) alterada a periodicidade de envio de balancetes pela concessionária e atribuído à ANAC o direito de acompanhar as reuniões do Conselho de Administração da Concessionária (cláusulas 3.3 e 3.4); (iii) estabelecidas vedações à realização de certas transações societárias por parte da concessionária (cláusulas 3.5) e, também, à celebração de contratos com terceiros (cláusulas 3.8 e ss.); (iv) inseridas regras distintas voltadas à gestão dos bens reversíveis (cláusulas 3.13 e ss.); (v) previstas regras

---

das obras que estariam sob a responsabilidade do poder público executar por meio da Infraero. Com a celebração do 4º Termo Aditivo, foram introduzidas modificações no (i) rol de obras a serem executadas pelo poder público, (ii) dinâmica de assunção das obras pelo concessionário na hipótese de inércia da Infraero (sobretudo com o objetivo de suprimir as referências à observância da Lei nº 8.666/1993 o que, possivelmente, decorre da edição da Lei nº 13.303/2016); e (iii) valores de reembolso pela Infraero à concessionária nesse caso. Também constou, neste instrumento, cláusula de renúncia a eventual reequilíbrio por parte do concessionário.

[115] Por meio do 5º Termo Aditivo ao Contrato de Concessão para Ampliação, Manutenção e Exploração do Aeroporto Internacional do Rio de Janeiro/Galeão – Antônio Carlos Jobim, foi flexibilizada uma proibição que constava no Anexo V – Fluxo de Caixa Marginal. Nos termos do item 2.1.2 deste Anexo, colocava-se que, no âmbito da revisão quinquenal do Fluxo de Caixa Marginal considerado para fins de recomposição do EEF, seria "vedada a alteração dos valores estimados para os investimentos, custos e despesas considerados nos fluxos dos dispêndios marginais". Por meio deste aditivo, coloca-se que tal vedação "não se aplica à Revisão do Fluxo de Caixa Marginal a ser realizada em 2021 em razão da Revisão Extraordinária, aprovada pela Decisão nº 207, de 12 de novembro de 2020". Tal decisão, que será detalhada a seguir, teve por objetivo promover a revisão extraordinária do contrato em função da Covid-19.

[116] Por meio do 3º Termo Aditivo do Contrato de Concessão para Ampliação, Manutenção e Exploração do Aeroporto Internacional de Fortaleza – Pinto Martins, foi alterada a descrição da área relativa ao Complexo Aeroportuário, objeto do Contrato de Concessão, de forma a constar que, da área original de 4.439.269,73 m², houve redução de 3.500 m² "destinada a construção alça complementar ao Viaduto da Av. Bernardo Manuel com a Av. Carlos Jereissati, localizada conforme projeto apresentado pelo Departamento Estadual de Trânsito do Ceará – DETRAN/CE no bojo do Ofício n. 013/2019- DITRAN-DETRAN-CE e anexos, e colocada à disposição da Secretaria de Coordenação e Gestão do Patrimônio da União do Ministério da Economia-SCGPU/ME para transferência ao Estado do Ceará" (item 4.1.1.1 do Anexo 2 – PEA).

que deverão nortear a prestação dos serviços, bem como procedimento para sua alteração e flexibilização, em caráter excepcional (cláusulas 3.14 e ss.); (vi) suspensa a exigência de apresentação de garantia de execução contratual; (vii) alteradas as regras sobre indenização pelos investimentos realizados e, também, prevista a aplicação da metodologia prevista na Resolução nº 533/2019; (viii) estabelecida a obrigatoriedade de a concessionária elaborar programa de desmobilização operacional (cláusulas 4.2 e ss), bem como as balizas que deverão nortear a transferência das operações do aeroporto da concessionária ao novo operador aeroportuário (cláusulas 4.7 e ss.); (ix) estabelecidas as penalidades aplicáveis para a hipótese de descumprimento das condições previstas no anexo (cláusulas 5.1 a 5.5); (x) prevista nova sistemática para a cláusula compromissória (cláusula 6).

A Lei de Relicitação estabeleceu a necessidade de celebração de termo aditivo e indicou, em rol exemplificativo, o conteúdo a ser contemplado nesse instrumento (art. 15). Da análise do termo aditivo firmado, contudo, depreende-se que o instrumento foi além ao disciplinar uma série de questões adicionais. É interessante notar que, embora a lei tenha tratado sobre uma hipótese específica de alteração contratual, é inviável que o texto legal estabeleça tratamento exaustivo à questão. Com efeito, conforme as discussões entre poder concedente, concessionário e terceiros (empresas aéreas, cessionários de áreas no complexo aeroportuário, usuários, financiadores etc.) afetados pela relação contratual evoluam, inúmeros problemas e situações, antes não previstos, serão trazidos à baila e justificam o seu endereçamento por meio de termo aditivo.

Esse exemplo é emblemático e serve para ilustrar o motivo pelo qual não é razoável supor que um contrato de concessão deva ser alterado, única e exclusivamente, em hipóteses previamente definidas, seja na legislação, seja no próprio contrato de concessão. Conclusão semelhante pode ser extraída da análise das demais modificações citadas a título exemplificativo. Com exceção de algumas delas, o objeto de muitas não estava previsto, de forma expressa, em lei ou no próprio contrato – e não poderia ser diferente, tendo em vista a absoluta incapacidade do contrato e, ainda mais, da lei para antever todas as hipóteses de alteração do instrumento contratual.

A vida do empreendimento concessório é dinâmica, da mesma forma que se revelam dinâmicas as situações que poderão ensejar alterações ou complementações em relação às suas disposições.

Por fim, um último comentário que deve ser feito no tocante à celebração de termos aditivos é que, a despeito das críticas existentes, a ANAC, em certos casos, promove alterações unilaterais aos contratos de concessão. Apesar disso, conforme indicado no subcapítulo 2.4.2, a decisão de alteração unilateral não costuma ser acompanhada da celebração de termo aditivo. Esse tipo de postura pode enfraquecer o exercício do direito ao restabelecimento do equilíbrio econômico-financeiro e, portanto, um desvirtuamento do disposto no art. 9º, §4º, da Lei Geral de Concessões, que exige que o reequilíbrio seja concomitante.

2.4 Instrumentos extracontratuais para introdução da mutabilidade

Quando se avalia o tema da mutabilidade dos contratos de concessão, quase que de imediato vem à mente a ideia de celebração de termos aditivos. Ainda que se trate de hipótese de alteração unilateral, presume-se a existência de termo aditivo ao contrato devido à exigência legal de restabelecimento concomitante do equilíbrio econômico-financeiro (art. 9º, §4º, da Lei Geral de Concessões). Sendo assim, em uma análise superficial, é possível que se conclua que a mutabilidade dos contratos de concessão se confunde com a celebração de termos aditivos.

A realidade prática, contudo, demonstra que a mutabilidade vem sendo materializada não somente por meio da celebração de termos aditivos, mas também por meio da utilização de instrumentos plurais e, inclusive, externos ao instrumento contratual. Com efeito, é possível que atos normativos, acordos administrativos e decisões administrativas se revelem verdadeiros veículos introdutores de alteração ou complementação ao teor dos contratos de concessão já firmados.

Da análise das informações levantadas no setor aeroportuário, foram identificadas situações em que a mutação decorreu, propriamente, de atos normativos ou de decisões administrativas, além daquelas relativas à celebração de termo aditivo. A seguir, serão detalhados os principais atos normativos que veicularam mudanças em contratos de concessão firmados em momento anterior; na sequência, exemplos de decisões administrativas que acabaram por impactar, diretamente, as condições de execução dos contratos; e, por fim, a praxe setorial com acordos administrativos.

2.4.1 Mutabilidade decorrente de atos normativos

À época da outorga da concessão do ASGA, em 2011, não havia um marco regulatório bem definido aplicável às concessões aeroportuárias. Foi a partir da celebração do primeiro contrato de concessão que passaram a ser editados atos normativos para tratar sobre aspectos que afetam a execução desses contratos. Após o ano de 2012, foram editadas leis e algumas dezenas de resoluções pela agência, algumas delas, inclusive, já substituídas por atos normativos mais recentes.

A edição desses atos normativos é emblemática não somente pelo fato de eles fornecerem as bases para a consolidação de um marco regulatório e um cenário de maior previsibilidade às novas concessões, mas, também, pelo fato de que elas se pretendem aplicáveis, muitas vezes, a contratos já assinados. Sendo assim, por meio da edição de ato de caráter normativo por parte do poder concedente e/ou do órgão regulador, é possível que seja exercida função verdadeiramente *integrativa* no âmbito de contratos já firmados, complementando a dita *regulação por contrato* nos pontos em relação aos quais o instrumento contratual tiver sido silente devido ao seu caráter naturalmente incompleto ou, ainda, trazer interpretação em relação a aspectos que demandem algum tipo de complementação posterior.[117]

Ou seja: trata-se de casos em que a mutabilidade poderá ser endereçada por meio da edição de atos normativos que venham a impor condições distintas à execução do contrato. É um mecanismo cuja utilização vem sendo defendida nas teorias mais recentes sobre mutabilidade nas concessões, conforme mencionado ao longo do subcapítulo 1.2.3.

No caso do setor aeroportuário, a edição de atos normativos infralegais (usualmente, resoluções) pela própria ANAC vem sendo utilizada, em certos casos, para introdução, de forma direta e imediata, de mutação à execução de contratos de concessão já firmados.

Embora possa assumir feição mais ampla do que a dos tradicionais regulamentos do serviço, o exercício da *regulação por agência* não constitui, propriamente, uma novidade na realidade brasileira, haja vista que a própria Lei Geral de Concessões já admitia a regulamentação do serviço concedido (art. 29, I) pelo poder concedente, e as leis setoriais têm alocado ao órgão regulador essa atribuição. Diante disso, é importante que, da praxe desse setor, sejam identificados os paradigmas existentes e os pontos de preocupação.

---

[117] Para Flavio Amaral Garcia, "as agências, nos setores duplamente regulados, devem assumir uma função integrativa traduzida na ideia de completamento das lacunas, sejam elas deliberadas ou não, e na interpretação dos conceitos jurídicos indeterminados, viabilizando uma releitura do contrato à luz das novas realidades" (*A mutabilidade nos contratos de concessão*, 2021, p. 329).

Com base na experiência do setor de aeroportos, é possível buscar resposta a uma série de questões que se colocam sobre o tema, a saber: (i) os atos normativos editados pela agência se restringem a estabelecer regulamentos do serviço ou, do contrário, versam sobre o conteúdo econômico das concessões já firmadas? (ii) Por meio do exercício do seu poder normativo, a agência tem se limitado a exercer função *integrativa* em relação ao disposto no contrato ou, além disso, vem introduzindo verdadeiras *modificações* em relação às condições originalmente pactuadas? (iii) Do ponto de vista do conteúdo das resoluções, tais atos normativos têm respeitado a "reserva de contrato", estabelecida pela Lei Geral de Concessões e pelos Decretos Federais nº 7.205/2010 e 7.624/2011, haja vista que, nesses casos, a alteração deve ser veiculada mediante alteração consensual ou unilateral (assegurado o concomitante restabelecimento do equilíbrio econômico-financeiro)? (iv) A agência tem se valido de expedientes capazes de assegurar um contraditório efetivo e de fomentar a participação de todos os interessados no âmbito do processo voltado à edição desses atos normativos?

Com o objetivo de compreender o cenário existente no âmbito da ANAC, foram avaliadas as 16 (dezesseis) resoluções normativas já editadas e que tratam sobre temas que impactam diretamente a execução dos contratos de concessão.[118] Uma análise completa com relação ao teor desses atos normativos foi inserida no *apêndice B* desta tese.

Em resposta à *primeira* questão colocada, nota-se que, com exceção de três atos normativos,[119] todos os demais afetam ou têm o potencial de afetar, diretamente, o *conteúdo econômico* dos contratos de concessão. Esses atos normativos versam, resumidamente, sobre: (i) a metodologia de cálculo do fator X e valor a ser aplicado no reajuste

---

[118] Trata-se dos seguintes atos normativos: Resolução nº 215, de 30 de janeiro de 2012; Resolução nº 216, de 30 de janeiro de 2012; Resolução nº 302, de 5 fevereiro de 2014; Resolução nº 350, de 19 de dezembro de 2014; Resolução nº 354, de 17 de março de 2015; Resolução nº 372, de 15 de dezembro de 2015; Resolução nº 374, de 28 de janeiro de 2016; Resolução nº 432, de 19 de junho de 2017; Resolução nº 451, de 27 de novembro de 2017; Resolução nº 453, de 20 de dezembro de 2017; Resolução nº 456, de 20 de dezembro de 2017; Resolução nº 528, de 28 de agosto de 2019 (que revogou a Resolução nº 355, de 17 de março de 2015); Resolução nº 533, de 7 de novembro de 2019; Resolução nº 534, de 3 de dezembro de 2019; Resolução nº 539, de 18 de dezembro de 2019; Resolução nº 599, de 14 de dezembro de 2020.

[119] Trata-se das Resoluções nº 302, de 5 fevereiro de 2014; 372, de 15 de dezembro de 2015; e 599, de 14 de dezembro de 2020, que tratam, respectivamente, sobre alocação de áreas aeroportuárias, fiscalização quanto à qualidade dos serviços prestados e apuração de infrações às cláusulas do contrato de concessão.
Ainda que certas disposições desses atos normativos produzam reflexos na perspectiva patrimonial do concessionário, trata-se de um reflexo indireto, diferentemente do que ocorre em relação às demais resoluções avaliadas, que, diretamente, alteram a expectativa de retorno do concessionário.

das tarifas aeroportuárias de embarque, pouso e permanência e dos preços unificado e de permanência;[120] (ii) reajustamento do teto de tarifa aeroportuária;[121] (iii) modelo de regulação tarifária e do reajuste dos tetos das tarifas aeroportuárias de armazenagem e capatazia;[122] (iv) definição de taxa de desconto a ser considerada em pleitos de reequilíbrio;[123] (v) procedimento de revisão extraordinária para fins de restabelecimento do equilíbrio econômico-financeiro do contrato (incluindo normas sobre preclusão);[124] (vi) regras de cobrança e arrecadação das tarifas aeroportuárias de embarque, conexão, pouso e permanência;[125] (vii) aferição, fiscalização e apresentação dos resultados dos Indicadores de Qualidade de Serviço (IQS), do Plano de Qualidade de Serviços (PQS) e do Relatório de Qualidade de Serviço (RQS) pelas concessionárias;[126] (viii) metodologia de cálculo do fator Q;[127] (ix) regras para cálculo de indenização em caso de extinção antecipada de concessão.[128]

Ou seja, os atos normativos editados pela ANAC que incidem, diretamente, sobre os contratos de concessão não têm tido o propósito de estabelecer, tão somente, regulamentos de serviço para disciplinar a forma de prestação dos serviços. Na realidade, na maior parte dos casos, os regulamentos, de forma direta ou indireta, alteram condições econômicas que permeiam a execução dos contratos de concessão.

Em relação à *segunda* questão, nota-se que uma *parte* dos atos normativos editados[129] prevê *exceção à aplicação das suas normas aos casos em que houver regramento contratual em sentido distinto*. Diante disso, a norma não tem o potencial de gerar conflito ou modificação direta dos termos de contratos já firmados que já tratem sobre o tema por ela

---

[120] Resolução nº 215, de 30 de janeiro de 2012; Resolução nº 354, de 17 de março de 2015; Resolução nº 374, de 28 de janeiro de 2016; Resolução nº 456, de 20 de dezembro de 2017; Resolução nº 539, de 18 de dezembro de 2019.
[121] Resolução nº 216, de 30 de janeiro de 2012.
[122] Resolução nº 350, de 19 de dezembro de 2014.
[123] Resolução nº 451, de 27 de novembro de 2017.
[124] Resolução nº 528, de 28 de agosto de 2019.
[125] Resolução nº 432, de 19 de junho de 2017.
[126] Resolução nº 453, de 20 de dezembro de 2017, e Resolução nº 534, de 3 de dezembro de 2019.
[127] Resolução nº 534, de 3 de dezembro de 2019, Decisão nº 32/2015 e Decisão nº 162/2019.
[128] Resolução nº 533, de 7 de novembro de 2019.
[129] Trata-se da situação verificada em sete atos normativos, a saber: (i) Resolução nº 216, de 30 de janeiro de 2012; (ii) Resolução nº 350, de 19 de dezembro de 2014; (iii) Resolução nº 372, de 15 de dezembro de 2015; (iv) Resolução nº 432, de 19 de junho de 2017; (v) Resolução nº 599, de 14 de dezembro de 2020; (vi) Resolução nº 375, de 12 de dezembro de 2015; (vii) Resolução nº 453, de 20 de dezembro de 2017.

disciplinado. Apesar disso, ela acaba exercendo, sim, função *integrativa* em relação aos contratos que tenham sido omissos com relação à matéria regulada. Essa situação pode acabar gerando um incentivo ao órgão regulador – que acumula a função de poder concedente e participa ativamente nas modelagens desses projetos – para, intencionalmente, deixar lacunas nos contratos com o objetivo de disciplinar temas exclusivamente pela via da regulação por agência, aumentando a margem de discricionariedade para definição posterior do seu teor.

Vale destacar que, em certos casos nos quais houve deferência ao disposto no contrato, essa ressalva apenas foi introduzida no texto da resolução pela ANAC devido às críticas submetidas pelos agentes regulados no âmbito das audiências e consultas públicas realizadas.[130]

De toda forma, com exceção dessas resoluções que expressamente contemplam regras afastando sua aplicação em caso de conflito com o disposto no contrato, nota-se que *a maior parte delas não traz ressalvas à sua aplicação nos casos em que houver tratamento contratual específico*. Ou seja: existem resoluções que, na prática, não têm se limitado a *complementar* o contrato naquilo em que suas disposições foram silentes, tendo o objetivo, na realidade, de *modificá-lo*. Nesse sentido, nota-se que alguns atos normativos promovem verdadeira alteração unilateral por via transversa, sem a observância dos requisitos legais para tanto (art. 9º, §4º, da Lei Geral de Concessões).[131]

A título exemplificativo, a Resolução nº 533/2019, que disciplina a indenização em caso de extinção antecipada da concessão, trouxe uma definição acerca daquilo que será considerado "bem reversível". Embora, por lei, se trate de matéria que deva ser disciplinada em

---

[130] É o caso, exemplificativamente, da Audiência Pública nº 13/2017, que deu origem à Resolução nº 453/2017. A proposta de norma original, submetida à audiência e consulta pública, contemplava alterações mais substanciais à metodologia do IQS, além da definição de nova taxa de desconto aos aeroportos de que trata. No tocante ao IQS, a proposta consistia em promover alteração unilateral, a fim de substituir a metodologia originalmente prevista nos contratos. No âmbito da audiência e consulta pública, foram apresentadas 94 contribuições, veiculadas por pessoas físicas (possivelmente representantes das concessionárias). Houve forte resistência à sugestão veiculada pela agência. Inúmeras contribuições apontaram problemas na condução desse processo normativo, como, por exemplo, em (i) decorrência do curto prazo para manifestação dos interessados; (ii) o fato de que se trataria de verdadeira alteração unilateral imotivada e sem o devido restabelecimento do equilíbrio econômico-financeiro; (iii) motivação inadequada às contribuições recebidas no âmbito do chamamento prévio; (iv) ausência de consideração efetiva da agência em relação a subsídios encaminhados (Contribuições nº 428a, 430d, 431a, 431b, 431d, 431p, 431q). Pelo que se depreende do teor da resolução definitivamente aprovada, houve alteração substancial em relação àquilo que havia sido proposto originalmente.

[131] Isso porque a Lei Geral de Concessões exige que as alterações unilaterais sejam realizadas com o concomitante restabelecimento do equilíbrio econômico-financeiro.

contrato (art. 23, X, da Lei Geral de Concessões) e, de fato, os contratos possuam regramento específico, nota-se que essa resolução estabeleceu uma definição acerca daquilo que será considerado bem reversível, sem, contudo, fazer referência ao fato de que, em caso de conflito, prevalece a definição porventura prevista no contrato de concessão. Sendo assim, caso a definição estabelecida em contrato seja diferente dessa trazida na Resolução nº 533/2019 e a ANAC entenda que esta deva prevalecer, é possível que se considere que esse artigo promova, diretamente, uma modificação nos termos dos contratos de concessão em vigor (art. 2º).[132]

Desse exemplo, é possível extrair outro elemento que fornece embasamento para responder à *terceira questão* colocada, isto é, entender se tais atos normativos têm observado as regras legais que impõem *reserva de contrato* para a regulamentação de certos temas. Ainda tomando como exemplo a resolução supracitada, embora a definição acerca daquilo que deve ser considerado bem reversível deva integrar o instrumento contratual (art. 23, X, da Lei Geral de Concessões), não foram identificadas ressalvas à aplicação da definição trazida na resolução aos contratos já em vigor à época da sua edição, o que pode gerar insegurança jurídica e ensejar interpretação de que a observância das suas normas é mandatória mesmo nesses casos.

Outra situação que demonstra essa praxe é a de definição, por ato normativo, da metodologia de cálculo das variáveis numéricas a serem consideradas no âmbito do reajuste tarifário. Embora a Lei Geral de Concessões indique que se trate de matéria que deva ser disciplinada nos contratos, a revisão da metodologia de cálculo do fator Q (isto é, o fator de qualidade), bem como a definição do fator X (isto é, o fator de produtividade), tem sido endereçada por meio de atos normativos.

---

[132] "Art. 2º. São bens reversíveis aqueles indispensáveis à continuidade e atualidade da prestação do serviço objeto da concessão, assim considerados: I- os bens repassados à Concessionária pelo Poder Público, exceto os que tiveram o seu desfazimento realizado; II- o sítio aeroportuário e suas edificações, instalações, obras civis e benfeitorias nele localizadas; III- as máquinas, os equipamentos, os bens de informática, os aparelhos, os utensílios, os instrumentos, os veículos e os móveis; IV- os softwares utilizados na prestação dos serviços objeto da concessão; e V- as licenças ambientais, os projetos de obras executadas pela Concessionária e os manuais técnicos vigentes. § 1º. Não são reversíveis os bens e sistemas adquiridos pela Concessionária utilizados exclusivamente em atividades administrativas. § 2º. Em relação aos softwares abrangidos pelo inciso IV do caput que sejam de propriedade de terceiros, o antigo operador deverá assegurar a plena operação e manutenção por um prazo de pelo menos 120 (cento e vinte) dias após a transferência das atividades ao novo operador do aeroporto, resguardado o direito de indenização ao antigo operador em relação aos custos incrementais. § 3º. A reversibilidade do bem e o direito de indenização nos termos desta Resolução independem das práticas contábeis adotadas pela Concessionária."

Com efeito, a agência tem se valido de resoluções – atos de caráter normativo – para introduzir modificação em relação a matérias que, por lei, deveriam ser estabelecidas no instrumento contratual e, portanto, logicamente, alteradas por meio de termos aditivos.[133] Note-se que, nesses casos, não se trata, meramente, de apuração do valor do reajuste pela agência, a partir dos critérios preestabelecidos contratualmente, mas, sim, de alteração dos próprios critérios previstos (ou que deveriam ter sido previstos) no contrato, nos termos do art. 23, III e IV, da Lei Geral de Concessões.[134]

Da postura da agência, depreende-se que há certa preocupação no sentido de evitar a existência de assimetria regulatória, isto é, que exista tratamento distinto para agentes que desempenhem a mesma atividade no setor de aeroportos.[135] A existência de tratamento peculiar para cada situação, da mesma forma, traria desafio e complexidade maior ao regulador, que, em cada caso, precisaria avaliar as particularidades envolvidas, o que, evidentemente, pode não representar o cenário ideal. Além disso, ao se preencherem as lacunas e, em certos casos, se modificar o texto do contrato pela via da edição de atos normativos,

---

[133] A rigor, a mesma postura foi verificada no âmbito da edição da (i) Resolução nº 354, de 17 de março de 2015, que estabeleceu, para o período de 2015-2019, a metodologia de cálculo e o valor do fator X a ser aplicado nos reajustes tarifários do Contrato de Concessão do ASGA; (ii) Resolução nº 374, de 28 de janeiro de 2016, que estabeleceu, para o período de 2016-2020, o valor do fator X a ser considerado aos aeroportos que não estejam sujeitos a condições tarifárias distintas; (iii) Resolução nº 456, de 20 de dezembro de 2017, que estabeleceu, para o período de 2018-2022, o fator X a ser aplicado nos reajustes tarifários referentes às tarifas aeroportuárias dos contratos de concessão de Guarulhos, Viracopos e Brasília; (iv) Resolução nº 539, de 18 de dezembro de 2019, que estabelece, para o período de 2020-2024, o fator X a ser aplicado nos reajustes tarifários referentes às tarifas aeroportuárias dos contratos de concessão de Confins, Galeão e São Gonçalo do Amarante; (v) Decisão nº 162/2019, que promoveu, de forma unilateral, a 1ª Revisão dos Parâmetros da Concessão dos Aeroportos de Confins de Galeão e a 2ª Revisão dos Parâmetros da Concessão do Aeroporto de São Gonçalo do Amarante, mediante alteração do teor do anexo 2 desses contratos.

[134] "Art. 23. São cláusulas essenciais do contrato de concessão as relativas: III - aos critérios, indicadores, fórmulas e parâmetros definidores da qualidade do serviço; e IV - ao preço do serviço e aos critérios e procedimentos para o reajuste e a revisão das tarifas."

[135] Essa preocupação parece implícita nas ponderações veiculadas pelo órgão regulador no âmbito do processo administrativo que culminou na edição da Resolução nº 539/2019. Isso porque, em um dos documentos divulgados no âmbito da Audiência Pública nº 09/2019, nota-se que foi reconhecida a existência de especificidades contratuais; apesar disso, a opção da ANAC, ao elaborar a proposta de norma, foi no sentido de "propor, desde já, uma metodologia que espera ser simples e generalizável, além de consistente, de forma que seja utilizada homogeneamente para os três aeroportos, e, idealmente, para os demais aeroportos nas próximas RPCs" (ANAC. *Justificativa divulgada no âmbito da Audiência Pública nº 09/2019*, p. 16. Disponível em: https://www.gov.br/anac/pt-br/acesso-a-informacao/participacao-social/consultas-publicas/audiencias/2019/09/ap-09-2019-justificativa.pdf. Acesso em: 19 ago. 2021).

elimina-se, em alguma medida, o risco que adviria da situação em que o consenso obstaculiza a imposição da solução desejada.

Apesar disso, o tipo de matéria que tem sido regulada pela via normativa, em boa parte dos casos, gera preocupação. Isso porque a atuação normativa da ANAC tem adentrado a temas que, por lei, devem ser disciplinados contratualmente, isto é, são objeto de "reserva de contrato", na acepção trazida pelo art. 23 da Lei Geral de Concessões. Com efeito, essa lei indicou, no rol das cláusulas essenciais dos contratos de concessão, aquelas relativas: (i) aos critérios, indicadores, fórmulas e parâmetros definidores da qualidade do serviço (inciso III); (ii) ao preço do serviço e aos critérios e procedimentos para reajuste e revisão (inciso IV); (iii) aos bens reversíveis (inciso X); e (iv) aos critérios para o cálculo e a forma de pagamento das indenizações devidas à concessionária, quando for o caso (inciso XI). Diante disso, é necessário que tais temas sejam regulados ou modificados, respectivamente, pelo *contrato* ou por *termos aditivos* aos contratos.

O elenco de matérias inserido no art. 23 da Lei Geral de Concessões não é despropositado. Ao estabelecer matérias que, obrigatoriamente, precisarão constar no contrato, o legislador buscou atrair investidores e fornecer condições mínimas de segurança jurídica necessárias à realização de investimentos. Para que um investidor opte por alocar recursos, humanos e financeiros, em determinado empreendimento concessório, é necessário que haja certo grau de proteção e previsibilidade, na medida em que não podem ficar à mercê de vontades políticas ou de orientações voláteis ditadas exclusivamente por uma das partes, ainda que técnicas, sem qualquer garantia de contrapartida. Justamente por isso, é essencial que, em relação a determinados assuntos, eventuais modificações das bases da contratação ocorram por meio de alteração (i) consensual ou (ii) unilateral, desde que observada a garantia do equilíbrio econômico-financeiro, tal como assegurado no art. 9º, §4º, da Lei Geral de Concessões. Em qualquer caso, exige-se formalização em instrumento de natureza contratual.

Desse modo, em relação a certos atos normativos, a ANAC não tem se valido do veículo apropriado para a introdução de mutabilidade. Por se tratar de assuntos que, por lei, devem se revestir de forma específica, é necessário que seu tratamento, bem como eventuais modificações, seja feito por meio de instrumentos de natureza contratual (contrato e termo aditivo). Importante enfatizar que isso, de forma alguma, importa em restrição à mutabilidade, mas, na realidade, impõe certos condicionamentos jurídicos com relação à forma de alteração – que pode, inclusive, ser promovida unilateralmente, desde que respeitada a garantia do equilíbrio econômico-financeiro e formalizada em instrumento de natureza contratual (termo aditivo).

Por fim, em resposta ao *quarto* e último questionamento colocado, da análise das resoluções editadas pela ANAC, verifica-se que a agência vem promovendo audiências e consultas públicas com o objetivo de obter subsídios para a elaboração de seus atos normativos. Inclusive, em certos casos, além de consulta e audiência pública, a agência realizou o denominado "chamamento prévio" com vistas a oportunizar a apresentação de contribuições, pelos interessados, pela via documental e presencial, a fim de auxiliar o órgão regulador na elaboração de atos normativos. Dessa forma, verifica-se que tem havido um esforço efetivo da agência no sentido de interagir com o setor regulado, de forma que sejam levadas em consideração as ponderações e impactos descritos pelos interessados.

A representatividade da participação em tais procedimentos é variável, a depender da matéria. Em boa parte dos casos, são os concessionários de infraestrutura aeroportuária e as associações ou sindicatos representativos dos interesses dessa categoria que têm participado de forma mais ativa. No entanto, verifica-se forte participação por parte da SEAE, que, na qualidade de órgão de advocacia da concorrência, tem buscado apresentar ponderações que, na sua avaliação, podem contribuir para a promoção da livre concorrência no setor, em linha com suas atribuições institucionais (art. 19, II, da Lei Federal nº 12.529/2011). Além disso, em certos casos, foram mapeados subsídios oriundos de empresas de transporte aéreo, empresas que fazem uso de espaços nos complexos aeroportuários para outras finalidades (como, por exemplo, distribuidoras de combustíveis) e associações que representam os interesses desses agentes econômicos. Por fim, em algumas consultas e audiências públicas, nota-se um público mais amplo e abrangente, envolvendo, além desses agentes já mencionados, também a Infraero, instituições de pesquisa, pessoas físicas, polícia militar, entre outros.

Também se mostra variável o volume de contribuições recebidas, existindo casos em que foram recebidas mais de 200 (duzentas) contribuições e outros em que foram recebidas apenas três contribuições. Uma análise detalhada em relação ao perfil de participação em cada procedimento de audiência e consulta pública foi contemplada no *apêndice B*.

Embora se trate de uma agência cuja constituição é relativamente recente, a forma de condução de tais procedimentos de participação social revela maturidade, tendo em vista que, em determinados casos, a posição trazida pelos agentes foi efetivamente considerada e ensejou efetiva alteração do texto do ato normativo proposto; além disso, a agência não tem se limitado à mera realização de audiências e consultas públicas, indo além, em certos casos, por meio da realização de outros procedimentos voltados a assegurar participação da sociedade. Tais posturas demonstram compromisso com a busca do consenso e com soluções que sejam, efetivamente, as mais adequadas para a resolução dos problemas regulatórios identificados.

Apesar disso, é importante destacar que, na interpretação da agência, tal consenso *não* demandaria, propriamente, *uma concordância dos afetados*, uma vez que, em caso de divergência, prevalece a visão da agência. Segundo a ANAC, "qualquer divergência de posicionamento deve-se resolver via motivação do ato administrativo, de maneira a explicitar os fundamentos e princípios que nortearam a decisão final da área técnica".[136]

Justamente por esse motivo, parece-me necessário que a avaliação com relação ao tipo de matéria que estará sujeita à *regulação por agência* seja feita de forma bastante criteriosa, sob pena de direitos serem frustrados. A depender da matéria, não parece que a edição de atos normativos infralegais constitua via legítima para a introdução de alterações no âmbito de tais contratos. Em se tratando de assuntos que, por lei, devam ser disciplinados em contrato, a sua regulamentação ou alteração deverá ser objeto de termo aditivo próprio, firmado de forma consensual ou unilateral (hipótese em que deverá ser assegurada a manutenção do equilíbrio econômico-financeiro).

Caso se trate de matéria que possa ser tutelada pela via dos atos normativos, ainda assim, é preciso que sua edição seja precedida não somente de ampla participação, mas adequada *motivação*, que deverá demonstrar que os argumentos e impactos identificados foram devidamente considerados e que a solução eleita é aquela que confere solução adequada aos problemas regulatórios identificados. Mais do que boa prática regulatória, trata-se exigência que, atualmente, decorre do disposto na Lei de Agências Reguladoras, que exige a prévia realização de análise de impacto regulatório à edição de atos normativos, e na LINDB, que impõe, nos processos decisórios, a necessidade de realização de avaliação consequencialista por parte das autoridades competentes.

---

[136] Relatório de Análise das Contribuições apresentadas no âmbito da Audiência Pública nº 07/2019, p. 13-14. Disponível em: https://www.gov.br/anac/pt-br/acesso-a-informacao/participacao-social/consultas-publicas/audiencias/2019/07/ap-07-2019-rac.pdf. Acesso em: 19 ago. 2021.

2.4.2 Mutabilidade decorrente de decisões administrativas

Além da possibilidade de a mutação vir a ser endereçada por meio de atos normativos, existem outros instrumentos extracontratuais que produzem efeitos semelhantes. Exemplo disso são decisões proferidas, na via administrativa, pelo poder concedente e/ou órgão regulador e que podem induzir algum tipo de alteração nas condições de execução originalmente pactuadas ou trazer algum tipo de condicionamento à sua execução.

Na prática, são variados os órgãos que podem dirimir conflitos ou exercer controle em relação à execução do contrato de concessão. A rigor, além da atuação do poder concedente e/ou órgão regulador, também o Poder Judiciário,[137] câmaras arbitrais e tribunais de contas[138]

---

[137] É possível que decisões *judiciais* (ou proferidas por outros órgãos que promovam heterocomposição, como, por exemplo, tribunais arbitrais) impactem as condições de execução de contratos de concessão. A atuação do Judiciário pode resultar de provocação de alguma das partes que integram o contrato de concessão ou, até mesmo, de terceiros que sejam impactados ou vislumbrem algum tipo de inadequação em sua execução (ministério público, associações, empresas aéreas, usuários, empresas que fazem uso de espaços aeroportuários, entre outros). A título de exemplo, em 2019, foi proferida decisão pela justiça federal impedindo que a ANAC cobrasse o pagamento de outorgas já vencidas ou a vencer da concessionária do Aeroporto de Viracopos, até que suas obrigações sejam quitadas. Neste sentido, cf. MIGUEL NETO, José Antonio. *Justiça Federal impede ANAC de cobrar outorgas de Viracopos*, 2019. Disponível em: https://www.mnadv.com.br/imprensa/justica-federal-impede-anac-de-cobrar-outorgas-de-viracopos. Acesso em: 27 ago. 2021. A alegação da concessionária, nesse caso, era que o contrato de concessão, originalmente, abrangia área contígua ao aeroporto, que não foi transferida, em sua totalidade, pelo poder concedente à concessionária. Tal fato, na visão da concessionária, teria impactado a exploração comercial dessas áreas e, portanto, a sua expectativa de retorno. Nota-se, portanto, que, em decorrência de um conflito decorrente da relação concessória, foi proferida uma decisão judicial capaz de impor alterações na forma de cumprimento do contrato de concessão.

[138] No caso do TCU, diante das atribuições do órgão, é possível que haja algum tipo de interferência na execução desses ajustes no âmbito de procedimentos distintos. Além da competência para apreciar denúncias e representações em relação a eventuais irregularidades, o TCU realiza, periodicamente, fiscalização com o objetivo de avaliar a execução dos contratos de concessão. No âmbito de tais auditorias, são proferidas decisões que podem culminar na determinação ou recomendação de adoção de providências específicas ao poder concedente. Não é usual que, em tais procedimentos, seja oportunizada aos concessionários e/ou a terceiros interessados a apresentação de defesa ou considerações gerais em relação aos achados apurados. Apesar disso, nota-se que, não raro, o teor das decisões ou recomendações pode afetar as condições de execução dos contratos. Para ilustrar esse tipo de situação, vale fazer referência ao Acórdão nº 548/2014-Plenário, proferido em 12 de março de 2014, no âmbito de auditoria operacional da execução dos contratos de concessão dos aeroportos de Brasília, Guarulhos e Viracopos. Em meio às recomendações trazidas nessa decisão, algumas delas podem produzir efeitos sobre o plexo de obrigações de ambas as partes, como, por exemplo, aquelas que sugerem que a ANAC: (i) avalie formas de aprimorar a publicidade dos contratos da concessionária com partes relacionadas, considerando a possibilidade e conveniência de "determinar a publicação da íntegra dos

podem, na prática, acabar proferindo decisões que impactem a execução dos contratos de concessão, introduzindo mutação. Apesar disso, considerando que não se trata de órgãos que integram a relação contratual propriamente dita[139] e cuja atuação se encontra subordinada a uma série de regras procedimentais específicas e inerentes à atuação de tais órgãos, parece-me que seus reflexos na mutabilidade do contrato são eventuais e indiretos. Justamente por isso, para os fins da presente tese, não será aprofundada a avaliação de decisões emanadas por órgãos que não integrem, diretamente, a relação jurídica concessória.

Levando-se em consideração o recorte proposto, cabe avaliar, no caso do setor aeroportuário, a atuação da ANAC, que exerce atribuições típicas de poder concedente, no âmbito de processos decisórios que afetam contratos de concessão determinados.

Da análise da Lei Geral de Concessões, verifica-se que há autorização para que o poder concedente possua competência decisória em relação a determinados temas, cuja resolução pode afetar a execução do contrato. Com efeito, é prevista a competência do poder concedente para não somente regulamentar o serviço concedido (temática explorada no subcapítulo 2.4.1), mas também fiscalizar sua prestação, aplicar as penalidades regulamentares e contratuais, proceder à revisão das tarifas, solucionar queixas e reclamações recebidas, entre outras atividades (art. 29, I, II, V e VII). Adicionalmente, no caso do setor aeroportuário, são atribuídas à ANAC, por lei, as funções de (i) compor administrativamente conflitos de interesse entre prestadoras de serviços aéreos e

---

contratos no site das concessionárias ou, ao menos, que seja informado nos respectivos sites e no da Agência, que esses contratos podem ser solicitados à ANAC pelos interessados" (item 9.3.1); (ii) implemente mecanismos destinados a assegurar a publicidade e transparência das informações de interesse público relativas à execução dos contratos de concessão de infraestrutura aeroportuária (item 9.3.2). Ainda que, nesse caso, se tratasse de recomendação, o posicionamento do TCU tende a influenciar o comportamento das agências reguladoras, que, rotineiramente, vêm demonstrando deferência às decisões desse órgão de controle. No caso acima, é provável que, caso as concessionárias tivessem se manifestado, alguns elementos relevantes a respeito das proposições teriam sido apresentados e poderiam, eventualmente, ter alterado o teor das recomendações. Isso porque é possível que as medidas representem custos adicionais, envolvam a disponibilização de informações concorrencialmente sensíveis e dados cobertos pelo sigilo empresarial. Note-se que o dever de divulgação, embora veiculado por meio do contrato de concessão, teria por objeto instrumentos contratuais de natureza privada, de modo que a sua divulgação ampla e irrestrita para qualquer interessado pode se mostrar inadequada.

[139] Nesses casos, a situação é distinta daquela que se tem quando a decisão administrativa é proferida pelo próprio poder concedente ou órgão regulador que exerce, no todo ou em parte, atribuições típicas de poder concedente, em que as competências e interesses do órgão julgador transcendem a resolução do processo administrativo que dá origem à decisão em questão.

de infraestrutura aeroportuária; (ii) regular e fiscalizar a infraestrutura aeroportuária; (iii) deliberar, na esfera administrativa, quanto à interpretação da legislação sobre infraestrutura aeroportuária, inclusive casos omissos (art. 8º, XX, XXI, XLIV, da Lei Federal nº 11.182/2005).

Diante do amplo espectro de competências atribuídas aos órgãos diretamente envolvidos na gestão do contrato de concessão, é possível que, por meio de decisões administrativas, sejam promovidas verdadeiras alterações ao contrato ou, ainda, complementações em relação a temas em relação aos quais o contrato tenha sido silente.

Da praxe estabelecida pela agência, verifica-se que, efetivamente, em certos casos, são endereçadas mutações ao disposto contratualmente por meio de *decisões administrativas*, que têm por efeito a alteração ou a integração das condições previstas no instrumento contratual. Nesses casos, não foi identificada a celebração de termos aditivos, o que leva a crer que, a partir da publicação das decisões, na prática, o contrato já tenha passado a ser executado em bases distintas em relação ao aspecto abordado na decisão.

Foram proferidas *decisões administrativas* pela ANAC com o objetivo de: (i) estabelecer a metodologia de cálculo do fator Q, a ser utilizada nos reajustes tarifários; (ii) alterar os valores de tarifas aeroportuárias para incorporar o valor correspondente ao adicional de tarifa aeroportuária extinto por lei (o que decorre da edição de nova lei); (iii) promover a recomposição do equilíbrio econômico-financeiro do contrato em função de alteração unilateral realizada pela agência, o que se dá mediante a adoção de mecanismos que impactam a execução contratual (por exemplo, alteração do prazo contratual, modificação de obrigações previstas, alteração das contribuições fixa, variável e mensal);[140] (iv) endereçar a revisão extraordinária do contrato de concessão, em razão de alterações unilaterais promovidas ao contrato em momento anterior e, em outros casos, dos prejuízos causados pela pandemia de COVID-19, com o objetivo de restabelecer o equilíbrio econômico-financeiro.

---

[140] Nesse sentido, a título ilustrativo, foi proferida a Decisão nº 207/2020 pela ANAC, que teve por objetivo aprovar a revisão extraordinária do Contrato de Concessão para Ampliação, Manutenção e Exploração do Aeroporto Internacional do Rio de Janeiro – Galeão, em razão dos prejuízos causados pela pandemia de COVID-19, de forma a restabelecer o equilíbrio econômico-financeiro rompido. A decisão apontou que o valor de desequilíbrio apurado em 2020 foi da ordem de R$365.660.555,03, devendo ser compensado por meio da alteração do valor da contribuição fixa, variável e mensal devida pela concessionária ao poder concedente.

Em certos casos, a adoção desse veículo (decisão administrativa) não correspondeu às expectativas dos agentes regulados.

Para elucidar a afirmação, vale fazer referência à matéria discutida no âmbito da Audiência Pública nº 21/2014. A ANAC havia submetido à audiência e consulta pública uma proposta de "termo aditivo" ao contrato de concessão do ASGA, que teria por objetivo alterar a metodologia estabelecida contratualmente para o cálculo do fator Q. Em meio à audiência e consulta pública, foi apresentada uma contribuição da Associação Brasileira das Empresas Aéreas (ABEAR), chamando a atenção para a necessidade de prévia manifestação de vontade do concessionário em função da matéria envolvida. A tal ponderação, a ANAC respondeu informando que o termo aditivo seria firmado com o concessionário "em comum acordo quanto aos seus termos", descartando, com isso, que se trataria de alteração unilateral.[141] Apesar dessa manifestação, nota-se que o resultado das discussões, na realidade, não foi um termo aditivo, mas uma "decisão" promovendo a *substituição do teor do capítulo 3 do anexo 2 do Contrato de Concessão do ASGA*, de forma a modificar a metodologia de cálculo do fator Q utilizada nos reajustes tarifários aplicáveis ao contrato de concessão. Além de a atuação da agência ter sido contraditória em relação ao que havia sido indicado no âmbito da consulta e audiência pública, verifica-se que a ANAC acabou por introduzir verdadeira alteração unilateral disfarçada, sem a observância dos requisitos legais para tanto.

Da análise de dados empíricos do setor aeroportuário, nota-se que tem sido recorrente a veiculação de alterações ao teor dos contratos por meio de decisões administrativas, inclusive com o objetivo de promover alterações unilaterais (sem, em muitos casos, atentar para o requisito do restabelecimento concomitante do equilíbrio econômico-financeiro e tampouco para a necessidade de formalização de termo aditivo).[142]

---

[141] De acordo com a manifestação da ANAC em resposta à ABEAR: "A Audiência Pública nº 21/2014 diz respeito a proposta de termo aditivo ao contrato de concessão, de maneira que as alterações nela veiculadas serão objeto de instrumento de alteração unilateral, assinado tanto pelo Poder Concedente, como pelo Concessionário, *em comum acordo quanto aos seus termos*. Dessa forma, não há que se falar em alteração unilateral do Contrato, mas sim em manifestação de vontade das partes na alteração de determinadas regras contratuais, materializada na assinatura do instrumento apropriado para tal fim" (ANAC. *Relatório de Contribuições Audiência Pública nº 21/2014*, p. 12. Disponível em: https://www.anac.gov.br/participacao-social/consultas-publicas/audiencias/2014/aud21/rac-ap21-2014.pdf. Acesso em: 18 ago. 2021).

[142] Nesse sentido, vale fazer referência à Decisão nº 196/2016, proferida em 22 de dezembro de 2016, que promoveu alteração *unilateral* para adequar o valor das tarifas aeroportuárias

Diante disso, verifica-se que *decisões administrativas* também acabam sendo utilizadas, com base nas atribuições conferidas por lei ao órgão regulador, para introduzir mutação nas concessões do setor aeroportuário, sendo necessário cautela com relação à utilização desse expediente, que, por vezes, acaba sendo manejado de forma indevida.

2.4.3 Mutabilidade promovida por meio de acordos administrativos

Por fim, um terceiro instrumento extracontratual que pode vir a introduzir alterações ou complementação na forma de execução dos contratos de concessão é a celebração de acordos administrativos entre o poder concedente e/ou órgão regulador e o concessionário.

Atualmente, a legislação é clara quanto à possibilidade de celebração de acordos administrativos pelos órgãos e entidades integrantes da estrutura da administração pública, direta e indireta. Cabe fazer alusão a, pelo menos, quatro diplomas normativos distintos que trazem, de forma expressa, autorização para a realização de acordos no âmbito de discussões relativas a contratos de concessão.

Em *primeiro*, vale fazer referência ao disposto na LINDB que, devido a alterações promovidas pela Lei Federal nº 13.655/2018, passou prever que, para "eliminar irregularidade, incerteza jurídica ou situação contenciosa na aplicação do direito público (...) a autoridade administrativa poderá, após oitiva do órgão jurídico e, quando for o caso, após realização de consulta pública, e presentes razões de relevante interesse geral, *celebrar compromisso* com os interessados" (art. 26, *caput*). No tocante ao conteúdo, é necessário que o acordo administrativo (i) traga "solução jurídica proporcional, equânime, eficiente e compatível com os interesses gerais" (inciso I); (ii) não permita "desoneração permanente de dever ou condicionamento de direito reconhecidos por orientação geral" (inciso III); e (iii) preveja "com clareza as obrigações das partes, o prazo para seu cumprimento e as sanções aplicáveis em caso de descumprimento" (inciso IV).

Em *segundo*, em se tratando de setor regulado federal, a Lei de Agências Reguladoras prevê autorização expressa para a celebração de termos de ajustamento de conduta entre agências reguladoras e pessoas

---

a uma alteração legislativa superveniente e ao fato de que, apenas em 28 de julho de 2017, por meio da Decisão nº 106/2017, foi restabelecido o equilíbrio econômico-financeiro do contrato.

físicas ou jurídicas sujeitas à sua competência regulatória (art. 32).[143] Durante a vigência do respectivo termo de ajustamento de conduta, fica suspensa a aplicação de sanções administrativas de competência da agência reguladora à pessoa física ou jurídica que o houver firmado em relação aos fatos que deram causa à sua celebração (§1º do art. 32).

Em *terceiro*, vale lembrar que a Lei Federal nº 13.140/2015, ao tratar sobre a criação de câmaras de prevenção e resolução administrativa de conflitos pela União, prevê a possibilidade de autocomposição de conflitos que "envolvam equilíbrio econômico-financeiro de contratos celebrados pela administração com particulares" (art. 32, §5º), sendo expressa a possibilidade de celebração de termos de ajustamento de conduta (art. 32, III).

Por fim, em *quarto*, com a edição da Lei de Relicitação, foi autorizada a celebração de acordo com o objetivo de resolver a situação de contratos dos setores rodoviário, ferroviário e aeroportuário "cujas disposições contratuais não estejam sendo atendidas ou cujos contratados demonstrem incapacidade de adimplir as obrigações contratuais ou financeiras assumidas originalmente" (art. 13), a fim de que seja assegurada a continuidade da prestação dos serviços. A relicitação pressupõe que haja acordo entre as partes (art. 14), que tem por efeito o sobrestamento das medidas destinadas a instaurar ou a dar seguimento a processos de caducidade eventualmente em curso contra o contratado (art. 14, §3º). É interessante notar que, além da celebração do acordo, a Lei de Relicitação exige a celebração de termo aditivo ao contrato de concessão (art. 15). Diante disso, nota-se que, por exigência legal, o conteúdo do acordo administrativo de que trata essa lei deverá, obrigatoriamente, se revestir da forma de termo aditivo, sendo aplicáveis as considerações trazidas no subcapítulo 2.3 desta tese.

Diante da existência dos dispositivos legais supracitados, tem-se que, nos casos em que houver processo administrativo perante a ANAC, relacionado ao cumprimento do contrato de concessão, em que se avalie pedido de reequilíbrio formulado por alguma das partes ou "irregularidade, incerteza jurídica ou situação contenciosa", incluindo relativa a eventuais descumprimentos e aplicação de sanções, haverá a possibilidade de celebração de *acordo administrativo* com o objetivo de colocar fim às discussões existentes.

---

[143] "Art. 32. Para o cumprimento do disposto nesta Lei, as agências reguladoras são autorizadas a celebrar, com força de título executivo extrajudicial, termo de ajustamento de conduta com pessoas físicas ou jurídicas sujeitas a sua competência regulatória, aplicando-se os requisitos do art. 4º-A da Lei n 9.469, de 10 de julho de 1997."

Como resultado da celebração de referido acordo administrativo, é possível que o plexo original de obrigações a que se vinculavam as partes, originalmente, por meio do contrato de concessão, seja modificado, sem que haja a obrigatoriedade de celebração de termo aditivo próprio (exceto na hipótese prevista na Lei de Relicitação, que exige forma específica). Ainda, dependendo da natureza da discussão envolvida, a legislação permite que do acordo resulte uma modificação das bases da equação econômico-financeira (em se tratando de transação envolvendo questão relativa a reequilíbrio econômico-financeiro). Além disso, nos casos em que o acordo dirimir dúvida interpretativa em relação às disposições do contrato, referido acordo poderá fixar entendimento que passará a nortear a execução do instrumento contratual.

Nota-se, com isso, que são variadas as hipóteses de cabimento de acordos administrativos que podem ser firmados entre as partes envolvidas em determinado contrato de concessão, sendo possível que tais instrumentos acabem, com suas disposições, por funcionar, na prática, como verdadeiros veículos introdutores de mutação a contratos de concessão, independentemente da celebração de termo aditivo específico com o objetivo de formalizá-las (exceto na hipótese referida na Lei de Relicitação).

Até o momento da realização dos levantamentos desta tese, a ANAC não havia regulamentado a celebração de acordos administrativos em geral ou relacionados a descumprimentos contratuais. Foi possível identificar a edição da Resolução nº 199/2011, que trata sobre o procedimento de celebração de termos de ajustamento de conduta (TAC) em processos fiscalizatórios; porém, a norma exclui, de forma expressa, do seu âmbito de aplicação celebração de TACs no âmbito de fiscalizações relativas ao cumprimento de cláusulas contidas nos contratos de concessão de infraestrutura aeroportuária (art. 1º, parágrafo único).

Além de não existir regulamentação específica, nota-se que, com exceção dos casos em que houve acordo para a relicitação de contratos (descritos no subcapítulo 2.3), na prática, essa agência reguladora *não* tem se valido desse expediente, a despeito dos permissivos legais.

Diante da inexistência de informações disponíveis no *site* da ANAC a respeito da eventual celebração de acordos administrativos com as concessionárias de infraestrutura aeroportuária, foi submetido, com fundamento na Lei de Acesso à Informação, em 31 de agosto de 2021, questionamento sobre a existência de eventuais acordos pela agência no âmbito de processos em que se discutam eventuais descumprimentos contratuais – situação que tende a ser a mais corriqueira.[144]

Em resposta, disponibilizada em 9 de setembro de 2021, a agência informou que "nunca houve a celebração desse tipo de ajuste no que tange a processos administrativos referentes a descumprimento de obrigações determinadas nos Contratos de Concessão de infraestrutura aeroportuária".

Ainda, a resposta disponibilizada esclareceu que, em certo processo administrativo voltado à decretação de caducidade da concessão do Aeroporto Internacional de Campinas, a concessionária envolvida propôs, em 2017, à Superintendência de Regulação Econômica de Aeroportos da ANAC a celebração de TAC.[145] O objetivo do acordo, conforme se depreende dos excertos transcritos da Nota Técnica nº 02/2018/SRA na resposta da ANAC, seria estabelecer prazo para regularização dos descumprimentos que lhe foram imputados e realização de adequações para ajustar a execução do contrato à realidade concretamente vivenciada.

A despeito da proposta formulada pela concessionária, o entendimento da Superintendência de Regulação Econômica de Aeroportos, nesse processo específico, foi no sentido de que o objetivo da concessionária, com o referido acordo, seria "alterar o regime obrigacional ratificado quando da celebração do contrato de concessão" (Nota Técnica nº 02/2018/SRA), o que, na visão da área técnica, não poderia ser admitido pelo fato de que a postura importaria em "legitimar ou ratificar a violação do contrato que vem perpetrando". Também foram pontuadas, na nota técnica proferida nesse caso, a inexistência de direito subjetivo do concessionário ao acordo, a inadequação da proposta trazida pela concessionária (haja vista que seria "altamente lesivo ao poder concedente admitir, por qualquer tempo que seja, a existência de contrato de concessão da magnitude do presente, desprovido de qualquer garantia de execução") e, por fim, a demora da concessionária na propositura do acordo, o que, na visão da agência, representaria "uma tentativa deliberada de protelar a atuação regulatória da Agência".

---

[144] O referido requerimento deu origem ao Processo nº 50001.049361/2021-55.

[145] As tratativas mencionadas na resposta recebida da agência são discutidas no âmbito do Processo Administrativo nº 00058.000.623/2014-21 e do Processo Administrativo nº 00058.523886/2017-56. Tais processos encontram-se classificados com nível de acesso restrito por sigilo empresarial, de modo que não foi possível avaliar a íntegra das manifestações. Apesar disso, em sua resposta, a agência sintetizou trechos relevantes de cada uma delas.

Sendo assim, o parecer da superintendência em questão (Nota Técnica nº 02/2018/SRA) foi pela "contrariedade desta Área Técnica no que toca à eventual celebração de Termo de Ajustamento de Conduta (...), ante seu notório escopo de alteração ilegal do contrato".

De acordo com as informações disponibilizadas pela ANAC, foi possível inferir que a referida manifestação da área técnica, rechaçando a proposta de celebração de TAC, não foi acompanhada da manifestação de outras superintendências internas da agência ou de parecer jurídico, elaborado pela Procuradoria Federal junto à ANAC. Além disso, do relato trazido pela agência, nota-se que houve opção no sentido de simplesmente negar a celebração do acordo, reputado como inadequado – já que não se pode admitir que o contrato esteja "desprovido de garantia de execução" –, ao invés de avaliar o cabimento de eventuais ajustes na proposta de acordo formulada pela concessionária para torná-la adequada.

Com base nas informações disponibilizadas pela ANAC em resposta ao pedido de acesso à informação formulado, parece-me que o posicionamento da área técnica não foi adequado.

Diante das alterações legislativas recentes,[146] as soluções consensuais passam a conviver com as soluções adjudicadas, cabendo à autoridade competente, diante dos conflitos colocados, avaliar qual mecanismo é capaz de, na maior medida possível, conferir solução mais adequada ao conflito. Da motivação apresentada pela agência, constata-se que houve esforço, tão somente, para refutar a conveniência de celebração de acordo nos termos propostos pela concessionária. No entanto, não foi sugerida alguma contraproposta,[147] por parte da área

---

[146] Trata-se de uma tendência que tem ganhado fôlego com alterações normativas relativamente recentes no direito administrativo brasileiro, mas com larga experiência em outras jurisdições, como na norte-americana. Segundo Elton Venturi, "[é] possível afirmar que o Brasil vive um histórico momento no qual se procura criar um novo sistema de Justiça multiportas, por via da institucionalização dos chamados meios alternativos de resolução de conflitos. Tal como ocorrido nos Estados Unidos da América a partir da década de 1970, quando o colapso do sistema jurisdicional levou à idealização e implementação de um 'sistema multiportas' baseado em programas de *alternative dispute resolution* anexos aos tribunais, o Brasil agora aposta na instauração de modelo similar. (...) Em que pese o ainda obscuro significado a que a expressão remete, a nova previsão legislativa pode ser considerada um importante marco na busca pela maior adequação dos procedimentos resolutórios no Brasil, apta a influenciar uma gradativa relativização da nebulosa e paternalista concepção que tem marcado o debate a respeito da inegociabilidade e da exclusividade da solução adjudicatória referentemente aos conflitos de direitos indisponíveis no país" (*Transação de direitos indisponíveis?*, 2016, p. 5).

[147] Ademais, é da essência de tais mecanismos de autocomposição a negociação em relação ao seu teor. Sendo assim, se a proposta originalmente submetida pela concessionária não lhe parecesse satisfatória, poderia a ANAC avaliar se, em concreto, seria viável sugerir nova

técnica, que poderia ser mais adequada e, tampouco, sopesada a adequação da alternativa de eventual solução consensual *vis-à-vis* à solução adjudicada e seus inconvenientes – o que deveria ter sido realizado, na medida em que a caducidade da concessão é procedimento moroso, complexo, custoso, inclusive da perspectiva da própria administração pública, e que pode trazer embaraços à adequada prestação dos serviços. Da mesma forma, poderia ter sido realizada consulta e audiência pública para a obtenção de subsídios a respeito de eventual acordo, tendo em vista os inúmeros interesses envolvidos (não somente no acordo, mas, sobretudo, em eventual caducidade de uma concessão), de forma a formular juízo robusto a respeito da melhor solução em concreto.

De toda forma, os aspectos ventilados acima não foram verificados no caso concreto, o que, todavia, não impede que, à luz dos fundamentos legais existentes, novos processos administrativos, conduzidos por esse (e outros) órgão regulador, passem a fazê-lo de forma gradual, o que, na prática, poderá introduzir mutação aos respectivos contratos de concessão, demandando, para tanto, a observância dos requisitos abordados ao longo da parte III desta tese para que possam ser validamente introduzidos.

---

proposta, pautada em condições mais adequadas e razoáveis. Como coloca Elton Venturi: "Não é difícil concluir (...) que ao se negar um sentido verdadeiramente negocial para o compromisso de ajustamento de condutas, desvirtua-se completamente a sua natureza, e com ela, também a sua finalidade compositiva. Tais desvirtuamentos dão origem a pelo menos dois sérios problemas, relacionados à efetividade (pragmática) e à validade (legalidade) do instrumento" (*Transação de direitos indisponíveis?*, 2016, p. 8). Diante disso, são inerentes e naturais à adoção desse tipo de expediente o diálogo entre as partes e a avaliação da solução cabível.

CAPÍTULO 3

BOAS PRÁTICAS E PROBLEMAS IDENTIFICADOS NA PRAXE CONCESSÓRIA

A análise da experiência prática das concessões traz a lume paradigmas e questões que, muitas vezes, não são evidenciados pela leitura de trabalhos acadêmicos que trazem abordagem meramente teórica acerca do tema da mutabilidade.

Como já referido no início desta parte II, reconheço a impossibilidade de extrair, da experiência do setor aeroportuário, conclusões que possam ser pertinentes a toda e qualquer concessão. No entanto, alguns elementos decorrentes dessa avaliação, que não dizem respeito às particularidades técnicas desse setor individualmente considerado, são capazes de indicar certas tendências e pontos de atenção que reclamam cautela na interpretação do ordenamento jurídico e operacionalização da mutação nas concessões em geral. Tais elementos são relevantes e devem pautar os trabalhos doutrinários em relação ao tema.

Diante disso, verifica-se a importância de pesquisas que tenham por objetivo o enfrentamento do tema de forma sistematizada, haja vista que podem ser capazes de contribuir para a evolução da teorização sobre a mutabilidade nas concessões, a fim de que os riscos decorrentes da falta de um tratamento doutrinário sistematizado sejam mitigados e para que, na prática, haja melhoria na elaboração, gestão e controle de contratos de concessão.

No entanto, antes de identificar os condicionamentos jurídicos gerais que devem nortear a mutação nos contratos de concessão – que é objeto da parte III desta tese –, sintetizo, nos subcapítulos que integram este capítulo 3, as principais boas práticas identificadas na experiência desse setor (subcapítulo 3.1) e os pontos de atenção (subcapítulo 3.2) que decorrem da experiência prática do setor aeroportuário e que podem auxiliar na identificação de aspectos que merecem atenção especial na identificação do regramento geral aplicável à mutabilidade nas concessões.

3.1 Boas práticas identificadas na experiência do setor aeroportuário

A análise da experiência empírica de dado setor é capaz de demonstrar o caráter dinâmico e complexo da mutabilidade nas concessões, que reforça a classificação de tais contratos como *incompletos* e *relacionais*. Os contratos de concessão têm sido elaborados de forma atenta às suas particularidades. Isso decorre do fato de que a pretensão de estruturação de um contrato completo parece vir sendo solapada por um novo paradigma: o de instrumentos contratuais intencionalmente abertos e permeáveis a alterações – seja mediante a complementação de lacunas neles previstas (intencionalmente ou não), seja mediante a inserção de cláusulas que estabelecem procedimentos à alteração de seus termos –, que pode, em concreto, ser endereçada por instrumentos plurais.

Sendo assim, não é possível interpretar a Lei Geral de Concessões e legislação correlata em pedaços. É necessário que sua avaliação, bem como dos demais atos normativos que permeiam as concessões, ocorra de forma sistematizada e, acima de tudo, atenta à natureza e especificidades do instituto das concessões, notadamente àquelas que ressaltam o seu caráter *incompleto* e *relacional*.

Da análise da experiência do setor aeroportuário, é possível identificar oito tendências que revelam boas práticas, consentâneas com essas ponderações, que serão sintetizadas nos subcapítulos seguintes.

3.1.1 Impossibilidade de definição apriorística de todas as hipóteses de mutabilidade

A *primeira* tendência é o reconhecimento quanto à *impossibilidade de definição, apriorística, de todas as situações em que será necessária a alteração ou a complementação do teor dos contratos de concessão*. Ainda que haja certo esforço, no âmbito da regulação setorial e nos contratos, no sentido de identificar as hipóteses de modificação ou integração do contrato, não é adequado supor que haja necessidade de os contratos tratarem de forma exaustiva sobre o tema. Com efeito, a maior parte das mutações realizadas, ao longo do tempo, aos contratos de concessão analisados não possuía fundamento expresso em contrato ou na legislação setorial e, portanto, não era regulamentada.[148]

Vale ressaltar que não há incompatibilidade entre a realização de alterações não previstas, de forma expressa, em lei ou no contrato e o princípio da legalidade. Na realidade, o princípio da legalidade, que, após a promulgação da CF/88, passa a ser entendido como juridicidade ou legalidade ampliada, traz as bases para a realização de alterações em geral a tais contratos. De um lado, isso se deve ao fato de que, ao tratar sobre a prestação de serviços públicos por meio de concessão, o texto constitucional reconhece o "caráter especial" de tais contratos (art. 175, parágrafo único), que têm, em meio aos seus traços característicos, a incompletude e, portanto, a mutabilidade como aspecto inerente a eles. De outro, a CF/88 consagra o princípio da prestação do serviço adequado (art. 175, parágrafo único, IV), também disciplinado por lei, e que, em boa parte dos casos, acaba por justificar a ampla mutabilidade nas concessões, haja vista que determina que a execução do contrato deve estar atenta à necessidade de continuidade, regularidade, eficiência, segurança, atualidade, generalidade, cortesia na sua prestação e modicidade tarifária (art. 6º da Lei Geral de Concessões), fatores que, não raro, demandarão algum tipo de ajuste na execução contratual.

A própria Lei Geral de Concessões, em outras passagens, reconhece a inviabilidade de todas as hipóteses de alteração serem antevistas. Isso porque, tratando sobre as cláusulas essenciais dos contratos de concessão, limitou-se a prever que devem contemplar "as *previsíveis* necessidades de futura alteração e expansão do serviço e consequente modernização, aperfeiçoamento e ampliação dos equipamentos e instalações" (art. 23, V). Em se tratando de alterações imprevisíveis, que razoavelmente não poderiam ter sido imaginadas à

---

[148] É incompatível com a natureza desses contratos supor que toda hipótese de alteração ou complementação deva ter seus contornos previamente definidos por lei ou no contrato. Conforme já apontado ao longo do capítulo 2, a maior parte das alterações endereçadas por meio de termos aditivos aos contratos de concessão não possui fundamento contratual ou legal expresso. Além disso, nota-se que, mesmo em casos nos quais a lei pretendeu definir os contornos para a celebração de termo aditivo, as balizas legalmente previstas não foram capazes de prever todos os aspectos que tiveram, em concreto, que ser considerados no âmbito da alteração contratual. Foi o caso, exemplificativamente, do termo aditivo voltado a viabilizar a relicitação da concessão do ASGA. Por fim, a paulatina incorporação, no texto dos novos contratos, de novos procedimentos voltados à alteração do ajuste torna evidente que é impossível conferir tratamento exaustivo ao assunto no instrumento contratual (e ainda mais na legislação). Diante disso, não é razoável supor ou imaginar que um contrato de concessão deva ser alterado, única e exclusivamente, em hipóteses previamente definidas, seja na legislação, seja no próprio contrato de concessão.

época da elaboração do contrato – o que é frequente diante do elevado grau de incerteza que permeia a execução desses ajustes –, não há vedação para que sejam realizadas. Elas poderão ser implementadas, apenas não se exige que estejam previamente detalhadas no instrumento contratual.

3.1.2 Introdução da mutabilidade por instrumentos plurais

A *segunda* tendência é de endereçamento da mutabilidade por *instrumentos plurais*, não limitados a termos aditivos. Da análise fática, verifica-se que são variados os veículos introdutores de mutabilidade nesses contratos. Termos aditivos, atos administrativos (normativos ou não; que consubstanciem alterações unilaterais ou não) e, também, acordos administrativos (embora ainda não utilizados no setor aeroportuário) são capazes de complementar ou modificar o disposto em tais contratos.

Essa pluralidade de instrumentos que veiculam mutabilidade tem origens diversas, sendo três as mais relevantes. A *primeira* é o arranjo institucional de competências, previsto na legislação, que, por diferentes expedientes, autoriza que o órgão regulador e/ou o poder concedente profiram decisões ou editem atos normativos capazes de introduzir alterações a tais contratos. A *segunda* consiste no teor dos próprios contratos de concessão, que têm sido permeáveis à introdução de alterações por mecanismos plurais. E, por fim, a *terceira* é a crescente utilização de mecanismos alternativos de resolução de controvérsia (auto e heterocomposição), que acabam por incrementar o rol de instrumentos aptos a, ainda que de forma indireta, estabelecer novas condições à execução de contratos de concessão.

As abordagens doutrinárias mais recentes têm reconhecido a importância da edição de atos normativos pelas agências reguladoras para, dessa forma, complementar o disposto nos contratos no âmbito das suas incompletudes. Apesar disso, a realidade é capaz de mostrar que, na prática, o fenômeno vai além da dita "regulação por agência", o que traz preocupações específicas, que não têm sido abordadas pela doutrina especializada. Sendo assim, é importante que esse aspecto seja contemplado no discurso jurídico. O assunto será retomado no subcapítulo 3.2.2.

3.1.3 Preocupação de, no desenho contratual, tornar o instrumento permeável à mutabilidade

O *terceiro* paradigma ou tendência é o esforço de, *dentro daquilo que é possível antever* à época da estruturação do contrato, tornar o contrato permeável a alterações por meio da incorporação de *cláusulas* tratando sobre a sua posterior *integração* ou *modificação*.

A *integração* tem cabimento nos casos em que o contrato deixa de conferir tratamento a respeito de determinado tema, abrindo espaço para complementação futura de seu teor. Já a *modificação* ocorre em casos nos quais o teor do contrato sofre algum tipo de alteração em relação àquilo que fora originalmente pactuado. Na prática concessória, nota-se a existência de cláusulas que preveem, de forma expressa, a possibilidade de integração ou modificação do ajuste por meio de (i) ato administrativo praticado pelo poder concedente e/ou órgão regulador, podendo se tratar de ato normativo ou de decisão administrativa, ou (ii) acordo entre as partes.

A praxe de incorporar, no texto contratual, hipóteses tratando sobre as necessidades de futura modificação ou complementação decorre do reconhecimento do caráter incompleto de tais contratos e é desejável, na medida em que pode trazer maior previsibilidade no decorrer da execução do contrato quanto aos requisitos para mutabilidade e tende a eliminar dúvidas que possam surgir quanto à juridicidade da alteração. No entanto, conforme será aprofundado no subcapítulo 3.2, da forma como a função integrativa vem sendo exercida pelas agências, é possível identificar certos pontos de atenção que, caso não sejam bem endereçados, podem dar azo a condutas oportunistas, comprometer a realização de direitos e gerar insegurança jurídica.

3.1.4 Predefinição de procedimentos específicos para introduzir mutabilidade

O *quarto* paradigma verificado é a busca, na prática, pela predefinição dos *procedimentos* que devem *nortear a introdução da mutação* e que sejam capazes de vocalizar os principais interesses envolvidos, que deverão ser considerados no âmbito da tomada de decisão.

Nos casos em que a legislação ou o instrumento contratual tratam sobre hipóteses de complementação ou alteração específicas, tem sido comum a definição, na medida do possível, dos *requisitos procedimentais específicos* para nortear a introdução de mutação nessas situações determinadas. Embora, como mencionado, seja inviável a previsão de um rol taxativo das hipóteses nas quais as concessões poderão ser alteradas ou complementadas, há um esforço no sentido de regulamentar o procedimento de alteração daquelas situações que, em tese, são mais corriqueiras.

A título exemplificativo, há a previsão de procedimento para alterações voltadas à mudança da pessoa jurídica do concessionário (transferência da concessão), restabelecimento do equilíbrio econômico-financeiro, implementação de reajustes, realização de novos investimentos ou alteração de projetos, entre outros. Ao disciplinar procedimentos específicos, permite-se que as exigências sejam distintas à luz das particularidades envolvidas, evitando-se, assim, que, para casos de alterações mais simples, haja a necessidade de submissão do caso a um procedimento complexo, custoso e moroso. Ao mesmo tempo, assegura-se que haja maior previsibilidade, em concreto, quanto à regularidade da alteração, o que pode auxiliar a contornar eventuais questionamentos em momento futuro.

3.1.5 Envolvimento dos interessados nos processos em que se discute mutabilidade

Quanto a *quinta* tendência, que, em alguma medida, se relaciona com aquela apontada acima, é crescente a preocupação no sentido de assegurar que os *diferentes interesses envolvidos* na execução do contrato de concessão *sejam considerados* no âmbito dos procedimentos que possam culminar na alteração ou complementação do teor dos contratos de concessão, o que tem ocorrido por meio do incentivo à participação ativa de terceiros no âmbito de tais procedimentos.

Isso porque, além da realização de audiências, consultas públicas e outros expedientes que envolvam interação com agentes regulados como condição prévia à edição de atos normativos que podem introduzir mutação às concessões, nota-se que os regulamentos e, especialmente, os contratos de concessão no setor em estudo têm, paulatinamente, incorporado tais mecanismos à gestão do contrato pelo concessionário, sobretudo em casos nos quais pode sobrevir algum tipo de modificação na forma de prestação dos serviços. Nesse sentido, é emblemática a criação de expedientes particulares, no caso do setor aeroportuário, como o de "consulta às partes interessadas relevantes" e de "proposta apoiada" com o objetivo de tornar o contrato mais permeável à participação dos eventuais interessados.

Tais mecanismos reforçam a perspectiva relacional dos contratos de concessão, haja vista que assegura o envolvimento e participação ativa dos interessados na gestão do contrato de concessão.

3.1.6 Impossibilidade de identificação de limites materiais gerais e apriorísticos ao conteúdo da mutabilidade

O *sexto* paradigma é a *impossibilidade de identificação de limites materiais gerais* e apriorísticos ao conteúdo da mutabilidade.

Da análise da legislação e regulamentação setorial, nota-se que, quando pertinente, são estabelecidas restrições específicas ao conteúdo do instrumento que promoverá alteração ou integração ao contrato, a serem observadas à luz das particularidades envolvidas em concreto. A título de exemplo, vale citar a vedação legal à participação do concessionário no âmbito de certame voltado à relicitação do empreendimento concessório nos casos em que, por meio de termo aditivo, seja prevista a concordância de ambas as partes à adoção das providências para relicitação. Trata-se de barreiras que, na prática, impedem que as partes envolvidas na gestão do contrato introduzam alterações que contrariem tais restrições.

Apesar do esforço doutrinário voltado à identificação de supostos limites aplicáveis ao conteúdo de toda e qualquer alteração, descrito no subcapítulo 1.2.2, a análise da natureza de tais contratos, aliada com a experiência setorial, demonstra que não são possíveis generalizações em relação ao tema. A definição de limites materiais apriorísticos mostra-se incompatível com o caráter incompleto desses contratos e o postulado da prestação de serviço adequado. O tema é avaliado, com maior profundidade, no capítulo 5, ocasião em que tais limites serão detalhados e confrontados à luz do disposto na legislação e da experiência decorrente da praxe concessória.

3.1.7 Ampla autonomia do concessionário para definição da forma de prestação dos serviços concedidos

A *sétima* tendência, que contrasta com a crença doutrinária que deu base à teorização das concessões de serviços públicos, diz respeito à *baixa preocupação com a edição de regulamentos* voltados a disciplinar *aspectos técnicos sobre a forma de prestação dos serviços* concedidos. Com efeito, ao invés de a administração pública definir, por si própria, o regulamento dos serviços de forma exaustiva, ela se vale da *expertise* do particular para aportar inteligência na adoção da solução mais adequada. Sendo assim, o concessionário goza de ampla autonomia para a definição da forma de prestação dos serviços.

Como mencionado no subcapítulo 1.2.1, nos primórdios da teorização sobre as concessões de serviços públicos, havia forte preocupação no sentido de assegurar ao poder concedente a prerrogativa de alteração unilateral para que pudesse estabelecer o *regulamento dos serviços*. Ou seja, caberia ao poder concedente disciplinar, por ato regulamentar, questões *técnicas*, inerentes à organização e forma de prestação dos serviços, cabendo ao concessionário sujeitar-se a elas, as quais, inclusive, poderiam ser alteradas a qualquer tempo para melhor adequação ao interesse público.[149]

Essa doutrina influenciou os textos normativos e, não por outro motivo, nota-se que a Lei Geral de Concessões reconheceu ao poder concedente a competência para "regulamentar o serviço concedido" (art. 29, I). No setor aeroportuário federal, da mesma forma, verifica-se que a lei atribuiu à ANAC uma série de competências voltadas a regular a infraestrutura aeroportuária, bem como os serviços e atividades nela realizados (art. 8º, XI, XII, XXI e XXX, da Lei Federal nº 11.182/2005). Sendo assim, existe fundamento legal que respalda, no ordenamento jurídico brasileiro, a edição de "regulamentos dos serviços" por parte do poder concedente ou do órgão regulador (funções que, no caso do setor aeroportuário, são atribuídas à ANAC).

---

[149] Marçal Justen Filho, explicando em que consiste o poder regulamentação do serviço, coloca que "pode referir-se ao núcleo principal das competências do poder concedente como sendo a 'regulamentação' do serviço público concedido. Isso significa a definição concreta das utilidades materiais que serão ofertadas aos usuários e as condições em que tal se produzirá. A regulamentação envolve a fixação de padrões mínimos quantitativos e qualitativos, assim como a definição da remuneração a ser praticado" (*Teoria geral das concessões de serviço público*, 2003, p. 426).
Também enfatizando o aspecto técnico-operacional de tais regulamentos, Maria Sylvia Zanella Di Pietro classifica as cláusulas regulamentares da seguinte maneira: "Tudo o que diz respeito à *organização do serviço* é fixado unilateralmente pelo Poder Público e pode ser alterado também unilateralmente para adaptação às necessidades impostas em benefício do interesse público. Essa parte que é disciplinada unilateralmente pelo Poder Público impõe-se ao particular não tanto como decorrência do contrato, mas por tratar-se de normas que decorrem do poder regulamentar da Administração. (...) Essa parte regulamentar da concessão, que diz respeito à forma de gestão do serviço, consta das chamadas cláusulas regulamentares do contrato de concessão. Elas definem o objeto, a *forma de execução*, a fiscalização, os direitos e deveres das partes, as hipóteses de rescisão, as penalidades, os direitos dos usuários etc." (grifos meus) (*Parcerias na Administração Pública*: concessão, permissão, terceirização, Parceria Público-Privada e outras formas, 2011, p. 77). Em semelhante sentido, cf. PORTO NETO, Benedicto. *Concessão de serviço público no regime da Lei n. 8.987/95*: conceitos e princípios, 1998, p. 39-40.

Embora, também nos contratos de concessão, a ANAC reserve para si o direito de estabelecer regulamentos voltados à definição das condições para a prestação dos serviços, nota-se que o foco da regulação não tem sido propriamente com isso. A rigor, o objetivo dos atos normativos editados pela ANAC, relacionados às concessões de infraestrutura aeroportuária, não é com a definição dos *aspectos técnicos* a serem observados na prestação dos *serviços* pelo concessionário. Na realidade, a regulamentação tem conferido relativa margem de autonomia para os concessionários aportarem sua *expertise* na prestação dos serviços, e o foco tem se direcionado para a incorporação de incentivos voltados a assegurar que os objetivos sejam atendidos.

Uma série de fatores, em concreto, dificulta e torna desaconselhável a definição de regulamentos com esse tipo de conteúdo. Em especial, vale fazer referência à assimetria informacional existente entre o poder concedente e o concessionário, que faz com que, na prática, não seja adequado que a administração pública tenha que estabelecer as condições técnicas de prestação dos serviços. Na realidade, o concessionário, que está no dia a dia da prestação dos serviços, tende a ser mais capaz de identificar os pontos de melhoria para a prestação dos serviços. Além disso, considerando que boa parte dos riscos envolvidos na execução desse tipo de contrato é atribuída ao concessionário, é necessário que haja maior grau de liberdade para que este possa definir, em concreto, a solução mais adequada para o atingimento das finalidades da contratação.

Nesse cenário, o foco dos atos regulamentares introdutores de mutabilidade nas concessões tem sido redirecionado com o objetivo de propiciar uma regulação por incentivos ao concessionário, que, em boa parte dos casos, acaba por afetar o conteúdo econômico dos contratos de concessão.[150] Essa situação desperta preocupação, tendo em vista que a edição desses atos normativos não tem sido acompanhada de avaliação quanto ao impacto de suas normas ao equilíbrio econômico-financeiro de contratos de concessão já firmados. Tais aspectos críticos serão abordados, com maior profundidade, no subcapítulo 3.2.8.

---

[150] Da análise dos atos normativos editados pela ANAC, nota-se forte tendência de a administração focar na (i) regulamentação de aspectos econômicos da contratação e que tenham por objetivo assegurar justiça substancial subjetiva da contratação (*v.g.* por meio do estabelecimento de novas taxas de desconto, à luz das circunstâncias envolvidas; a partir da revisão da metodologia de definição dos fatores X e Q); e (ii) na definição de resultados ou metas a serem buscadas, inclusive por meio de mecanismos de incentivo, positivo ou negativo (com impactos econômicos), em relação à qualidade do serviço (IQS, *v.g.*).

3.1.8 Utilização da via da regulação por agência para integração de lacunas

O *oitavo* paradigma que tem norteado, em grande medida, a edição de atos normativos e as determinações do órgão regulador capazes de introduzir alterações a contratos de concessão é a preocupação com a *redução de assimetrias regulatórias* e *contratuais* entre concessionários. Isto é, tem havido esforço no sentido de evitar que seja concedido tratamento distinto a agentes regulados que estejam em situação equivalente.

Inclusive, nota-se que, para certas matérias, a agência, ao invés de conferir tratamento contratual ao tema, tem optado por incluir mera referência, no teor dos novos contratos, à necessidade de observância dos regulamentos do órgão regulador, já existentes ou que venham a ser editados, em momento posterior. O objetivo é viabilizar o exercício de função integrativa, em momento posterior, por meio da edição de um único ato normativo, cujas regras serão aplicáveis, indistintamente, a todos os agentes regulados. Ou seja: para diversos temas, a *regulação por agência* tem sido priorizada em detrimento da *regulação por contrato*, que, paulatinamente, vem deixando de conferir tratamento a certos temas.

O mesmo propósito de redução de *assimetrias* também se nota nos casos em que, tratando sobre a execução de contratos determinados, a agência profere decisões ou determinação manifestando preocupação com a manutenção de coerência com casos correlatos. Isso se deu, exemplificativamente, no âmbito da Decisão nº 162/2019, que determinou a revisão dos parâmetros da concessão do ASGA, de cujo procedimento se extraem ponderações da agência que demonstram esforço no sentido de tornar essa revisão a mais parecida possível com o conteúdo de revisão já aprovada para outros aeroportos.[151]

A redução de assimetrias é salutar e decorre, inclusive, do princípio constitucional da impessoalidade e isonomia.[152] Trata-se de um objetivo que deve, efetivamente, nortear o comportamento da ANAC no âmbito da gestão de contratos de concessão, resolução de conflitos e edição de atos normativos que possam impactar os agentes econômicos atuantes no setor.

---

[151] Com efeito, em grande medida, nota-se que, para a elaboração dessa revisão, foram levadas em consideração as condições previstas na 1ª Revisão dos Parâmetros da Concessão de outros aeroportos (Guarulhos, Brasília e Viracopos).

[152] Neste sentido, cf. MARQUES NETO, Floriano de Azevedo; ZAGO, Marina Fontão. *Limites das assimetrias regulatórias e contratuais*: o caso dos aeroportos, 2018.

No entanto, embora se trate de importante desiderato, é necessário ressaltar que existem cautelas que devem ser observadas, tendo em vista que, em certos casos, nota-se pouco rigor com a forma de mitigação das eventuais assimetrias existentes. Com efeito, da análise da experiência setorial, depreende-se que certos instrumentos têm sido manejados de forma inadequada para o atingimento desse objetivo, o que igualmente enseja preocupações e pode prejudicar direitos. Ademais, a atribuição de tratamento uniforme para certos temas, desconsiderando particularidades envolvidas em cada empreendimento concessório e que justifiquem algum grau de diferenciação, pode, apenas em uma leitura superficial, se mostrar adequada, haja vista que, em muitos casos, situações específicas podem demandar tratamento diferenciado.

Sendo assim, embora a regulação por agência constitua importante instrumento para a integração das lacunas dos contratos de concessão, a avaliação da praxe no setor aeroportuário evidencia a existência de problemas na sua utilização, que serão aprofundados nos subcapítulos 3.2.2 e 3.2.3.

3.2 Problemas decorrentes da experiência do setor aeroportuário

A análise da praxe concessória no setor aeroportuário, além de trazer a lume certas boas práticas, também evidencia problemas que devem ser considerados na avaliação do fenômeno da mutabilidade.

Apesar das abordagens doutrinárias acerca do tema da mutabilidade nas concessões, apontadas no subcapítulo 1.2, parte dos problemas identificados a partir da análise empírica não tem sido capturada pelo discurso doutrinário. Diante disso, antes de descrever os condicionamentos jurídicos que devem permear a introdução de mutação nas concessões, é oportuno registrar os pontos de atenção identificados a partir da avaliação da praxe do setor aeroportuário.

A seguir, serão detalhados oito aspectos críticos que exsurgem da análise da experiência acumulada com as concessões de aeroportos federais no Brasil.

3.2.1 Realização de alterações unilaterais sem restabelecimento do equilíbrio econômico-financeiro

Embora a Lei Geral de Concessões admita a realização de alteração unilateral aos contratos, é necessária a observância de certos requisitos. Ao autorizar sua realização, a lei estabelece que, se houver impacto no equilíbrio econômico-financeiro, "o poder concedente deverá restabelecê-lo *concomitantemente* à alteração" (art. 9º, §4º).

O reequilíbrio contratual, portanto, deve ser tido como verdadeiro requisito à realização de alteração unilateral. Isso significa que não será válida a alteração unilateral promovida sem a observância dessa exigência, deixando para momento futuro a avaliação quanto ao reequilíbrio.[153]

A despeito de a alteração unilateral constituir uma das modalidades de modificação contratual mais estudadas, a experiência prática mostra que têm sido recorrentes situações em que a determinação de alteração unilateral ocorre de forma ensimesmada, desacompanhada do imediato restabelecimento do equilíbrio econômico-financeiro, com a devida formalização das mudanças pretendidas. Nesses casos, há uma mera determinação do poder concedente, que contempla tão somente o teor da alteração unilateral, sendo silente com relação ao modo de restabelecimento do equilíbrio econômico-financeiro.

Admitir que o poder concedente possa, de forma ampla e irrestrita, modificar o teor dos contratos já firmados sem a observância dos requisitos legalmente estabelecidos – e que, em alguma medida, protegem o interesse patrimonial dos concessionários – produz uma série de externalidades negativas.

Em *primeiro*, trata-se de comportamento ilegal, haja vista que a lei exige o *concomitante* restabelecimento do equilíbrio econômico-financeiro na hipótese de ele ser impactado em função da alteração, o que milita não somente em favor dos interesses do concessionário, mas do próprio empreendimento concessório, que deve observar o princípio da continuidade da prestação dos serviços.[154] Em *segundo*, tal conduta

---

[153] Nesse sentido, Marçal Justen Filho, ao interpretar a exigência legal, aponta que o art. 9º, §4º, traz: "O dever formal de o poder concedente vincular a modificação unilateral à recomposição da equação econômico-financeira. Sem a recomposição concomitante, a modificação unilateral será nula. O particular poderá insurgir-se, isto sim, contra a solução adotada pelo poder concedente, apontando a ausência de restabelecimento da relação original entre encargos e vantagens" (*Teoria geral das concessões de serviço público*, p. 447).

[154] Segundo Celso Antônio Bandeira de Mello, "(...) em um vínculo constitutivo de direitos e obrigações recíprocos, uma entidade pública poderia ter o 'interesse' de extrair o máximo de vantagens, ainda que não previstas ou pressupostas logrando irrogar a outra parte tantos ônus quantos pudesse, e de eximir-se de todos os encargos de que se conseguisse evadir, minguando, pois, os proveitos captáveis pela contraparte com postergação do equilíbrio originalmente estabelecido. (...) a parte pública não possui real interesse público em desequilibrar ou manter desequilibrada a equânime composição inicialmente estabelecida. Todo propósito de sacar da relação vantagens econômicas desmesuradas para a entidade governamental, deixando que venham a pesar ônus insuspeitados

viola o princípio da boa-fé, uma vez que admitir a sua juridicidade significaria prestigiar a parte que se vincula ao cumprimento do contrato nas condições pactuadas, sabedora de que, após a sua assinatura, será possível a modificação do vínculo, ao seu bel-prazer, sem que seja devida nenhuma contrapartida à parte prejudicada. Em *terceiro*, compromete a segurança jurídica e incrementa os riscos envolvidos em tais contratações, aumentando os custos de transação e tornando menos atrativa a participação privada em projetos públicos, tendo em vista que o particular não terá a garantia de que, após a celebração do contrato, suas condições não serão substancialmente modificadas, sem que lhe seja assegurado direito a qualquer tipo de compensação.

Assim, a fim de que não se opere desvio de finalidade e que não haja ilegalidade decorrente da inobservância dos requisitos legais estabelecidos, o poder concedente deve, no âmbito do procedimento de alteração unilateral de contratos de concessão, *apurar eventual impacto* das medidas propostas no âmbito do sinalagma contratual, com o envolvimento direto dos concessionários impactados e, se for o caso, adotar os devidos mecanismos de compensação para que haja o concomitante restabelecimento de eventual equilíbrio econômico-financeiro rompido.

3.2.2 Adoção de instrumentos extracontratuais para promover alteração unilateral disfarçada

Embora a mutabilidade possa ser introduzida por diferentes instrumentos, nota-se, em certos casos, a utilização de *instrumentos inadequados* pelo poder concedente, que fizeram com que as alterações pretendidas fossem veiculadas sem a observância de requisitos legais estabelecidos para tanto. Em especial, isso tem ocorrido quando o órgão, a pretexto de se valer de atos administrativos de caráter geral, promove verdadeira alteração unilateral nas condições de execução do ajuste.

Com efeito, foram identificadas situações em que a alteração do contrato foi realizada por meio de atos normativos ou decisões de caráter geral que produziram reflexos diretos em relação à execução de

---

sobre as costas do outro sujeito, com desconhecimento daquilo que poderia estar sendo razoavelmente buscado na conformidade dos termos a partir do qual se ligaram, significará privilegiar interesses secundários, ao invés de interesses primários. (...) Não há interesse público no sacrifício de direito alheio para colher vantagens patrimoniais. Não é lícito a uma pessoa governamental esquivar-se a cumprir ou a reconhecer o direito de terceiros" (*Contrato administrativo*: fundamentos da preservação do equilíbrio econômico financeiro, 1998, p. 25-26).

determinado contrato, como descrito no subcapítulo 2.4.1. São casos em que a agência exerceu não somente função integrativa, mas, também, modificativa em relação ao teor dos contratos.

Na medida em que o órgão regulador também se figura como poder concedente e, em alguns casos, tais atos promoveram alterações diretas no conteúdo de contratos já firmados, aplicando-se indistintamente às concessões futuras e atuais, verifica-se que há, na realidade, *alteração unilateral disfarçada*, sem a observância das contrapartidas legalmente asseguradas ao contratante. Tal situação, na visão de Marçal Justen Filho, configura desvio de poder, *in verbis*:

> O rigor na proteção à intangibilidade da equação econômico-financeira da concessão dá oportunidade a situações concretas, em que o poder concedente pretende introduzir alterações – mas não pretende dar oportunidade à implementação dos efeitos correspondentes. Quer-se a modificação das condições originais, mas sem a recomposição da equação econômico-financeira. A solução prática encontrada consiste na tentativa de ocultar da configuração de alteração, impondo-se ela de modo indireto ou disfarçado. (...) Presentemente, tem-se verificado uma série de práticas indiretas orientadas à supressão de vantagens ou ampliação de encargo do particular. Em assim agindo, as autoridades concretizam sério desvio de poder. (...)
> Essas condutas infringem o Direito e não merecem tutela. Devem ser reprimidas, especialmente por configurarem uma modalidade de desvio de finalidade. Dá-se a substituição do procedimento previsto pelo Direito como adequada para atingir certo resultado mediante a utilização de outras competências ou procedimentos, cuja criação se relaciona com fins de natureza diversa. Lembre-se, tal como antes exposto, que a ordem jurídica assegura ao poder concedente a faculdade de rever tarifas, inclusive para as reduzir, em face do interesse público. Mas essa faculdade é acompanhada da garantia ao concessionário da recomposição da equação econômico-financeira. Não se admite que, para evitar a observância da garantia em prol do particular, o poder concedente oculte ou disfarce seu intento, gerando o resultado pretendido de modo indireto e pretendendo negar ao concessionário as garantias que lhe foram asseguradas e que são da inerência da concessão.[155]

O poder concedente deve agir com cautela nos casos em que o ato normativo ou decisão administrativa proferida vise introduzir algum tipo de alteração ou condicionamento na execução de contratos já firmados e possa afetar o seu equilíbrio econômico-financeiro de

---

[155] *Teoria geral das concessões de serviço público*, 2003, p. 445-446.

contratos. Ainda que a redução das eventuais assimetrias regulatórias e contratuais seja desejável, o contrato assinado pelas partes constitui ato jurídico perfeito, e a legislação estabelece procedimento próprio para instabilização do vínculo de forma unilateral, sendo mandatória a sua observância e o respeito aos direitos do contratado, notadamente no que se refere à recomposição do equilíbrio econômico-financeiro.[156]

Caso o ato geral venha a ser efetivamente editado e haja impacto no equilíbrio econômico-financeiro de contratos de concessão em vigor, será necessário que o referido ato contemple regras que condicionem sua aplicação, aos contratos em vigor, à (i) prévia adoção das medidas capazes de promover o reequilíbrio dos contratos ou (ii) à concordância do particular, que poderá optar se vincular ao normativo e renunciar, formalmente, a eventual reequilíbrio, mediante celebração de termo aditivo próprio do qual conste sua renúncia.

3.2.3 Omissão contratual sobre aspectos essenciais da concessão para posterior integração

O terceiro aspecto crítico identificado a partir da análise da experiência acumulada com as concessões no setor aeroportuário é a constatação de omissão contratual sobre aspectos essenciais da concessão para posterior complementação.

A doutrina atual, ao tratar sobre as concessões, tem ressaltado o papel da *regulação por agência* na supressão das eventuais incompletudes dos contratos de concessão. Aponta-se a incapacidade de a regulação por contrato conferir tratamento adequado e exaustivo a todos os aspectos da relação concessória, sendo salutar o exercício de

---

[156] Analisando situação análoga, relativa à modificação de lei que afete o teor de contratos de concessão já firmados, Fernando Dias Menezes de Almeida tece semelhante advertência. De acordo com o autor: "(...) a lei não retroagirá para afetar situações jurídicas subjetivas, mas apenas, a partir da sua edição, modificará as situações jurídicas objetivas, que são emanações diretas da própria lei. Aplicando-se essa afirmação ao caso do contrato de concessão, tem-se que a lei sempre terá a possibilidade de alterar lei anterior modificando o que estabeleça quanto ao modo de ser do objeto da concessão. Se isso produzir reflexos no contrato de concessão (situação jurídica subjetiva), o concessionário estará resguardado em seu direito 'adquirido' ao equilíbrio econômico-financeiro do contrato. A lei nova não retroagirá para modificar esse equilíbrio. Ou seja, o objeto da concessão pode até sofrer alteração em seu regulamento, na medida em que mude a situação jurídica objetiva, mas o reflexo dessa mudança no contrato de concessão abrirá ao concessionário o poder jurídico de exigir o reequilíbrio econômico-financeiro do contrato, ou, no limite, indenização ante a impossibilidade de prosseguimento na prestação contratual, vez que a relação jurídica subjetiva estabelecida no tocante ao equilíbrio econômico-financeiro do contrato é intangível" (*Contrato administrativo*, 2012, p. 361-362).

função integradora por parte das agências reguladoras.[157] Trata-se de mecanismo capaz de reduzir eventuais assimetrias regulatórias e, ao mesmo tempo, tornar o vínculo contratual mais facilmente adaptável às diferentes circunstâncias verificadas em meio à execução da concessão.

Embora a importância do exercício da regulação por agência seja inquestionável, a avaliação da forma pela qual vem sendo aplicada desperta preocupações. Uma delas foi abordada no subcapítulo 3.2.2 e diz respeito ao fato de que, por meio da regulação por agência, surgem situações em que não há mero exercício de função integrativa, mas verdadeira modificação de aspectos disciplinados nos contratos, à revelia da observância dos requisitos legalmente estabelecidos para a alteração unilateral do vínculo concessório. No entanto, também foi possível constatar que, mesmo nos casos em que há puro exercício de função integrativa, existem excessos incompatíveis com o ordenamento jurídico brasileiro.

Em certas situações, o contrato de concessão deixa de disciplinar certos temas e se limita a indicar a necessidade de observância de regulamentação a ser editada pela agência reguladora competente em momento futuro. Do ponto de vista da legislação aplicável, são lícitas a expedição de decisões administrativas e a edição de regulamentos para tratar sobre aspectos inerentes à forma de prestação dos serviços concedidos (art. 29, I e II, da Lei Geral de Concessões) ou sobre temas que estejam contemplados, por lei, nas atribuições do órgão regulador e do poder concedente. No entanto, em alguns casos, os contratos estão sendo silentes e remetendo à regulação futura temas que, obrigatoriamente, deveriam ser disciplinados no instrumento contratual.

Tanto a Lei Geral de Concessões como a regulação setorial estabelecem um rol de temas que necessariamente devem ser disciplinados contratualmente, havendo uma espécie de *reserva de contrato* em relação a eles. Trata-se daqueles que compõem as denominadas "cláusulas essenciais". A rigor, os diplomas normativos preocupam-se em indicar, de forma expressa, matérias que deverão ser tuteladas pelo

---

[157] Nesse sentido, Flavio Amaral Garcia coloca que: "(...) a regulação por contrato é naturalmente incompleta, inacabada e dotada de lacunas que deverão ser objeto de uma atuação integrativa da agência capaz de manter o equilíbrio sistêmico entre os interesses juridicamente protegidos de todas as partes envolvidas (...). É nesse espaço de incompletude contratual que se vislumbra um amplo espectro de atuação no campo da regulação por agência, aqui denominada de função regulatória secundária, não porque menos importante do que a regulação por contrato, mas porque opera a partir de um *regulatory commitment* preestabelecido pelo ente político e não pela agência" (*A mutabilidade e incompletude na regulação por contrato e a função integrativa das Agências*, 2014, p. 76-77).

instrumento contratual (art. 23 da Lei Geral de Concessões e, no caso específico das concessões aeroportuárias, também o art. 23 do Decreto Federal nº 7.205/2010 e o art. 14 do Decreto Federal nº 7.624/2011). O objetivo do legislador, por meio de tais dispositivos, foi assegurar o mínimo de previsibilidade aos agentes envolvidos na execução do contrato de concessão com relação a aspectos relevantes que devem nortear a exploração do empreendimento concessório.

Trata-se de uma proteção necessária, sobretudo ao concessionário que se compromete com a realização de investimentos usualmente elevados e, diante da falta de clareza com relação ao plexo de direitos e obrigações envolvidos e da possibilidade de definição destas em momento posterior pelo regulador, ficaria em posição de excessiva vulnerabilidade, estando sujeito à forte insegurança jurídica.[158]

O fato de a lei ter predicado que os contratos devem dispor sobre tais temas não exige que os contratos contenham tratamento exaustivo em relação a eles, o que poderia ser incompatível com a natureza incompleta dos contratos de concessão.

No entanto, nesses casos, é necessário que, durante a etapa interna da licitação, haja motivação adequada, capaz de demonstrar o motivo pelo qual se sugere que as disposições contratuais em relação ao tema assumam feição aberta. Idealmente, mesmo nos casos em que se atribui ao momento posterior a definição da solução adequada, é importante que sejam definidos contratualmente parâmetros capazes de nortear a sua definição, de modo a reduzir a discricionariedade e trazer certo grau de previsibilidade aos envolvidos. Além disso, a efetiva integração ou complementação deve ser veiculada por *instrumento de natureza contratual*, isto é, termo aditivo, cujo teor poderá ser definido de forma consensual ou unilateral pelo poder concedente, hipótese em que deverão ser observadas as condicionantes legalmente

---

[158] É necessário ponderar os interesses envolvidos ao se pensar em conferir tratamento flexível em relação a temas que possam ser caros à parte que se compromete com a realização de investimentos significativos. A preocupação com o tema foi abordada por Robert E. Scott e George G. Triantis, que colocam que: *"The commitment necessary to protect the specific investments that generate the expected contractual surplus is often antithetical to the flexibility needed to ensure ex post efficiency. It may turn out, for example, that the value of the contract performance to the promise is less than the promisor's cost of performance. Under these circumstances, the parties would want the flexibility to avoid an inefficient trade. But an effort to build in flexibility (say by agreeing to renegotiate an inefficient contract ex post) may expose the party that has made sunk cost investments to the risk of exploitation by the noninvesting party. This prospect, in turn, may cause the investing party to reduce or even decline to make welfare enhancing investments, thus undermining ex ante efficiency"* (*Incomplete contracts and the theory of contract design*, 2005, p. 190).

estabelecidas. Isso se deve ao fato de que, para as matérias arroladas nesses dispositivos legais, a lei exige forma específica, sendo necessário que sua regulamentação ou alteração seja promovida por meio de instrumento de natureza contratual.

A desconsideração de tais aspectos constitui prática questionável do ponto de vista legal. Além disso, trata-se de praxe indesejável, haja vista que tem o potencial de incentivar condutas oportunistas por parte da administração pública, que pode deliberadamente buscar esvaziar o conteúdo contratual do vínculo concessório, avocando para si ampla discricionariedade na definição da solução mais adequada em momento posterior em relação a temas essenciais e que devem, obrigatoriamente, ser disciplinados em instrumento de natureza contratual.[159]

Além disso, ao esvaziar o conteúdo contratual e relegar à regulação por agência o papel de disciplinar certos temas por completo, abre-se espaço para o que se pode denominar de *demagogia regulatória*.[160] No momento da licitação e celebração do contrato, em que o governo busca atrair o maior número de interessados, direciona-se o discurso para o incentivo e proteção à realização dos investimentos; porém, por meio das omissões contratuais, abre-se margem para, em momento posterior,

---

[159] A importância do papel desempenhado pelo contrato na definição do regramento a ser observado nas concessões também é destacada por Floriano de Azevedo Marques Neto. Segundo o autor: "[p]odemos admitir a existência de concessões que dispensem normatividade legal. Não é possível, porém, imaginar concessões que prescindam de normas contratuais. Se assim fosse, estaríamos diante de outros institutos jurídicos, mas restaria descaracterizada a concessão. (...) É no âmbito do contrato que deve se conformar a sua estrutura normativa. (...) Claro que o legislador pode estabelecer bases para outorga de uma concessão ou pode reforçar direitos dos particulares envolvidos mediante norma legal específica. Mas o cerne da estrutura normativa do instituto reside no pacto, no contrato específico de cada concessão" (*Concessões*, 2015, p. 387-388).

[160] A expressão é adotada por Marçal Justen Filho, que explica que: "A demagogia regulatória, a propósito das concessões de serviço público, manifesta-se especificamente por uma postura bipolar e oposta ao longo do tempo. No primeiro momento, o poder concedente manifesta atenção em face dos interesses de potenciais investidores, acenando com vantagens marcantes e muito atraentes. Nesta etapa, são ignorados eventuais pleitos da comunidade e não são adotadas cautelas para prever o desenlace futuro do empreendimento. A segunda etapa desencadeia-se com a formalização da outorga. A partir daí, adota-se o discurso da defesa da comunidade, imputando ao concessionário a responsabilidade por defeitos e práticas – que foram explícita ou implicitamente legitimadas ao longo da licitação, tendo inclusive gerado benefícios para os cofres públicos. Utiliza-se a expressão *demagogia regulatória* para indicar a ausência de seriedade de ambas as posturas acima referidas. Tanto quando se formulam promessas aos possíveis interessados como quando se levantam bandeiras contra os concessionários, não há compromisso efetivo e consistente com a realização do interesse público. A qualquer momento e em face das circunstâncias, alterar-se-á o discurso e se adotarão decisões radicalmente opostas às até então praticadas. É tanto mais evidente a demagogia regulatória quanto mais rápida seja a transição da primeira para a segunda etapa" (*Teoria geral das concessões de serviço público*, 2003, p. 67).

preterir os interesses, direitos e legítimas expectativas daquele que se sagrou vencedor no certame e adotar postura diametralmente oposta por meio da priorização de outros interesses, nem sempre legítimos. A título exemplificativo, isso ocorre, sobretudo, nos casos em que são prestigiados interesses meramente patrimoniais da administração pública ou eleitorais – quando há forte intervenção política na atuação de órgãos reguladores.

Nesse contexto, nota-se que o respeito às denominadas cláusulas essenciais, que devem constar no texto dos contratos, bem como cautelas já antecipadas para os casos em que for necessária sua integração em momento posterior, é capaz de mitigar, em alguma medida, as externalidades negativas mapeadas.

3.2.4 Usurpação de competências do órgão regulador pelo ente político

O setor de aeródromos públicos federais, à semelhança de muitos outros setores de infraestrutura, foi explorado, por décadas, diretamente pela administração pública, por meio de empresas estatais ou autarquias regionais. Diante do exaurimento desse modelo e da necessidade de incentivo à realização de novos investimentos para satisfazer a demanda existente, passaram a ser estruturados programas voltados à outorga do direito de exploração dessas atividades por meio de concessão. Com o objetivo de atrair o capital privado e assegurar o ambiente equilibrado no setor e a prestação de serviços adequados, foi criada a ANAC, autarquia que exerce função reguladora e, em decorrência do disposto na sua legislação de regência, atribuições típicas de poder concedente no âmbito das concessões de infraestrutura aeroportuária federal.

Às denominadas agências reguladoras – como é o caso da ANAC –, dotadas de maior grau de tecnicidade, neutralidade e autonomia, foram atribuídas, por lei, as competências necessárias para implementar política regulatória voltada à satisfação dos objetivos consagrados na política pública setorial.[161] Impõe-se a tais entidades a obrigatoriedade

---

[161] Tratando sobre o escopo da regulação estatal, Odete Medauar resume, nos seguintes termos, as atividades abrangidas no escopo desta função estatal: "A regulação, no atual contexto, abrange: a edição de normas; a fiscalização do seu cumprimento; a atribuição de habilitações (p. ex: autorização, permissão, concessão); a imposição de sanções; a mediação de conflitos (para preveni-los ou resolvê-los, utilizando variadas técnicas, por exemplo: consulta pública, audiência pública; celebração de compromisso de cessação e compromisso de ajustamento). Não se inclui necessariamente na atividade regulatória a fixação de políticas para o setor, mas seria viável a contribuição das agências para tanto,

de suas decisões serem tomadas no ambiente da processualidade, pautado pela transparência e efetivo diálogo com os agentes potencialmente afetados, cujas ponderações e subsídios devem ser considerados pelo órgão na avaliação da solução mais adequada.

Uma das premissas para que a atuação dos órgãos reguladores seja exercida de forma adequada é a necessidade de reforço à sua autonomia funcional,[162] o que se presta a permitir que suas decisões sejam pautadas pela técnica e, portanto, não por orientações políticas dos governantes. Se houver subordinação entre o regulador e o ente político ou substituição desse por este, a atividade regulatória estará comprometida.[163]

É evidente que haverá – e, na realidade, desejável que haja – certo grau de interação entre agência reguladora e ente político. Isso se deve ao fato de que é usual que seja atribuído, por lei,[164] ao ente político o papel de, por meio de seus órgãos, definir aspectos inerentes à *política pública*[165] setorial, que deverão nortear a atuação do órgão que exerça

---

com a participação de representantes de todos os segmentos envolvidos" (*Regulação e auto regulação*, 2002, p. 127).

[162] Segundo Gaspar Ariño Ortiz: "(...) *hay que garantizar por ley la completa autonomía funcional de su actuación. La tarea de una Comisión reguladora es aplicación y ejecución de la ley con el margen de discrecionalidad técnica que le corresponda en cada caso (dado por la Ley). Sus actos no son actos políticos (que impliquen valoraciones o apreciaciones políticas, incontrolables) sino resoluciones jurídicas (con apreciaciones técnicas de la realidad que les toque arbitrar o regular)*" (*Sobre la naturaleza y razón de ser de los entes reguladores y el alcance de su poder reglamentario*, 2007, p. 12).

[163] No tocante à necessidade de autonomia da agência perante o Poder Executivo, Floriano de Azevedo Marques Neto coloca que: "(...) [p]arece-nos absolutamente relevante que a atividade do órgão regulador seja protegida das vicissitudes do poder político. Bem é verdade que será no âmbito governamental (envolvendo Executivo e Legislativo) que serão definidas as pautas, as balizas, da atividade regulatória: as leis que suportam os instrumentos regulatórios e as macro-políticas para o setor. Porém, definidos estes marcos, devem as agências desenvolver sua atividade com um grau elevado de independência em face do poder político, sob pena de se converterem em meras *longa manus* do núcleo estratégico estatal" (*Agências reguladoras independentes*: fundamentos e seu regime jurídico, 2005, p. 71).

[164] Como coloca Gustavo Binenbojm: "(...) é desejável que a lei discipline a adequação das políticas setoriais propostas pelas agências a um planejamento macroeconômico global do governo, de modo a evitar a chamada 'visão de túnel' em determinados mercados regulados. (...) Todavia, seria de bom alvitre que a lei distribuísse claramente as competências entre governo e agências e dispusesse sobre as formas de adequação entre elas. Como não há uma distinção doutrinária auto-evidente entre políticas públicas e regulação, *cabe à lei traçar as fronteiras entre as diretrizes a serem definidas pelo governo (políticas públicas) e as decisões a cargo das agências (regulação)*" (grifos meus) (*Uma teoria do direito administrativo*: direitos fundamentais, democracia e constitucionalização, 2006, p. 285).

[165] Segundo Floriano de Azevedo Marques Neto: "Juntamente com as políticas de estado (e em respeito a estas), as políticas governamentais compõem as políticas públicas do setor. As políticas públicas são compostas por normas, princípios e atos voltados a um objetivo

atribuições típicas de poder concedente no âmbito da estruturação e implementação da *política regulatória*[166] do seu respectivo setor.[167]

No setor aeroportuário, não é diferente: a Lei Federal nº 11.182/2005 estabeleceu o papel dos Poderes Executivo e Legislativo na definição da *política pública* setorial (arts. 2º e 3º, *caput*) e à ANAC as ferramentas necessárias para, com autonomia, implementá-la, definindo, em concreto, os contornos da *política regulatória* setorial (arts. 3º, 4º e 8º, *caput* e inciso I). A política pública setorial deve ser definida pelo Ministério da Infraestrutura. Isso porque, nos termos da Lei Federal nº 13.844/2019, compete a esse órgão formular, coordenar e supervisionar a "política nacional de transportes ferroviário, rodoviário, aquaviário, aeroportuário e aeroviário" (art. 35, I).

A fim de que não haja desvirtuamento das finalidades que justificaram a própria criação da agência reguladora e frustração de seus objetivos, é necessário que tal repartição de atribuições seja fielmente observada.

No entanto, da análise da experiência do setor aeroportuário, nota-se, em certos casos, intromissão do ente político na *implementação* da política pública setorial e, portanto, na definição de aspectos inerentes à política regulatória, como, por exemplo, a regulamentação de temas que deveriam ser disciplinados pelo órgão regulador.

Com efeito, foi possível identificar atos normativos, editados pelo Ministério da Infraestrutura, com o objetivo de disciplinar aspectos inerentes à gestão dos contratos de concessão, o que, na realidade,

---

determinado de interesse geral. As políticas públicas hão de ser estabelecidas no espaço governamental, conjugando os objetivos e princípios das políticas de estado – previstas em lei ou na Constituição – com as metas e orientações de políticas governamentais" (*Agências reguladoras independentes*: fundamentos e seu regime jurídico, 2005, p. 87).

[166] A expressão acolhida é utilizada por Floriano de Azevedo Marques Neto, segundo o qual: "As políticas regulatórias são caracterizadas pelas opções do ente incumbido da atividade regulatória acerca dos instrumentos de regulação a seu dispor com vistas à consecução das pautas de políticas públicas estabelecidas para o setor regulado. (...) a política regulatória envolverá a margem de liberdade do regulador em ponderar os interesses regulados e equilibrar os instrumentos disponíveis no sentido de intervir no sistema sem inviabilizar seus pressupostos" (*idem, ibidem*, p. 87-88).

[167] Sobre a necessidade de a atuação das agências reguladoras ser pautada pelos ditames das políticas públicas estabelecidas, Alexandre Santos de Aragão coloca que: "[n]ão poderiam elas representar uma 'ilha' dentro do Estado, fazendo-se mister a existência de mecanismos que, sem coarctar a sua especial autonomia, proporcionem a sua integração no conjunto das ações estatais e alguma permeabilidade em relação ao Chefe do Poder Executivo e seus subordinados. Em primeiro lugar, as agências reguladoras estão adstritas, obviamente, às políticas públicas traçadas na Constituição. Em segundo lugar, devem observar as políticas preconizadas nas respectivas leis. Por derradeiro, devem atender às políticas do Governo para o setor" (*O atual estágio da regulação estatal no Brasil*, 2014, p. 255).

deveria ser feito pela ANAC – que, além de órgão regulador, exerce atribuições de poder concedente.

A título exemplificativo, foi editada pelo Ministério da Infraestrutura a Portaria nº 577/2019, a fim de disciplinar a celebração, prorrogação, renovação e aditamento dos contratos de exploração comercial que envolvam a utilização de espaços em aeroportos concedidos à iniciativa privada. A norma se pretende aplicável a contratos de concessão já firmados e, entre outras disposições, prevê que "a concessionária poderá obter receitas não tarifárias em razão da exploração das atividades econômicas acessórias, nos termos dos respectivos contratos de concessão, diretamente ou mediante contratação de terceiros" (art. 3º). Além disso, coloca-se que, se houver intenção de firmar contratos com prazo superior ao período da concessão, tais instrumentos deverão "ser submetidos à autorização prévia do Ministério da Infraestrutura, nos termos dos respectivos contratos de concessão" (art. 4º).

Por meio do referido ato normativo, não foi definida mera diretriz, a ser implementada pela ANAC na qualidade de órgão regulador e poder concedente dos serviços, mas o regramento específico a ser observado pelos agentes econômicos atuantes no setor em relação à matéria. Ainda que, em concreto, o impacto dessa norma específica aos agentes regulados possa ser baixo, trata-se de situação que representa usurpação de competências do órgão regulador pelo ente político e que, por esse motivo, não é aceitável.

Tal situação configura hipótese de *institucional by-pass*,[168] que, embora verificada em certos casos, deve ser combatida a fim de que os propósitos da existência de um arranjo regulatório não sejam frustrados, especialmente nos casos em que, com tal expediente, for possível a alteração, por via transversa, de contratos de concessão já firmados.

---

[168] Como coloca Vitor Rhein Schirato: "O Governo, com a finalidade de não demonstrar ao mercado o desmanche do sistema regulatório, cria órgãos e entidades por ele controlados e transfere a essas competências das autoridades de regulação. Já que não se pode formalmente mudar a lei que assegura autonomia às autoridades reguladoras, porque prejudicaria o ambiente de investimentos no país, faz-se um *institutional by-pass*, ou, em tradução aproximada, um contorno institucional para que a vontade política prevaleça sobre a vontade reguladora (independente e isenta)" (A deterioração do sistema regulatório brasileiro, *Revista de Direito Público da Economia – RDPE*, 2013).

3.2.5 Conservadorismo na realização de alterações essenciais devido à má compreensão do fenômeno da mutabilidade

Apesar de a mutabilidade ser inerente aos contratos de concessão, as diferentes concepções doutrinárias e jurisprudenciais erigidas em relação ao tema trazem dúvidas e incertezas. Nesse cenário, surge receio de as alterações, em momento posterior, serem invalidadas pelos órgãos de controle[169] e, até mesmo, ensejarem responsabilização pessoal aos agentes públicos envolvidos. Por esse motivo, nota-se que, em certos casos, houve esforço no sentido de veicular, a nível *legal*, autorização para a celebração de aditamentos contratuais, a fim de que não houvesse dúvida quanto à legalidade da alteração da concessão.

Não é preciso retroagir muito no tempo para colher exemplos desse tipo de prática. Como mencionado no subcapítulo 2.4.1, por meio da edição das Leis Federais nº 13.448/2017, 13.499/2017 e 14.034/2020, buscou-se, justamente, autorizar a alteração dos contratos de concessão em situações determinadas. Tais leis não tiveram o efeito de alterar, diretamente, tais contratos, mas forneceram balizas para que isso fosse realizado, autorizando expressamente a sua realização.

Não fosse a falta de clareza quanto aos condicionamentos jurídicos a serem observados para a realização de tais alterações, não parece que todos esses assuntos deveriam, obrigatoriamente, ter sido disciplinados por lei.[170] A rigor, a alteração de condições pactuadas

---

[169] Essa má compreensão do regime jurídico decorre do fato de que, como bem coloca Fernando Vernalha Guimarães, "[o] contrato de concessão tem sido interpretado pelas instâncias de controle sob um regime de tipicidade fechada. Isso significa o acolhimento de figurinos rígidos para a configuração dos ajustes concessórios, que têm deixado de albergar uma série de arranjos criativos e que poderiam gerar maior eficiência à prestação do serviço público. Essa falta de versatilidade do modelo da concessão decorre uma visão ortodoxa do controlador, que vem compreendendo o regime dos contratos públicos mais como 'camisa de força' e menos como 'caixa de ferramentas'. Essa visão legalista e formalista do regime da concessão tem apequenado o uso do modelo, inibindo o desenvolvimento de ajustes mais eficientes" (*A reforma do modelo de concessões no Brasil*, 2019, p. 63-64).

[170] Inclusive, mesmo sendo veiculadas por lei, por vezes, as hipóteses de alteração referidas em tais atos normativos são objeto de questionamentos. Nesse sentido, faço referência à Ação Direta de Inconstitucionalidade nº 5.991, ajuizada pela Procuradoria-Geral da República, perante o Supremo Tribunal Federal, para questionar a constitucionalidade de dispositivos da Lei Federal nº 13.448/2017. Em sua Petição Inicial, o Ministério Público Federal questiona, entre outros pontos da lei, a constitucionalidade da norma que prevê a possibilidade de realização de investimentos pela concessionária em malhas de interesse da administração (art. 25, §1º, e art. 30, §2º), pois "a permissão para que a concessionária faça investimentos em malhas de interesse da União viola, porém, duplamente, o dever de licitação imposto pela Constituição. Primeiro, porque essa nova obrigação contratual, travestida de mero equilíbrio econômico-financeiro, altera substancialmente o objeto da concessão. Segundo, porque transfere a obrigação de investimento do Poder Público para

constituiu medida salutar e necessária para assegurar a continuidade da prestação dos serviços, haja vista a superveniência de diferentes crises que impactaram, sobremaneira, a execução de tais ajustes. Parece-me verdadeiro contrassenso, já que contrário ao dinamismo típico das relações contratuais, que seja preciso editar lei a fim de que atos típicos de gestão contratual, como é o caso das alterações contratuais, possam ser adotados em situações nas quais as finalidades da alteração encontram-se abarcadas pelos princípios que regem e que se confundem com os objetivos maiores dessas contratações – como é o caso do princípio da continuidade da prestação dos serviços e da prestação do serviço adequado.

Como já apontado ao longo do capítulo 1, entendo que a ampla mutabilidade é inerente aos contratos de concessão, o que decorre das particularidades desse tipo de contrato e, também, das normas aplicáveis, que não tiveram a pretensão de estabelecer tratamento exaustivo sobre todos os aspectos que permeiam a execução do empreendimento concessório.

Depender da edição de medidas provisórias ou leis – atos políticos – para que sejam promovidos atos ordinários de gestão contratual, justificáveis à luz das dificuldades enfrentadas em concreto e compatíveis com os princípios que regem as concessões, mais do que desnecessário, é situação verdadeiramente indesejável.[171] Isso porque nem sempre os interesses políticos serão compatíveis com a solução mais adequada para satisfazer as finalidades envolvidas na contratação de determinada concessão. Sendo assim, o próprio êxito do empreendimento concessório pode acabar ficando à mercê de tais vontades políticas diante do conservadorismo e da má compreensão quanto à

---

a concessionária, que poderá realiza-lo diretamente, com a consequente burla ao procedimento licitatório. Ou seja, o investimento, a princípio, uma obrigação do Poder Público, a ser executado diretamente ou por terceiro, mediante prévia licitação, será efetuado, de outro modo, pela concessionária, sem se submeter às regras da contratação pública. Trata-se, portanto, de afronta direta ao art. 37-XXI da Constituição, que impõe ao Estado a contratação de obra pública, como regra, mediante prévia licitação pública, de modo a assegurar a igualdade de condições a todos os concorrentes" (MPF, petição inicial apresentada no âmbito da Ação Direta de Inconstitucionalidade nº 5991, fls. 13-14).

[171] Tratando sobre os problemas decorrentes da interpretação que se dá ao regime da Lei de Concessões, Fernando Vernalha Guimarães aponta que muitos deles "são fruto de interpretações do regime da concessão forjadas a partir de dogmas e premissas jurídicas arbitrárias, em desprestígio de uma visão pragmática (e econômica) do contrato. Os entendimentos foram se formando sem considerar sua repercussão econômica no âmbito da concessão, com referibilidade apenas em concepções jurídicas abstratas (como, por exemplo, o apego excessivo ao princípio da licitação, inibindo alterações importantes no programa concessionário com vistas a ampliar a sua eficiência)" (*A reforma do modelo de concessões no Brasil*, 2019, p. 63).

possibilidade de alteração dos contratos. Com isso, abre-se margem para demagogia regulatória e *institutional by-pass*, figuras já abordadas nos subcapítulos 3.2.3 e 3.2.4.

Sendo assim, as leituras conservadoras devem ceder espaço àquelas que reconhecem o caráter amplamente mutável dos contratos de concessão, cuja realização, em concreto, dependerá da observância dos condicionamentos jurídicos que serão aprofundados na parte III desta tese.

3.2.6 Ausência de motivação adequada em atos que formalizam a mutação ao contratos de concessão

Da análise dos termos aditivos aos contratos de concessão no setor aeroportuário, nota-se pouca preocupação no sentido de explicitar, no próprio instrumento, os motivos, de fato e de direito, que culminaram na celebração do termo aditivo.

Ainda que a alteração contratual tenha sido gestada no ambiente da processualidade e com a manifestação do concessionário e dos órgãos competentes, o caráter relacional de tais contratos e a necessidade de ampla transparência exigem que seja conferida ampla publicidade aos motivos ensejadores da mutação. Na medida em que os termos aditivos devem ser divulgados pelo poder concedente, por exigência expressa da Lei de Acesso à Informação (art. 8º, §1º, IV), e nem sempre a íntegra das manifestações e pareceres juntados ao processo está disponível para acesso público, não se mostra compatível com a perspectiva relacional das concessões a mera referência, ato que introduz mutação, a pareceres ou ao processo administrativo no qual, supostamente, os motivos foram evidenciados. É recomendável a explicitação dos motivos, de forma clara e congruente, no próprio termo aditivo que formaliza a mutação ao contrato de concessão.

A explicitação clara dos motivos, no próprio instrumento, também é desejável da perspectiva dos órgãos de controle. Em estudo a respeito do controle do TCU sobre alteração de contratos de concessão, pude constatar que, "em certos casos, a falta de motivação ou a motivação insuficiente da administração pública é um fator determinante para fazer com que o TCU desconfie de irregularidade de determinadas alterações contratuais".[172] Sendo assim, encontra-se, aqui, outro efeito

---

[172] ALENCAR, Leticia Lins de. *Alteração do contrato de concessão*: algumas notas sobre a jurisprudência do Tribunal de Contas da União, 2021, p. 206.

prático negativo decorrente da falta de explicitação dos motivos de forma clara e explícita. Com efeito, gera-se maior dispêndio de recursos, financeiros e de pessoal, por parte do órgão de controle e, também, do próprio poder concedente ou órgão regulador, além de despertar insegurança jurídica nos agentes econômicos envolvidos em tais alterações – que sofrem com o receio de invalidação do ajuste.

Tal situação poderia ser evitada a partir de uma melhor explicitação dos motivos que demonstram que a solução adotada, por meio do termo aditivo firmado, é a mais adequada para resolver as dificuldades enfrentadas durante a execução do ajuste.

Dessa forma, é importante que sejam refletidos, idealmente em *considerandos* do termo aditivo, os pressupostos de fato e de direito subjacentes à alteração ou integração do contrato de concessão, bem como a adequação entre a solução proposta e a finalidade almejada (art. 2º, parágrafo único, VI e VII, da Lei Federal de Processo Administrativo). Permite-se com isso que seja demonstrada a realização de avaliação consequencialista por parte do poder concedente na celebração do termo aditivo.

A explicitação de que a alteração contratual foi precedida de análise consequencialista, inclusive, além de decorrer de exigência da Lei Federal de Processo Administrativo, tende a trazer maior segurança jurídica no âmbito da esfera revisional, haja vista a exigência legal de órgãos de controle, antes de declarar a invalidade do termo aditivo a tais contratos, avaliarem "as circunstâncias práticas que houverem imposto, limitado ou condicionado a ação do agente" (art. 22, §1º, da LINDB) e indicarem as "consequências práticas da decisão" (art. 20 da LINDB). Sendo assim, na medida em que o próprio termo aditivo explicite, de forma clara e adequada, os seus pressupostos e a compatibilidade das medidas nele contempladas à luz das finalidades almejadas, tende a existir maior deferência do órgão de controle às escolhas contempladas no termo aditivo.

3.2.7 Inobservância de garantias processuais a depender do instrumento que introduz mutabilidade

A depender do instrumento utilizado para introduzir mutabilidade aos contratos de concessão em vigor, nota-se baixo grau de envolvimento dos agentes afetados pela alteração pretendida.

Trata-se de um aspecto crítico, entretanto, que não deve ser generalizado, haja vista que se nota, no setor aeroportuário, participação efetiva por parte dos agentes afetados em boa parte das alterações veiculadas por meio de *termos aditivos* e *atos normativos* editados pelo órgão regulador. Acredito que o grau de maturidade identificado a partir da análise do setor aeroportuário, na adoção desses expedientes, não será idêntico àquele verificado na praxe de outros setores. Sendo assim, não se trata de um reconhecimento aplicável indistintamente a todo e qualquer órgão regulador que introduz alterações a contratos de concessão, o que torna pertinente a advertência de que é mandatório o envolvimento dos agentes impactados por eventuais alterações (independentemente do veículo utilizado para sua introdução).

No caso do setor aeroportuário, chama a atenção a situação em que é avaliada a adoção de outros *instrumentos extracontratuais* capazes de introduzir mutabilidade. Exemplo disso é o processo descrito no subcapítulo 2.4.3, em que se discutiu a celebração de *acordo administrativo* capaz de introduzir mutabilidade à concessão. Embora fosse possível que a decisão afetasse, diretamente, o interesse dos concessionários, dos usuários ou de outros agentes envolvidos no empreendimento concessório (terceiros que utilizam espaços no complexo aeroportuário, empresas aéreas, instituições financeiras, entre outros), estes não têm sido considerados como se partes interessadas fossem. Da mesma forma, tampouco se verifica preocupação do órgão no sentido de ponderar as consequências práticas da decisão e eventuais impactos negativos da perspectiva de tais agentes, a fim de se verificar se a solução proposta é, efetivamente, a mais adequada.

Essa praxe não se mostra compatível com a natureza relacional dos contratos de concessão e com as normas que devem nortear a execução e alteração de tais ajustes, sendo necessário que, antes de emanar determinações que possam afetar direitos de terceiros, o órgão competente oportunize a tais indivíduos o exercício do direito ao contraditório e à ampla defesa. O mesmo deve ser observado para as alterações promovidas por quaisquer outros veículos capazes de introduzir modificação nas concessões (ex.: termos aditivos, decisões administrativas e atos normativos).

3.2.8 Utilização do poder regulamentar para alterar o conteúdo econômico do contrato, sem avaliação de impactos no equilíbrio econômico-financeiro

Ao apontar as principais tendências identificadas a partir da análise da experiência do setor aeroportuário, foi possível notar que boa parte dos atos normativos editados e que impactam, diretamente, a execução de contratos de concessão em vigor trata sobre o *conteúdo econômico* dos ajustes.

Conforme descrito no capítulo 2, das 16 (dezesseis) resoluções normativas já editadas pela ANAC e que tratam sobre temas que impactam diretamente a execução dos contratos de concessão, 14 (quatorze) delas afetam ou têm o potencial de afetar, diretamente, o *conteúdo econômico* dos contratos de concessão.

Esses atos normativos versam, resumidamente, sobre: (i) a metodologia de cálculo do fator X e valor a ser aplicado no reajuste das tarifas aeroportuárias de embarque, pouso e permanência e dos preços unificado e de permanência; (ii) reajustamento do teto de tarifa aeroportuária; (iii) modelo de regulação tarifária e do reajuste dos tetos das tarifas aeroportuárias de armazenagem e capatazia; (iv) definição de taxa de desconto a ser considerada em pleitos de reequilíbrio; (v) procedimento de revisão extraordinária para fins de restabelecimento do equilíbrio econômico-financeiro do contrato (incluindo normas sobre preclusão); (vi) regras de cobrança e arrecadação das tarifas aeroportuárias de embarque, conexão, pouso e permanência; (vii) aferição, fiscalização e apresentação dos resultados dos IQS, do PQS e do RQS pelas concessionárias; (viii) metodologia de cálculo do fator Q; (ix) regras para cálculo de indenização em caso de extinção antecipada de concessão.

Há entendimento doutrinário no sentido de que as alterações promovidas pelo poder concedente, de forma unilateral, aos contratos de concessão não podem afetar o conteúdo econômico ou patrimonial dos ajustes. Para os adeptos dessa corrente, apenas poderiam ser alteradas unilateralmente as disposições que tratam sobre a forma de prestação dos serviços, sem prejuízo da garantia ao restabelecimento do equilíbrio econômico-financeiro do contrato.

Não há impedimento legal para que a alteração unilateral verse sobre as condições econômicas do contrato (e, portanto, também para que sobrevenham decisões administrativas ou atos normativos com este objetivo). A rigor, a Lei Geral de Concessões não estabelece restrições com relação ao objeto daquilo que poderá ser alterado unilateralmente pelo poder concedente (§4º, art. 9º). Inclusive, é possível que a alteração unilateral de certas condições econômicas, como, por exemplo, o teto tarifário, se preste a satisfazer os interesses dos usuários dos serviços, notadamente nos casos em que tiver por objetivo assegurar a modicidade tarifária. Esse reconhecimento, todavia, não afasta o dever de restabelecimento concomitante do equilíbrio econômico-financeiro eventualmente rompido – que poderá ocorrer por meio da adoção de mecanismos de reequilíbrio variados (*v.g.* prorrogação de prazo, autorização para obtenção de novas fontes de receita, modificação de encargos ou obrigações contratuais, entre outros).

Diante disso, no caso dos atos normativos identificados a partir da análise do setor aeroportuário, se, em decorrência deles, houver algum impacto no equilíbrio econômico-financeiro original dos ajustes em vigor, parece-me que as providências indicadas no subcapítulo 3.2.2 deverão ser observadas. Ou seja, é necessário que o ato normativo contemple regras que condicionem sua aplicação, aos contratos em vigor, (i) à prévia adoção das medidas capazes de promover o reequilíbrio dos contratos, a serem formalizadas em termo aditivo; ou (ii) à concordância do particular, que poderá optar se vincular ao normativo e renunciar, formalmente, a eventual reequilíbrio, mediante celebração de termo aditivo próprio do qual conste sua renúncia.

Vale destacar que, na hipótese de o contrato original ter sido intencionalmente silente em relação a determinada variável da equação econômico-financeira, prevendo sua integração em momento posterior, a avaliação de reequilíbrio deverá levar em consideração eventual estimativa da respectiva variável expressamente divulgada à época da licitação ou, simplesmente, as variáveis que, razoavelmente, tenham sido previstas à época da celebração do contrato. Na medida em que não compete ao concessionário, mas, sim, ao poder concedente, a elaboração do contrato de concessão, é necessário que as avaliações a serem empreendidas no âmbito desse eventual reequilíbrio sejam pautadas pela boa-fé e pela interpretação que seja mais benéfica à parte que não redigiu o dispositivo contratual, conforme previsto no artigo 113, §1º, incisos III e IV, do Código Civil, conforme alterado pela Lei de Liberdade Econômica.

PARTE III

CONDICIONAMENTOS JURÍDICOS PARA A MUTABILIDADE NAS CONCESSÕES

O percurso transcorrido ao longo das partes I e II desta tese mostra a complexidade que perpassa o tema da mutabilidade nas concessões.

Ao longo da parte I, foram resumidas as principais abordagens e posicionamentos doutrinários a respeito do tema, demonstrando que, apesar de existir certa evolução no seu enfrentamento, as análises são insuficientes, já que, mesmo nos casos em que pretendem tratar sobre o fenômeno da mutabilidade de forma ampla, acabam sendo focadas verdadeiramente em aspectos pontuais e há pouca convergência. Essa dificuldade na obtenção de um consenso, aliada aos termos, muitas vezes, intencionalmente abertos das normas em vigor, faz com que a interpretação das regras e dos princípios aplicáveis às concessões ocorra, em muitos casos, de forma conservadora, isto é, visando restringir admissibilidade da mutabilidade nas concessões, tendo em vista o receio de elas abrirem espaço para desvios e prática de atos ímprobos – o que se revela incompatível com a própria natureza e traços característicos de tais contratos, já que a alteração de tais contratos é da sua essência.

Na parte II, ao avaliar a mutabilidade a partir da experiência acumulada em um setor específico – o de infraestrutura aeroportuária federal –, ficam ainda mais evidentes as deficiências do tratamento doutrinário. Da análise da praxe desse setor, é possível extrair elementos que demonstram a amplitude do fenômeno da mutabilidade, que vem sendo operacionalizado de forma plural, mediante manejo de diferentes expedientes, os quais têm passado despercebidos pelas abordagens doutrinárias sobre o tema da alteração às concessões. Além disso, constata-se que certos aspectos ainda tidos como novidadeiros pela doutrina especializada – como, por exemplo, a importância de os contratos disciplinarem o procedimento de alteração e a possibilidade de edição de atos normativos para integrar o contrato – já constituem uma realidade na prática concessória de certos setores, e a experiência acumulada traz a lume paradigmas e problemas, que devem ser enfrentados pela doutrina.

A falta de compreensão quanto à forma pela qual a mutação, em concreto, tem sido introduzida – ainda que não em todos os casos, mas em parte deles – faz com que aspectos cruciais, que devem norteá-la, deixem de ser observados.

Não se pode dizer que exista um regime jurídico único, capaz de nortear a alteração ou integração de todo e qualquer contrato de concessão, independentemente do setor envolvido. Isso se deve ao fato de que, além das normas gerais trazidas na Lei Geral de Concessões, as leis, regulamentos e contratos de cada setor podem trazer condicionamentos específicos a serem considerados no âmbito de eventuais alterações. Apesar disso, da análise das normas gerais, trazidas pela CF/88 e por outras leis gerais, e das particularidades inerentes aos contratos de concessão, é possível extrair elementos a serem considerados para a introdução de mutação às concessões, sendo relevante considerá-los tendo-se em vista não somente a letra fria dos diplomas normativos, mas o estado da arte verificado a partir das tendências e problemas identificados com a avaliação da praxe concessória.

É justamente esse o propósito que anima os capítulos que integram esta parte III. Na medida em que o fenômeno da mutabilidade se desdobra em diferentes momentos da execução de empreendimentos concessórios, optou-se por expor os condicionamentos jurídicos para a introdução de mutação à concessão de acordo com diferentes momentos da vida de uma concessão.

Sendo assim, no capítulo 4, trago os condicionamentos jurídicos da mutabilidade que devem ser considerados em meio à etapa de *elaboração dos contratos* de concessão. Por fim, no capítulo 5, indico os condicionamentos jurídicos que devem nortear a operacionalização da mutabilidade *durante a execução dos contratos* de concessão.

Trata-se de condicionamentos jurídicos gerais, que deverão nortear o *processo* de introdução da mutação nas concessões desde a etapa da definição do desenho contratual, passando pela gestão dos contratos de concessão e que, consequentemente, deverão ser levados em consideração por parte dos diferentes órgãos de controle em momento posterior.

Tais condicionamentos jurídicos ora dizem respeito a *atos que deverão ser praticados* no procedimento de elaboração do contrato ou de introdução da mutação já na etapa de execução do contrato; ora ao *conteúdo a ser considerado e refletido no provimento final* desse procedimento (que, no caso da etapa de elaboração do contrato, coincidirá com a própria minuta contratual em si; e, em meio à execução do contrato, será o instrumento, contratual ou extracontratual, voltado à introdução da mutação no contrato).

Diante disso, na medida em que tais condicionamentos têm por efeito, ainda que indireto, estabelecer limitação às partes envolvidas (em especial ao poder concedente, a quem compete decidir a respeito da alteração ou integração do ajuste) e legitimar o provimento adotado, pode-se dizer que tais condicionamentos consubstanciam, em si, a concretização do princípio do devido processo legal no âmbito da mutação dos contratos de concessão.

ETAPA DE ELABORAÇÃO DOS CONTRATOS DE CONCESSÃO

A avaliação quanto ao fenômeno da mutabilidade dos contratos de concessão costuma ter em mira os eventos que se materializam no *decorrer da execução contratual*. Apesar disso, estudos recentes e, também, o teor dos contratos de concessão do setor analisado na parte II mostram que a etapa de elaboração dos contratos de concessão assume extrema relevância para que ajustes ou complementações possam ser implementados em momento posterior. Isso porque, a depender das circunstâncias que permearam a elaboração do contrato e da redação final desse instrumento, é possível que a realização de alterações, durante a vida do empreendimento concessório, seja facilitada, dificultada e, em certos casos, até mesmo obstaculizada.

Por tais motivos, a mutabilidade é uma premissa que deve estar presente e nortear a elaboração dos contratos de concessão.

Nesse contexto, é de grande importância a identificação dos *condicionamentos jurídicos* que devem ser observados no âmbito da *estruturação de tais ajustes*. Tais condicionamentos jurídicos dizem respeito não somente a elementos que devem ser considerados no *conteúdo* (isto é, nas cláusulas) do instrumento *contratual* propriamente dito (subcapítulo 4.3), como também aos objetivos almejados com cada empreendimento concessório, previstos na *política pública setorial* (subcapítulo 4.1) e, por fim, aos *instrumentos de governança pública* a serem adotados no âmbito da própria elaboração de tais projetos e que serão capazes de contribuir para mitigar ou, pelo menos, reduzir a assimetria informacional e a racionalidade limitada do órgão ou entidade pública responsável pela modelagem (subcapítulo 4.2).

Por oportuno, vale ressaltar que a observância das diretrizes apontadas nos subcapítulos que seguem não tem o efeito e o propósito de fazer com que o contrato de concessão seja completo. Ao contrário: a incompletude é da sua natureza. A mutabilidade é uma premissa inerente à execução dos contratos de concessão. No entanto, a depender dos *condicionamentos jurídicos* considerados durante a etapa de elaboração, é possível que sejam evitadas alterações ou complementações oportunistas, bem como se permite que o contrato se torne mais permeável àqueles ajustes que sejam efetivamente necessários e possa conferir certa previsibilidade para a sua realização, o que pode contribuir para que haja maior segurança jurídica. É o que será demonstrado nos subcapítulos que seguem.

4.1 Concessão como instrumento para efetivação da política pública setorial

A decisão estatal de outorgar determinado empreendimento concessório não deve ocorrer de forma ensimesmada. É necessário que tal escolha decorra das prioridades e objetivos identificados na política pública setorial, que poderão ser efetivados de diferentes maneiras, como, por exemplo, mediante a adoção de mecanismos de fomento, utilização de autorizações, prestação direta de serviços pelo ente federado competente, outorga de concessão, entre outros.

Dessa forma, empreendimentos concessórios devem ser encarados como instrumentos para a efetivação de determinada política pública. Justamente por isso, a concepção dos contratos, bem como sua execução, deve ser harmonizada à luz das eventuais políticas públicas existentes.[173] A avaliação de tais projetos de forma descontextualizada, sem levar em consideração a conjuntura em que foram concebidos os objetivos que nortearam sua delegação, é capaz de gerar distorções durante a sua execução.

---

[173] Tratando sobre contratos de parceria, Egon Bockmann Moreira anota que: "Eles também permitem a instalação de políticas públicas setoriais. Isto é, desde 1995, a legislação brasileira de contratos de longo prazo autoriza que determinado planejamento estatal da economia seja concretizado por meio de contratos administrativos. Os governantes estão autorizados, portanto, a definir como se dará a política pública de determinado setor econômico por prazos muitíssimos superiores ao do próprio mandato. (...) Os contratos de concessão de serviços públicos e aqueles de parceria público-privada permitem a definição estratégica de políticas de longo prazo em específicos setores da economia. Por meio da técnica contratual, é possível fixar algumas das prioridades de governo – e assim blindá-las por 10, 20 ou 35 anos" (*O contrato administrativo como instrumento de governo*, 2014, p. 509).

A título exemplificativo, suponha-se que seja concebida política pública setorial que tenha como diretriz o desenvolvimento da infraestrutura aeroportuária para atender à crescente demanda, mas também a busca pela redução de riscos ao meio ambiente e à segurança da população em geral. Diante de tais objetivos, decide-se deslocar fluxos de voos internacionais de determinado aeroporto para uma nova localidade, mais afastada, com menor densidade demográfica e menos antropizada. Uma vez identificada a nova localidade, passam a ser elaborados os documentos voltados à outorga da concessão do direito de exploração de complexo aeroportuário. Nesse caso, é evidente que a modelagem deverá considerar, como investimento obrigatório, a construção de infraestrutura capaz de absorver a demanda do aeroporto que será desativado e cujas especificações técnicas sejam compatíveis com o recebimento de voos internacionais, considerando-se, exemplificativamente, o porte de tais aeronaves e requisitos técnicos aplicáveis para aviação comercial (e não somente executiva). Ou seja: a concessão nada mais é do que um instrumento para a efetivação de uma diretriz consagrada nos instrumentos de planejamento setorial. Portanto, a elaboração de tais projetos deve ser norteada pelas balizas traçadas nas políticas públicas setoriais.

Da mesma forma, os pilares definidos nos instrumentos de planejamento também devem permear a *execução* do contrato de concessão. Sendo assim, imagine-se que, na situação exemplificada, após a celebração do contrato, sobrevenha crise econômica, com significativa queda de demanda e, no âmbito de eventual processo de reequilíbrio econômico-financeiro, se decida promover, como medida de reequilíbrio, a modificação das obrigações de investimento, culminando em revisão do próprio projeto de engenharia, inviabilizando o recebimento de voos comerciais, de modo que o aeroporto seja compatível, tão somente, com voos de aviação executiva. Embora se trate de um mecanismo de reequilíbrio possível (alteração de obrigações contratuais), a alteração não será lícita, tendo em vista que contrária com os próprios objetivos da política pública setorial, que norteou a própria delegação do empreendimento concessório. A menos que sobrevenha nova política pública, que altere as prioridades do setor,[174] não será razoável a modificação pretendida.

---

[174] A respeito do tema, Egon Bockmann defende que o caráter incompleto das concessões também seja utilizado de forma a tornar o instrumento contratual permeável às alterações decorrentes de eventual alteração das políticas de governo. De acordo com o autor, "[o] contrato como instrumento de governo faz com que específicas políticas públicas assumam outra dimensão temporal – para além do calendário eleitoral e orçamentário – a exigir

Ou seja: os objetivos e diretrizes da *política pública setorial* que norteou a outorga de determinado empreendimento concessório devem ser observados no âmbito da *elaboração*, da *execução* do respectivo contrato e, por conseguinte, de suas eventuais *alterações* e *complementações* futuras.[175] Trata-se de importante norte interpretativo e orientativo para identificar se as *finalidades* pretendidas pela mutabilidade, em momento posterior, ao teor dos contratos serão *válidas*, sobretudo nos casos em que não houver previsão expressa de alteração.

Apesar disso, nota-se, até o momento, baixa preocupação com a harmonização entre política pública setorial e a concepção e execução dos respectivos contratos de concessão. Uma vez definidos os empreendimentos a serem concedidos, sua concepção e execução passam a ser encaradas como algo que independe de qualquer contexto precedente.[176] Por vezes, o próprio contexto e objetivos maiores da outorga de determinada concessão sequer são explicitados de forma clara pelos órgãos responsáveis pela estruturação do projeto concessório.

---

a conveniência e a sincronização com os tempos financeiros e econômicos. Afinal, são decisões que persistirão por longo prazo (...) Para alterar a política definida em contrato, há de se alterar o contrato – o que nem sempre é fácil. (...) É por esse motivo que os contratos de longo prazo devem, naturalmente, ser incompletos. Apesar disso, os contornos tradicionais tornam esse exercício muito difícil – 'trata-se das autoritárias limitações às alterações contratuais e o equilíbrio econômico-financeiro fechado dos contratos'". Complementa o autor indicando que "nesses tempos pós-modernos, é adequado afirmar que a segurança contratual advém da certeza de mudança. A estabilidade dos contratos de longo prazo não decorre da imutabilidade monolítica, mas sim da dinamicidade/plasticidade contratual. Esse aparente contrassenso é essencial nos contratos públicos de longo prazo, sobretudo naqueles que se destinam a ser instrumentos de governo" (*O Contrato Administrativo como Instrumento de Governo*, 2014, p. 511, 513 e 514).

[175] Como defende Vitor Rhein Schirato, "as políticas públicas tocam uma parcela preciosa do controle do manejo das finalidades das concessões de atividades públicas para particulares. Muito mais do que instrumentos de privatização ou desestatização, as concessões são instrumentos para o alcance de políticas públicas" (*As parcerias público-privadas e políticas públicas de infraestrutura*, 2015, p. 81).

[176] O problema descrito, que conduz a uma avaliação ensimesmada das concessões, sem consideração do contexto macro em que se inserem, foi constatado por Vitor Rhein Schirato, que tece crítica pertinente a respeito do tema: "No Brasil, por um legado doutrinário, as concessões são vistas sempre como uma espécie de contratação administrativa destinada a encetar parcerias entre Estado e iniciativa privada para a realização de uma atividade de interesse público. Trata-se, na realidade, de uma visão binária que contempla a execução direta das atividades de interesse público pelo próprio Estado ou sua delegação a particulares. Pouco se perquire sobre as razões de se delegar ou de se executar diretamente. Esta visão doutrinária, a nosso ver, é resultado de dois fatores históricos do direito administrativo brasileiro. De um lado, o apego excessivo à noção de legalidade estrita. E, de outro lado, a incapacidade da doutrina brasileira de analisar a Administração Pública dentro de um contexto, em razão da qual apenas é relevante para o direito administrativo a ação da Administração Pública e nunca as suas razões" (*As parcerias público-privadas e políticas públicas de infraestrutura*, 2015, p. 76).

Com efeito, é comum que se diga que a prestação dos serviços públicos constitui "poder-dever" do Estado, como se a identificação do projeto concessório a ser delegado ocorresse de forma óbvia e natural, o que acaba por minimizar a importância da etapa de formulação da política pública setorial e de identificação dos projetos a serem priorizados para sua efetivação. Nesse contexto, os objetivos da política pública (que, muitas vezes, são pouco precisos), não raro, se perdem no meio do caminho e não acompanham a execução do contrato e, consequentemente, suas alterações.

Trata-se de um aspecto crítico que merece ser introduzido no debate jurídico, haja vista sua importância para que as concessões sejam elaboradas e geridas em conformidade com os objetivos e finalidades consagrados nas políticas públicas setoriais existentes e que devem pautar, em um segundo momento, durante a etapa de execução dos contratos, o fenômeno da mutabilidade.

4.2 Instrumentos de governança pública na etapa de planejamento dos contratos de concessão

No âmbito das contratações privadas, é corrente o entendimento segundo o qual o princípio da autonomia da vontade, via de regra, permeia todas as etapas da negociação: desde o início das tratativas, passando pela elaboração do instrumento contratual, até a sua celebração. Tradicionalmente, a lógica identificada no âmbito das contratações públicas é bastante diversa. Desde a definição das prioridades de governo, identificação do empreendimento concessório a ser licitado e concepção do desenho contratual, a administração pública assume inegável protagonismo.

Não por outro motivo, é comum que se enxergue a etapa de *planejamento* dos contratos de concessão, na qual tais instrumentos são elaborados, como uma emanação unilateral da administração pública. Essa situação leva parte da doutrina a associar tais instrumentos contratuais a verdadeiros "contratos de adesão", cujos termos são definidos unilateralmente por uma das partes.[177] E, de fato, esse paradigma

---

[177] Tratando sobre o modelo tradicional de elaboração dos contratos de concessão, Guilherme F. Dias Reisdorfer explica: "[p]rimeiramente, ao menos como regra geral os contratos administrativos correspondem a típicos contratos de adesão, norteados pela ideia de uma autoridade previamente constituída que determina os rumos contratuais. O contrato constitui um mecanismo de cooperação que envolve a assunção e execução de obrigações e é basicamente organizado pelo Estado, para o atingimento de fins por ele determinados.

norteou o planejamento de grande parte dos projetos concessórios por muito tempo, embora, nos últimos anos, venha sendo mitigado em função de novas tendências.

A condução da etapa de planejamento de empreendimentos concessórios sem qualquer tipo de envolvimento da sociedade e de agentes econômicos revela-se incompatível com os princípios de uma administração pública que se pretende democrática. Com efeito, após o advento da Constituição Federal de 1988, uma série de princípios, institutos e conceitos, já à época bastante consolidados, passou a ser reconfigurada. Nesse contexto, o caráter autoritário da atuação da administração pública se torna questionável, passando a ser discutida e amplamente difundida a implementação de um modelo de administração democrática, participativa, em que a consensualidade e a processualidade devem permear a atividade administrativa, em substituição do autoritarismo.[178]

No entanto, os problemas decorrentes da estruturação de empreendimentos concessórios de forma unilateral pela administração não se encerram por aí. Em se tratando de negócios jurídicos complexos, de longa duração e, portanto, de contratos incompletos, os *custos de transação* envolvidos na elaboração de estudos e projetos são *elevados*, onerando a administração pública.[179] Além disso, a sua concepção por uma das partes isoladamente pode se mostrar incapaz de assegurar o êxito do empreendimento concessório. Isso porque a *racionalidade*

A vontade manifestada pelo particular é constitutiva do contrato em si (como típico negócio jurídico), mas não propriamente do conteúdo do contrato ou da regulação do objeto contratual. O Estado define e organiza os aspectos materiais (relacionados às características e requisitos da prestação contratada) e alguns dos aspectos jurídicos da relação jurídica consensual, dentro dos quadrantes estabelecidos pela lei. (...) Como consequência desse modelo, prevalece a ideia de que o Estado deve definir não apenas o que pretende contratar, mas também como deverá ocorrer a execução do contrato. Isso não apenas em relação à definição dos direitos e deveres contratuais, mas também no tocante à forma pela qual o particular contratante desincumbir-se-á das obrigações por ele assumidas. Em outras palavras, caberia ao Estado a definição soberana sobre os fins contratuais que pretende realizar e também sobre as características do objeto contratado, de modo que a autonomia do particular contratante restaria limitada inclusive em relação aos meios de consecução dos deveres assumidos" (*Soluções contratuais público-privadas*: os procedimentos de manifestação de interesse (PMI) e as propostas não solicitadas (PNS), 2015, p. 180-181).

[178] Acerca desse movimento, cf.: (i) PEREZ, Marcos Augusto. *A administração pública democrática*: institutos de participação popular na administração pública, 2004; (ii) ALMEIDA, Fernando Dias Menezes de. *Mecanismos de consenso no direito administrativo*, 2008, p. 335-349; (iii) MOREIRA NETO, Diogo de Figueiredo. *O futuro das cláusulas exorbitantes nos contratos administrativos*, 2008, p. 571-592.

[179] Nesse sentido, cf. REISDORFER, Guilherme F. Dias. *Soluções contratuais público-privadas*: os procedimentos de manifestação de interesse (PMI) e as propostas não solicitadas (PNS), 2014, p. 179.

limitada e a *assimetria informacional* impedem que a administração, por conta própria, disponha dos elementos suficientes para a concepção de uma contratação adequada, além de gerar o risco de observância de condutas *oportunistas*. Como coloca Marcela Campos Jabôr:

> É justamente nos contratos incompletos que fica mais nítida a impossibilidade de a Administração conseguir, sozinha, sem qualquer ajuda do mercado, definir exatamente os contornos contratuais, lançando, em regra, atos convocatórios e minutas de contrato que, desde o início do certame, já não correspondem à realidade do objeto que será executado.
> Com efeito, assimetria das informações refere-se ao fato de que, numa relação contratual – em especial na contratação pública e no âmbito dos contratos incompletos –, se de um lado o poder de compra está nas mãos da Administração Pública, de outro, diante da própria necessidade de delegação da atividade, há a necessidade de colaboração do mercado na consecução do objeto.[180]

Diante disso, é necessário despender maior atenção com a etapa de *planejamento* da concessão,[181] com uma reformulação substancial da forma pela qual vinha sendo conduzida, a fim de que os riscos mencionados acima possam ser mitigados. Essa necessidade passou a ganhar a atenção do legislador e da doutrina a partir do momento em que a *qualidade* da atividade administrativa se colocou no centro dos debates, o que, consequentemente, conduziu a uma revisão da forma de gestão da máquina administrativa, de forma a orientá-la pela busca da *eficiência* e da abertura à *colaboração* dos administrados.[182] É nesse contexto que

---

[180] JABÔR, Marcela Campos. *Oportunismo e assimetria de informações nos contratos administrativos*, 2020, p. 183.

[181] Atualmente, a importância da etapa de planejamento das concessões tem sido amplamente reconhecida. Como aponta Gustavo Henrique Carvalho Schiefler, "quanto mais acurado o planejamento das soluções buscadas pela Administração Pública, maior a probabilidade de se empregar eficiência à persecução do interesse público. Em sua faceta econômica, isso significa que os contratos devem ser bem planejados. O planejamento, como a primeira etapa a ser observada para a celebração de concessões comuns e parcerias público-privadas, deve ser adequado o suficiente para assegurar os meios mais favoráveis à satisfação das necessidades da Administração Pública, o que significa que devem ser escolhidos os meios certos a serem bem desempenhados para a efetivação dos direitos da coletividade envolvidos" (*Procedimento de Manifestação de Interesse (PMI)*: solicitação e apresentação de estudos e projetos para a estruturação de concessões comuns e parcerias público-privadas, 2013, p. 132).

[182] É o que nos ensina Juliana Bonacorsi de Palma, segundo a qual a governança pública "decorre da reflexão sobre o modo que se vale a Administração Pública para cumprimento de suas competências e satisfação de finalidades públicas. (...) No âmbito do Direito Administrativo, a governança está intimamente relacionada a duas frentes da atuação

a atividade administrativa passa a ser norteada pela adoção de instrumentos de *governança pública*.[183]

São diversos os instrumentos de *governança pública* que passam a ser manejados no cotidiano da administração pública com o objetivo de aperfeiçoar seus processos decisórios. Alexandre Jorge Carneiro da Cunha Filho identifica quatro instrumentos principais, a saber: (i) processualidade; (ii) consenso "como técnica preferencial de perseguição de pautas públicas (em contraposição ao tradicional recurso à ação unilateral pela autoridade)"; (iii) "a abertura dos procedimentos administrativos à participação popular"; e (iv) "a necessidade de reposicionamento dos órgãos de controle da atuação administrativa, de modo a estimular um maior envolvimento destes para com o bom resultado das atividades controladas".[184]

Tais instrumentos, em maior ou menor grau, também começam a ser manejados com o objetivo de tornar a etapa de *planejamento* das concessões mais permeável à participação de outros *stakeholders*, como agentes econômicos, consultorias técnicas, organismos multilaterais, órgãos de controle e a sociedade em geral. Atualmente, são variados os instrumentos que podem ser utilizados no âmbito da etapa de estruturação de empreendimentos concessórios.

No entanto, antes de fazer menção aos instrumentos em si, é importante destacar que a sua utilização não deve ocorrer tão somente no âmbito da *elaboração do teor dos contratos em si*, sendo recomendável utilização de expedientes voltados a trazer transparência e envolvimento da sociedade em geral também no contexto da concepção das próprias *políticas públicas setoriais* – cuja importância já foi ressaltada no subcapítulo 4.1 acima. Ou seja: é necessário que instrumentos de governança pública permeiem todas as etapas do planejamento de uma concessão, desde a definição das prioridades de governo e contornos da política pública setorial até o desenho dos instrumentos contratuais em si.

---

administrativa, quais sejam: eficiência da máquina pública e colaboração público-privada. Destaca-se no estudo da governança pública no Direito Administrativo, portanto, o instituto do processo administrativo" (*Atividade normativa da administração pública*: estudo do processo administrativo normativo, 2014, p. 358).

[183] Gustavo Justino de Oliveira define governança pública como "um modelo alternativo a estruturas governamentais hierarquizadas, implicando que os Governos sejam muito mais eficazes em um marco de economia globalizada, não somente atuando com capacidade máxima de gestão, mas também garantindo e respeitando as normas e valores próprios de uma sociedade democrática" (*Governança pública e parcerias do Estado*: novas fronteiras do direito administrativo, 2012, p. 114).

[184] CUNHA FILHO, Alexandre Jorge Carneiro da. *Governança pública*: um ensaio sobre pressupostos e instrumentos de uma ação estatal juridicamente eficiente, 2019, p. 278.

A etapa de definição das prioridades e objetivos da política pública setorial, de identificação dos empreendimentos a serem concedidos e das diretrizes a serem observadas também deve ser maturada no ambiente da consensualidade e da processualidade. A concepção de políticas de governo de forma unilateral mostra-se incompatível com os imperativos de administração pública democrática e padece dos mesmos problemas decorrentes da elaboração de contratos sem envolvimento da sociedade (racionalidade limitada, assimetria informacional e oportunismo).

Tal apontamento é relevante pelo fato de que o foco das atenções doutrinárias e o efetivo emprego dos instrumentos de governança pública costumam se centrar, tão somente, na etapa de *elaboração* dos contratos de concessão. Vale dizer: foca-se na utilização dos instrumentos de governança pública apenas na etapa de *estruturação* de projetos específicos, sem que haja preocupação com a sua utilização no âmbito da *formulação* dos *instrumentos de planejamento setorial* e, portanto, das políticas públicas em si. É como se não houvesse a necessidade de envolvimento da sociedade nessa etapa, o que não se mostra compatível com o novo perfil de atuação de uma administração pública democrática.[185] O envolvimento de diferentes *stakeholders* nessa esfera, além disso, poderia contribuir para a antecipação de necessidades, dificuldades e problemas a serem ponderados pelos órgãos competentes na construção da política pública setorial e, portanto, para também reduzir a assimetria informacional e condutas oportunistas, que visem ao atendimento de interesses egoísticos de grupos determinados.

Diante disso, em resumo, os instrumentos de governança pública devem estar presentes não somente no âmbito da estruturação do projeto

---

[185] Um diagnóstico preciso com relação a esse problema é identificado por Gustavo Justino de Oliveira ao tratar, especificamente, sobre as atribuições do Conselho do PPI. De acordo com o autor, "[u]m outro ponto de atenção tem a ver com o processo de tomada da decisão do que deve e de como deve ser privatizado. É o Conselho do PPI, previsto na Lei federal n. 13.334/16 e integrado única e exclusivamente por representantes do Governo – sem representantes das empresas e sem representantes da sociedade civil – que acabou chegando a atual lista das privatizações. Isto não é nem salutar e nem democrático: a decisão pela privatização é uma decisão que não afeta um único mandato, pois tem efeitos de médio a longo prazo, e pode redundar em prejuízos astronômicos para a população e para o país. Se ninguém participa, além do Governo, do processo decisório privatizante, além do *decision making process* estar absolutamente defasado em termos de Nova Governança Pública – NGP – a qual propõe que os assuntos públicos sejam tratados em estruturas mais horizontalizadas, com transparência, participação dos envolvidos na decisão, possibilidade de controle social – os riscos de falha na privatização são desproporcionais, pois fatores e pontos de vistas que deveriam ter sido considerados para se tomar uma melhor decisão não o foram, uma vez que os segmentos empresariais e da sociedade dele não participaram ativamente" (*Direito administrativo pragmático*, 2020, p. 24).

concessório em si, sendo de grande relevância que a sua utilização permeie toda a etapa de *planejamento* que antecede a modelagem do empreendimento concessório, isto é, durante a própria construção da política pública setorial, definição dos projetos prioritários a serem concedidos à iniciativa privada e das finalidades maiores que deverão nortear a elaboração dos contratos de concessão.

São variados os *instrumentos de governança* pública a serem manejados, em concreto, no âmbito da elaboração de instrumentos de planejamento e de estruturação dos empreendimentos concessórios.

A depender dos expedientes utilizados em concreto, é possível que o grau de envolvimento dos diferentes atores relevantes seja variável. Alguns deles pressupõem uma participação direta e constante dos eventuais interessados; outros, um envolvimento pontual. Em qualquer um dos casos, é importante que a administração pública efetivamente considere os elementos, dados e informações submetidos à sua avaliação pelos diferentes *stakeholders*,[186] tendo em vista que capazes de contribuir para a adoção de soluções mais adequadas.

Em meio à construção dos *instrumentos de planejamento setoriais*, que consubstanciam as próprias políticas públicas, é possível que sejam utilizados os seguintes expedientes (i) inclusão de representantes da sociedade na composição de órgãos colegiados competentes pela elaboração de políticas públicas em dado setor;[187] (ii) audiências públicas, por meio das quais se define data específica para discussão de determinado assunto, na qual os eventuais interessados podem comparecer para debater a matéria em questão (art. 32 da Lei Federal de Processo Administrativo); (iii) consultas públicas, por meio das quais o órgão competente abre prazo para manifestação, por escrito, por parte de eventuais interessados em relação à matéria em debate (art. 31 da Lei Federal de Processo Administrativo); (iv) reuniões entre representantes dos órgãos competentes e representantes de categorias específicas.

---

[186] Maís Moreno ressalta a importância de a motivação da administração pública considerar os elementos trazidos pelos diferentes atores que participam de tais procedimentos. Segundo a autora: "As manifestações populares modulam a forma de fundamentar e justificar a tomada de decisão administrativa. Os debates, alegações, provas, sugestões e demais elementos presentes nas consultas e audiências públicas devem ser considerados na motivação do ato decisório para conferir-lhe validade. A Administração deve ponderar os interesses existentes e, quando possível, compatibilizá-los, de modo a trazer mais aderência à sua decisão. Quanto mais consensual for a construção do ato administrativo, menor tende a ser a necessidade de se presumir a sua legitimidade e a sua veracidade" (*A participação do administrado no processo de elaboração dos contratos de PPP*, 2016, p. 165-166).

[187] Trata-se de mecanismo sugerido por Odete Medauar e que envolve participação ativa da sociedade na formulação e controle de políticas públicas (*Controle da administração pública*, 3ª edição, 2014, p. 195).

Em meio à *estruturação dos projetos* concessórios, revelam-se ainda mais plurais os instrumentos. Isso decorre do fato de que a própria elaboração dos contratos de concessão pode ser executada pela administração pública ou por terceiros.[188] Ademais, paulatinamente, diferentes leis têm acrescido novas possibilidades ao rol de instrumentos de governança pública passíveis de serem manejados no âmbito da elaboração de contratos de concessão.

Apenas para exemplificar os diferentes mecanismos que podem ser carreados nessa etapa, vale fazer menção aos seguintes: (i) procedimento de manifestação de interesse (PMI), por meio do qual, na definição de Mário Saadi, se viabiliza o "recebimento de estudos, projetos, investigações, pela Administração Pública, de pessoas físicas e jurídicas interessadas em apresentá-los com o objetivo de instruir um procedimento licitatório voltado à outorga de uma concessão";[189] (ii) recebimento de propostas não solicitadas (PNS), procedimento também conhecido como manifestação de interesse privado (MIP), que se assemelha à PMI, porém com a diferença de que, nesses casos, não é a administração que solicita a submissão de estudos, mas, sim, os interessados, por ato de liberalidade, identificam uma necessidade e submetem solução à avaliação da administração pública; (iii) consultas e audiências públicas, nos moldes indicados acima; (iv) reuniões com *stakeholders* (*roadshows, market soundings*), a fim de esclarecer dúvidas e obter subsídios sobre determinados aspectos da modelagem concessória.

Os instrumentos supramencionados podem – e, na realidade, devem – ser combinados. Invocando o exemplo do setor aeroportuário, tem sido comum a realização de PMI pelo órgão responsável pela modelagem dos projetos, sem prejuízo da posterior realização de audiências e consultas públicas, instruídas com estudos técnicos, bem como minutas preliminares de edital, contrato de concessão e respectivos anexos. Como mencionado ao longo do capítulo 2, desde

---

[188] Como resume Mário Saadi, a "etapa preparatória das concessões pode ser carreada de diversas maneiras. A Administração Pública poderá realizá-la diretamente, por meio da utilização de seu próprio corpo burocrático. Poderá (i) requerer auxílio de outros órgãos e entidades públicos com expertise na matéria; (ii) estabelecer vínculos contratuais com pessoas físicas ou jurídicas da iniciativa privada para o desenvolvimento de trabalhos técnicos que embasem as futuras outorgas; (iii) autorizar que essas pessoas o façam, por meio da instauração do Procedimento de Manifestação de Interesse" (*O procedimento de manifestação de interesse à luz do ordenamento jurídico brasileiro*, 2015, p. 30).

[189] SAADI, Mario. *O procedimento de manifestação de interesse à luz do ordenamento jurídico brasileiro*, 2015, p. 81.

o início do programa de concessões aeroportuárias, o recebimento de estudos para subsidiar a modelagem dessas concessões, por meio de PMI, foi regulamentado por meio da Resolução ANAC nº 192/2011. Desde então, nota-se que tem sido praxe a publicação de editais de chamamento, por parte dos órgãos competentes, para o recebimento dos referidos estudos voltados a instruir os leilões das diferentes rodadas de concessões aeroportuárias, sem prejuízo da posterior realização de audiências e consultas públicas.[190]

Por fim, com a edição da Lei Federal nº 14.133/2021 (Nova Lei de Licitações), o rol de instrumentos de governança pública foi ampliado com a incorporação da figura do *diálogo competitivo*, haja vista que, com esse mecanismo, se permite, já durante a etapa de licitação, a realização de diálogo entre a administração e "licitantes previamente selecionados mediante critérios objetivos, com o intuito de desenvolver uma ou mais alternativas capazes de atender às suas necessidades, devendo os licitantes apresentar proposta final após o encerramento dos diálogos" (art. 6º, XLII). A lei preocupou-se, expressamente, em incorporar autorização para a utilização dessa modalidade de licitação no âmbito dos procedimentos licitatórios voltados à outorga de concessões e parcerias público-privadas (arts. 179 e 180).

Em comum, todos esses instrumentos vão ao encontro de um modelo de gestão da máquina pública pautado pelo *consenso e pela construção de soluções dialogadas*, estando, por esse motivo, alinhados com o paradigma de administração pública democrática e com a natureza relacional dos contratos de concessão.

Além disso, um *segundo* benefício decorrente da utilização de tais expedientes é o fato de que, com eles, *permite-se que o déficit informacional de que dispõe a administração pública seja minorado*, bem como os riscos decorrentes de condutas oportunistas.[191] Isso porque o recebimento

---

[190] A título de exemplo, vale fazer menção ao Edital de Chamamento Público nº 02/2019, publicado pelo Ministério da Infraestrutura, cujo objeto foi a obtenção de projetos, levantamentos, investigações e estudos técnicos que subsidiem a modelagem das concessões para a expansão, exploração e manutenção dos aeroportos que integram os denominados Bloco Sul, Bloco Norte e Bloco Central. Ou seja, o PMI foi utilizado com o objetivo de viabilizar a estruturação desses empreendimentos concessórios. Inclusive, uma vez obtidos os estudos preliminares e elaborada a minuta de edital, contrato e respectivos anexos, foi realizada, pela ANAC, a Consulta e Audiência Pública nº 003/2020 com o objetivo de obter subsídios em relação a tais documentos.

[191] Neste sentido, Gustavo Henrique Carvalho Schiefler defende que: "[a]proximando-se os principais interlocutores do futuro contrato, para que juntos possam planejá-lo, há uma potencial diminuição dos riscos que comumente emergem em ambiente de desinformação, afinando-se a harmonia dos interesses envolvidos e reduzindo-se os custos de transação"

de subsídios plurais, ao longo da etapa de planejamento, permite que diferentes variáveis, impactos e interesses cheguem ao conhecimento da administração pública – que, no momento anterior, poderia sequer ter ciência quanto à sua existência –, à qual se atribui o ônus de avaliá-los e ponderá-los, na definição da solução a ser adotada, que deverá articular tais elementos a fim de demonstrar a adequação da alternativa acolhida, evitando-se, com isso, que sejam privilegiados interesses egoísticos dos gestores ou de grupos de interesse determinados que, eventualmente, exerçam alguma influência sobre eles.

Por fim, em *terceiro*, tais instrumentos de governança pública, se bem utilizados, são capazes de *reduzir os custos de transação* usualmente materializados durante a execução de tais contratos. A rigor, na medida em que o órgão contratante passa a dispor de informações mais robustas a respeito da contratação, permite-se que o desenho contratual seja, dentro daquilo que se pode prever, mais adequado. A construção dialogada das avenças reduz os riscos de elaboração de um instrumento contratual desconectado da realidade e das dificuldades a serem enfrentadas durante a fase de execução do ajuste. Por esse motivo, pode-se dizer que há o potencial benefício de redução dos conflitos verificados em meio à exploração do empreendimento concessório e, portanto, dos custos de transação envolvidos.[192]

Uma vez identificados os ferramentais à disposição da administração pública na etapa de planejamento das concessões, cabe

---

(*Procedimento de Manifestação de Interesse (PMI)*: solicitação e apresentação de estudos e projetos para a estruturação de concessões comuns e parcerias público-privadas, 2013, p. 124). Em semelhante sentido, Dinorá Adelaide Musetti Grotti e Mário Saadi apontam como objetivos do PMI a "construção do conhecimento no setor público e redução de assimetria de informação com o setor privado" (*O procedimento de manifestação de interesse*, 2015, p. 175).

[192] Marcos Nóbrega, tratando sobre o modelo tradicional – não dialogado – de elaboração de contratos públicos, aponta que: "(...) a dinâmica da contratação pública determina uma lógica toda particular quanto aos custos de transação. Em primeiro momento, esses custos são significativamente economizados (ou postergados) por conta da natureza de contrato de adesão. Como sabemos, o contrato já vem previamente formatado e deverá ser anuído pela parte selecionada no procedimento licitatório. Assim, os custos de transação são estabelecidos nessa fase *ex ante* sobremodo no processo licitatório que exige expertise para elaboração das propostas e, não raro, imensas e custosas interpelações administrativas e judiciais que entravam o termo do procedimento. Dessa forma, os custos gerados no curso do procedimento licitatório são, certamente, entronizados no preço proposto pelas partes quando da licitação. Essa diminuta (ou nenhuma) margem de negociação na elaboração contratual determina economia para as partes de custos de transação *ex ante*, conquanto empurra para o momento *ex post* todos os conflitos. Dessa forma, não por menos, acumulam-se na fase da execução contratual várias demandas (...)" (*Direito da Infraestrutura*, 2010, p. 116).

avaliar de que forma eles podem contribuir para a incorporação de aperfeiçoamentos no teor do instrumento contratual, a fim de que, em momento futuro, a introdução de mutação ocorra de forma adequada, segura e previsível.

4.3 Técnicas contratuais para viabilizar a introdução de mutação durante a execução contratual

A observância de políticas públicas setoriais e a adoção de instrumentos de governança pública no âmbito do processo de planejamento de empreendimentos concessórios são capazes de permitir que os instrumentos contratuais sejam elaborados de forma mais adequada e, posteriormente, de tornar a execução dos projetos mais aderente às finalidades que justificaram a outorga, conforme mencionado ao longo dos subcapítulos 4.1 e 4.2. No entanto, resta entender: que tipo de técnica contratual pode ser utilizada para contribuir para que a introdução de *mutação*, ao longo da execução do contrato, ocorra de forma segura e adequada?

Como já referido ao longo do subcapítulo 1.3, devido às características dos contratos de concessão, pode-se dizer que a mutabilidade é algo a eles inerente.[193] Sendo assim, é necessário que a concepção do desenho contratual esteja atenta a essa circunstância, busque, na medida do possível e desde que observados os condicionamentos jurídicos descritos neste capítulo, tornar o instrumento contratual permeável aos variados ajustes que se farão necessários no decorrer da sua execução e estabeleça requisitos adequados a serem observados para tanto.

Além de permitir a *modificação* dos termos originalmente pactuados, é necessário que o instrumento contratual seja elaborado de forma a viabilizar a sua posterior *integração*. Isso se deve ao fato de que, por se tratar de contratos incompletos, é inviável conferir solução

---

[193] Como aponta Marçal Justen Filho: "(...) tão ou mais importante do que a configuração original da concessão é a sua gestão ao longo do tempo. Isso significa o reconhecimento de competências exercidas de modo contínuo e permanente, relacionadas com a regulamentação do serviço e com a reformulação contínua das regras pertinentes à sua execução. Tal como se passa com o universo social circundante, torna-se impossível aludir a uma modelagem definitiva para cada concessão em concreto. Todas elas se encontram em processo de adaptação a uma realidade cambiante e mutável. Essa precariedade da definição de padrões e modelos não é propriamente um defeito, mas uma característica não apenas das concessões de serviço público, mas também da própria realidade do mundo contemporâneo. Os reflexos dessas inovações sobre o Direito são marcantes" (*Teoria geral das concessões de serviço público*, p. 426-427).

contratual para toda e qualquer situação que possa se materializar durante a vigência do contrato. Trata-se de prática indesejável, pois as medidas previstas podem acabar onerando e, até mesmo, engessando a execução do ajuste, em prejuízo da consecução das finalidades maiores envolvidas no contrato. Ou seja, é necessário que o dogma da completude seja abandonado.

Sendo assim, nota-se que a *mutabilidade* constitui fenômeno amplo, cuja observância pode se dar a partir da *modificação* ou *complementação* do teor dos contratos.

A *modificação* do conteúdo original do contrato pode ser necessária diante de uma série de fatores. A título exemplificativo, a necessidade de modificação pode decorrer de qualquer situação que recomende a alteração das cláusulas originalmente previstas no instrumento concessório, como: (i) alteração nas políticas públicas em vigor, que demande ajuste na forma de execução do contrato; (ii) situações supervenientes, imprevisíveis ou previsíveis, porém de consequências incalculáveis; (iii) verificação de que o conteúdo originalmente estabelecido não permitiria o atingimento das finalidades e objetivos da contratação na maior medida possível em decorrência da constatação de que a solução adotada, originalmente, era errada ou não era a melhor para o caso concreto; (iv) adoção de algum mecanismo de reequilíbrio que pressuponha a modificação de alguma disposição contratual; (v) necessidade de ajustar suas condições para que seja garantida a prestação de serviço adequado, em função, exemplificativamente, do surgimento de novas tecnologias ou obsolescência daquelas originalmente previstas.

A necessidade de *complementação* do teor do contrato decorre da existência de uma *lacuna* contratual em relação a determinado tema. Tal lacuna pode ter origem em uma escolha consciente, realizada à época da modelagem da licitação ou não, isto é, pode derivar da constatação superveniente de que o contrato foi silente em relação a determinado aspecto que merece tutela específica – o que é natural diante da incapacidade de todos os eventos supervenientes serem antevistos durante a etapa de modelagem do contrato.[194] Em certos casos, é possível

---

[194] Trata-se daquilo que a doutrina denomina de incompletude deliberada e incompletude súbita. De acordo com Uinie Caminha e Juliana Cardoso, a lacuna contratual decorrente da *incompletude deliberada* tem origem em um "desejo das partes em deixar aberto determinadas cláusulas por entenderem que suposta necessidade de complemento poderá ser suprida por meio de deliberação sucessiva". Ou seja, envolve "um decidir de não decidir ou um decidir de decidir sucessivamente". Já na *incompletude súbita*, de acordo com as mesmas autoras, a lacuna não decorre da vontade das partes e pode ser constatada tanto na ausência de regramento específico em "algum ponto do contrato no ato de sua conclusão,

que a lacuna contratual seja suprida por meio de mera interpretação do instrumento contratual e regulamentação aplicável. No entanto, em outros, será necessária sua integração por ato posterior, de caráter normativo ou contratual – sendo obrigatória a complementação por meio de instrumento contratual nos casos em que se tratar de matéria sujeita à reserva de contrato, nos termos do art. 23 da Lei Geral de Concessões e da legislação setorial aplicável.

Do acima exposto, nota-se que, durante a execução dos contratos, a mutabilidade pode decorrer de fatores plurais e ser endereçada por diferentes veículos, voltados ora à modificação do instrumento contratual, ora à sua complementação. A etapa de modelagem dos projetos assume função relevante, pois é capaz de contribuir para tornar o contrato mais permeável à mutabilidade e conferir previsibilidade à sua realização, trazendo, por conseguinte, maior segurança jurídica.

Atualmente, certos mecanismos permitem que seja reduzido o escopo da mutação em momento posterior, por meio, por exemplo, da incorporação, no instrumento contratual, da solução em caráter *ex ante*, isto é, da providência a ser observada diante da materialização de eventos futuros que, embora previsíveis, sejam de ocorrência incerta. Trata-se do objetivo das cláusulas que estabelecem *repartição objetiva dos riscos* envolvidos na contratação entre as partes, hipótese em que se tem, de antemão, a solução contratualmente prevista diante da ocorrência de tais eventos.

Apesar do esforço no sentido de antecipar tais eventos e estabelecer a solução a ser observada, é inviável (e até indesejável) a previsão exaustiva de solução contratual a toda e qualquer situação a ser materializada no decorrer da execução contratual. Sendo assim, ainda que o contrato busque antecipar soluções a eventos futuros e incertos, há espaço para que, na etapa de elaboração do instrumento contratual, sejam adotadas técnicas capazes de tornar o contrato mais permeável aos ajustes e complementações que se fizerem necessários no decorrer da execução contratual.

Ao longo deste subitem, será enfatizada a importância de, durante a etapa de elaboração dos instrumentos contratuais, ser dedicada maior atenção à incorporação, nos contratos, de: (i) considerandos e cláusulas principiológicas; (ii) cláusulas que estabeleçam procedimentos a serem seguidos para introduzir mutabilidade; (iii) cláusulas que prevejam

---

assim como [n]a falta de estipulação quanto à possibilidade de sua determinação sucessiva" *(Contrato incompleto*: uma perspectiva entre direito e economia para contratos de longo termo, 2014, p. 165-166).

previsíveis hipóteses de modificação e integração posterior; (iv) cláusula disciplinando a gestão público-privada do contrato; e, por fim, (v) cláusulas tratando sobre a adoção de métodos alternativos de resolução de conflitos.

4.3.1 Considerandos e cláusulas principiológicas

Conforme apontado ao longo do subitem 4.1, a opção governamental pela outorga de concessão para a prestação de determinado serviço público deve estar alinhada aos objetivos e diretrizes fixados na política pública setorial existente.

O nível de sofisticação dos instrumentos de planejamento que conformam certa política pública, contudo, pode variar de acordo com o ente que detém a titularidade do serviço e competência para prestá-lo. Com efeito, não é razoável supor que inexista diferença entre o arcabouço que permeia a elaboração e execução de contratos de concessão em setores regulados federais, de um lado, e aquele relativo a contratos de concessão nos 5.570 (cinco mil, quinhentos e setenta) municípios brasileiros, muitos dos quais com reduzidas experiência e capacidade técnica para a estruturação de projetos concessórios, de outro.

A fim de que a inexistência de uma política pública estruturada não sirva de pretexto para a concepção de projetos concessórios ensimesmados, a Lei Geral de Concessões exigiu que, antes da publicação do edital de licitação, o poder concedente publique "ato justificando a conveniência da outorga de concessão ou permissão, caracterizando seu objeto, área e prazo" (art. 5º). Ou seja: independentemente da existência de políticas públicas preexistentes, há um dever de motivação, anterior à outorga de cada concessão, que exige a explicitação dos motivos pelos quais a outorga da concessão é a melhor opção para o atingimento das finalidades almejadas.

No decorrer da execução de determinado empreendimento concessório – via de regra, de longo prazo –, contudo, tais elementos, usualmente não incorporados ao texto do contrato, podem acabar deixando de ser levados em consideração. A rigor, o arcabouço que permeia a execução de cada concessão (repleto de normas, anexos, projetos de engenharia e o próprio instrumento contratual) faz com que o empreendimento concessório ganhe vida própria e, consequentemente, passados alguns anos desde a licitação, os elementos que justificaram a outorga da concessão acabam caindo no esquecimento. Tal circunstância é indesejável, tendo em vista que os objetivos e finalidades maiores que permearam a outorga da concessão (consubstanciado em política pública específica ou tão somente na motivação do poder concedente para demonstrar a conveniência da sua outorga ou em ambos) deveriam nortear e se fazer presentes ao longo da execução dos contratos. Inclusive, esses elementos podem fornecer as bases para justificar a pertinência (ou total impertinência) de certas alterações contratuais ou complementação ao seu teor.

Justamente por isso, parece-me recomendável a inclusão de "considerandos" ou cláusulas principiológicas, nos instrumentos contratuais, que consagrem, de forma expressa, os objetivos e finalidades gerais a serem satisfeitos com a contratação, bem como eventuais aspectos gerais acerca do contexto subjacente à outorga da concessão. Enquanto tais diretrizes permanecerem em vigor, a sua definição no instrumento contratual é capaz de conferir norte para a interpretação do instrumento contratual, bem como para a posterior complementação ou modificação do seu teor, nos casos em que tal providência se mostrar necessária.

Trata-se de uma diretriz alinhada com a perspectiva de uma administração pública que deve, no exercício da atividade administrativa, pautar sua conduta pelo realismo e observar o dever de contextualização, previsto nas normas da LINDB, conforme alterada pela Lei Federal nº 13.665/2018, que passam a exigir, mais do que a mera explicitação das razões de fato e de direito envolvidas na decisão administrativa, a sua efetiva articulação.[195] Para que isso seja feito durante a fase de execução de contratos de concessão, contudo, é necessário que se tenha consciência a respeito das circunstâncias e objetivos que permearam a contratação e, para tanto, mostra-se salutar a explicitação desse panorama, de forma transparente, no próprio teor do instrumento contratual.

Vale destacar que, com o passar do tempo, é possível que os objetivos e finalidades de determinado setor sejam alterados, podendo impactar as contratações existentes. Caso, decorridos alguns anos desde o início da execução de determinado contrato de concessão, seja estabelecida nova política pública e, com isso, as prioridades setoriais acabem sendo modificadas, é possível que a execução do contrato seja afetada a fim de que os novos objetivos sejam levados em consideração, abrindo-se espaço a *duas* situações distintas. A *primeira* delas é a via da rescisão do contrato, caso a sua manutenção não seja conveniente e seja

---

[195] Neste sentido, cf. SOUZA, Rodrigo Pagani de; ALENCAR, Leticia Lins de. *O dever de contextualização na interpretação e aplicação do direito público*, 2019, p. 51-72.

incompatível com as novas diretrizes setoriais. A rigor, não é por outro motivo que a própria Lei Geral de Concessões admite que a extinção da concessão ocorra por meio de *encampação*, motivada por interesse público (art. 37). A *segunda* é a manutenção do ajuste. Nesse caso, em havendo interesse na manutenção da concessão, se houver necessidade de algum ajuste no plexo de direitos e obrigações contratualizados, os direitos do concessionário deverão ser respeitados, tendo em vista a tutela constitucional ao ato jurídico perfeito e a proteção legal ao equilíbrio econômico-financeiro, que assegura seu restabelecimento diante da ocorrência de fato do príncipe. Respeitadas essas garantias, eventual modificação poderá ser realizada (inclusive de forma unilateral, pelo poder concedente), e os novos objetivos e finalidades passarão a nortear a interpretação e eventual futura modificação do instrumento contratual.

4.3.2 Cláusulas que estabelecem procedimentos para introduzir mutabilidade

Uma segunda técnica contratual que pode ser adotada, na etapa de estruturação das concessões, com o objetivo de trazer previsibilidade à introdução das alterações ou complementação que se fizerem necessárias aos contratos de concessão consiste na incorporação de *cláusulas que estabeleçam procedimentos* para introduzir mutabilidade. A prática concessória do setor de aeroportos, analisada no capítulo 2, demonstra a existência de preocupação no sentido de estabelecer, contratualmente, os *procedimentos* que devem *nortear* a introdução de *mutação* e que sejam capazes de vocalizar os principais interesses envolvidos, a serem considerados no âmbito da tomada de decisão, conforme descrito no subcapítulo 3.1. Em alguns casos, os procedimentos são estabelecidos em ato normativo infralegal, editado pela agência reguladora competente. Em outros, o próprio instrumento contratual avança na regulamentação do tema.

Há tendência no sentido de estabelecer as regras que deverão balizar procedimentos *específicos* voltados a introduzir de mutabilidade nos ajustes em situações determinadas. É o caso, exemplificativamente, dos procedimentos destinados a promover alteração da pessoa jurídica do concessionário (transferência da concessão), manutenção ou recomposição do equilíbrio econômico-financeiro (por meio de cláusulas de reajuste e revisão, ordinária ou extraordinária)[196] e inclusão de novos investimentos no escopo contratual.

É adequada a inclusão de cláusulas procedimentais específicas à luz das particularidades envolvidas na hipótese de alteração individualmente considerada. Para alterações de menor complexidade e baixo impacto, é possível que os requisitos e prazos estabelecidos sejam menos rigorosos. Diferentemente, para aquelas cuja realização possa envolver uma entre várias soluções ou que puderem impactar a esfera de direitos de outros agentes ou que sejam, por si só, mais complexas, é razoável que sejam fixadas regras mais rigorosas, com exigência de apresentação de estudos técnicos e, inclusive, com o envolvimento e oitiva de terceiros, conforme o caso, tendo em vista que a motivação envolvida na sua realização deverá contemplar tais elementos.

Nota-se com isso que, quando possível, é recomendável o estabelecimento de regras procedimentais aderentes ao escopo específico da mutabilidade pretendida a fim de que se evite que, de um lado, a observância de regras procedimentais demasiadamente complexas acabe onerando ou engessando a gestão contratual e, de outro, que a imposição de regras procedimentais muito sutis não acabe impedindo que eventuais direitos, interesses e outros elementos cruciais a serem ponderados deixem de ser levados em consideração na motivação subjacente ao instrumento que introduzirá a mutação.

---

[196] Na definição de Karina Harb, o reajuste "consiste em mera manutenção da equação inicialmente pactuada, pela recomposição da variação dos custos integrantes, em dado período, obtida a partir de índices gerais ou setoriais, previstos contratualmente". A revisão, por seu turno, "ocorre para retomar seu equilíbrio econômico-financeiro, haja vista que, na medida em que se executam tais contratos, há um potencial significativo de interferências e de alterações passíveis de ocorrerem, derivadas dos mais diversos fatores" (*A revisão na concessão comum de serviço público*, 2012, p. 126-127). Tem sido comum a incorporação de cláusulas tratando sobre a revisão extraordinária e ordinária. A primeira delas tem por objetivo a recomposição do equilíbrio econômico-financeiro do contrato diante da materialização de eventos supervenientes qualificados, que causam desequilíbrio relevante na equação econômico-financeira do contrato, a qualquer tempo. A segunda visa à manutenção do equilíbrio econômico-financeiro e envolve a revisão dos aspectos econômico-financeiros envolvidos na concessão, em periodicidade predefinida, com o objetivo de assegurar a efetivação da justiça substancial da contratação, o que imprime maior dinamismo ao equilíbrio econômico-financeiro de tais ajustes, tendo em vista que ajustável à luz das particularidades verificadas no decorrer da execução de tais contratos.
Floriano de Azevedo Marques Neto, tratando sobre a revisão ordinária, aponta que: "A revisão ordinária não é tão automática como o reajuste, mas tem em comum o fato de já estar prevista como obrigatória e periódica no contrato de concessão comum. Nessa modalidade de revisão, o pacto estabelece uma periodicidade (em regra, trienal ou quinquenal) e os procedimentos pelos quais as partes repassam a estrutura econômica da concessão – normalmente sua estrutura de custos – e repactuam as premissas econômicas e financeiras para, tomado o crivo contratual e a divisão dos riscos, manter o contrato em situação de neutralidade" (*Concessões*, 2015, p. 194).

Entre outros aspectos, é salutar que as cláusulas procedimentais estabeleçam: (i) os documentos e, quando cabível, eventuais estudos ou análises a serem apresentados pela parte interessada na realização da alteração contratual; (ii) os prazos a serem observados em cada etapa do procedimento; (iii) órgãos competentes para se manifestar no âmbito do procedimento, a fim de que seja evitado *by-pass* institucional durante a vigência do contrato; (iv) eventuais restrições ou condicionantes, sobretudo de natureza material (ex.: necessidade de manutenção do equilíbrio econômico-financeiro, assunção de riscos e responsabilidades), para a realização da alteração; (v) necessidade ou não de envolvimento e manifestação de terceiros no âmbito do procedimento voltado à avaliação da viabilidade da alteração, o que pode ser recomendável nos casos em que os interesses destes puderem ser afetados pela alteração pretendida; (vi) aspectos a serem considerados por parte do órgão (poder concedente ou agência reguladora) que detenha a competência para decidir a respeito da pertinência da alteração, de modo a reduzir a discricionariedade envolvida na sua apreciação.

Sem prejuízo da inclusão de cláusulas procedimentais específicas, também parece recomendável a incorporação de *cláusula procedimental* que estabeleça o rito a ser observado para a avaliação de pedidos de alteração ou complementação em *geral*, cujo cabimento não tenha sido expressamente disciplinado no contrato ou em atos normativos infralegais. Nesse caso, recomenda-se, ainda, a previsão de abertura à participação de terceiros, cujos direitos ou interesses possam ser afetados pela alteração ou complementação pretendida, o que pode ser viabilizado por meio da realização de audiências e consultas públicas, por exemplo. Os subsídios colhidos, embora não vinculem a decisão do poder concedente ou órgão regulador, deverão ser levados em consideração em sua motivação.

4.3.3 Cláusulas que prevejam previsíveis hipóteses de modificação e integração posterior

A Lei Geral de Concessões não impõe que os contratos contenham rol taxativo das situações em que o vínculo poderá ser alterado ou complementado. Na realidade, de acordo com essa lei, apenas se mostra verdadeiramente mandatória a previsão, no teor dos contratos, das seguintes hipóteses de alteração: (i) as *"previsíveis* necessidades de futura alteração e expansão do serviço e consequente modernização, aperfeiçoamento e ampliação dos equipamentos e das instalações" (art. 23, V); e (ii) a prorrogação do prazo contratual, com a correspondente indicação das condições para sua realização (art. 23, XII). Tais eventos não exaurem as situações nas quais se faz possível (e até mesmo necessária) a mutação dos contratos, entendimento diverso seria contrário à própria natureza das concessões, conforme demonstrado ao longo do capítulo 1. Diante disso, depreende-se que se trata de rol *exemplificativo* de situações nas quais o contrato poderá ser alterado.

A avaliação da experiência empírica corrobora esse entendimento. Conforme demonstrado ao longo dos capítulos 2 e 3 desta tese, os contratos de concessão do setor aeroportuário contemplam inúmeras outras hipóteses de modificação e integração posterior. Tamanhas são as situações nas quais se abre espaço para mutabilidade, inclusive, que, quando se avaliam as alterações formalizadas por meio de termos aditivos, nota-se que a maior parte delas não contava com previsão contratual ou legal expressa. Esse cenário revela a complexidade e, mais do que isso, a total inviabilidade de predefinição, no instrumento contratual, de toda e qualquer situação na qual o contrato deverá ser complementado ou modificado.

Isso não significa, contudo, que não seja necessária a incorporação de cláusulas que antevejam a possibilidade de alteração do vínculo concessório em situações previsíveis à época da elaboração do ajuste. Ao contrário. Desde que *não* seja conferido tratamento exaustivo ao tema, o esforço de antecipação de situações nas quais poderá se mostrar necessária a alteração ou complementação do ajuste é necessário, pois capaz de reduzir a insegurança e eventuais conflitos em momento posterior. Sendo assim, em se tratando de futura alteração ou complementação previsível, devem ser incorporadas cláusulas dessa natureza, em conjunto com disposições de natureza procedimental, que estabeleçam o rito a ser observado para a viabilização das alterações.

As cláusulas que estabelecem abertura à mutabilidade podem ter, em seu conteúdo, previsão de que haverá espaço para a (i) modificação; ou (ii) complementação (ou integração) do teor do contrato em relação a determinado tema. Nota-se, da experiência do setor aeroportuário, evidente tendência nesse sentido.

A *complementação* ou integração posterior do contrato pode se mostrar a medida mais adequada nos casos em que os custos de transação, existentes no momento de estruturação do contrato, inviabilizarem a definição de solução contratual específica. Em regra, a complementação, nos casos em que expressamente prevista no instrumento contratual, pode ser viabilizada por meio de: (i) celebração de termo aditivo ao contrato, mediante mútuo acordo entre as partes ou realização de alteração unilateral pelo poder concedente; (ii) decisão administrativa, decorrente da avaliação de consulta ou envio de proposta, documentos ou informações por parte do concessionário; (iii) acordo administrativo, firmado com o objetivo de eliminar incerteza na aplicação das disposições regulamentares ou contratuais; ou (iv) edição de ato normativo em momento posterior, abrindo-se margem à denominada regulação por agência.

Há crescente tendência à utilização da "regulação por agência" com o objetivo de *complementar* as disposições contratuais, em hipóteses não limitadas àquela típica situação de regulamentação dos serviços (art. 29, I, da Lei Geral de Concessões).[197] Essa praxe usualmente visa à simplificação dos contratos e da sua gestão, à redução de assimetrias regulatórias e, por fim, à introdução de ajustes com maior rapidez, tendo em vista que aplicável a todos os concessionários de dado setor. Apesar das alegadas vantagens – que, efetivamente, possuem a sua pertinência –, devem ser adotadas determinadas cautelas nesse tipo de postura, a fim de que não sejam legitimadas práticas que escondam, em si, verdadeiro oportunismo regulatório e supressão de direitos.

A opção do constituinte no sentido de assegurar que a outorga de concessão ocorrerá por meio de "contrato" não é aleatória. O contrato traz proteção à expectativa de direito das partes nele envolvidas e se torna, após sua celebração, ato jurídico perfeito. Ainda que, nos contratos de concessão, haja a possibilidade de alteração unilateral dos ajustes, isso não ocorre à revelia da observância dos direitos e garantias do concessionário – notadamente aquela que tutela o equilíbrio econômico-financeiro. E é importante que seja assim. Com efeito, a exploração de concessão, por parte do adjudicatário, frequentemente envolve a realização de dispêndios elevados e assunção de responsabilidades e riscos consideráveis. Isso significa que o conteúdo contratual daquilo que, nos termos da Lei Geral de Concessões (e legislação setorial pertinente), constitua objeto de "cláusulas essenciais" deve ser respeitado (art. 23).

---

[197] É interessante notar que, embora, em um primeiro momento, muito se dizia quanto ao papel das agências no sentido de estabelecer o regulamento dos serviços, o que se verifica, na prática, é a adoção de regulamentos bastante preocupados com o conteúdo patrimonial dos contratos. A respeito das colocações doutrinárias trazidas nos primórdios da criação das agências reguladoras no Brasil, Maria Sylvia Zanella Di Pietro apontava que: "Quando se fala em papel de agências reguladoras, o que se tem em foco são as chamadas cláusulas regulamentares da concessão. Se não existe agência reguladora, o próprio Poder Público assume as funções originais e regula o setor" (*O equilíbrio econômico-financeiro e o controle das agências reguladoras*, 2003, p. 62). Esse papel, contudo, como referido na sétima tendência apontada no subcapítulo 3.1, assume relevância secundária.

O *esvaziamento do conteúdo contratual*, mediante a previsão de que temas que constituem matéria de cláusulas essenciais serão *integralmente* disciplinados, em momento futuro, conforme regulação estabelecida pelo órgão regulador setorial, pode conduzir a uma insegurança jurídica sem precedentes, além de subverter a lógica constitucional que impõe que a outorga desse tipo de empreendimento ocorra por meio de "contratos" e violar a *reserva de contrato* estabelecida pela Lei Geral de Concessões. Diante disso, ainda que não trate sobre o tema de forma exaustiva, é necessário que o contrato estabeleça as premissas, direitos e balizas a serem observados em relação às matérias que constituam objeto de "cláusula essencial", ainda que haja margem para a edição de regulamento por parte do órgão regulador competente em momento posterior para complementação do seu teor.

No caso de edição de atos normativos, durante a execução do contrato de concessão, por parte do poder concedente ou do órgão regulador (que exerça atribuições típicas de poder concedente), cujo conteúdo seja objeto de *reserva de contrato*, à luz do disposto na legislação aplicável, parece-me que o conteúdo desses atos apenas será válido, em relação aos contratos firmados, se houver celebração de *termo aditivo próprio* formalizando a aplicação das alterações a tais instrumentos. Isso se deve ao fato de que, em relação a tais temas, a lei estabeleceu *forma específica* para a introdução da mutabilidade.

Nesse sentido, a fim de que a edição de tais normas não importe em renúncia a direitos por parte do concessionário, entendo necessário garantir que, a depender do conteúdo contratual e dos impactos decorrentes da *regulação por agência*, (i) sejam estabelecidas regras de transição adequada, de modo a não afetar contratos em vigor; ou (ii) caso haja intenção de aplicar as novas normas aos contratos já em vigor, que sua aplicação seja condicionada à prévia celebração de *termo aditivo* próprio, que poderá decorrer da livre concordância do concessionário aos seus termos *ou*, caso haja oposição deste, do exercício da prerrogativa de alteração unilateral, hipótese em que deverá ser respeitado o direito ao concomitante restabelecimento do equilíbrio econômico-financeiro na hipótese de existência de impactos relevantes devidamente comprovados.

Note-se que isso não significa negar a existência de espaço para a *regulação por agência* e tampouco a sua relevância. Trata-se, na realidade, de um esforço no sentido de compatibilizá-la com outros postulados igualmente pertinentes e aplicáveis aos casos concretos, tendo em vista que a ausência de preocupação com a sua utilização, de forma ampla e irrestrita, pode frustrar direitos e legitimar comportamentos verdadeiramente oportunistas e autoritários por parte do órgão regulador.[198]

Por fim, a despeito da *existência de cláusula* indicando o *rol de hipóteses* em que se abre espaço à mutabilidade, o ideal é que seja indicado, no contrato, que constitui *elenco meramente exemplificativo*, a fim de que, no decorrer da execução do contrato, a mutabilidade possa ser observada em relação a situações que não poderiam ter sido antevistas à época da modelagem.

Nesses casos, na hipótese de, durante a execução do contrato, sobrevir necessidade de mutação do vínculo em situação originalmente *não prevista* no contrato e solicitada pelo concessionário, será preciso demonstrar que a sua implementação constitui a solução que atende, na maior medida possível, aos objetivos e finalidades envolvidos na contratação e, portanto, à satisfação do próprio *interesse público*. Isso se deve ao fato de que a Lei Federal nº 4.717/1965 (Lei da Ação Popular) prevê que serão nulas as alterações ou vantagens admitidas em favor do adjudicatário sem que estejam previstas em lei ou nos respectivos instrumentos (art. 4º, IV).[199] Ou seja: há espaço para mutabilidade, mesmo em situações fáticas não expressamente previstas no contrato ou legislação; porém, nesses casos, o ônus de motivação é qualificado, sendo necessária a comprovação de que a solução não traz vantagens tão somente da perspectiva do concessionário.

Em vista do acima exposto, tem-se que: (i) sempre que possível antecipar eventual necessidade de alteração ou complementação, é

---

[198] A preocupação com esse tipo de praxe também foi objeto de atenção de outros doutrinadores. Nesse sentido, tratando especificamente sobre os regulamentos de serviço, vale transcrever as colocações de Alexandre Santos de Aragão, que recomenda, na hipótese de disposições capazes de impactar o equilíbrio econômico-financeiro, que seja prevista a necessidade de concordância das partes para sua alteração: "Os regulamentos de serviço podem ser veiculados das seguintes formas: (a) inseridos no próprio contrato de concessão, podendo ser alterados a qualquer momento; (b) O contrato de concessão contém apenas uma cláusula genérica pela qual o concessionário se obriga a observar todos os regulamentos presentes ou futuros concernentes ao serviço (...); (c) A elaboração dos regulamentos é delegada ao próprio concessionário, devendo as minutas por ele elaboradas ser submetidas à aprovação do poder concedente; (d) determinadas disposições regulamentares podem ser de tal forma relacionadas com a equação econômico-financeira que o contrato pode, excepcionalmente, exigir a concordância das duas partes para sua modificação" (*A evolução da proteção do equilíbrio econômico-financeiro nas concessões de serviços públicos e nas PPPs*, 2013, p. 38).

[199] "Art. 4º. São também nulos os seguintes atos ou contratos, praticados ou celebrados por quaisquer das pessoas ou entidades referidas no art. 1º. (...) IV- as modificações ou vantagens, inclusive prorrogações que forem admitidas, em favor do adjudicatário, durante a execução dos contratos de empreitada, tarefa e concessão de serviço público, sem que estejam previstas em lei ou nos respectivos instrumentos."

necessário que o contrato estabeleça previsão expressa; (ii) a abertura contratual à mutabilidade pode ocorrer por meio da incorporação de cláusula que preveja a sua posterior modificação ou complementação (por acordo entre as partes ou por meio da denominada *regulação por agência*, hipótese em que devem ser observados certos limites); (iii) é desejável que o contrato seja expresso quanto à possibilidade de alteração ou complementação do instrumento contratual em situações fáticas que não estejam expressamente previstas no instrumento contratual ou na legislação aplicável, hipótese em que sua efetivação dependerá da demonstração de que a sua implementação constitui a solução que atende, na maior medida possível, aos objetivos e finalidades envolvidos na contratação e, portanto, não somente o interesse do concessionário.

4.3.4 Cláusula disciplinando a gestão público-privada do contrato

Um aspecto que pode contribuir para a existência de maior racionalidade na introdução de mutação ao contrato, em momento posterior, é a realização de adequada *gestão contratual*.[200]

O concessionário dispõe, durante a etapa de execução do contrato de concessão, de autonomia para realizar as atividades envolvidas no escopo do empreendimento concessório. Esse tipo de situação pode gerar certa assimetria informacional em relação às circunstâncias que efetivamente permeiam a execução do ajuste, tendo em vista que o poder concedente ou o órgão regulador, responsáveis pela sua fiscalização e acompanhamento, se mantêm distantes do cotidiano da prestação dos serviços se comparados com o concessionário.

Essa realidade provoca efeitos perversos, capazes de impedir eventuais alterações que se façam necessárias ou autorizá-las em

---

[200] A respeito do tema, Flávio Amaral Garcia aponta que: "[c]ontratos complexos e incompletos, como são aqueles voltados para o setor de infraestrutura e nos quais jaz subjacente o dever de concretização de interesses públicos primários, devem ser objeto de uma gestão contratual eficiente e de uma governação atenta às suas naturais incompletudes. Sob essa ótica, uma das preocupações centrais da regulação por contrato deve ser com a sua gestão. O delineamento de um processo racional e funcional do seu efetivo monitoramento é absolutamente indispensável para a consecução do interesse público. Muito há por avançar nesse campo. Uma boa governação dos contratos regulatórios – como de resto de qualquer contrato – é aquela que cria mecanismos eficientes de gestão que previnam o surgimento de litígios. (...)" (*A mutabilidade e incompletude na regulação por contrato e a função integrativa das agências*, 2014, p. 72-73).

situações nas quais tal providência não seria a medida mais adequada. Caso o órgão que exerça atribuições típicas de poder concedente, notadamente fiscalizatórias, não possua informações suficientes e corretas em relação às situações que permeiam a execução do empreendimento concessório, é possível que, diante do surgimento de alguma dificuldade, (i) o concessionário acabe adotando comportamento oportunista para viabilizar alterações que, na realidade, apenas beneficiaria seus próprios interesses e omitir eventuais descumprimentos para os quais tenha concorrido e (ii) o tempo e os custos envolvidos na avaliação de eventuais pleitos de alteração ou complementação sejam substancialmente aumentados, tendo em vista eventual necessidade de investigação dos motivos para a alteração ou integração, bem como das alternativas e respectivos impactos por parte do poder concedente ou do órgão regulador.

Como consequência, a morosidade, os custos envolvidos e a assimetria informacional (que pode permanecer, a depender da forma como o pleito for instruído) podem, em certos casos, acabar viabilizando alterações e complementações oportunistas e despropositadas e, em outras situações, impedir ou desestimular modificações e complementações que sejam verdadeiramente necessárias e desejáveis.

Uma forma de mitigar tais riscos seria, justamente, por meio da criação de uma sistemática eficiente de gestão público-privada da concessão. São variadas as cláusulas que podem ser estruturadas, durante a modelagem do instrumento contratual, para contornar a problemática.

Em *primeiro*, é relevante a incorporação de cláusulas que tragam densidade ao princípio da *transparência*, estabelecendo periodicidade para envio de relatórios, informações e documentos pelo concessionário ao poder concedente ou órgão regulador, a fim de que seja possível o acompanhamento de todas as etapas da concessão por parte destes.[201]

Em *segundo*, poderia ser prevista a criação de comitê de auditoria, integrado por representantes de cada uma das partes (e, se for o caso, membros independentes), voltados ao acompanhamento e fiscalização periódica do cumprimento do contrato de concessão. Além disso, sugere-se a criação de regras que prevejam que, diante da realização de

---

[201] Segundo Marcos Nobrega, "[a] teoria da agência estabelece que a implementação de uma auditoria e imposição de regras de transparência servirão como mecanismos reveladores de informação. (...) [C]ontribuirá para a diminuição das assimetrias inerentes aos contratos em análise. Uma maneira de revelação de informação é a possibilidade periódica de renegociação. Nesse caso, o principal induzirá um jogo sequencial onde a informação vai, a cada passo, sendo revelada" (*Direito da infraestrutura*, 2010, p. 113).

reuniões, periódicas ou não, entre representantes do poder concedente, órgão regulador e concessionário, haverá o dever de formalização de ata que contenha a relação de participantes e os pontos discutidos. Ambos os mecanismos podem servir, no âmbito da avaliação de eventuais solicitações de alteração ou complementação do contrato, para evidenciar as dificuldades enfrentadas e, com isso, a pertinência da mutabilidade em concreto, a ser considerada em sua motivação.

Por fim, em *terceiro*, é recomendável que os *papéis e responsabilidades* estejam definidos com clareza no contrato. Da análise da experiência do setor aeroportuário, foi possível constatar que um dos aspectos críticos identificados decorre justamente da usurpação de competências entre diferentes órgãos integrantes da mesma esfera de governo. Na prática, a falta de clareza quanto aos responsáveis e às atribuições, sobretudo por parte dos variados órgãos e entidades públicas envolvidos na gestão do contrato, pode conduzir não somente à usurpação de competências, mas à própria inação. Vale dizer: diante da falta de clareza quanto ao órgão competente pelo acompanhamento do contrato e para a prática de determinado ato, é possível que o acompanhamento ou o ato simplesmente deixem de ser realizados. Sendo assim, deveria existir preocupação no sentido de definir os responsáveis e estabelecer normas de competência do poder concedente e do órgão regulador no próprio instrumento contratual, a fim de que não haja dúvida quanto ao órgão responsável.

Por meio da criação desse tipo de dinâmica contratual, aperfeiçoa-se a gestão do contrato, reduzem-se litígios e permite-se que haja um acompanhamento adequado das disposições contratuais, o que propicia maior previsibilidade e segurança jurídica no âmbito da mutabilidade.

4.3.5 Regulamentação contratual da utilização de métodos de resolução de conflitos

Por fim, também é necessária a incorporação de cláusulas que disciplinem os métodos de resolução de conflitos a serem utilizados pelas partes. Não raro, discussões relacionadas à alteração ou complementação dos contratos acabam dando origem a litígios.[202] O método de resolução de conflito e o provimento esperado (solução adjudicada ou consensual) podem, na prática, se mostrar determinantes para que a solução do caso concreto seja verdadeiramente adequada.

---

[202] Neste sentido, cf.: NÓBREGA, Marcos. *Direito da infraestrutura*, 2010, p. 114.

Além da via judicial, há espaço para a adoção de outros instrumentos de auto e heterocomposição, como, por exemplo, a negociação direta, a mediação, a arbitragem, os *dispute resolution boards* e a submissão dos conflitos à apreciação do órgão regulador.[203]

Embora sejam variados os instrumentos que, em concreto, podem ser manejados, é necessário que os contratos disciplinem sua utilização. Não por outro motivo, a Lei Geral de Concessões, conforme alterada pela Lei Federal nº 11.196/2005, prevê que "o contrato de concessão poderá prever o emprego de mecanismos privados para resolução de disputas decorrentes ou relacionadas ao contrato, inclusive arbitragem" (art. 23-A). Inclusive, a regulamentação do "foro e ao modo amigável de solução das divergências contratuais" constitui *cláusula essencial* de tais contratos (art. 23, XV).

Ou seja, o contrato deve dispor sobre os instrumentos de auto e heterocomposição, em espécie, a serem utilizados. No entanto, mais do que a mera indicação dos métodos de resolução de conflitos a serem utilizados, é possível avançar na predefinição de certos aspectos que podem se mostrar de fundamental importância para que seja adotada solução adequada aos conflitos que se colocam.

No caso da *arbitragem*, é desejável que a cláusula compromissória, introduzida no contrato de concessão, contenha certos elementos mínimos que permitam a efetiva utilização dessa via. Nesse sentido, parece-me salutar que o contrato preveja (i) o rol das situações, ainda que genéricas, em que a via arbitral deverá ser utilizada;[204] (ii) utilização da via arbitral apenas após frustração da tentativa de resolução da controvérsia por meio de instrumentos de autocomposição (mediação ou conciliação), mediante inclusão das denominadas cláusulas escalonadas;[205] (iii) forma de instauração da arbitragem, bem como

---

[203] Uma visão mais aprofundada em relação aos diferentes instrumentos de auto e heterocomposição aptos a serem utilizados para a resolução de conflitos contratuais, cf.: ALENCAR, Leticia Lins de. *Equilíbrio na concessão*, 2019, capítulo 7 (procedimentos para manter ou recompor o equilíbrio econômico-financeiro).

[204] Trata-se do denominado princípio da especificação material da arbitragem. Segundo Gustavo Justino de Oliveira, "(...) inclino-me à aplicação do 'princípio da especificação material da arbitragem', o qual haverá de ser concretizado pela via da boa e explícita redação da cláusula arbitral, por meio de um melhor detalhamento e listagem – em minha opinião mesmo que de índole exemplificativa – das hipóteses em que a arbitragem de fato incidirá na prática" (*Direito administrativo pragmático*, 2020, p. 191).

[205] Segundo Felipe Faiwichow Estefam: "A 'cláusula escalonada' ou 'cláusula combinada' é aquela que combina as técnicas da mediação ou conciliação prévias e, a seguir, a arbitragem, na eventualidade de as primeiras não redundarem em acordo das partes. Sucintamente, a cláusula escalonada combina sequencialmente diferentes meios de resolução de controvérsia. Aparece como a tentativa de solução da controvérsia por meio da mediação

escolha da câmara, indicação e nomeação de árbitros, idioma e sede da arbitragem; (iv) a depender dos efeitos decorrentes do provimento pleiteado pelo autor do processo arbitral, possibilidade de envolvimento de terceiros interessados ou, até mesmo, participação de *amicus curiae* na hipótese de a discussão afetar, respectivamente, interesse de terceiros ou interesses metaindividuais da sociedade em geral;[206] e (v) previsão da competência do foro judicial para concessão de cautelares, adoção de medidas coercitivas, bem como para apreciação das matérias cuja avaliação não esteja prevista no rol de conflitos passíveis de submissão à via arbitral. A incorporação de cláusulas arbitrais vazias pode, na prática, inviabilizar a utilização dessa via e, por esse motivo, deve ser evitada.

No caso da via *judicial*, embora o procedimento esteja detalhado, em pormenores, na Lei Federal nº 13.105/2015 (Código de Processo Civil ou CPC) e legislação correlata, é possível que certos expedientes, previstos no CPC, sejam disciplinados com maior detença, no próprio instrumento contratual com o objetivo de adequar o rito processual às exigências decorrentes da legislação. Em se tratando de conflitos relacionados a pleitos de alteração ou integração do contrato de concessão, é possível que, pelo menos, três institutos previstos no CPC se revelem úteis para a sua resolução, a saber: (i) o estabelecimento de negócio jurídico processual; (ii) a fixação de calendário processual; e, por fim, (iii) o envolvimento de *amicus curiae*.

O contrato de concessão poderia, em seu clausulado, consubstanciar *negócio jurídico processual* ou, de outro modo, prever a possibilidade de as partes definirem, antes da contestação, referida convenção processual com o objetivo de adequar o procedimento judicial às particularidades do conflito (art. 190 do CPC). Nesse sentido, seria possível disciplinar, exemplificativamente, (i) a redução ou ampliação dos prazos

---

previamente à instauração da arbitragem ('cláusula med-arb') ou mesmo durante o procedimento arbitral ('cláusula arb-med')" (*Arbitragem e administração pública*: a estruturação da cláusula arbitral em face do regime jurídico-administrativo, 2017, p. 155).

[206] Como defende Gustavo Justino de Oliveira, "compete ao tribunal arbitral, conforme o regime jurídico das informações disponibilizadas pelas partes, inicialmente, dar publicidade adequada ao procedimento arbitral público-privado. Em um segundo momento, considerando o interesse público e a relevância social da matéria, pode o Tribunal Arbitral aceitar a submissão de manifestações de entidades públicas ou da sociedade civil organizada – desde que de forma objetiva e oportuna, por entidade com representatividade comprovada – aumentando-se (i) a legitimidade do procedimento; (ii) o entendimento dos árbitros sobre o caso e via reflexa e (iii) a qualidade do laudo arbitral" (*A agenda da arbitragem com a administração pública*: "mais do mesmo" ou há espaço para inovação?, 2018, p. 42).

processuais atribuídos às partes;[207] (ii) a indicação da documentação ou estudos a serem juntados ao processo (a fim de que seja garantido que, em sua motivação, a decisão judicial considerará aspectos relevantes para formação de seu juízo); (iii) a necessidade de oitiva de terceiros cujos interesses sejam impactados pelo pleito ou que participem da sua gestão; e, por fim, (iv) a abertura à participação de *amicus curiae* em determinadas circunstâncias.

Além disso, a depender da urgência do provimento judicial, podem as partes propor ao magistrado a definição de calendário para a prática dos atos processuais (art. 191). Embora a vinculação do magistrado ao calendário dependa da sua prévia anuência,[208] é possível que o contrato contenha cláusula que incentive que as partes proponham sua adoção ao juiz, a fim de que o procedimento judicial se torne mais flexível e cooperativo, de modo a viabilizar a obtenção de uma solução com a maior brevidade possível.

As recomendações indicadas acima também são pertinentes e podem ser utilizadas nos casos em que a apreciação do conflito ocorrer na via administrativa – pelo órgão regulador competente, a título exemplificativo. Isso se deve ao fato de que o CPC estabeleceu, de forma expressa, a sua aplicação, supletiva e subsidiária aos processos administrativos (art. 15). Sendo assim, é possível que tais expedientes sejam utilizados para fins de adequação do rito processual às particularidades envolvidas em concreto. No entanto, em relação ao negócio jurídico processual, é necessário que não conste, no contrato, previsão que vise à redução ou supressão de direitos ou garantias processuais do concessionário ou à abdicação de competências por parte da administração pública, haja vista o conflito de interesses envolvido nessa situação.[209]

---

[207] Essa redução de prazos, contudo, apenas parece cabível nos casos em que o negócio jurídico processual seja definido por ambas as partes de forma voluntária, após o surgimento de conflitos. Considerando que, em meio à elaboração do contrato, a administração pública não está em posição paritária à do concessionário para a definição de seus termos, eventual redução de direitos e garantias processuais ao concessionário, prevista neste instrumento, pode ter sua legalidade questionada. Diante disso, parece-me que o negócio jurídico processual definido em contrato (cuja elaboração é realizada unilateralmente por alguma das partes) não poderá avançar na redução de prazos atribuídos ao concessionário.

[208] Como explica Ricardo Villas Bôas Cueva, "[o] calendário processual, previsto no art. 191 do novo CPC, funda-se no consenso entre o juiz e as partes e tende a aumentar a previsibilidade do procedimento, em reforço da segurança jurídica e da efetividade da prestação jurisdicional. (...) A vontade do juiz, expressa no exercício da discricionariedade que lhe confere o dispositivo, é essencial para que se aperfeiçoe o negócio jurídico" (*Flexibilização do procedimento e calendário processual no Novo CPC*, 2015, p. 24).

[209] Segundo Egon Bockmann Moreira, "o regime jurídico do processo administrativo impõe cautelas extraordinárias. Isso porque a Administração Pública será, ao mesmo tempo,

Por fim, antes mesmo da adoção desses mecanismos, sugere-se que o contrato contemple incentivos para que conflitos sejam dirimidos, preferencialmente, por meio da via da autocomposição, cujo resultado será a celebração de acordo administrativo (instrumento hábil para a introdução de alterações ou complementação ao teor dos contratos). Ademais, também é recomendável que, mesmo nos casos em que a via da heterocomposição tiver sido eleita, que sejam prestigiadas soluções consensuais, mutuamente acordadas entre as partes, quando se revelarem a medida mais adequada à resolução do litígio.

---

parte e julgador – além de detentora de deveres de ordem pública (isso sem se falar em sua posição de hipersuficiência material-processual, decorrente de seu poder político-econômico)" (*O novo código de processo civil e sua aplicação no processo administrativo*, 2015, p. 329).

CAPÍTULO 5

ETAPA DE EXECUÇÃO DOS CONTRATOS DE CONCESSÃO

A vida do empreendimento concessório é dinâmica e, em cada etapa, surgem novos problemas e paradigmas. Alguns deles podem ser previsíveis, à época da modelagem da contratação, por fazerem sentido à luz das principais atividades que deverão ser desempenhadas (*v.g.*, necessidade de alteração do projeto para melhor adequá-lo às dificuldades e circunstâncias identificadas no curso da execução do contrato, retificação da lista de bens reversíveis devido à necessidade de desincorporação e aquisição de novos ativos, entre outras), outros nem tanto (*v.g.*, modificações necessárias em função dos impactos produzidos com a pandemia de COVID-19). Além disso, são plurais os mecanismos que, em concreto, têm sido manejados para introduzir mutabilidade às concessões, o que torna ainda mais desafiador o enfrentamento do tema.

Trata-se, portanto, de assunto complexo, que se reveste de um colorido especial no âmbito da execução dos contratos, pois é neste momento que as incertezas da etapa de modelagem assumem corpo e forma, trazendo a lume os obstáculos e as reais dificuldades que permeiam o empreendimento concessório. Não por outro motivo, é justamente na etapa de execução dos contratos que se concentra a maior parte das discussões e controvérsias em torno do tema da mutabilidade das concessões, que será avaliada ao longo deste capítulo 5.

Os *condicionamentos jurídicos* que devem permear a mutabilidade no âmbito da execução dos contratos de concessão serão identificados, para fins didáticos, a partir dos *requisitos de validade* aplicáveis aos instrumentos formais capazes de introduzir mutação aos contratos de concessão, que, em sua essência, são *atos administrativos* (atos normativos e decisões administrativas) e *negócios jurídicos* (termos aditivos e acordos administrativos).

Isso porque esse recorte permite que sejam abordados não somente os principais *atos procedimentais* a serem praticados, como, também, aspectos cruciais inerentes à sua *substância* e que deverão ser refletidos e ponderados no instrumento formal que introduzirá mutação ao contrato.

Ademais, independentemente das discussões na doutrina administrativista quanto aos requisitos de validade aplicáveis aos contratos de concessão,[210] nota-se que não há uma completa incompatibilidade

---

[210] Embora o tema dos requisitos de validade dos contratos de concessão não tenha sido, historicamente, explorado na doutrina administrativista com a mesma detença verificada na doutrina civilista, os juristas administrativistas costumam empreender significativo esforço no sentido de rechaçar a aplicação dos parâmetros estabelecidos na dita *teoria geral dos contratos*. Argumenta-se que a lógica do direito público é absolutamente distinta, sobretudo pelo fato de que a administração pública exerce função pública e que não há espaço para "autonomia da vontade", sendo, portanto, inaplicáveis as teorias criadas pelos privatistas. Neste sentido, cf. CÂMARA, Jacintho de Arruda. *Obrigações do Estado derivadas de contratos inválidos*, 1999, p. 22-23. Essa posição, a despeito da sua relevância, não parece pertinente. A visão de que a lógica do direito público é totalmente distinta daquela do direito privado pode ter sido pertinente e relevante em tempos remotos, numa época em que se questionava a autonomia científica do direito administrativo. Trata-se, contudo, de uma posição que não mais se sustenta nos dias de hoje. Isso porque representa uma generalização que, além de não ser verdadeira para todo e qualquer caso, não traz vantagem para o estudo de temas concretos de direito público na atual conjuntura. Note-se que a própria Lei Federal nº 8.666/1993 prevê, expressamente, a aplicação supletiva dos princípios da teoria geral dos contratos e as disposições de direito privado (art. 54 c/c art. 124). Também não me parece correta a colocação de que não há manifestação de vontade nos atos praticados pela administração pública. Tal visão, supostamente calcada em princípios como o da impessoalidade e moralidade, parte da equivocada premissa de que haveria uma única solução possível para toda e qualquer decisão que deva ser tomada pela administração pública. Além de se tratar de uma simplificação enganosa, pois é sabido que as situações que se colocam em concreto à administração pública são plurais e complexas, essa leitura também não parece fazer sentido do ponto de vista jurídico. Quando a doutrina e legislação civil fazem referência ao elemento volitivo, é necessário que a sua manifestação considere o sujeito de direito que a emite, vale dizer, se se trata de uma pessoa física ou jurídica. Em se tratando de pessoas jurídicas (e de seus órgãos internos, por exemplo), a manifestação de vontade não coincide, necessariamente, com aquilo que seus representantes, individualmente considerados, pensam ou querem, no íntimo, mas, sim, com a decisão tomada, a partir da observância das regras de governança (ou de competência e de processo administrativo, no caso de órgãos e entidades da administração pública) aplicáveis (neste sentido, cf. PEREZ, Marcos Augusto. *O negócio jurídico administrativo*, 2011, p. 267-268). Ainda que fosse verdadeira a premissa de que não existe manifestação de vontade nos negócios jurídicos firmados pela administração pública, é curioso notar que os próprios privatistas divergem, há muito, quanto à relevância do elemento volitivo para fins de identificação dos requisitos de validade dos negócios jurídicos. Neste sentido, cf. MIRANDA, Pontes de. *Tratado de direito privado*: bens e fatos jurídicos, Tomo II, p. 505-506; e AZEVEDO, Antônio Junqueira de. *Negócio jurídico*: existência, validade e eficácia, 4ª edição, p. 18-21. Sendo

entre os requisitos de validade em espécie aplicáveis aos *atos administrativos* e aqueles que se extraem da *teoria geral dos contratos* para os negócios jurídicos em geral.²¹¹

Uma avaliação comparativa entre os requisitos da legislação civil e, também, aqueles usualmente invocados pela doutrina administrativista para avaliação da legalidade dos atos administrativos, fundada no disposto no art. 2º da Lei da Ação Popular, revela que, na prática, não são tão distintos os *requisitos de validade* considerados pelos privatistas e pelos administrativistas.²¹² Na tabela abaixo, é possível inferir que a eventual *nulidade* de atos administrativos e de negócios jurídicos em geral recai, essencialmente, sobre elementos similares.

---

assim, não se trataria de um fator apto a justificar a inaplicabilidade da teoria dos negócios jurídicos aos contratos de concessão.

Independentemente da minha posição em relação à pertinência dos requisitos de validade da teoria geral dos contratos aos contratos administrativos, vale ressaltar que a doutrina administrativista costuma defender a aplicação dos mesmos requisitos de validade que usualmente se consideram para os denominados *atos administrativos* para os contratos administrativos. Neste sentido, cf. FIGUEIREDO, Lucia Valle. *Extinção de contratos administrativos*, 1998, p. 17-75; FREIRE, André Luiz. *Manutenção e retirada dos contratos administrativos inválidos*, 2008, p. 54.

[211] Inclusive, os próprios requisitos sugeridos pela doutrina privatista não podem ser considerados "taxativos". Com efeito, tomando por base as lições de Antônio Junqueira de Azevedo, pode-se dizer que há o reconhecimento quanto à existência de requisitos de validade específicos para determinadas modalidades contratuais (decorrentes dos "elementos categoriais" a elas inerentes), além daqueles que se aplicam para todo e qualquer negócio jurídico ("elementos gerais") (*Negócio jurídico*: existência, validade e eficácia, 4ª edição, p. 35).

[212] Nesse sentido, confira MEDAUAR, Odete. *Direito administrativo moderno*, 2013, p. 154-158 e 170-172.

Lei da Ação Popular (art. 2º)[213]	Código Civil de 2002 (art. 166)[214]
Incompetência do *sujeito*.	*Sujeito* incapaz (inciso I).
Vício de *forma*.	Inobservância de *forma* prescrita em lei ou preterição de alguma solenidade que a lei considere essencial à sua validade (incisos IV e V).
Ilegalidade do *objeto*.	*Objeto* ilícito, impossível ou indeterminável (inciso II e VII).
Inexistência dos *motivos* (ou inadequação dos motivos para o resultado obtido).	Ilicitude dos *motivos* determinantes (inciso III).
Desvio de *finalidade*.	Negócio com objetivo de fraudar lei imperativa (*finalidade* ilícita) (inciso VI).

A partir dos elementos supradescritos, capazes de gerar a nulidade dos *atos administrativos* ou *negócios jurídicos* firmados em desconformidade com eles, é usual a indicação dos seguintes requisitos de validade para a produção de atos ou negócios jurídicos: *sujeito, forma, objeto, motivo* e *finalidade*. A esse rol vale acrescer outro requisito que se mostra especialmente pertinente em se tratando de ato ou negócio jurídico firmado no âmbito do exercício da atividade administrativa, a saber: o *processo administrativo*.

Embora não se trate de requisito de validade comumente adotado nas abordagens doutrinárias, verifica-se tendência no sentido de reconhecer a sua relevância e, além disso, a necessidade de inclusão desse elemento no rol de requisitos de validade a serem considerados. Neste sentido, vale fazer referência à posição de Marcos Augusto Perez, que defende a tese segundo a qual o processo administrativo deve ser considerado um requisito de validade autônomo:

---

[213] Lei da Ação Popular. Art. 2º. São nulos os atos lesivos ao patrimônio das entidades mencionadas no artigo anterior, nos casos de: a) incompetência; b) vício de forma; c) ilegalidade do objeto; d) inexistência dos motivos; e) desvio de finalidade.

[214] Código Civil de 2002. Art. 166. É nulo o negócio jurídico quando: I - celebrado por pessoa absolutamente incapaz; II - for ilícito, impossível ou indeterminável o seu objeto; III - o motivo determinante, comum a ambas as partes, for ilícito; IV - não revestir a forma prescrita em lei; V - for preterida alguma solenidade que a lei considere essencial para a sua validade; VI - tiver por objetivo fraudar lei imperativa; VII - a lei taxativamente o declarar nulo, ou proibir-lhe a prática, sem cominar sanção.

(...) [O] processo administrativo ou o processo de construção da decisão administrativa repousam no direito administrativo atual, especialmente depois do advento da Lei nº 9.784/1999, como um requisito necessário para a edição de atos ou decisões administrativas. Diante disso, tornou-se um elemento de legalidade externa do ato, como a competência do autor ou a forma de exteriorização da decisão. Outrora confundido com a forma – no sentido de que esta abrangeria as formalidades prévias necessárias para a edição de um ato administrativo – e por vezes mal acomodado no elemento autônomo que tangencia a forma, o motivo e até mesmo a finalidade, é um elemento que os liga, porém não se confunde nem com um, nem com outro, pois tem densidade e significado jurídicos suficientes para ser tratado autonomamente em relação aos demais.[215]

A partir do acima exposto, para os fins do presente estudo, os *condicionamentos jurídicos* a serem considerados no âmbito da mutabilidade das concessões, durante a etapa de execução do contrato, serão detalhados a partir dos seguintes recortes: (i) sujeitos; (ii) forma; (iii) processo administrativo; (iv) objeto; (v) motivo; e (vi) finalidade.

O objetivo da exposição dos condicionamentos jurídicos da mutabilidade das concessões, no âmbito da etapa de execução dos contratos a partir dessa perspectiva, não é trazer uma avaliação *exaustiva* em relação a eles. Ao contrário. Buscar-se-á definir os *condicionamentos jurídicos gerais* a serem considerados (em relação aos *sujeitos* a serem envolvidos, à *forma* capaz de introduzir mutabilidade, ao *processo administrativo* a ser observado, ao *objeto* da mutação, ao seu *motivo* e à *finalidade* a ser atingida), sem prejuízo da existência de elementos categoriais que possam decorrer das particularidades ou legislação específica de determinado setor.

5.1 Sujeitos: agentes a serem envolvidos no âmbito da mutação do contrato de concessão

As partes no contrato de concessão são o *concessionário* e o *poder concedente*. Apesar disso, a execução de contratos de concessão afeta interesses não somente destes sujeitos de direito, como, também, de outros agentes (notadamente dos usuários nos casos em que a concessão envolva a prestação de serviços públicos e daqueles que firmam contratos privados com o concessionário).

---

[215] *Testes de legalidade*: métodos para o amplo controle jurisdicional da discricionariedade administrativa, 2020, p. 190.

Não por outro motivo, Marçal Justen Filho defende que a concessão é uma *relação jurídica trilateral*.[216] Para Floriano de Azevedo Marques Neto, trata-se de contrato relacional, entre outros motivos, pelo fato de tais contratos *transcenderem o caráter bilateral*.[217] Por essa razão, é necessário, em consideração à lógica concessória, assegurar que o processo administrativo voltado à introdução de mutação conte com o envolvimento do poder concedente e do concessionário e, também, dos terceiros que possam ser afetados por tais contratos (incluindo, mas não se limitando aos usuários).

Há, inclusive, uma crescente tendência no sentido de assegurar o adequado envolvimento e participação dos terceiros interessados no âmbito da mutabilidade nas concessões. Com efeito, conforme apontado ao longo do subcapítulo 3.1, em que foram sintetizados os principais paradigmas decorrentes da análise da experiência das concessões aeroportuárias, nota-se que há preocupação no sentido de incorporar mecanismos diversos com o objetivo de assegurar real representatividade de todos os interesses envolvidos nos procedimentos voltados à alteração ou complementação do contrato.

O envolvimento dos sujeitos afetados pela gestão do contrato pode ocorrer de maneiras distintas no âmbito da mutabilidade das concessões.

É possível que a proposta de modificação ou complementação do contrato seja veiculada não somente pelo poder concedente, mas também pelo concessionário ou, até mesmo, pelos terceiros – tendo em vista o direito de petição, assegurado constitucionalmente, e, no caso dos usuários, os direitos que a Lei Geral de Concessões lhes garante (art. 7º).[218] Além disso, dado que, como será indicado a seguir, a mutação

---

[216] De acordo com esse autor, "(...) deve reconhecer-se a titularidade de interesses jurídicos da Sociedade, de modo que a concessão é uma relação jurídica trilateral. Tal asserção se funda em razões de ordem jurídica – e não apenas político-ideológicas. Tem de reconhecer-se que a ordem constitucional de 1988 impôs a observância de uma pluralidade de princípios e subordinou a atividade pública e privada a limites anteriormente inexistentes. Houve tutela não apenas a interesses individuais, mas também aos coletivos e aos difusos. Funcionalizou-se a atividade econômica privada e se tutelaram as estruturas institucionais não estatais. A democratização significou a redução de competências estatais e a modificação qualitativa do instituto da discricionariedade administrativa. Em suma, quando se reduz a análise da concessão de serviço público às meras dimensões do relacionamento entre Estado-poder concedente e empresário privado-concessionário, o resultado prático é ignorar aspectos essenciais do problema" (*Teoria geral das concessões de serviço público*, 2003, p. 15).

[217] MARQUES NETO, Floriano de Azevedo. *Concessão*, 2015, p. 373.

[218] Parece-me possível extrair dos seguintes incisos do art. 7º, que traz os direitos dos usuários, fundamentos aptos a legitimar a formulação de propostas pelos usuários: (i) o direito de receber serviço adequado; (ii) o direito de levar ao conhecimento do poder público

deve ser maturada no âmbito de um processo administrativo – no qual serão avaliadas as diferentes alternativas disponíveis e a pertinência da alteração –, é importante que, no curso do processo administrativo, seja oportunizada a manifestação dos sujeitos afetados pela alteração ou complementação pretendida, o que deve condicionar, inclusive, as alterações unilaterais.

Interessante notar que, como se depreende da experiência acumulada com as concessões aeroportuárias, é possível que, a depender das particularidades da alteração ou complementação pretendida, seja atribuído ao concessionário o dever de garantir o envolvimento dos terceiros afetados pela alteração ou complementação e identificar suas reivindicações. Com efeito, há, nesse setor, a adoção de mecanismos tal como o da "consulta às partes interessadas relevantes" e da "proposta apoiada". Trata-se de expedientes que reforçam a perspectiva relacional dos contratos de concessão.

O envolvimento de terceiros afetados pela mutabilidade que se pretende introduzir, é importante frisar, não faz com que seja necessário que todos os seus interesses e pleitos sejam acolhidos, mas, sim, que sejam considerados pelo órgão competente.[219] A decisão, em concreto, deve pautar-se por análise consequencialista, sendo necessária a devida ponderação, entre todos os interesses, a fim de que seja acolhida a solução mais adequada – e isso se aplica à concepção dos mais variados instrumentos capazes de introduzir mutabilidade (ato normativo, termo aditivo ou determinação unilateral).

Diante disso, a validade da alteração depende do *envolvimento dos sujeitos de direito afetados* pela modificação ou complementação pretendida no processo voltado à introdução de mutação ao contrato.

---

e da concessionária as irregularidades de que tenham conhecimento, referentes ao serviço prestado; e (iii) o direito de contribuir para a permanência das boas condições dos bens públicos através dos quais lhes são prestados os serviços. Tais dispositivos acabam por permitir que os usuários assumam protagonismo no âmbito da gestão do contrato de concessão, a qual pode se manifestar, em concreto, mediante a proposta de correção ou melhoria no próprio contrato de concessão.

[219] Trata-se daquilo que Floriano de Azevedo Marques Neto denomina como "unilateralidade reflexiva". De acordo com o autor, a procedimentalização da atividade administrativa faz com que o paradigma de edição de atos administrativos de forma eminentemente unilateral entre em declínio. No atual contexto, "não há como se preservar a unilateralidade como pressuposto da prática do ato administrativo. (...) [N]o ambiente da processualidade, as posições conflitantes têm de ser consideradas (v.g. levadas em conta inclusive para fins de fundamentação) no momento de produção do ato (ou seja, no curso do necessário processo administrativo). Emerge o que poderíamos chamar de unilateralidade reflexiva, em que o exercício da autoridade não se desvanece, mas se sofistica, perdendo o seu viés autoritário" (*A superação do ato administrativo autista*, 2011, p. 110).

No entanto, o *grau* de envolvimento e influência de cada um deles para definição da solução a ser adotada poderá ser *variável* à luz do fundamento jurídico, dos direitos atribuídos a cada sujeito e da forma (isto é, do instrumento) utilizada para a introdução da mutabilidade.

Com efeito, em se tratando de *mutabilidade* introduzida de forma *consensual*, não bastará o mero envolvimento do concessionário, sendo necessária sua concordância. Inclusive, sempre que possível, deve ser priorizada essa forma de introdução da mutabilidade, que deve ser tentada antes da tomada de decisão que imponha, de forma unilateral, mutabilidade ao contrato de concessão. Trata-se de uma forma de gestão contratual mais alinhada com a perspectiva relacional dos contratos de concessão e com as tendências mais atuais de administração pública democrática.[220]

Nos casos em que não há solução consensual e que, portanto, a *mutação* decorre de *manifestação unilateral* da administração pública (ato normativo ou decisão administrativa),[221] a manifestação de vontade do concessionário não será mandatória para que a modificação possa ser realizada. Apesar disso, mesmo nesses casos, é preciso que haja envolvimento do concessionário no âmbito do processo administrativo que antecede a decisão que introduz a alteração ou complementação pretendida ao contrato, tendo em vista que os interesses e direitos do concessionário poderão ser impactados. Ainda que sua vontade não seja determinante para que a alteração seja promovida, as suas ponderações

---

[220] Neste sentido, cf. GARCIA, Flavio Amaral. *A mutabilidade e incompletude na regulação por contrato e a função integrativa das Agências*, 2014, p. 44; e MONCADA, Luís S. Cabral de. *A relação jurídica administrativa*: para um novo paradigma de compreensão da atividade da organização e do contencioso administrativo, 2009, p. 104-105.

[221] Não havendo solução negociada ou consensual entre administração pública e concessionário para a introdução de mutabilidade na relação jurídica concessória, será cabível a tomada de decisão por parte do Estado. Neste sentido, Eurico Bittencourt Neto, tratando sobre concertação administrativa, aponta que tal concepção não significa o afastamento da posição de autoridade do Estado. De acordo com o autor: "E, se a atividade geral de concertação social, entendida como procedimento de participação e consenso, possui cada vez mais relevância em sociedades plurais ou pluriclasse, não se pode deixar de notar que o Estado 'ainda governa', o que leva a ter em conta que os Poderes Públicos democraticamente legitimados não podem sucumbir inteiramente as instâncias corporativas de concertação. Em outras palavras, a concertação é relevante instrumento de Administração participada, mas não conduz à superação do estado como fonte maior institucionalizada de legitimidade democrática. (...) Em síntese, no encontro entre duas vertentes de expressão da democracia, uma vinculada a uma fonte de legitimidade decorrente do sufrágio direto e universal, outra que busca reforçar a legitimidade da atuação administrativa no âmbito dos grupos organizados expressivos do pluralismo social 'cabe ao Estado um poder de tutela ou de coordenação em nome do interesse geral'" (*Concertação administrativa interorgânica*, 2017, p. 193-194).

deverão ser consideradas na formação do juízo da administração pública em relação à melhor solução a ser ditada, unilateralmente, no caso concreto. Neste sentido, Fernando Vernalha Guimarães, tratando especificamente sobre a hipótese de alteração unilateral nos contratos administrativos, pontua que:

> (...) [O] *ius variandi*, no atendimento a pressupostos formais, deve ter a formação da autoridade presidida por um procedimento pautado pela manifestação do co-contratante. Não que essa manifestação implique um exercício de influência sobre o conteúdo da modificação (até porque tal é indisponível, é ditado objetivamente pelo interesse geral envolvido), mas certamente possibilitará ao particular deduzir eventuais vícios que possam acometer a formação da autoridade de instabilização contratual, assim como dimensionar seus direitos e deveres envolvidos na contratação. Neste aspecto, essa procedimentalização aludida deverá propiciar à Administração-contratante um ambiente 'negocial' e preventivo de litígios.[222]

Em qualquer um dos casos acima descritos – seja de mutação introduzida mediante consenso ou mediante ato unilateral da administração pública –, o envolvimento dos *usuários e outros terceiros* depende de a alteração ou complementação, efetivamente, impactar sua esfera de direitos ou interesses. Se não houver efeito em relação a esses agentes, não parece que seu envolvimento deva ser mandatório, exceto se previsto de forma diversa em norma setorial ou contratual específica. No entanto, nos casos em que a alteração ou complementação produzir efeitos sobre os direitos e interesses de tais agentes, lhe assistirá direito de participação no respectivo procedimento.

Dessa forma, é preciso que as garantias básicas do direito ao contraditório e à ampla defesa sejam respeitados (art. 5º, LV, da CF/88) e, da mesma forma, quando a modificação afetar interesses ou direitos de terceiros, que seja assegurada a participação de usuários (art. 6º, I, da Lei Federal nº 13.460/2017) e quaisquer outros agentes afetados pela decisão, por meio, por exemplo, de audiências e consultas públicas (art. 9º, II, III e IV, e arts. 31 e 32 da Lei Federal nº 9.784/1999).[223] Trata-se

---

[222] *Uma releitura do poder de modificação unilateral dos contratos administrativos (*ius variandi*) no âmbito das concessões de serviços públicos*, 2000, p. 123.

[223] Vale fazer referência ao disposto na Lei Federal nº 9.784/1999, que prevê que, no art. 32, "antes da tomada de decisão, a juízo da autoridade, diante da relevância da questão, poderá ser realizada audiência pública para debates sobre a matéria do processo" e, no art. 31, que, "quando a matéria do processo envolver assunto de interesse geral, o órgão competente poderá, mediante despacho motivado, abrir período de consulta pública para

de mecanismos que possibilitam a reunião dos subsídios capazes de orientar a administração no sentido da adoção da solução mais adequada para a introdução de mutação ao contrato, pautada em um processo administrativo capaz de indicar o racional e acerto da medida estabelecida.[224]

Por fim, é possível que os contratos de concessão ou a regulamentação setorial estabeleçam contornos mais detalhados em relação à forma pela qual tais agentes deverão ser envolvidos no âmbito dos procedimentos voltados à introdução de mutação nas concessões. Nesses casos, será necessária a observância das regras especificamente aplicáveis, que trarão densidade aos aspectos detalhados ao longo deste subcapítulo 5.1.

5.2 Forma: instrumentos capazes de introduzir mutabilidade na concessão

A forma, nos dizeres de Antonio Junqueira de Azevedo, é o "tipo de manifestação que veste a declaração (escrita, oral, mímica, através do silêncio etc.)".[225] A alteração ou complementação dos contratos de concessão deve ocorrer por meio da adoção de forma *escrita* (art. 60, parágrafo único, c/c art. 124 da Lei Federal nº 8.666/1993); porém, para a finalidade do presente estudo, vale ir além, a fim de que sejam

---

manifestação de terceiros, antes da decisão do pedido, se não houver prejuízo à parte interessada".
No art. 9º, essa mesma lei considera como "interessados" no processo administrativo "aqueles que, sem terem iniciado o processo, têm direitos ou interesses que possam ser afetados pela decisão a ser adotada", "as organizações e associações representativas, no tocante a direitos e interesses coletivos" e "as pessoas ou as associações legalmente constituídas quanto a direitos ou interesses difusos".

[224] A importância de as alterações serem maturadas no ambiente da processualidade e, também, a necessidade de envolvimento dos administrados foram ressaltadas por Marçal Justen Filho ao tratar sobre limites para a alteração das concessões. Nas palavras deste autor, "um limite fundamental a ser observado pelo poder concedente a propósito de modificações das condições originais da outorga envolve a observância do devido processo legal. Não é cabível que o poder concedente, invocando a titularidade da competência, produza ato modificatório sem submissão ao processo e ao procedimento cabíveis" (*Teoria geral das concessões de serviços públicos*, 2003, p. 443). Além disso, pontua que "as alterações, mesmo unilaterais, deverão ser objeto de avaliação por parte da comunidade, pelos mesmos fundamentos pelos quais deverá ela intervir na formação do contrato de concessão. Isso não significa subordinar o aperfeiçoamento da modificação à concordância da comunidade, mas sim indica a necessidade de participação da comunidade no processo administrativo correspondente – ainda que seja apenas para manifestar sua discordância com as soluções adotadas" (*idem, ibidem*, p. 447).

[225] *Negócio jurídico*: existência, validade e eficácia, 4ª edição, p. 32.

identificados também os *instrumentos formais* capazes de implementar alteração ou complementação ao teor dos contratos de concessão e os condicionamentos jurídicos aplicáveis à sua regular utilização.

Os *instrumentos formais* de introdução de mutação nas concessões são bastante plurais devido às particularidades inerentes a tais contratos. Com efeito, diferentemente do que se pode imaginar, não é somente por meio de *termos aditivos* que as alterações ou complementações podem ser veiculadas. Na realidade, são diversos os instrumentos capazes de introduzir alteração ou complementação aos contratos de concessão.

De fato, a forma mais usual para implementação de alterações ou complementações ao teor dos contratos de concessão é a celebração de *termo aditivo* aos respectivos contratos. Trata-se de *negócio jurídico* firmado pelas partes, por escrito, cuja finalidade é modificar, suprimir ou acrescer condições específicas no instrumento contratual originalmente firmado e que passarão a nortear a sua execução. O termo aditivo constitui instrumento típico de alteração de qualquer negócio jurídico, tratando-se, por esse motivo, de forma amplamente utilizada também no âmbito das concessões. Inclusive, para certas hipóteses, *a lei exige forma específica*, sendo *obrigatória a adoção dessa forma* para a introdução de mutabilidade. É o caso, exemplificativamente, de modificações que afetem o teor das denominadas cláusulas essenciais (art. 23 da Lei Geral de Concessões) e, no caso do setor aeroportuário, das alterações voltadas a formalizar a adesão do concessionário ao processo de relicitação (art. 15, *caput*, da Lei de Relicitação).

No entanto, além dos termos aditivos (que, em essência, nada mais são do que *negócios jurídicos*), é possível que a mutabilidade seja, na prática, introduzida por um *segundo* instrumento formal: os *atos administrativos*, emanados pela autoridade competente (poder concedente e/ou agências reguladoras que, por lei, exerçam, no todo ou em parte, atribuições típicas de poder concedente), no âmbito de procedimentos, de natureza contenciosa ou não, que possam impactar a execução do contrato de concessão.

É possível que o *ato administrativo* decorra de: (i) acolhimento de solicitação do concessionário em situações que podem culminar na alteração das condições originalmente pactuadas devido, exemplificativamente, a dificuldades supervenientes, constatação de inadequação dos termos originalmente pactuados, necessidade de realização de novos investimentos, interesse em prorrogação do prazo da concessão, transferência da concessão para outra pessoa jurídica pelo concessionário, entre outras hipóteses; (ii) solicitação de aprovação de documentação (ex.: anteprojeto de investimentos, planos de expansão diante da materialização de gatilhos atrelados à demanda) providenciada pelo concessionário, que acabe por complementar o teor do contrato em aspectos em relação aos quais o instrumento contratual havia se limitado a estabelecer o procedimento para integração posterior; (iii) solicitação de ajustes por parte de terceiros que sejam afetados pela execução do contrato de concessão; (iv) determinação de recomposição do equilíbrio econômico-financeiro, que pode ter sido solicitado pelo concessionário ou de ofício pelo poder concedente ou órgão regulador (no âmbito, exemplificativamente, de revisões ordinárias); (v) determinação unilateral de modificação ou complementação do teor do instrumento contratual (o que, todavia, não dispensa a formalização de termo aditivo para que seja restabelecido o equilíbrio econômico-financeiro); (vi) edição de atos normativos, capazes de complementar o teor do contrato ou, em certos casos, pretender alterar o teor do contrato; e (vii) adoção de medidas cautelares, no âmbito de processos sancionadores, que possam estabelecer algum tipo de restrição ou condicionante para a execução do contrato.

Diante da exposição desse panorama, vale ressaltar três aspectos fundamentais relativos à mutabilidade introduzida por *atos administrativos*.

O primeiro é o fato de que o conteúdo dos *atos administrativos* introdutores de mutabilidade pode ser *normativo* ou *não normativo*.[226] Um exemplo típico de situação em que o *ato normativo* gera mutação às concessões existentes é a dita *regulação por agência*. Os atos *não normativos* são aqueles que consubstanciam, propriamente, uma decisão administrativa, apta a introduzir alterações ou complementar o teor dos contratos.

O segundo aspecto é o fato de que *nem todo ato administrativo* endereça, necessariamente, uma *alteração unilateral* a contratos de concessão. Em algumas hipóteses, a produção do ato administrativo decorre do acolhimento de requerimento de alteração ou complementação apresentado pelo próprio concessionário, o que produz impactos do ponto de vista do procedimento e direitos a serem observados (notadamente com relação ao dever de restabelecimento do equilíbrio

---

[226] Segundo Marçal Justen Filho, "[o]s atos normativos são aqueles orientados a complementar um mandamento normativo estabelecido por lei, desenvolvendo as normas que estabelecem faculdades, proibições ou obrigatoriedades quanto à conduta futura de um ou mais sujeitos. O exemplo é o regulamento. Os atos não normativos são aqueles que não geram efeitos normativos. São atos de execução material de atividades administrativas" (*Curso de direito administrativo*, 2015, p. 400).

econômico-financeiro). Ou seja, é possível que o ato administrativo represente a formalização de mutação verdadeiramente *consensual* ao contrato de concessão.

O terceiro aspecto diz respeito à *restrição existente*, à luz da Lei Geral de Concessões e legislação setorial específica, para que certos temas sejam disciplinados exclusivamente por meio de atos administrativos editados pelo poder concedente. Em relação às matérias que, por lei, *devem ser disciplinadas no instrumento contratual*, há exigência de *forma específica* para que alterações ou complementações produzam efeitos em relação aos contratos já firmados. Sendo assim, em se tratando de matéria sujeita àquilo que denomino por *reserva de contrato* (como é o caso daquelas indicadas no art. 23 da Lei de Concessões), a aplicação do ato administrativo que veicula mutação a contratos já firmados dependerá de (i) adesão voluntária e formal do concessionário aos seus termos; ou (ii) prévio restabelecimento do equilíbrio econômico-financeiro na hipótese de existência de impactos relevantes devidamente comprovados. Em ambos os casos, devido à exigência legal estabelecida, a mutabilidade apenas será introduzida após a formalização de *termo aditivo* próprio, tendo em vista que a lei exige forma específica.

Por fim, além da possibilidade de a mutabilidade ser introduzida por *termos aditivos* ou *atos administrativos* (de caráter normativo ou não; e que traduzem decisões unilaterais ou não), há, ainda, um *terceiro* instrumento formal capaz de endereçá-la: os *acordos administrativos* – que não se confundem com os termos aditivos e tampouco com os atos administrativos.[227]

Antes mesmo da edição da Lei Federal nº 13.140/2015 (Lei de Autocomposição), que passou a regular a autocomposição de conflitos no âmbito da administração pública, e da Lei Federal nº 13.655/2018, que, ao introduzir alterações à LINDB, trouxe fundamento legal genérico à

---

[227] A questão acerca da *natureza jurídica* dos acordos administrativos é controvertida. Mark Kirkby enquadra a figura dos acordos administrativos como *contratos* (*Contratos sobre o exercício de poderes públicos*, 2011, p. 19), enquanto Gustavo Justino de Oliveira defende que se trata de uma *nova categoria lógico-jurídica*, inserida em meio aos módulos consensuais da administração pública, podendo ser entendida em sentido amplo ou restrito (*Contrato de gestão*, 2008, p. 248-249). Para esse autor, em sentido restrito, os acordos administrativos não se confundiriam com os contratos administrativos, que, em regra, são marcados pelo fato de envolverem "duas ou mais vontades originalmente contrapostas" e, necessariamente, produzir efeitos vinculantes, o que nem sempre ocorrerá em acordos. Além disso, existem doutrinadores que entendem que os acordos administrativos poderiam ser qualificados como *atos administrativos complexos* (*idem, ibidem*, p. 259-261). O entendimento segundo o qual o acordo administrativo retrata uma categoria jurídica autônoma parece-me adequado por se mostrar mais aderente à verdadeira mudança de paradigma que tem sido verificada no modo de atuação da administração pública.

celebração de acordos, já vinha sendo sustentada, por certos doutrinadores, a possibilidade de a administração pública entabular soluções consensuais com particulares. Com efeito, em obra publicada antes da edição desses diplomas normativos, Juliana Bonacorsi de Palma já defendia a possibilidade de celebração de acordo pela administração devido à existência de previsão de celebração de acordos no art. 5º, §6º, da Lei Federal nº 7.347/1985, que disciplina a ação civil pública. Para a autora, essa lei traria "interessante efeito de legitimar o poder público a utilizar o instrumento do TAC em seus processos administrativos",[228] nos casos em que o órgão envolvido lidasse com algum dos temas indicados nessa lei. Para outras situações, a autora já defendia que, independentemente da existência de previsão expressa em lei quanto à possibilidade de celebração de acordo, bastaria "a determinação da regra de competência para transacionar as prerrogativas públicas para que o Poder Público se encontre legitimado a terminar consensualmente o processo administrativo".[229]

Com o passar dos anos, foram sendo editadas normas esparsas para dissipar as controvérsias quanto à possibilidade de celebração de acordo e, mais recentemente, com a Lei de Autocomposição e alterações introduzidas na LINDB pela Lei Federal nº 13.655/2018, parece-me que não devem mais persistir dúvidas. A Lei de Autocomposição, ao tratar sobre os conflitos que podem ser objeto de autocomposição, coloca que se inclui nas competências das câmaras a resolução de conflitos que "envolvam equilíbrio econômico-financeiro de contratos celebrados pela administração com particulares". De forma ainda mais ampla, o art. 26, introduzido à LINDB pela Lei Federal nº 13.655/2018, trouxe fundamento normativo para a celebração de acordos administrativos voltados a "eliminar irregularidade, incerteza jurídica ou situação contenciosa na aplicação do direito público".

Diante do arcabouço legal existente, nota-se que o espaço de cabimento dos acordos administrativos é amplo. A celebração de acordos administrativos pode, em concreto, vir a substituir eventual decisão administrativa (ato administrativo) no âmbito de procedimentos plurais, em que se discutam, exemplificativamente, questões relacionadas ao reequilíbrio econômico-financeiro dos contratos de concessão, eventual descumprimento dos contratos e aplicação de penalidades. Ao estabelecer solução consensual no âmbito de tais procedimentos, é possível

---

[228] *Sanção e acordo na Administração Pública*, 2015, p. 272.
[229] *Idem, ibidem*, p. 273.

que as partes introduzam, ainda que de forma indireta, mutação nos termos originalmente pactuados no contrato de concessão firmado.

A rigor, suponha-se que, no âmbito de um processo sancionador voltado à aplicação da pena de multa ao concessionário por descumprimento do cronograma de obras, o poder concedente e o concessionário venham a firmar acordo administrativo com o objetivo de encerrar as discussões com maior celeridade e promover a regularização da execução contratual. Com isso, estabelece-se um novo cronograma para a realização de investimentos, que passa a contemplar não somente aqueles originalmente previstos, como, também, outras obras adicionais, sem incremento de custos ou despesas aos usuários dos serviços. Ou seja, ao invés de aplicar certa penalidade, estabelece-se algum tipo de modificação do plexo de obrigações originalmente previsto em contrato com o objetivo de regularizar o eventual descumprimento. Tem-se, nesse caso, situação em que o acordo acabará por introduzir verdadeira alteração ao contrato.

Um segundo exemplo pode ser utilizado para elucidar a forma pela qual acordos administrativos podem vir a introduzir mutabilidade nos contratos. A lei permite a transação, pela administração pública, no âmbito de controvérsias relacionadas a equilíbrio econômico-financeiro. Na medida em que haja algum acordo no âmbito de procedimento voltado à recomposição do equilíbrio econômico-financeiro, é possível que, com isso, se crie um novo parâmetro de equilíbrio para aquele contrato, haja vista que o equilíbrio original não será restabelecido integralmente nessa hipótese – o que é plenamente compatível com a noção de equilíbrio dinâmico, inerente a tais contratos. Ademais, a depender do mecanismo de reequilíbrio acolhido no âmbito do acordo (*v.g.*, prorrogação de prazo, pagamento de indenização, redução do valor de tarifa, alteração de obrigações contratuais), ter-se-á uma alteração do contrato de concessão introduzida por meio do acordo administrativo.

Sendo assim, ainda que o objetivo principal da celebração do acordo administrativo não seja a introdução de mutação ao contrato, é possível que, a depender de seu teor, esse efeito prático venha a ser produzido. Por esse motivo, parece-me necessário considerar o acordo administrativo em meio ao rol de instrumentos formais tipicamente capazes de introduzir mutabilidade nas concessões. Desconsiderar essa circunstância pode fazer com que, na prática, verdadeiras alterações ou complementações a contratos já firmados sejam promovidas por meio de acordo administrativo à revelia da observância dos condicionamentos jurídicos mínimos aplicáveis.

Diante do acima exposto, nota-se que os instrumentos formais capazes de veicular mutação às concessões, resumidamente, são os *termos aditivos, atos administrativos* e *acordos administrativos*, existindo, contudo, restrições ao cabimento de alguns deles, conforme explicitado neste subcapítulo.

5.3 Processo administrativo: aspectos procedimentais mínimos a serem observados para introdução da mutabilidade na concessão

A promulgação da Constituição Federal de 1988 inaugura um novo modo de atuação da administração pública brasileira. Uma das principais transformações – e que decorre de uma série de normas trazidas no texto constitucional (art. 5º, incisos XXXIV, 'a', LIV e LV, e art. 37, §3º) – é a procedimentalização da atividade administrativa, que passa a permear a edição de atos administrativos, caminhando rumo à implantação de um modelo de administração pública democrática.

Na síntese de Floriano de Azevedo Marques Neto, "(...) a edição de atos administrativos não pode ser concebida mais de forma autista, infensa à participação e à consideração dos diversos interesses envolvidos". Diante disso, conclui que, "sob o pálio do direito fundamental ao processo administrativo (...), o ato administrativo deverá ser, em regra, o resultado necessário de um processo administrativo".[230]

Essa relevância assumida pela procedimentalização da atividade administrativa leva certos autores a considerar que o processo administrativo constitui, atualmente, um requisito de validade autônomo para a produção de atos administrativos.[231] Trata-se de entendimento que se revela pertinente e compatível com os paradigmas que devem nortear a atuação da administração pública.

No caso da mutabilidade nas concessões, parece-me que a utilização de qualquer um dos instrumentos formais aptos a promovê-la

---

[230] *A superação do ato administrativo autista*, 2012, p. 109-110.
[231] Trata-se do entendimento de Marcos Augusto Perez, que acresce, ao rol de requisitos de validade estabelecidos na Lei da Ação Popular, o processo administrativo. Na visão desse autor: "Muito embora a maioria dos autores brasileiros não considere o processo de tomada de decisão – ou o processo administrativo – um elemento estruturante da formação dos atos administrativos, ninguém mais levanta dúvida quanto à importância assumida mais recentemente pelo processo (chamado por alguns de processo ou procedimento administrativo não contencioso) no âmbito do direito administrativo e, especialmente, na formação das decisões administrativas em geral" (*Testes de legalidade*: métodos para o amplo controle jurisdicional da discricionariedade administrativa, 2020, p. 181-182).

deverá ser precedida de processo administrativo.[232] A mutação, como referido no subcapítulo 5.2, pode ser introduzida por meio de *ato administrativo* (de caráter normativo ou não; cujo conteúdo traduza intenção[233] de promover alteração unilateral ou não; que decorra de um processo contencioso ou não), *termo aditivo* (decorrente de alteração consensual ou formalização da alteração unilateral) ou *acordo administrativo*. Em todos esses casos, a formalização pressupõe manifestação da administração pública. Justamente por isso, independentemente do instrumento eleito, será necessário que a *decisão seja precedida de processo administrativo*.[234]

Desse modo, pode-se dizer que a mutabilidade nas concessões deve ser decorrência de um *processo administrativo*, o que deriva, diretamente, do postulado constitucional do devido processo legal, permeado pelas condicionantes jurídicas abordadas ao longo de todo este capítulo 5.

No que se refere ao rito procedimental, vale ressaltar que não há um procedimento único e idêntico para toda e qualquer hipótese de introdução de mutação ao contrato. Os atos processuais a serem praticados, em cada caso, serão variáveis de acordo com a existência ou não de *rito procedimental* específico e previamente definido no próprio contrato de concessão, na legislação e regulamentação aplicável, o que costuma variar de acordo com (i) a natureza do *instrumento formal* utilizado para que a mutabilidade seja veiculada; e (ii) o *objeto* envolvido na alteração ou complementação.

---

[232] Como coloca Onofre Alves Batista Júnior, "na complexidade da função administrativa da sociedade pluralista, praticamente, nenhuma decisão se esgota em um único ato, isto é, mesmo quando a Administração se vale da atuação unilateral, sua decisão, usualmente, é tomada na sequência de um procedimento. (...) O procedimento administrativo regula, em regras mais ou menos detalhadas, a tomada de decisões unilaterais, como estabelece comportamentos administrativos que antecedem a elaboração de contratos, assim como determina as formalidades a seguir em atuações administrativas de caráter técnico. Enfim, é aplicável a qualquer decisão administrativa, favorecendo a melhor valoração e ponderação das situações, com vista a uma decisão, que pode ser ato da Administração, a celebração de contrato ou a produção de norma" (*Transações administrativas*, 2007, p. 188).

[233] Neste ponto, refiro à "intenção" de promover alteração unilateral, pois entendo que o aperfeiçoamento da alteração unilateral depende da formalização de termo aditivo, tendo em vista que a legislação exige que seja acompanhada do concomitante restabelecimento do equilíbrio econômico-financeiro (art. 9º, §4º).

[234] Em meio aos autores que, tratando sobre os limites para alteração de contratos de concessão, trouxeram ênfase especial à necessidade de observância de processo administrativo, vale fazer referência a Marçal Justen Filho. O autor, ao tratar sobre os limites a serem observados em alteração a contratos de concessão, pontua, entre outros requisitos, a necessidade de as modificações observarem o devido processo legal e, também, de participação da comunidade (*Teoria geral das concessões de serviços públicos*, 2003, p. 443-447). O tema, contudo, não costuma ser tratado com maior profundidade.

Em *primeiro*, a natureza do *instrumento formal* que introduz mutabilidade pode estabelecer regras procedimentais específicas à realização da alteração.

Com efeito, em se tratando de mutabilidade decorrente da edição de *ato normativo*, pelo órgão regulador competente, é possível que seja necessária a observância do procedimento estabelecido na Lei de Agências Reguladoras, caso se trate de agência reguladora sujeita às disposições dessa lei (art. 2º). De acordo com as disposições desta lei, antes da edição de atos normativos, é obrigatória a instrução de processo administrativo, que deverá ser instruído com (i) AIR, que deverá trazer informações e dados sobre os possíveis efeitos do ato normativo (art. 6º), sem prejuízo da elaboração de outros estudos, dados e material técnico para fundamentar a proposição (art. 9º, §3º, c/c art. 10, §3º, I); (ii) contribuições dos eventuais interessados, que poderão se manifestar no âmbito de consultas, audiências pública ou outros expedientes voltados a assegurar a participação de eventuais interessados, respeitados os prazos mínimos estabelecidos na lei e documentação a ser disponibilizada para consulta dos interessados (arts. 9º, 10 e 11); (iii) análise fundamentada sobre a pertinência ou não das contribuições recebidas por parte dos eventuais interessados (art. 9º, §5º); (iv) decisão motivada, que leve em consideração os elementos técnicos e contribuições recebidas, bem como a devida adequação entre meios e fins e a necessidade de apresentação dos pressupostos de fato e de direito considerados (arts. 4º e 5º).

No caso de mutabilidade decorrente de *atos administrativos* que não possuam caráter normativo, exemplificados no subcapítulo 5.2, da mesma forma, será necessário investigação quanto à existência de ritos específicos à luz da natureza do procedimento em meio ao qual o ato é produzido, que podem estar previstos em leis setoriais ou regulamentos internos do órgão público competente.

Por fim, em se tratando de mutabilidade inaugurada por *termos aditivos*, é necessária a observância das eventuais balizas procedimentais específicas estabelecidas em contrato ou, ainda, na legislação e regulamentação aplicável, podendo existir condicionantes específicos a depender da matéria envolvida.

Em se tratando de alteração ou complementação oriunda da celebração de *acordo administrativo*, será necessário avaliar o rito procedimental especificamente aplicável ao processo em meio ao qual o acordo será firmado (*v.g.*, processo sancionador, de fiscalização ou de outorga) e, também, eventuais regras específicas do órgão ou entidade pública para a celebração de acordos.

Vale destacar que, no caso de alteração que envolva o exercício da prerrogativa de alteração unilateral – que pode ser determinada por meio de ato normativo ou decisão administrativa –, a processualidade se desdobra em dois momentos distintos.[235] O *primeiro* é aquele que antecede a tomada de decisão no sentido de promover a alteração unilateral, que pressupõe o envolvimento da concessionária e de outros eventuais interessados na alteração para que possam trazer impactos ou alternativas a serem consideradas, pela administração pública, na formação de seu juízo com relação à conveniência e à oportunidade de se promover eventual alteração (unilateral) no ajuste. O *segundo* momento é aquele em que, diante da intenção de alterar o ajuste unilateralmente, se busca restabelecer o equilíbrio econômico-financeiro do contrato de concessão, devendo existir consenso e formalização de termo aditivo próprio. Trata-se, nesse caso, de uma condicionante procedimental específica, imposta pela legislação aplicável, para que a alteração unilateral seja válida e produza efeitos (art. 9º, §4º, da Lei Geral de Concessões).

Em *segundo*, como já antecipado acima, o *objeto* da alteração pode impor regras procedimentais específicas para a realização da alteração. Com efeito, tanto a lei como os regulamentos infralegais e os próprios contratos de concessão podem estabelecer requisitos procedimentais específicos diante do objeto envolvido na alteração.

---

[235] Como já mencionado anteriormente, mesmo nos casos em que se estiver diante de alteração unilateral, o exercício dessa prerrogativa por parte da administração deverá ser precedido de processo administrativo e envolvimento do concessionário – e demais agentes afetados pela medida. Nesse sentido, é pertinente a colocação de Fernando Vernalha Guimarães, segundo o qual: "A 'processualização' da formação da autoridade pública que impõe modificações ao co-contratante, fruto da afirmação de uma gestão burocrática da Administração, parece erigir de uma tendência de absorção da participação do particular em decisões que atinjam direitos seus; trata-se de uma ordem de 'contratualização' de certas decisões da Administração Pública que compreendam direitos recíprocos. Assim, mesmo que o ius variandi denote um aspecto regulamentar da Administração no âmbito das concessões de serviços públicos, é certo que tal 'poder', além de estar condicionado à verificação de determinados pressupostos, bem assim encontrar limites quanto ao conteúdo da alteração manifestada, tem a formação de sua autoridade pautada por requisitos procedimentais que pertinem a um iter concreto de produção do ato modificador, sede em que se exige a 'participação' do co-contratante" (*Uma releitura do poder de modificação unilateral dos contratos administrativos* (ius variandi) *no âmbito das concessões de serviços públicos*, 2000, p. 109).
Isso, todavia, não significa que haja necessidade de anuência do concessionário (ou de outros eventuais terceiros interessados para que a administração pública possa adotar "a manifestação do particular (co-contratante), nesta sede, não significa o exercício de ingerência sobre o conteúdo da modificação proposta. O conteúdo decisório da alteração, em essência, é manifestado exclusivamente pela Administração Pública, sob o desempenho indisponível de competências" (*Uma releitura do poder de modificação unilateral dos contratos administrativos* (ius variandi) *no âmbito das concessões de serviços públicos*, 2000, p. 115).

Para ilustrar, vale citar duas situações específicas que demandam a observância de procedimentos específicos como condição prévia à alteração ou complementação do contrato, sendo um deles estabelecido na Lei Geral de Concessões, e outro, disciplinado nos contratos de concessão do setor aeroportuário, analisados ao longo do capítulo 2.

O primeiro exemplo são as alterações que tenham por objeto a mudança da pessoa jurídica do concessionário. A Lei Geral de Concessões estabelece que a transferência da concessão pressupõe a prévia anuência do poder concedente e demanda, por parte do interessado, a (i) comprovação de atendimento às exigências de capacidade técnica, idoneidade financeira e regularidades jurídica e fiscal necessárias à assunção do serviço; e (ii) compromisso de que cumprirá todas as cláusulas do contrato em vigor (art. 27). É comum que os órgãos competentes pela realização da avaliação e aprovação da transferência da concessão estabeleçam regras específicas, além dessas já previstas na Lei Geral de Concessões. De toda forma, é inegável que os requisitos procedimentais, ainda que em linhas gerais, já foram estabelecidos nessa lei.

O segundo exemplo envolve hipótese de complementação posterior de lacunas previstas contratualmente, de forma que sejam definidos os investimentos a serem realizados pelo concessionário. Os contratos da 5ª Rodada de Concessões de Aeroportos, licitados em 2019, estabelecem a necessidade de a concessionária, após a celebração dos contratos, dentro de prazo e nas condições neles estabelecidas, "apresentar o Anteprojeto dos investimentos de ampliação e adequação das instalações do lado terra do Aeroporto para análise da ANAC, bem como o cronograma de realização de todos os investimentos" (cláusula 2.25). Também é prevista a necessidade de a concessionária comprovar à ANAC que o anteprojeto foi submetido à avaliação das empresas aéreas (cl. 2.25.2), tendo que indicar a justificativa para as contribuições não aceitas (cl. 2.25.3). Além disso, são estabelecidos prazos e procedimento para avaliação do anteprojeto pela ANAC (cl. 2.25.6), bem como as solicitações que poderão ser realizadas pela agência no âmbito dessa avaliação (cl. 2.25.7).

Trata-se de uma situação em que o próprio contrato estabelece o rito procedimental a ser observado para a realização de complementações, em relação a uma matéria específica (definição dos investimentos a serem realizados no complexo aeroportuário). Vale destacar que, da análise da experiência setorial, nota-se que são plurais os procedimentos contratualmente estabelecidos, variáveis de acordo com a complexidade e impactos do objeto envolvido na alteração.

Em vista do acima exposto, tem-se que, se é certo que a introdução de mutação ao contrato deve ser precedida de processo administrativo, não é possível que se diga que os requisitos procedimentais serão idênticos para toda e qualquer hipótese.

No entanto, diante da inexistência de procedimento específico previamente definido para nortear determinada alteração ou complementação do ajuste, não se deve entender que a mutabilidade será proibida. Isso porque, além de tal interpretação ser contrária à própria natureza jurídica das concessões – contratos naturalmente incompletos e, portanto, necessariamente mutáveis –, é possível extrair, do ordenamento jurídico brasileiro, balizas normativas gerais hábeis a nortear a mutabilidade diante da inexistência de regras procedimentais específicas.

Com efeito, existem condicionamentos jurídicos mínimos capazes de nortear a mutabilidade em tais contratos *diante da inexistência de procedimento específico*, os quais exigem (i) respeito à garantia do contraditório e à ampla defesa, assegurando-se, inclusive, não somente a participação do concessionário, mas também de outros agentes eventualmente impactados pela medida; (ii) observância do postulado da publicidade e da consensualidade, de modo que haja abertura e espaço para diálogo e priorização de soluções consertadas entre os diferentes agentes envolvidos; (iii) elaboração de pareceres, técnicos e/ou jurídicos, quando necessários, avaliando os impactos e alternativas existentes para a obtenção dos resultados almejados; (iv) respeito às atribuições de cada órgão ou entidade que deve se manifestar no procedimento e tomar a decisão final, o que decorre do próprio Estado de Direito; e (v) nos casos em que não houver acordo administrativo, uma decisão administrativa devidamente motivada, devendo ser demonstrada a existência de um problema a ser resolvido, quais os resultados e finalidades a serem atingidos, as alternativas disponíveis para resolução do problema e impactos, positivos e negativos, de cada uma delas, da perspectiva dos diferentes envolvidos, e a melhor alternativa para o caso concreto, considerando a necessidade de compatibilização, na maior medida possível, dos diferentes interesses envolvidos.[236]

---

[236] O caráter relacional das concessões exige esforço da administração pública no sentido de compatibilizar os diferentes interesses envolvidos. O papel da administração no sentido de equilibrar os diferentes interesses envolvidos é enfatizado por Floriano de Azevedo Marques Neto, segundo o qual: "(...) a administração, no âmbito da concessão, tenha de superar a concepção bipolar, apartada. Para isso, deve, de um lado, ponderar e articular (em suma, equilibrar e compor) interesses contrapostos dos indivíduos beneficiários da prestação/utilidade concedida e do beneficiário da outorga (concessionário em sentido amplo) e, de outro, contrapor os interesses desse indivíduo (concessionário) aos de todos

Tais condicionantes *procedimentais*, embora não estejam explicitados na Lei Geral de Concessões, parecem decorrer da Constituição Federal de 1988, da Lei Federal de Processo Administrativo,[237] da LINDB, conforme alterada pela Lei Federal nº 13.655/2018, e de leis setoriais, que, usualmente, estabelecem balizas para a procedimentalização nos setores regulados de que tratam. É possível que, a depender da mutação que se pretenda introduzir ao contrato, alguns requisitos possam ser flexibilizados.

A título exemplificativo, caso se trate de alteração que não afete ou prejudique interesses dos usuários, concorrentes ou outros agentes econômicos, não será necessária a realização de audiência e consulta pública prévia. Isso porque a legislação, quando trata sobre a adoção desse tipo de expediente, costuma especificar que isso deverá ocorrer nos casos em que outros agentes puderem ser afetados pela decisão.[238] De toda forma, a motivação da decisão deverá demonstrar, claramente, essa circunstância, o que decorre tanto da Lei Federal de Processo

---

aqueles outros que venham a ter direito ou interesse tangido pelo exercício da prerrogativa objeto de delegação. Ou seja, na hodierna concessão, nesse contexto do paradigma multipolar, o direito administrativo se presta a equilibrar esses interesses, mantendo a atratividade econômica ao mesmo tempo que mitiga as externalidades subjacentes àquela atividade. Isso reforça o caráter relacional (...) e convergente do pacto concessório" (*Concessões*, 2015, p. 348).

A importância do procedimento administrativo para que a ponderação de interesses seja realizada é também enfatizada por Onofre Alves Batista Júnior, que coloca que: "[o] procedimento não apenas liga atos e fatos da Administração em uma cadeia ordenada em direção a um resultado final, mas também é o mecanismo que integra dinamicamente sujeitos e interesses em uma trama organizativa, possibilitando, além da participação do administrado, a mais adequada ponderação dos interesses envolvidos. O procedimento administrativo, assim, é o local de confluência e comparação de todos os interesses intervenientes, públicos ou privados, que possam afetar a decisão final, possibilitando, dessa forma, que esta espelhe uma síntese dos diversos interesses envolvidos, e não apenas uma mera expressão da vontade unilateral e pré-configurada da Administração Pública" (*Transações administrativas*, 2007, p. 189-190).

[237] Embora o âmbito de abrangência da Lei Federal nº 9.784/1999 seja federal e, portanto, não nacional, o Superior Tribunal de Justiça (STJ) possui entendimento no sentido de que, diante da inexistência de lei estadual ou municipal específica para tratar sobre processo administrativo, a lei federal será subsidiariamente aplicável. Inclusive, em 2019, com o objetivo de consolidar referido entendimento, a Primeira Seção do STJ editou a Súmula nº 633, segundo a qual "a Lei 9.784/1999, especialmente no que diz respeito ao prazo decadencial para a revisão de atos administrativos no âmbito da Administração Pública federal, pode ser aplicada, de forma subsidiária, aos estados e municípios, se inexistente norma local e específica que regule a matéria".

[238] A título exemplificativo, na Lei Federal de Processo Administrativo, a realização de consultas públicas terá cabimento "quando a matéria do processo envolver assunto de interesse geral". De acordo com o art. 31: "Quando a matéria do processo envolver assunto de interesse geral, o órgão competente poderá, mediante despacho motivado, abrir período de consulta pública para manifestação de terceiros, antes da decisão do pedido, se não houver prejuízo para a parte interessada".

Administrativo como da LINDB, que exige que os efeitos práticos da decisão sejam pontuados (art. 20). Em todo caso, importante frisar que não há espaço para que a decisão relativa à introdução de mutação ao contrato não seja tomada no ambiente da processualidade.

5.4 Objeto: matérias que podem ser objeto de alteração ou complementação

O quarto requisito que vale ser aprofundado diz respeito ao *objeto* da alteração ou complementação do contrato de concessão. Cabe, neste subcapítulo, perquirir se existiria algum tipo de restrição no tocante ao *conteúdo* ou *objeto*[239] da mutação. Isto é: é necessário que a lei, regulamento ou o próprio contrato preveja, de forma taxativa, o conteúdo das possíveis alterações ou, diferentemente, se não houver restrições expressamente previstas, a modificação ou complementação poderia recair sobre qualquer tema.

O tema do objeto da mutação do contrato de concessão talvez seja aquele que desperte maior interesse por parte da doutrina e jurisprudência ao avaliar o fenômeno da mutabilidade. A rigor, não por outro motivo, tem havido significativo esforço com o objetivo de definir os limites materiais que deverão ser observados no âmbito da alteração ou complementação do ajuste, conforme mencionado no subcapítulo 1.2.2.

Com efeito, a maior parte dos limites materiais usualmente apontados pela doutrina recai, justamente, sobre o *objeto* da alteração ou complementação do contrato. De acordo com a doutrina majoritária, seria vedada a realização de alterações a contratos de concessão cujo objeto (i) altere ou transmute a natureza do objeto licitado; (ii) envolva objeto passível de licitação autônoma; (iii) não promova o restabelecimento do equilíbrio econômico-financeiro; e, para alguns doutrinadores, em casos determinados, (iv) deixe de observar os limites percentuais estabelecidos na Lei nº 8.666/1993 (que permanecem presentes na Nova Lei de Licitações, nos termos do art. 125 da Lei Federal nº 14.133/2021). Em relação a eles, algumas ponderações e reservas são pertinentes.

---

[239] Para alguns autores, como Celso Antônio Bandeira de Mello e Weida Zancaner, ao tratar sobre os requisitos de validade de atos administrativos, existe diferença entre "objeto" e "conteúdo", sendo este conceito mais amplo do que aquele. Segundo Weida Zancaner: "O conteúdo é aquilo que o ato dispõe, isto é, a enunciação da modificação pretendida pelo ato na ordem jurídica, e nele encontra-se implícito o objeto do ato, pois, conforme ensina o jurista, quem dispõe tem que dispor sobre alguma coisa" (*Da convalidação e da invalidação dos atos administrativos*, 1996, p. 31). Para as finalidades desta tese, optarei por tomar esses conceitos como expressões sinônimas.

O *primeiro* e o *segundo* limites – este, que traz proibição à desfiguração do objeto da concessão, e aquele, que exige que o objeto da modificação não possa ser passível de nova licitação – encontrariam fundamento no *dever de licitar*. A doutrina diverge quanto à natureza normativa do referido "dever de licitar", isto é, se seria um princípio ou uma regra.[240] Independentemente disso, é comum a adoção da premissa de que se fundamenta nos princípios constitucionais da *impessoalidade* e *moralidade*, de onde se extrai sua importância.

A existência de um "dever de licitar" para toda e qualquer contratação pública realizada pela administração pública tem sido combatida pela doutrina. A situação que suscita maior controvérsia talvez seja a das concessões de serviços públicos, haja vista que a CF/88, ao tratar sobre essa modalidade de contrato, prevê que a sua outorga ocorrerá "sempre através de licitação" (art. 175),[241] não dando margem, portanto, à flexibilização da realização de licitação.

A questão, contudo, passa por entender se o referido "dever de licitar" também se presta a justificar a imposição de *limites* ao *conteúdo* da *alteração* ou *complementação* de contratos de concessão já firmados. Particularmente, entendo que o objetivo do constituinte, com a imposição do dever de licitar, foi disciplinar o processo de seleção do concessionário, de forma a viabilizar a obtenção da proposta mais vantajosa e, também, assegurar que haja tratamento impessoal e isonômico para todos aqueles que pretenderem explorar empreendimentos concessórios. Esse desiderato tem relação, única e exclusiva, com a fase que antecede a contratação e, portanto, *não diz respeito ao regime jurídico contratual*. Sendo assim, ainda que o referido *dever de licitar* pudesse ser invocado como limite material à realização de alterações aos contratos de concessão, isso ocorreria apenas de *forma subsidiária*, caso inexistisse norma constitucional específica que tratasse sobre o regime jurídico

---

[240] Por todos, cf. SUNDFELD, Carlos Ari; ROSILHO, André. *Onde está o princípio universal da licitação?*, 2015.

[241] Apesar de o texto da Constituição Federal de 1988 não parecer comportar exceções, Carlos Ari Sundfeld e André Rosilho entendem que, "mesmo tratando-se, inequivocamente, de concessões ou permissões de serviços públicos, seria inadequado falar na existência de um dever *absoluto* de licitar. Isto porque, a depender das peculiaridades do caso concreto, a licitação eventualmente poderá se mostrar inócua, ineficaz ou, simplesmente, desnecessária. Este cenário se materializaria, por exemplo, havendo impossibilidade fática de se configurar escassez de usuários de um serviço público qualquer. Nesse caso, por se tratar de mercado em tese infinito – capaz, portanto, de acomodar todos os prestadores de serviço interessados –, não faria sentido que a concessão ou permissão obrigatoriamente tivessem que ser precedidas de licitação. Afinal de contas, não haveria necessidade de disputa ou de competição, pelo simples fato de o mercado ser naturalmente capaz de absorver todos os potenciais interessados" (*idem, ibidem*, p. 30).

contratual e que, inclusive, assegurasse alterações a contratos já firmados cujo escopo pudesse ser objeto de licitação autônoma.

No entanto, essa eventual aplicação subsidiária não é pertinente na ordem jurídica brasileira. Isso porque o constituinte se ocupou de estabelecer balizas que devem nortear a definição das normas aplicáveis à etapa de *execução contratual*, as quais acabam por autorizar a *mutabilidade* e reservam espaço para que a lei a regulamente (o que, naturalmente, inclui a definição de eventuais limites materiais).

A rigor, o tema foi tratado no *parágrafo único* do art. 175 da Constituição Federal de 1988, tendo sido atribuída à lei ordinária a incumbência de disciplinar, entre outros aspectos, "o caráter especial do seu contrato [de concessão de serviços públicos]". Considerando que a *mutabilidade* dos contratos de concessão é traço inerente a essa figura contratual, parece que o texto constitucional reconheceu essa circunstância e, ao invés de conferir tratamento exaustivo, optou por delegar ao legislador a competência para fazê-lo.

Vale notar que, a fim de que não houvesse qualquer controvérsia quanto à possibilidade de realização de determinadas alterações aos contratos, o constituinte optou por admitir, expressamente, a sua *prorrogação* ao prever, no inciso I do parágrafo único desse dispositivo, que caberá à lei regulamentá-la. Trata-se de uma demonstração cabal de que o "dever de licitar" não serve como limite material *geral* para alterações contratuais, pois, se assim fosse, não seria admissível, em hipótese alguma, a realização de prorrogação de contratos de concessão de serviço público. Isso porque, por envolver a exploração do mesmo objeto originalmente licitado por tempo superior àquele inicialmente previsto, dificilmente será preenchido o requisito da *inviabilidade de licitação*.[242] No entanto, o próprio texto constitucional parece ter tido a intenção de afastar esse tipo de interpretação.[243]

---

[242] Em sentido semelhante, Carlos Ari Sundfeld e André Rosilho reconhecem que o parágrafo único do art. 175 da Constituição Federal de 1988, ao prever a necessidade de lei regulamentar a prorrogação de tais contratos, acabou por mitigar o teor do dever de licitar, consagrado no *caput* do dispositivo. De acordo com os autores: "[o]utra prova de que a Constituição não sobrevalorizou a licitação, mesmo na escolha de quem vai prestar serviço público, está em seu art. 175, parágrafo único, I. Terminado o prazo de vigência de uma concessão, será aberta uma disputa por meio de licitação entre potenciais interessados ou será mantido o concessionário anterior, por meio de prorrogação de seu contrato. É uma decisão política, evidentemente informada por elementos técnicos, mas em que o princípio de igualdade entre potenciais interessados não é o determinante. E a experiência histórica mostra que a opção de prorrogar é não só muito frequente como conveniente, inclusive para evitar os conflitos que o antigo concessionário tem todo interesse e a possibilidade de criar, na tentativa de se manter no negócio" (*idem, ibidem*, p. 34).

[243] Note-se que não somente a prorrogação de tais contratos constitui hipótese que subverte os limites materiais em questão. Isso porque, quando se analisa o regime jurídico de outros

Além dessa incompatibilidade, é possível que um eventual limite material geral ao *conteúdo* das alterações calcado no argumento do "dever de licitar" entre em conflito com outros postulados constitucionais cuja efetivação possa demandar a alteração dos contratos de concessão. Nesse sentido, vale lembrar que a CF/88, ao tratar sobre o regime de execução contratual, prevê a importância de, ao longo da execução da concessão, o concessionário manter *serviço adequado* (art. 175, parágrafo único, IV). Sendo assim, é possível que, para a manutenção do serviço adequado, seja necessária a realização de modificação que importe, em alguma medida, na alteração de parte do objeto originalmente licitado.

A depender das circunstâncias envolvidas em concreto, pode se mostrar muito mais conveniente a alteração a um contrato já existente do que o planejamento de uma nova concessão e a realização de um novo procedimento licitatório – ainda que, em tese, possível –, o que envolve o dispêndio de recursos elevados e demanda tempo, podendo, até mesmo, prejudicar a efetivação dos interesses dos usuários.

Ademais, uma leitura sistemática do texto constitucional também nos permite questionar a possibilidade de o *dever de licitar* servir como limite para alterações a contratos de concessão de serviços públicos em um contexto como o atual, no qual a prestação de serviços públicos mediante concessão, frequentemente, convive com a exploração de atividades materialmente idênticas sob regime mais flexível, como, por exemplo, mediante autorização – o que é, inclusive, admitido pelo texto constitucional (art. 21, XII, da CF/88). Em determinados casos, concessionários e autorizatários competem com forte assimetria de regime, que acaba por franquear aos autorizatários maior maleabilidade na forma de exploração das atividades e menores custos. Tal circunstância, somada à velocidade das transformações da atualidade, faz com que, não raro, alterações substanciais ao contrato sejam necessárias para que o concessionário possa se tornar ou, até mesmo, se manter competitivo, inclusive em benefício dos usuários.

---

contratos de natureza semelhante à das concessões de serviços públicos, verifica-se que têm sido admitidas outras hipóteses de alterações que, em tese, poderiam esbarrar no dito "dever de licitar". Para ilustrar, valho-me de exemplo, a saber: ampliação da área de terminais portuários para área contígua. A Lei dos Portos admite, de forma expressa, no art. 6º, que "[o] poder concedente poderá autorizar, mediante requerimento do arrendatário, na forma do regulamento, expansão da área arrendada para área contígua dentro da poligonal do porto organizado, sempre que a medida trouxer comprovadamente eficiência na operação portuária". Não foi estabelecida como requisito a necessidade de a referida área não poder ser objeto de licitação autônoma, o que traria algum tipo de limite material à alteração; na realidade, apenas foi indicada a necessidade de serem comprovados os ganhos de eficiência para a operação portuária.

Ainda em relação a esse suposto limite, é importante ressaltar que, quando o legislador quis impor como limite à alteração a observância das exigências estabelecidas no instrumento convocatório, ele o fez de forma expressa. Tomem-se como exemplo os requisitos para a transferência da concessão pelo concessionário a outra pessoa jurídica. A Lei Geral de Concessões impõe, como já mencionado, a prévia comprovação de que o interessado atende "às exigências de capacidade técnica, idoneidade financeira e regularidade jurídica e fiscal necessárias à assunção do serviço" (art. 27, §1º, I). Sendo assim, pode ser exagerado impor como limite material geral, de toda e qualquer alteração, a verificação quanto à possibilidade de afastamento dos *pressupostos de uma licitação*.

Diante disso, entendo que não cabe a invocação do *dever de licitar* – e seus corolários, quais sejam, inviabilidade de transmutação do objeto licitado e realização de alteração que envolva objeto passível de licitação autônoma – como limite material genérico ao objeto da mutabilidade dos contratos de concessão.

É importante destacar que isso não significa que estejam liberadas as alterações cuja *finalidade* seja, na prática, a burla de um processo licitatório. A realização de determinada alteração cuja razão de existir, na prática, seja o afastamento da regra da licitação e, portanto, que não se preste ao atingimento de outra finalidade que, à luz das circunstâncias em concreto, se mostre consentânea com o atingimento do interesse público, constituirá um desvio de finalidade, eivando de ilegalidade a alteração realizada. Esse reconhecimento, todavia, é muito diferente da definição apriorística de um limite material às modificações ou complementação do ajuste, pois sua aferição não dependerá do conteúdo material do aditivo ao contrato, mas, sim, da avaliação da veracidade e razoabilidade dos motivos invocados na motivação da alteração.

O *terceiro* limite material apontado, usualmente, ao conteúdo da mutação da concessão, usualmente apontado pela doutrina, seria a necessidade de *restabelecimento do equilíbrio econômico-financeiro do contrato*.

De acordo com a legislação, o restabelecimento do equilíbrio econômico-financeiro apenas pode ser considerado um limite material ao conteúdo de alteração a contratos de concessão nos casos de (i) alterações *unilaterais*, por força de expressa disposição legal (art. 9º, §4º, da Lei Geral de Concessões); ou de (ii) materialização de eventos externos e supervenientes que afetem significativamente a execução do contrato (art. 65, II, "d", da Lei Federal nº 8.666/1993, aplicável subsidiariamente às concessões).

No caso de alterações consensuais, embora possa ser recomendável, não há *obrigatoriedade* de restabelecimento do equilíbrio econômico-financeiro original. Em *primeiro*, porque o concessionário pode, caso queira, dispor do seu direito – inclusive na hipótese de existir um possível reequilíbrio que lhe beneficie. Em *segundo*, porque, mesmo para os casos em que se trate de hipótese de reequilíbrio contratual (decorrente da ocorrência de alguma das duas situações indicadas acima), já há reconhecimento legal no sentido de que direitos envolvidos na recomposição do equilíbrio econômico-financeiro dos contratos constituem "direito patrimonial disponível" para que a própria administração pública possa transigir (art. 31, §4º, I, da Lei Federal nº 13.448/2017; art. 32, §5º, da Lei Federal nº 13.140/2015; art. 2º, I, do Decreto Federal nº 10.025/2019). Inclusive, essa pode ser a solução mais adequada para ambas as partes, diante de um caso concreto, haja vista que o reequilíbrio de contratos de concessão envolve a adoção de um procedimento complexo, custoso e, usualmente, demorado. A depender do tipo de alteração que se pretende realizar, a própria finalidade da modificação pode ser frustrada na hipótese de ter que ser precedida de reequilíbrio econômico-financeiro (o que envolve a estrita observância da metodologia de recomposição setorial ou definida em contrato).

Por fim, em *terceiro*, porque, tal como já indicado para os limites materiais que se fundamentam no dever de licitar, aquele relacionado à necessidade de *reequilíbrio econômico-financeiro* do contrato poderia ser tido, quando muito, como um limite meramente *subsidiário* nas hipóteses de alteração *bilateral* dos contratos, haja vista que o objetivo da garantia ao equilíbrio econômico-financeiro das concessões não é, diretamente, estabelecer limites ao conteúdo de toda e qualquer alteração dos contratos de concessão.[244] A garantia do equilíbrio econômico-financeiro, da forma como prevista na legislação, visa proteger a incolumidade do sinalagma contratual no caso de ocorrência de (i) eventos supervenientes, externos ao contrato, que impactem de forma significativa a equação

---

[244] Como já apontei em obra sobre o tema do equilíbrio econômico-financeiro nas concessões: "A efetivação da garantia do equilíbrio econômico-financeiro nas concessões visa à efetivação da justiça substancial objetiva. Apesar dessa possibilidade, nada impede que a justiça substancial subjetiva, isto é, aquela relação de equivalência material ideal na concepção das partes, seja efetivada nos casos em que houver mútuo acordo para que isso ocorra. Inclusive, parece-me que esta opção seja preferível em relação à justiça substancial objetiva, que estabelece uma solução impositiva às partes nos casos em que o direito autoriza a invocação da garantia do equilíbrio econômico-financeiro. Por pressupor a existência de consenso entre as partes, o direito – tanto o público, como o privado – não se ocupa de estabelecer mecanismos para que seja efetivada. O mecanismo a ser utilizado, neste caso, é a renegociação" (*Equilíbrio na concessão*, 2019, p. 53-54).

econômico-financeira do ajuste; ou de (ii) exercício da prerrogativa de alteração unilateral (art. 9, §4º, e art. 10 da Lei Federal nº 8.987/1995). Não se presta, portanto, a garantia do equilíbrio econômico-financeiro a servir como limite ao conteúdo (ou à finalidade, ou ao motivo) de toda e qualquer alteração contratual – o que, na prática, poderia inviabilizar a própria mutabilidade dos contratos de concessão.

O *último* limite material ao conteúdo das alterações de contratos de concessão que se infere a partir da análise da doutrina (e que, doutrinariamente, é o mais controvertido) diz respeito à aplicação dos limites objetivos estabelecidos no art. 65 da Lei de Licitações. Compartilho o mesmo posicionamento dos autores já citados no subcapítulo 1.3.2, que refutam a aplicação dos referidos limites.

Vale destacar, tão somente, que, com a edição da Lei Federal nº 13.448/2017, tem perdido adeptos a corrente que defendia a aplicação dos limites da Lei Federal nº 8.666/1993 às concessões, haja vista que passou a ser prevista, a nível legal, a inaplicabilidade dos limites fixados na Lei Federal nº 8.666/1993 às alterações de contratos de concessão que visem à modernização, adequação, aprimoramento ou ampliação dos serviços (art. 22 da Lei Federal nº 13.448/2017).[245] Inclusive, o TCU, que possuía jurisprudência no sentido da necessidade de a alteração de concessões observar os limites previstos na Lei Federal nº 8.666/1993, já tem revisitado seu posicionamento, em julgados recentes, em decorrência do advento dessa nova lei.[246]

Diante do acima exposto, entendo que os limites *materiais* relativos ao possível *objeto* da alteração dos contratos de concessão, apontados pela doutrina, ou não constituem barreiras adequadas para a alteração

---

[245] Lei Federal nº 13.448/2017, art. 22: "As alterações dos contratos de parceria decorrentes da modernização, da adequação, do aprimoramento ou da ampliação dos serviços não estão condicionadas aos limites fixados nos §§ 1º e 2º do art. 65 da Lei nº 8.666, de 21 de junho de 1993".

[246] No âmbito do acompanhamento do primeiro estágio de desestatização referente à concessão das rodovias BR 101/290/386/448/RS (Rodovia de Integração do Sul – RIS), o ministro Bruno Dantas, no âmbito de julgado que resultou no Acórdão nº 1.174/2018-Plenário, ao indicar suas recomendações de aprimoramento à minuta de contrato de concessão, embora tenha entendido que seria importante a definição contratual de balizas objetivas para a alteração dos contratos de concessão, reconheceu que os limites previstos na Lei nº 8.666/1993 não seriam aplicáveis às concessões devido ao advento da Lei nº 13.448/2017, que, em seu art. 22, prevê, expressamente que "as alterações dos contratos de parceria decorrentes da modernização, da adequação, do aprimoramento ou da ampliação dos serviços não estão condicionadas aos limites fixados nos par. 1º e 2º da Lei n.º 8.666/93". Sobre a reversão da jurisprudência do TCU em relação ao tema, cf.: ALENCAR, Leticia Lins de. *Alteração do contrato de concessão*: algumas notas sobre a jurisprudência do Tribunal de Contas da União, 2020, p. 195-2010.

da concessão, ou, no máximo, podem servir como limitação em situações específicas. Ou seja, *não parece ser possível* extrair do ordenamento jurídico brasileiro *restrições genéricas* ao *conteúdo* de eventual alteração do contrato de concessão, aplicáveis ao objeto de toda e qualquer alteração do contrato de concessão.

Com efeito, a Lei Geral de Concessões, quando quis trazer limites ao conteúdo de eventuais alterações ou complementações de seus contratos, fê-lo de forma expressa e específica para casos concretos. Isso porque, para a realização de alterações específicas, a lei conferiu delineamentos precisos. A definição da validade do objeto ou conteúdo das alterações depende de avaliação da sua razoabilidade à luz da motivação apresentada, das finalidades perseguidas pela alteração e, mais especificamente, quando pertinente, dos limites materiais porventura aplicáveis à luz do disposto na legislação, regulamentação e dos próprios contratos.

Os limites materiais que costumam ser apontados pela doutrina devem ser repensados. Da análise do regime jurídico estabelecido na Lei Geral de Concessões, nota-se que houve uma opção deliberada no sentido de não estabelecer limites materiais rígidos aplicáveis para o conteúdo de toda e qualquer alteração. Não é possível, portanto, condicionar a validade de determinada alteração contratual à observância de limites materiais preestabelecidos ao seu conteúdo, já que, além de essa concepção não encontrar fundamento legal, não é desejável que haja, já que pode acabar por impedir modificações futuras que se revelem verdadeiramente essenciais à continuidade da prestação dos serviços ou do empreendimento concessório. Ou seja, limites materiais ao objeto das alterações, além de não ajudarem, podem, em verdade, atrapalhar.

Eventuais limites materiais ao conteúdo das alterações apenas devem ser admitidos quando expressamente previstos na legislação, nos próprios contratos ou em regulamentos aplicáveis ao setor em questão – o que, de forma alguma, afasta a necessidade de o objeto da alteração ou complementação ser razoavelmente capaz de satisfazer as finalidades almejadas e explicitadas no instrumento formal que introduz a alteração ou complementação ao ajuste.

De toda forma, antes de priorizar a regulamentação de limites *materiais* ao conteúdo da alteração, o ideal seria que os contratos e, também, regulamentos dedicassem maior tempo à regulamentação das especificidades *procedimentais* a serem observadas para diferentes tipos de alteração, sobretudo no tocante ao envolvimento de terceiros interessados e, também, aos requisitos a serem contemplados na fundamentação da alteração pretendida, a qual deve estar calcada em motivos comprovados e deve ser capaz de demonstrar a razoabilidade da solução adotada, unilateral ou bilateralmente, pelas partes.

5.5 Motivo: elementos de fato e de direito capazes de justificar a mutabilidade

O quinto requisito é o *motivo* ensejador da alteração ou complementação do contrato de concessão. Devido à sua pertinência, também vale tecer considerações a respeito da *motivação* do ato que introduz a mutabilidade.

Antes de adentrar às questões especificamente relacionadas aos motivos e à motivação exigida para a mutabilidade nas concessões, cabe pontuar o sentido dessas expressões.

O *motivo* pode ser entendido como o plexo de elementos de fato e de direito que, concretamente, fundamentam o ato. Como explica Antonio Carlos de Araújo Cintra, abrange, "de um lado, a situação de fato, que lhe é anterior, e sobre a qual recai a providência adotada e, de outro lado, o complexo de normas jurídicas por ele aplicadas àquela situação de fato".[247]

A *motivação*, por sua vez, nada mais é do que a exteriorização dos motivos que, em concreto, justificam a mutabilidade. Ou seja, é necessário que sejam explicitadas – e, mais do que isso, articuladas – as razões de fato e de direito que fundamentam a introdução de alteração ou complementação ao vínculo concessório, o que é, justamente, o objeto da motivação. Tratando sobre o tema, Celso Antônio Bandeira de Mello explica que:

> A autoridade necessita referir não apenas a base legal em que se quer estribada mas também os fatos ou circunstâncias sobre os quais se apoia e, quando houver discrição, a relação de pertinência lógica entre seu supedâneo fático e a medida tomada, de maneira a se poder compreender sua idoneidade para lograr a finalidade legal. A motivação é, pois a *justificativa* do ato.[248]

Uma vez compreendido o teor do motivo e da motivação, cabe avaliar as questões que se colocam em relação à observância desse requisito no âmbito da introdução de mutação às concessões. A *primeira*

---

[247] CINTRA, Antonio Carlos de Araújo. *Motivo e motivação do ato administrativo*, 1979, p. 97.
[248] MELLO, Celso Antonio Bandeira de. *Discricionariedade e controle jurisdicional*, 2012, p. 99.

delas passa por entender se é necessário que os motivos capazes de justificar a mutabilidade, no caso concreto, estejam previamente definidos, de forma exaustiva, em ato normativo anterior ou no próprio contrato de concessão para que a alteração ou complementação do contrato possa ser realizada. A *segunda* questão relevante diz respeito à obrigatoriedade ou não de a motivação ser veiculada, expressamente, no instrumento formal que introduz a mutabilidade – termo aditivo, ato administrativo ou acordo administrativo.

Em relação à primeira questão, relativa à necessidade de a mutabilidade estar respaldada em ato normativo ou contratual que previamente defina os motivos (de fato e de direito) capazes de autorizá-la, parece-me que, embora desejável, não é razoável supor que deva existir definição exaustiva de todos os motivos capazes de embasar toda e qualquer hipótese de alteração ou complementação do contrato de concessão.

Trata-se de um entendimento que, além de se basear na verificação empírica relatada ao longo do subcapítulo 3.1 desta tese,[249] decorre da própria natureza dos contratos de concessão. Em se tratando de contratos incompletos, seria incompatível com a própria natureza dos contratos de concessão exigir que exista um rol taxativo de motivos aptos a ensejar a alteração ou complementação dos contratos de concessão e que eles estejam expressos em lei, regulamento ou contrato. A mutabilidade é uma característica essencial para a própria sobrevivência desses ajustes durante o tempo – que costuma se estender por décadas –, e muitas das razões aptas a ensejá-la são imprevisíveis.[250]

Algumas situações fáticas e jurídicas, efetivamente, poderão encontrar fundamento legal, regulamentar ou contratual expresso. É o caso, exemplificativamente, das alterações promovidas com o objetivo de incorporar ao contrato (i) novas tecnologias e equipamentos

---

[249] Ao tratar sobre as tendências identificadas a partir da experiência das concessões no setor aeroportuário brasileiro, indiquei que uma delas diz respeito justamente à *impossibilidade de definição, apriorística, de todas as situações em que será necessária a alteração dos contratos* de concessão. A despeito dos esforços verificados, na regulação e nos contratos, no sentido de trazer certo grau de previsibilidade com relação às hipóteses que autorizam a alteração dos contratos, nota-se que, em concreto, a maior parte das modificações promovidas, especialmente pela via dos termos aditivos, não encontram fundamento expresso nos respectivos contratos de concessão ou na legislação setorial aplicável.

[250] Tratando sobre a dificuldade de antecipação das dificuldades a serem enfrentadas no âmbito da execução de tais contratos, Vera Monteiro defende que: "(...) é impossível antecipar todos os pontos de futuro conflito e acordar previamente uma solução para eles. (...) é própria do contrato de concessão sua incompletude, e contratos com essa característica normalmente importam a necessidade de serem feitas adaptações e de se permitir algum grau de flexibilidade durante sua vigência, para que possam se acomodar às mudanças ocorridas ao longo do tempo" (*Concessão*, 2010, p. 67-68).

para otimização da prestação dos serviços, bem como modificações para melhorar e expandir o serviço (art. 6º, §§1º e 2º, c/c art. 23, V, da Lei Geral de Concessões, além das disposições contratuais sobre o tema); (ii) mecanismo de restabelecimento do equilíbrio econômico-financeiro, decorrente da realização de processos de revisão ordinária ou extraordinária (art. 65, II, "d", da Lei de Licitações e art. 9º, §2º, da Lei Geral de Concessões, além das disposições contratuais sobre o tema); (iii) alteração do concessionário devido à transferência da concessão a outra pessoa jurídica (art. 27 da Lei Geral de Concessões).

Apesar disso, para inúmeras outras situações – talvez a maior parte delas – não haverá fundamento legal ou contratual específico. Não se deve entender que, para esses casos, a mutabilidade será vedada. Da mesma forma, como adverte Celso Antônio Bandeira de Mello, não cabe a suposição de que a administração poderá "agir sem motivos, isto é, sem apoio em fatos que lhe sirvam de base prestante para expedir o ato, ou que está livre para calçar-se em quaisquer fatos, sejam quais forem".[251]

Nos casos em que o motivo da mutabilidade não tiver sido previamente previsto em norma ou no contrato, será necessário esforço, por parte dos envolvidos (notadamente do órgão competente para decidir a respeito da mutabilidade), no sentido de correlacionar o motivo identificado em concreto à *finalidade legal maior a que a alteração visa atender*. As finalidades almejadas com a alteração, nesses casos, constituirão o próprio fundamento de direito subjacente à alteração, sendo necessário correlacioná-lo aos elementos fáticos concretamente verificados (que corresponderão aos motivos de fato implicitamente exigidos pela norma ou pelo contrato). Nesse sentido, vale transcrever os ensinamentos de Celso Antônio Bandeira de Mello:

> Por força disso, mesmo se a lei deixar de enunciar explicitamente os motivos, poder-se-á, através da índole da competência, da finalidade que visa prover, reconhecer perante que circunstâncias, ou seja, perante que motivos implícitos na lei, ela é utilizável.
> (...)
> Assim, ter-se-á de entender que, faltando explícita menção legal aos motivos propiciatórios de um ato, serão admissíveis apenas os que possam ser reputados implicitamente respaldados pela lei, por corresponderem a situações que demandaram a prática de um ato idôneo para atendimento da finalidade normativa.

---

[251] MELLO, Celso Antonio Bandeira de. *Discricionariedade e controle jurisdicional*, 2012, p. 93-94.

É de mister, pois, nestes casos, verificar se há relação de pertinência lógica, ou seja, de adequação à face de princípios encampados pelo Direito, entre a situação tomada como base para a prática do ato e a finalidade que a lei atribui à competência exercitada.[252]

Devido ao caráter relacional das concessões, determinada proposta de alteração ou complementação ao teor do contrato de concessão pode afetar direitos e interesses plurais. Não é por outra razão que se exige que seja franqueado espaço à participação dos eventuais agentes interessados no âmbito do processo administrativo em que se avalia a pertinência da mutabilidade, conforme já apontado no subcapítulo 5.3. Referida participação se presta, justamente, a evidenciar os diversos elementos fáticos e jurídicos existentes e que deverão ser sopesados pelo órgão competente para decidir a respeito da alteração ou complementação do contrato. Diante de cada situação apta a ensejar mutabilidade, existe um plexo de impactos e elementos que podem, em concreto, justificá-la ou rechaçá-la e que deverão, portanto, ser devidamente considerados e explicitados na motivação.

Marcos Augusto Perez ressalta a importância de o motivo, de fato e de direito, eleito no caso concreto para embasar a mutabilidade ser decorrência de uma investigação promovida no bojo de um processo administrativo. De acordo com o autor:

> (...) o motivo, enquanto fundamento de fato e de direito das ações administrativas, deve ser o resultado de uma atuação processual da Administração, atuação esta que demanda compromisso e isenção na produção e na análise das evidências factuais ou provas colhidas, ainda que técnicas, as quais serão mais extensas e complexas quanto maior forem, em tese, os efeitos, a repercussão, ou o eventual impacto social e econômico das decisões a serem tomadas.[253]

Sendo assim, a investigação dos motivos envolvidos na mutabilidade deverá ser empreendida no âmbito de um processo administrativo e, já adentrando à resposta da *segunda* questão colocada, deverá ser explicitada na motivação do ato que promove a alteração ou complementação do contrato.

Independentemente de a mutabilidade ser endereçada por meio de termo aditivo, ato administrativo ou acordo administrativo,

---

[252] *Idem, ibidem*, p. 94.
[253] PEREZ, Marcos Augusto. *Testes de legalidade*: métodos para o amplo controle jurisdicional da discricionariedade administrativa, 2020, p. 201.

é obrigatório que a *motivação* seja evidenciada. Mais do que mera boa prática, há exigência legal nesse sentido, conforme se depreende dos arts. 2º e 50, *caput* c/c §1º, da Lei Federal de Processo Administrativo. Trata-se de aspecto de suma relevância e cuja observância decorre do princípio democrático, que impõe à administração pública o dever de justificar e dar publicidade aos seus atos, viabilizando, com isso, inclusive o controle social.[254]

No entanto, da análise da experiência do setor aeroportuário, nota-se que esse aspecto tem sido, com alguma frequência, negligenciado, como relatado no subcapítulo 3.2.6. Uma hipótese que explica o cenário existente é a herança que, ainda hoje, se tem de uma administração pública marcada por traços de autoritarismo. Esse diagnóstico é apontado em tese defendida por Marcos Augusto Perez a respeito do controle da discricionariedade administrativa, ao pontuar que a "administração brasileira ainda possui hábitos claramente herdados dos largos períodos autoritários de nossa história", o que seria evidenciado justamente pelo fato de que, apesar dos avanços trazidos pela Lei Federal de Processo Administrativo:

> (...) [P]repondera, no cotidiano da Administração brasileira a decisão imotivada, prepondera ainda a visão unilateral e monolítica da burocracia sobre os modernos relatórios de impacto; prepondera a não oitiva dos interessados ante a utilização de consultas ou audiências públicas; prepondera, enfim, o informalismo e, portanto, a opacidade nas interações entre sociedade, o mercado e a administração.[255]

O diagnóstico não parece vir desacompanhado de certo esforço, doutrinário e legislativo, no sentido de corrigir as distorções verificadas. Com efeito, além do incremento das correntes doutrinárias que enfatizam a importância da motivação e de investigação consistente para identificar os elementos de fato, de direito e consequências envolvidas

---

[254] Como coloca Diego Zegarra Valdivia "(...) *el tema de la motivación tiene, desde sus bases, una importancia que transciende de ser considerada como un simple elemento que configura una declaración de la Administración, ya que ha venido a constituirse en un verdadero soporte no sólo de los derechos del ciudadano frente a la Administración, sin también de la propia eficacia de la actuación de la misma y de la labor de control de la judicatura. El deber de motivar es una exigencia de la una administración democrática porque el conjunto de ciudadanos pueden pretender conocer las razones por las cuales han sido tomadas las decisiones por aquellos que tienen a su servicio*" (*La motivación como elemento esencial del acto administrativo*, 2011, p. 148).

[255] PEREZ, Marcos Augusto. *Testes de legalidade*: métodos para o amplo controle jurisdicional da discricionariedade administrativa, 2020, p. 166.

na decisão,[256] nota-se profusão de atos normativos voltados a detalhar os atos procedimentais a serem obrigatoriamente praticados para a adequada identificação dos elementos de fato pertinentes ao caso e, também, a especificar o conteúdo do dever de motivação.

Nesse sentido, além de a Lei Federal de Processo Administrativo explicitar referido dever de motivar, outros atos normativos recentes têm se ocupado de detalhar o conteúdo da motivação.

Um deles é a Lei de Agências Reguladoras, que reforçou que a "agência reguladora deverá indicar os pressupostos de fato e de direito que determinarem suas decisões, inclusive a respeito da edição ou não de atos normativos" (art. 5º) e, além disso, impôs que tais decisões devem observar a "devida adequação entre meios e fins", o que será aferido, justamente, com base na motivação trazida (art. 4º). Vale ressaltar que, nessa mesma lei, foram trazidas outras exigências procedimentais especificamente aplicáveis no âmbito da edição de atos normativos, como, por exemplo, a obrigatoriedade de prévia realização de AIR, consultas e audiências públicas, que visam, justamente, munir o órgão público competente de informações acerca dos impactos e elementos concretos que deverão ser levados em consideração para avaliar se é ou não o caso de promover a alteração ou complementação do contrato. Nos casos em que a mutação for introduzida por meio de atos normativos, todos esses elementos deverão ser abordados na motivação do ato – haja vista que coincidem com o plexo de motivos aptos a embasar a alteração –, bem como as razões que levaram o órgão ou entidade a priorizar alguns deles em detrimento de outros.

Além dessa lei, vale fazer referência às disposições da LINDB, conforme alterações introduzidas pela Lei Federal nº 13.655/2018. Em meio às normas previstas, coloca-se que, nas decisões tomadas na esfera

---

[256] Além dos demais autores já mencionados neste subcapítulo, vale citar Luís Roberto Barroso, que, tratando sobre a alteração de contratos administrativos, reforça a importância da motivação: "[c]abe ao administrador justificar, de maneira explícita, por que considera necessária a alteração – à vista do interesse público, da eficiência e da economicidade – e por que, igualmente, está convencido de que não há qualquer ilicitude em seu procedimento, considerando as exigências associadas à igualdade, à impessoalidade e probidade". Ainda, coloca que "[o] dever de motivar as decisões administrativas, além de um princípio geral derivado do Estado de Direito republicano, do qual decorre para todos os agentes públicos a obrigação de prestar contas, é expressamente referido pela legislação quando se trata da alteração de contratos administrativos" (*Contratos administrativos*: limites e possibilidade de alteração, 2013, p. 427 e 428). De forma semelhante, Fernando Vernalha Guimarães aponta que: "[a] relação de pertinência lógica com os elementos contratuais visados pela alteração será capturada pela motivação produzida pelo Poder Público; deve haver um atendimento à exigência de suficiência de motivação do ato. É a necessidade de adequação do pressuposto fático à sua finalidade. A modificação do vínculo contratual deve conter suficiente motivação a lhe dar validade" (*Uma releitura do poder de modificação unilateral dos contratos administrativos (ius variandi) no âmbito das concessões de serviços públicos*, 2000, p. 122).

administrativa, "a motivação demonstrará a necessidade e a adequação da medida imposta (...), inclusive em face das possíveis alternativas" (art. 20, parágrafo único). Trata-se de exigência que se impõe do órgão competente para decidir, em última análise, a respeito da introdução de mutação à concessão.

Sendo assim, não resta dúvida quanto à obrigatoriedade de a motivação para a introdução de mutação na concessão ser explicitada, não somente no processo administrativo correspondente, mas também no *instrumento formal* que a endereça, seja ele ato administrativo, termo aditivo ou acordo administrativo. Trata-se de exigência que decorre do caráter relacional das concessões. Independentemente do veículo introdutor da mutação, a motivação se presta a conferir a devida publicidade, a todos os interessados pela execução da concessão, com relação aos motivos, de fato e de direito, prestigiados em concreto, viabilizando, dessa forma, o exercício de direitos por parte dos afetados e o controle posterior.

5.6 Finalidade: resultado esperado com a mutação que se pretende introduzir

Por fim, o sexto requisito de validade se relaciona com a *finalidade* da mutabilidade. A finalidade nada mais é do que o objetivo maior que se pretende atingir por meio da alteração ou da complementação do contrato de concessão no caso concreto.

A relevância do objeto de contratos de concessão, que envolvem a prestação de serviços públicos ou a exploração de empreendimentos relevantes, leva muitos autores a defender que a mutabilidade deve ser admitida, desde que se preste a atender o *interesse público*. Nisso, não parece que exista mudança significativa em relação à teorização dos atos administrativos, que costuma identificar que a sua finalidade será, justamente, a satisfação do "interesse público". Como coloca Odete Medauar, ao tratar sobre o fim dos atos administrativos:

> O agente competente, em vista de circunstâncias de fato e de razões de direito, edita um ato administrativo que produzirá um efeito prático, com o objetivo de obter uma consequência final, o fim, traduzido como interesse público. O interesse público é a meta a ser atingida mediante o ato administrativo.[257]

---

[257] MEDAUAR, Odete. *Direito administrativo moderno*, 2013, p. 157.

A referida abordagem doutrinária pode acabar simplificando a complexidade do assunto ao estatuir que a modificação ou complementação dos contratos de concessão deve ser voltada ao *atendimento do interesse público*.

Em *primeiro*, isso se deve ao fato de que não há um único interesse público envolvido em cada situação na qual, em concreto, se discuta a alteração ou complementação do contrato de concessão. Ao contrário. Na realidade, é possível (e, mais do que isso, frequente) que existam diferentes interesses (públicos e privados), complementares ou, até mesmo, conflitantes entre si.[258]

Em *segundo*, porque esse tipo de colocação, não raro, pode gerar a crença de que apenas seriam legítimas alterações que se prestem a beneficiar, exclusivamente, os usuários ou o erário, e isso pode trazer insegurança jurídica a alterações ou complementações realizadas em decorrência de outras situações – em que o eventual "interesse público" não corresponda, estritamente, ao atendimento do interesse dos usuários ou do erário e que são legitimamente admitidas à luz do ordenamento jurídico brasileiro.

Em *terceiro*, porque a própria dicotomia entre interesse público e interesse privado é passível de críticas[259] e, especificamente no caso das concessões, espera-se, dos órgãos competentes para decidir a respeito da mutabilidade, justamente uma composição dos diferentes interesses envolvidos. A respeito do tema, vale transcrever as ponderações de Pedro Gonçalves, segundo o qual:

---

[258] A falta de homogeneidade dos diferentes interesses envolvidos na concessão é apontada por Marçal Justen Filho como fator que dificulta defender a existência de um único interesse público no âmbito das concessões. De acordo com o autor: "(...) alude-se a 'interesse público' e a 'interesse privado' tal como se o Estado, Sociedade e iniciativa privada fossem titulares de interesses únicos, unitários, homogêneos. Assim não o é. Muito ao contrário, as diversas posições jurídicas dos sujeitos envolvidos na concessão compreendem necessidades, conveniências e interesses complexos e heterogêneos, tanto no que toca ao prisma estatal como quanto ao âmbito privado. Há uma pluralidade de interesses público e privados, inconfundíveis e reciprocamente excludentes, que não podem ser considerados como se fossem homogêneos" (*Teoria geral das concessões de serviço público*, 2003, p. 12).

[259] Segundo Humberto Ávila, "[o] interesse privado e o interesse público estão de tal forma instituídos pela Constituição brasileira que não podem ser separadamente descritos na análise da atividade estatal e de seus fins. Elementos privados estão incluídos nos próprios fins do Estado (p. ex. preâmbulo e direitos fundamentais). Por isso, afirma Häberle, referindo-se à Lei Fundamental Alemã, muito menos insistente na proteção da esfera privada do que a brasileira: 'exagerando: o interesse privado é um ponto de vista que faz parte do conteúdo de bem comum da Constituição'. Em vez de uma relação de contradição entre os interesses privado e público há, em verdade, uma conexão estrutural ('ein struktureller Zusammenhang'). Se eles – o interesse público e o privado – são conceitualmente inseparáveis, a prevalência de um sobre o outro fica prejudicada, bem como a contradição entre ambos" (*Repensando o 'princípio da supremacia do interesse público sobre o particular'*, 2007, p. 13-14).

Embora, como se acabou de ver, a fórmula não seja nova, continua a ser rigoroso dizer-se que o regime da concessão deve assegurar um justo equilíbrio dos interesses. Por outras palavras, o regime da concessão deve salvaguardar simultaneamente o interesse privado do concessionário e o interesse público inerente ao serviço.[260]

Diante disso, a abordagem da *finalidade* a partir da perspectiva do interesse público não será acolhida nesta tese. Ao invés disso, a identificação das condicionantes jurídicas que permeiam a observância desse requisito levará em consideração as principais questões que se colocam em torno do tema.

A *primeira* delas consiste em entender *quais as finalidades capazes de justificar a validade* do ato que introduz mutabilidade à concessão. A *segunda* decorre da dúvida quanto à possibilidade de a *finalidade* do ato que introduz mutabilidade *coincidir com a satisfação* de eventual *interesse, exclusivo ou não, do concessionário*.

Em relação à primeira questão colocada, da análise do arcabouço jurídico existente, é possível que, em concreto, se verifique alguma das seguintes situações: (i) a finalidade da mutação pretendida está expressamente prevista em ato normativo ou no contrato; e (ii) a finalidade da mutação pretendida, ainda que não esteja expressamente prevista, pode ser inferida a partir de normas principiológicas gerais ou dos objetivos estabelecidos na política pública setorial ou no próprio contrato de concessão.

No primeiro caso, não restará dúvida quanto à finalidade que, em concreto, deve estar envolvida na mutabilidade para que a alteração ou complementação seja considerada válida. A título de exemplo, é a situação que se tem nos casos em que, no setor aeroportuário, o concessionário celebra com o poder concedente termo aditivo ao contrato de concessão com o objetivo de viabilizar a relicitação do empreendimento concessório. Nesses casos, a própria lei estabelece como condicionante do processo de relicitação a formalização de termo aditivo com o contratado, que deverá conter, entre outros elementos: (i) a aderência do concessionário à relicitação do empreendimento e à posterior extinção amigável dos ajustes originários; (ii) a suspensão das obrigações de investimento vincendas a partir da celebração do aditivo e as condições mínimas de prestação dos serviços; (iii) o compromisso arbitral entre as partes com previsão de submissão, à arbitragem ou a outro mecanismo

---

[260] *A concessão de serviços públicos (uma aplicação da técnica concessória)*, 1999, p. 173-174.

privado de resolução de conflitos, de questões que envolvam cálculo de indenização (art. 15 da Lei Federal nº 13.448/2017).

No entanto, nem sempre será possível identificar, em normas aplicáveis ou nos termos originais do contrato de concessão, as finalidades específicas a serem satisfeitas em cada situação em que o vínculo poderá ser alterado ou complementado. Entendimento diverso, como já apontado no subcapítulo 5.5, seria contrário à própria natureza dos contratos de concessão, que são naturalmente incompletos e sujeitos a cambiantes circunstâncias ao longo de sua execução, que podem demandar ajustes.

Nesses casos, parece-me que poderão ser promovidas alterações ou complementações ao teor do contrato de concessão original, desde que evidenciado que sua finalidade é compatível com a satisfação das *finalidades gerais objetivadas pelo empreendimento concessório*. Tais finalidades podem ser extraídas, implicitamente, de normas de caráter principiológico, trazidas na Lei Geral de Concessões, na política pública setorial ou, conforme recomendado no subcapítulo 4.3.1, no próprio contrato de concessão (por meio de seus *considerandos*, cláusulas principiológicas, que explicitem as finalidades maiores envolvidas na contratação, ou dos documentos que embasaram a sua celebração e que evidenciem os objetivos do empreendimento concessório).

Por fim, em relação à segunda questão, relativa à possibilidade de a *finalidade coincidir com a satisfação* de eventual *interesse do concessionário*, parece-me que não há impedimento para que a mutabilidade vise à satisfação do interesse do concessionário, ainda que de forma exclusiva. Apesar disso, há um condicionamento jurídico a ser observado, relativo à necessidade de autorização legal ou contratual expressa.

A despeito de os contratos de concessão serem naturalmente mutáveis, houve intenção do legislador no sentido de restringir (não vedar, frise-se) alterações cuja finalidade seja, *exclusivamente*, atender aos interesses do concessionário. Isso porque o art. 4º, inciso IV, da Lei da Ação Popular prevê a necessidade de eventuais modificações em favor do adjudicatário estarem *expressamente previstas em lei* ou no *contrato de concessão*. Diante disso, não podem tais alterações ser livremente realizadas nos casos em que não houver fundamento legal ou contratual e elas, tampouco, forem compatíveis com o interesse dos usuários ou com o princípio da continuidade da prestação dos serviços públicos.

Para outras situações – em que a mutação visa satisfazer interesses outros, como, por exemplo, a solução mais adequada da perspectiva da administração pública, dos usuários ou do êxito do empreendimento concessório como um todo –, parece-me que não há necessidade de a finalidade estar expressamente prevista, ainda que também atenda ao interesse do concessionário, haja vista que compatível com a natural mutabilidade das concessões e finalidades genericamente admitidas pelas normas aplicáveis às concessões.

CONCLUSÃO

O propósito desta tese foi a investigação acerca dos condicionamentos jurídicos que, em concreto, devem nortear a introdução de mutabilidade nas concessões, entendida como alteração ou complementação do contrato. Tal como muitos outros temas do direito administrativo, o da mutabilidade das concessões é um daqueles em relação ao qual há pouco consenso.

Desde a origem das teorizações a respeito das concessões de serviços públicos, o traço da mutabilidade já se encontrava presente. Com efeito, não fosse a necessidade de assegurar a adaptabilidade do ajuste, não teria havido tamanho esforço para a criação das prerrogativas ditas "exorbitantes" em relação ao direito privado, notadamente aquela que confere à administração pública o poder de alterar unilateralmente o contrato.

No entanto, de lá pra cá, houve inegável evolução no tratamento doutrinário dispensado ao tema da mutabilidade das concessões nos últimos anos, o que se deve à combinação de, pelo menos, cinco fatores principais.

O *primeiro* é a influência produzida pelas *teorias dos custos de transação*, dos *contratos incompletos* e dos *contratos relacionais* em relação aos contratos de concessão. O *segundo* é a significativa *experiência acumulada com projetos concessórios* desde a edição da Lei Geral de Concessões, que tornou evidentes as fragilidades das concepções originais e a necessidade de evolução em relação a certos temas. O *terceiro* é o fato de que os termos relativamente abertos da *Lei Geral de Concessões permitem evolução na interpretação* em relação às suas normas. Um *quarto* elemento a ser considerado é o fato de que, com o tempo, foram editadas novas leis que consolidam um *modelo de atuação consensual da administração pública*, que passa a permear a etapa de elaboração e de execução dos contratos de concessão. Por fim, o *quinto* fator decorre da atuação, em certos setores, de *agências reguladoras*, dotadas de maior tecnicidade e atentas à realidade de cada setor, e que, por meio do exercício de suas atribuições, trazem n*ovos elementos à dinâmica de modificação de contratos de concessão*.

Para fins didáticos, é possível identificar três abordagens doutrinárias distintas adotadas, ao longo dos anos, para tratar sobre o tema da mutabilidade das concessões.

Nota-se uma *primeira abordagem*, que enxerga a mutabilidade na concessão como sinônimo de *alteração unilateral*. Dos trabalhos doutrinários que adotam essa concepção, infere-se: (i) a tendência de supervalorização à prerrogativa unilateral, que esgotaria, em si mesma, o fenômeno da mutabilidade nos contratos de concessão; e (ii) a praxe de atrelar a ideia de mutabilidade dos contratos à necessidade de manutenção do equilíbrio econômico-financeiro original.

Há uma *segunda abordagem doutrinária* identificada, em que o foco se desloca para a identificação de supostos *limites materiais* ao conteúdo das alterações aos contratos de concessão. Uma vez reconhecido que a alteração dos contratos é da sua essência, tal doutrina discute "o que" pode ser alterado. Parte da doutrina defende que, embora alterações devam ser admitidas, a imposição de limites materiais ao objeto (ou conteúdo) da alteração seria capaz de compatibilizar a necessidade de alteração com a preservação do princípio da *moralidade* e da *impessoalidade*. Ainda hoje possui força o entendimento segundo o qual a definição de limites materiais ao conteúdo da alteração é mandatória, sendo variável, contudo, a sua definição – entendimento com o qual não coaduno, conforme detalhado nos subcapítulos 1.2.2 e 5.4.[261]

Por fim, identifico uma *terceira abordagem*, mais atual, em que passa a ser reconhecida a importância de uma ampla mutabilidade (já não mais limitada apenas à hipótese de alteração unilateral), sendo discutidos os *mecanismos capazes de permitir que a mutação possa ser introduzida* de forma adequada (inclusão de cláusulas prevendo renegociação, mediante complementação da regulação contratual pela via da regulação por agência, entre outros). Também tem sido enfatizada a possibilidade de a mutabilidade dos contratos envolver não somente a mera *alteração* do ajuste, mas também a sua *complementação*, o que pode se dar, inclusive, pela via da *regulação por agência*. Por fim, devido ao caráter relacional das concessões e às externalidades negativas do modelo tradicional de alteração de contratos, a alteração unilateral de tais contratos passa a ser, paulatinamente, questionada.

---

[261] Os limites de *natureza material*, em resumo, dizem respeito ao *conteúdo* (ou o objeto) da alteração e estabelecem a impossibilidade de a modificação: (i) alterar ou transmutar a natureza do objeto licitado; (ii) envolver objeto passível de licitação autônoma; (iii) não restabelecer o equilíbrio econômico-financeiro; e, para alguns doutrinadores, em casos determinados, (iv) deixar de observar os limites quantitativos estabelecidos na Lei nº 8.666/1993. Em relação a eles, algumas ponderações e reservas me parecem pertinentes. A meu ver, os limites *materiais* à alteração do conteúdo dos contratos de concessão, apontados pela doutrina, ou não constituem barreiras adequadas para a alteração da concessão, ou, no máximo, podem servir como limitação em situações específicas.

Parte das concepções doutrinárias mais atuais, como demonstrado nesta tese, é compatível com o regramento constitucional e legal aplicável às concessões de serviços públicos.

Ao prever o *caráter especial* do contrato de concessão (parágrafo único do art. 175), parece-me que a CF/88 reconheceu que a concessão possui particularidades e não se confunde com o contrato administrativo típico. É justamente em decorrência das características da concessão que se infere seu caráter incompleto, que a torna naturalmente mutável – condição esta necessária para a consecução de uma de suas finalidades primordiais, previstas, inclusive, constitucionalmente, a saber: prestação de serviço adequado. Também se inferem do texto constitucional os elementos *relacionais* que têm sido enaltecidos pela doutrina mais atual, como, por exemplo, a proteção aos direitos dos usuários (parágrafo único do art. 175) e demais preceitos que reclamam maior envolvimento e participação dos administrados no exercício da atividade administrativa e na gestão dos serviços públicos (art. 5º, LIV, LV e XXXIV, "a", do art. 37, *caput*, e do art. 37, §3º).

Também da perspectiva da Lei Geral de Concessões parte dessas tendências possui amparo, já que a lei tem preocupação no sentido de assegurar que a introdução de mutação possa ocorrer de forma adequada e compatível com a natureza jurídica dos contratos de concessão. Nesse sentido, além das tradicionais hipóteses de alteração unilateral e de reequilíbrio decorrente de fato superveniente, há previsão quanto à possibilidade de inserção de cláusulas de renegociação ou revisão, de integração/complementação do contrato pela via normativa (o que vem ocorrendo, sobretudo, pela atuação das agências reguladoras, que exercem atribuições típicas de poder concedente) e de envolvimento de terceiros, mediante utilização de mecanismos alternativos de resolução de controvérsias (conciliação, mediação, *dispute boards*, arbitragem etc.). Em qualquer caso, devem a transparência, a consensualidade e a cooperação entre as partes nortear o comportamento de todos os envolvidos no âmbito da elaboração e execução desses contratos.

Dentre os principais traços característicos da mutabilidade na concessão e que se inferem dessa lei, vale mencionar as normas que (i) reconhecem a possibilidade de o teor dos contratos ser integrado e complementado por normas estabelecidas para regular a prestação dos serviços (art. 4º, art. 29, I e II, e art. 31, I e IV) e, portanto, a regulação por agência, devendo ser respeitada, contudo, a *reserva de contrato* para que certos temas sejam disciplinados (art. 23); (ii) evidenciam, como finalidade das concessões, a manutenção da prestação de serviços adequados (art. 6º), o que pode fundamentar a alteração ou complementação do contrato em situações variadas, ainda que não expressamente admitidas na lei ou no contrato; (iii) buscam trazer maior previsibilidade à mutabilidade que possa ser antevista à época da elaboração dos contratos, sugerindo que os contratos estabeleçam cláusulas de revisão ou renegociação (art. 9, §2º, e art. 23, V); (iv) sinalizam que a *lei não teve a intenção de fixar limites materiais gerais*, aplicáveis a toda e qualquer alteração, tendo em vista que, quando reputou necessário, a lei o fez de forma expressa (art. 9º, §4º, art. 27, art. 26), diferentemente do que fez a Lei Federal nº 8.666/1993; (v) reforçam o caráter relacional das concessões, mediante incentivo à *transparência, à postura colaborativa e ao envolvimento dos interessados*, notadamente os usuários, na gestão das concessões, o que deve ser observado, inclusive, nos casos em que o poder concedente opta pela realização de alterações unilaterais.

Diante disso, verifica-se que parte das abordagens doutrinárias atuais a respeito do tema da mutabilidade nas concessões está em linha com as diretrizes fixadas na CF/88 e na legislação geral de concessões. Apesar disso – e dos inegáveis avanços constatados na doutrina nacional –, nota-se que essas abordagens nem sempre tratam sobre o fenômeno da mutabilidade de forma completa, sistematizada e atenta aos paradigmas e problemas atuais decorrentes da praxe concessória. A rigor, da análise da praxe concessória, nota-se que certas questões não têm sido adequadamente endereçadas, o que pode ensejar insegurança jurídica e práticas inadequadas.

Para ilustrar, tomei como base a experiência do setor aeroportuário. A pesquisa realizada a partir desse setor específico, embora não esgote a experiência concessória, se presta a ilustrar algumas das tendências, boas práticas e pontos de atenção que reclamam cautela na interpretação do ordenamento jurídico e introdução de mutação nas concessões em geral.

Realmente, com base na avaliação desse setor,[262] nota-se o caráter dinâmico e complexo da introdução de mutação às concessões, o que reforça a classificação desses contratos como incompletos e relacionais.

---

[262] Para identificar o tratamento conferido pelos contratos de concessão ao tema, foi selecionado, ao menos, 1 (um) empreendimento concessório representativo de cada rodada de concessões aeroportuárias cujo contrato tenha sido firmado até maio de 2021. A partir disso, foram mapeadas as disposições contratuais que tratam, expressamente, sobre: (i) hipóteses de modificação do contrato; (ii) procedimento para alteração do contrato; e (iii) abertura à complementação ou integração posterior do contrato, por meio de acordo entre as partes, solicitação da concessionária, determinação do poder concedente ou edição de atos normativos pela ANAC, na qualidade de órgão regulador.

Trata-se de uma consciência que está presente desde a estruturação dos projetos concessórios e permeia, também, sua execução.

Foi possível identificar oito tendências de boas práticas com base na experiência do setor aeroportuário: (i) constatação da impossibilidade de definição apriorística, no contrato de concessão, de todas as hipóteses aptas a ensejar mutação ao contrato, haja vista que a maior parte das alterações realizadas, ao longo do tempo, aos contratos de concessão analisados não possuía fundamento expresso em contrato ou na legislação setorial e, portanto, não era regulamentada; (ii) possibilidade de adoção de instrumentos formais diversos para introduzir mutabilidade nas concessões, tais como termos aditivos, atos administrativos (normativos ou não; que consubstanciem determinações unilaterais ou não; que decorram de processos contenciosos ou não) e, também, acordos administrativos (ainda que, em relação a estes, não haja praxe consolidada nesse setor); (iii) esforço de, dentro daquilo que é possível antever à época da estruturação do contrato, torná-lo permeável a alterações por meio da incorporação de cláusulas tratando sobre a sua posterior integração ou modificação; (iv) busca, na prática, pela predefinição dos procedimentos que devem nortear a introdução de mutação; (v) crescente preocupação no sentido de assegurar que os diferentes interesses envolvidos na execução do contrato de concessão sejam considerados na introdução de mutação; (vi) impossibilidade de identificação de limites materiais gerais e apriorísticos ao objeto de qualquer alteração, haja vista que se nota que, quando pertinente, são estabelecidas restrições específicas; (vii) baixa preocupação com a edição de regulamentos voltados a disciplinar aspectos técnicos sobre a forma de prestação dos serviços concedidos, sendo atribuída ampla autonomia ao concessionário para definir a forma de prestação dos serviços; (viii) utilização da regulação por agência para integração do contrato.

Além dessas boas práticas e tendências, também é possível inferir certos desafios e problemas a partir da análise da experiência desse setor, nem sempre adequadamente capturados pelas abordagens doutrinárias mais modernas. Em resumo, foi possível mapear oito aspectos críticos, a saber: (i) alterações unilaterais têm sido realizadas sem que haja concomitante restabelecimento do equilíbrio econômico-financeiro; (ii) adoção de instrumento formal inadequado (atos normativos) para promover alterações unilaterais disfarçadas; (iii) omissão contratual sobre aspectos essenciais da concessão para posterior integração pela via da regulação por agência, notadamente temas em relação aos quais a legislação exige que sejam disciplinados por instrumento de natureza contratual, o que refiro como "reserva de contrato" (art. 23

da Lei Geral de Concessões); (iv) usurpação de competências do órgão regulador pelo ente político; (v) conservadorismo na realização de alterações essenciais devido à má compreensão do fenômeno da mutabilidade, notadamente nos casos em que, para realizá-la, foram editadas leis específicas para autorizá-las, o que decorre da falta de clareza quanto aos requisitos a serem considerados para a introdução de mutabilidade; (vi) pouca preocupação no sentido de explicitar, no próprio instrumento que introduz a mutação, os motivos, de fato e de direito, que culminaram na celebração do termo aditivo, o que dificulta a sua compreensão e se mostra incompatível com o caráter relacional dos contratos de concessão; (vii) a depender do instrumento formal utilizado para introduzir mutação aos contratos de concessão, nota-se baixo grau de envolvimento dos agentes afetados pela alteração pretendida; e, por fim, (viii) utilização do poder regulamentar para alterar ou complementar o conteúdo econômico dos contratos, sem avaliação de impactos no equilíbrio econômico-financeiro dos contratos em vigor.

Com base nos elementos colhidos a partir da experiência desse setor, que trazem boa dose de realismo à avaliação do intrincado tema da mutabilidade das concessões, nota-se que a dificuldade de compreensão quanto aos condicionamentos jurídicos que deverão nortear a introdução de mutação faz com que aspectos cruciais, que deveriam norteá-las, deixem de ser observados e, disso, surgem inúmeros problemas, conforme indicado acima.

Esse panorama reforça a importância de se responder à principal questão que norteou a elaboração da presente tese: qual é o regime jurídico para a introdução de mutação às concessões de serviços públicos?[263]

---

[263] Vale destacar que, já próximo da finalização desta tese, no segundo semestre de 2021, foi publicada obra intitulada *A mutabilidade nos contratos de concessão*, pela Editora Malheiros, de Flávio Amaral Garcia, que decorre de tese de doutoramento defendida por esse autor acerca do tema na Faculdade de Direito da Universidade de Coimbra. Apesar da semelhança quanto ao objeto de estudo por ambas as teses, os trabalhos desenvolvidos guardam particularidades, não somente pela diferença de metodologia e de abordagem, como, também, em função das ideias sustentadas em cada um deles. Em especial, Flávio Amaral Garcia, em sua tese, atribui forte centralidade e protagonismo aos contratos de concessão na definição do regime jurídico da mutabilidade, o que decorreria, na visão do autor, da existência de lacunas na legislação brasileira em relação a variados aspectos da mutabilidade, inclusive para tratar sobre o procedimento a ser observado (*A mutabilidade nos contratos de concessão*, 2021, p. 326). Nesse ponto, já é possível identificar uma primeira diferença sutil, porém essencial. Isso porque, a meu ver, embora haja espaço para a definição contratual de uma série de aspectos acerca da mutabilidade, defendo, nesta tese, que é possível extrair balizas do ordenamento jurídico brasileiro para nortear a introdução de mutação, ainda que haja silêncio do contrato, que trazem densidade normativa ao princípio do devido processo legal, que deverá, em concreto, nortear a elaboração dos contratos, mas, também, a veiculação de alterações ou complementações ao seu teor em meio à etapa

Em resposta a essa indagação, a tese defendida é que, ainda que não seja possível identificar, propriamente, um regime jurídico único, capaz de nortear a introdução de mutação às concessões em todo e qualquer setor – o que decorre da natureza jurídica dos contratos de concessão, da pluralidade de leis e particularidades setoriais envolvidas, que torna desaconselhável a definição de um regramento rígido aplicável a toda e qualquer hipótese de alteração ou complementação –, parece-me possível tecer considerações a respeito dos *condicionamentos jurídicos mínimos e gerais* que devem nortear, na prática, a introdução de mutação.

Seu delineamento pode ser extraído a partir da interpretação dos dispositivos normativos de caráter geral que tratam sobre o tema (em especial, da CF/88 e da Lei Geral de Concessões) à luz de uma interpretação alinhada com as características e finalidades do instituto da concessão de serviços. Esses *condicionamentos jurídicos* estabelecem limitação à atuação das partes nele envolvidas e, em especial, ao órgão ou entidade pública que exerça atribuições típicas de poder concedente, que estarão sujeitas à observância de determinados *atos procedimentais* e ao dever de articular e refletir certos *elementos substanciais* no processo administrativo voltado à elaboração do contrato ou à introdução da mutação, já durante a etapa de execução. Dessa forma, verifica-se que tais condicionamentos jurídicos mínimos constituem balizas para que a mutação seja introduzida em conformidade com o postulado do devido processo legal.

Os condicionamentos jurídicos gerais podem ser avaliados de acordo com os diferentes momentos da vida de uma concessão: (i) a etapa de estruturação da concessão; e, por fim, (ii) a etapa de concessão.

Isso porque o fenômeno da mutabilidade é influenciado e condicionado, em boa medida, pelo desenho contratual estabelecido, tratando-se de premissa que deve estar presente durante o processo de elaboração do contrato de concessão. Apesar da relevância da etapa de

---

de execução. Além disso, um segundo aspecto em que tampouco se verifica convergência diz respeito ao tema da existência de limites materiais gerais ao objeto das concessões. Diferentemente do que sustento nesta tese, Flávio Amaral Garcia defende a existência de limites materiais ao escopo da mutação e, por isso, enxerga nos princípios da concorrência e da intangibilidade do objeto contratual restrições ao objeto da alteração. Por fim, esse autor também atribui papel central à regulamentação do equilíbrio econômico-financeiro para a introdução de mutação aos contratos de concessão, o que, nesta tese, sustento, no subcapítulo 5.4, tratar-se de condicionamento jurídico específico para situações determinadas e, portanto, não para toda e qualquer hipótese de introdução de mutação. Trata-se apenas de algumas das diferenças existentes entre ambas as teses.

estruturação, é inegável que o fenômeno se reveste de corpo e forma durante a execução do contrato, sendo imprescindível a sua avaliação também a partir dessa perspectiva. Por tais motivos, entendo pertinente a identificação dos condicionamentos jurídicos que devem nortear a introdução da mutabilidade em meio a ambas as etapas.

No âmbito do processo de *estruturação da concessão*, entendo, primeiramente, recomendável a observância de cautelas relevantes durante a própria *construção da política pública setorial* (da qual a concessão será um instrumento para sua efetivação). O instrumento de planejamento setorial deve ser construído com o envolvimento dos diferentes agentes afetados, bem como com foco na clara definição das *finalidades almejadas*, tendo em vista que os objetivos maiores da política pública definida devem servir de diretriz durante a elaboração e gestão das concessões (e, consequentemente, para justificar a pertinência ou não da introdução de mutabilidade aos contratos em momento futuro).

Em *segundo*, é necessária a adoção de *instrumentos de governança pública* também em meio ao processo de elaboração dos contratos de concessão. A depender dos expedientes utilizados em concreto, é possível que o grau de envolvimento dos diferentes atores relevantes seja variável. Alguns deles pressupõem uma participação direta e constante durante toda a modelagem dos projetos; outros, um envolvimento pontual. São variadas as ferramentas que podem ser manejadas com esse propósito, tais como PMI, PNS, consultas e audiências públicas, e reuniões com *stakeholders*. Tais instrumentos são capazes de contribuir para a elaboração de contratos mais adequados (com redução dos custos de transação da perspectiva da administração, tendo em vista as informações enviadas espontaneamente pelos agentes impactados), bem como para mitigar ou, pelo menos, reduzir a assimetria informacional e a racionalidade limitada do órgão ou entidade pública responsável pela modelagem.

Em *terceiro*, no processo de estruturação dos contratos, os órgãos competentes devem buscar introduzir aos contratos *cláusulas* que, durante a gestão do contrato, permitirão que a mutação seja introduzida de forma mais previsível e adequada, a fim de que não sejam inobservados os condicionamentos jurídicos que, obrigatoriamente, devem ser atendidos na etapa de execução.

Em meio às cláusulas que podem (e, em alguns casos, devem, por se tratar de cláusulas essenciais) ser incluídas no instrumento contratual, vale citar: (i) *considerandos* e cláusulas principiológicas, que evidenciem as finalidades maiores almejadas com a contratação e que, portanto, deverão nortear a introdução de mutação durante a execução contratual;

(ii) cláusulas que estabelecem procedimentos, gerais e também específicos, a serem seguidos para introduzir mutação, podendo ser variáveis de acordo com o objeto da alteração ou integração, devendo ser capazes de vocalizar os principais interesses envolvidos, a serem considerados no âmbito da tomada de decisão; (iii) cláusulas que prevejam hipóteses de modificação e, também, de integração posterior, de forma que seja abandonado o dogma da completude contratual; porém, a inclusão desse tipo de cláusula não deve obstaculizar a mutação em situações não originalmente previstas, desde que, nesses casos, sejam respeitados os demais condicionamentos jurídicos que devem nortear a mutação no decorrer da execução contratual; (iv) cláusula disciplinando a gestão público-privada do contrato, com o objetivo de trazer densidade ao princípio da transparência (envio de relatórios e informações relevantes pelo concessionário), prevendo a criação de comitês integrados por representantes de ambas as partes para fiscalização da concessão e, por fim, clareza na definição de papéis e responsabilidades, a fim de que haja redução da assimetria informacional existente, durante a etapa de execução das concessões e, com isso, a mutação possa ser introduzida de forma mais célere e adequada; (v) cláusulas tratando sobre a adoção de métodos alternativos de resolução de conflitos, notadamente relativos à autocomposição de conflitos, que possam redundar em alterações ou complementações ao contrato de concessão.

Uma vez pontuados os condicionamentos jurídicos pertinentes à etapa de estruturação do contrato de concessão, vale abordar aqueles que deverão condicionar a introdução de mutação nas concessões já no *âmbito da execução* de tais contratos.

Na medida em que a mutação pode ser introduzida por instrumentos formais plurais (além de negócios jurídicos, também atos administrativos), optei por avaliá-los, para fins didáticos, a partir da perspectiva dos: (i) *sujeitos* a serem envolvidos no processo de mutação; (ii) instrumentos *formais* que podem introduzir mutação; (iii) *atos procedimentais* a serem praticados; (iv) *objeto* da mutação; (v) *motivo* para a introdução de mutação; e (vi) *finalidade* almejada pela mutação.

Em *primeiro*, do ponto de vista dos *sujeitos* a serem envolvidos, tem-se que, devido à natureza relacional dos contratos de concessão, não basta o mero envolvimento das partes signatárias do contrato (poder concedente e concessionário), mas também de outros agentes afetados, ainda que de forma indireta, pela alteração (como, por exemplo, os usuários e aqueles que firmam contratos privados com o concessionário), cujos direitos e interesses também devem ser tutelados.

Existem expedientes distintos que visam assegurar a real representatividade de todos os interesses envolvidos, que variam de acordo com as regras procedimentais especificamente aplicáveis. Além disso, o *grau* de envolvimento e influência de cada um desses agentes para definição da solução a ser adotada poderá ser *variável* à luz do fundamento jurídico, da posição jurídica de cada um desses agentes, da forma (isto é, do instrumento) e do caráter consensual ou unilateral da alteração que se pretende introduzir. Independentemente dessas peculiaridades, a participação e os diferentes interesses afetados deverão ser devidamente considerados na motivação do ato introdutor da alteração ou complementação do contrato.

Em *segundo*, no tocante à *forma*, isto é, aos instrumentos capazes de introduzir mutação na concessão, nota-se que têm sido plurais os instrumentos manejados. Além da utilização de *termos aditivos*, outros expedientes podem ser utilizados, tais como: *atos administrativos* e *acordos administrativos*. Os atos administrativos a que refiro podem ser normativos ou não e, além disso, podem consubstanciar alteração unilateral ou não (ex.: decisão administrativa que aprova documentação submetida pelo concessionário para detalhar os investimentos que serão realizados no âmbito da concessão, em conformidade com as regras de integração previstas contratualmente).

Em alguns casos, porém, nota-se que a lei exige forma própria para a introdução de mutação. Nesses casos, não será possível adotar instrumento formal diverso. É o caso, exemplificativamente, das alterações ou complementações que envolvam matéria sujeita ao que denomino de *reserva de contrato*, isto é, que, pela lei, constituam cláusulas essenciais dos contratos de concessão (art. 23 da Lei Geral de Concessões).

Em *terceiro*, em relação aos *atos procedimentais* a serem praticados, a utilização de qualquer um dos instrumentos formais aptos a promover mutabilidade deverá ser precedida de processo administrativo. Isso porque, independentemente do instrumento formal utilizado, é necessária a prévia manifestação da administração pública e, justamente por isso, será necessário que sua manifestação seja produzida no ambiente da processualidade.

Da análise da legislação e da praxe existente, nota-se que são plurais as regras procedimentais que, em concreto, definirão o rito processual aplicável. Usualmente, costumam variar de acordo com o *instrumento formal* utilizado para a introdução da mutabilidade ou, ainda, com o *objeto* envolvido.

De toda forma, parece-me possível extrair do ordenamento jurídico brasileiro condicionamentos jurídicos mínimos que deverão ser respeitados nos casos em que inexistir regramento específico para disciplinar o procedimento específico aplicável em determinado caso. Tais balizas exigem (i) respeito à garantia do contraditório e à ampla defesa, assegurando-se, inclusive, não somente a participação do concessionário, mas também de outros agentes eventualmente impactados pela medida; (ii) observância do postulado da publicidade e da consensualidade, de modo que haja abertura e espaço para diálogo e priorização de soluções concertadas entre os diferentes agentes envolvidos; (iii) elaboração de pareceres, técnicos e/ou jurídicos, quando necessários, avaliando os impactos e alternativas existentes para a obtenção dos resultados almejados; (iv) clareza em relação às atribuições de cada órgão ou entidade que deve se manifestar no procedimento e tomar a decisão final; e (v) uma decisão administrativa devidamente motivada, devendo ser demonstrada a existência de um problema a ser resolvido, quais os resultados e finalidades a serem atingidos, as alternativas disponíveis para resolução do problema e impactos, positivos e negativos, de cada uma delas, da perspectiva dos diferentes envolvidos, e a melhor alternativa para o caso concreto, considerando a necessidade de compatibilização, na maior medida possível, dos diferentes interesses envolvidos.

Em *quarto*, no tocante ao *objeto* da mutabilidade, não é possível extrair do ordenamento jurídico brasileiro limites materiais, genéricos e universais, ao *objeto* da alteração ou complementação das concessões. Ou seja, diferentemente do que boa parte da doutrina sustenta,[264] não constam no ordenamento jurídico brasileiro restrições genéricas ao conteúdo de eventual alteração do contrato de concessão, aplicáveis ao objeto de toda e qualquer alteração do contrato de concessão.

Qualquer cláusula contratual pode ser alterada ou complementada – seja ela regulamentar, seja econômica –, exceto nos casos em que houver restrição, expressa e específica, na legislação aplicável (que, quando reputou pertinente, o fez de forma expressa). Isso não dispensa, evidentemente, que sejam observados os demais condicionamentos jurídicos mapeados, os quais, em boa medida, são capazes de impedir

---

[264] De acordo com essa doutrina, seria vedada a realização de alterações a contratos de concessão cujo objeto (i) altere ou transmute a natureza do objeto licitado; (ii) envolva objeto passível de licitação autônoma; (iii) não promova o estabelecimento do equilíbrio econômico-financeiro; e, para alguns doutrinadores, em casos determinados, (iv) deixe de observar os limites percentuais estabelecidos na Lei nº 8.666/1993.

a realização de alterações despropositadas e desalinhadas com as finalidades que devem nortear a execução do empreendimento concessório.

Em *quinto*, adentrando ao motivo, é mandatório que, independentemente do instrumento adotado, haja motivação explícita indicando os motivos de fato e de direito envolvidos na alteração. Em decorrência do caráter relacional das concessões, que exige transparência e publicidade das partes, é necessário que o próprio instrumento formal contenha, ainda que de forma sucinta, a motivação da mutabilidade, não bastando a mera referência ao processo administrativo.

É importante destacar que, para que seja possível alterar ou complementar o contrato de concessão, não é necessário que os motivos estejam previamente definidos, de forma exaustiva, na legislação ou no contrato. Com efeito, devido ao caráter incompleto das concessões, que predica a impossibilidade de prévia definição de todos os eventos e dificuldades supervenientes à contratação, tem-se que, embora desejável, não é razoável supor que deva existir definição exaustiva de todos os motivos capazes de embasar toda e qualquer hipótese de alteração ou complementação do contrato de concessão. Nos casos em que inexistir fundamento jurídico prévio que, expressamente, trate sobre a hipótese de mutabilidade concretamente avaliada, será necessário esforço, por parte dos envolvidos (notadamente do órgão competente para decidir a respeito da mutabilidade), no sentido de correlacionar o motivo identificado em concreto à finalidade legal maior do que a alteração ou integração visa atender.

Por fim, em *sexto*, há condicionamentos específicos para nortear a definição da *finalidade*, isto é, do objetivo ou resultado esperado com a mutação que se pretende introduzir, que deverá ser explicitada no processo administrativo. É possível que, em concreto, a finalidade da mutabilidade: (i) esteja *expressamente prevista* em ato normativo ou no contrato; ou (ii) ainda que não esteja expressamente prevista, seja inferida a partir de *normas principiológicas gerais* ou dos objetivos estabelecidos na política pública setorial ou no próprio contrato de concessão – o que reforça a importância da preocupação apontada com relação à construção dos instrumentos de planejamento setoriais e precisa definição, no instrumento contratual, das finalidades almejadas com a contratação. Ambas as situações parecem possíveis e válidas, à luz do ordenamento jurídico em vigor.

Além disso, não há impedimento para que a finalidade da alteração ou complementação vise satisfazer eventual interesse do concessionário. Nos casos em que seu interesse coincidir com os demais interesses envolvidos, não haverá necessidade de previsão expressa do motivo ou finalidade da alteração em ato normativo anterior ou no próprio contrato. No entanto, caso a mutabilidade vise atender, *exclusivamente*, o interesse do concessionário, a alteração ou complementação do contrato apenas será autorizada se estiver expressamente prevista em lei ou no contrato de concessão (art. 4º, IV, da Lei da Ação Popular). Do contrário, será vedada.

Como referido, são esses os condicionamentos jurídicos, de ordem geral, que devem nortear a introdução de mutabilidade no âmbito das concessões de serviços públicos. Todos eles deverão ser articulados no âmbito do processo que tenha por objeto a introdução de mutação, os quais, portanto, trazem densidade ao princípio do devido processo legal. No entanto, em concreto, é necessário investigação específica, de forma a perquirir se, à luz das circunstâncias ou setor envolvido, existem normas específicas que trazem condicionamentos adicionais aos que são abordados nesta tese. De toda forma, diante das normas, constitucionais e legais, aplicáveis às concessões em geral, parece-me que os delineamentos sintetizados ao longo desta tese deverão ser observados.

REFERÊNCIAS

ALENCAR, Leticia Lins de. *Equilíbrio na concessão*. Belo Horizonte: Fórum, 2019.

ALENCAR, Leticia Lins de. A constitucionalização do direito administrativo: uma análise da crescente procedimentalização da atividade administrativa. *In*: CONPEDI; UFMG; FUMEC; DOM HELDER CÂMARA (Org.). *Direito Administrativo e Gestão Pública*. 1. ed. v. II. Florianópolis: CONPEDI, 2015. p. 5-25.

ALENCAR, Leticia Lins de. Alteração do contrato de concessão: algumas notas sobre a jurisprudência do Tribunal de Contas da União. *In*: TAFUR, Diego Jacome Valois; JURKSAITIS, Guilherme Jardim; ISSA, Rafael Hamze (Coord.). *Experiências práticas em concessões e PPPs*: estudos em homenagem aos 25 anos da Lei de Concessões. Vol. II. São Paulo: Quartier Latin, 2021. p. 195-2010.

ALENCAR, Leticia Lins de. Entre riscos e incertezas: onde se enquadra o Covid-19? *In*: CUNHA FILHO, Alexandre Jorge Carneiro da; ARRUDA, Carmen Silvia L. de; ISSA, Rafael Hamze; SCHWIND, Rafael Wallbach. *Direito em tempos de crise*: Covid-19. Vol. IV. São Paulo: Quartier Latin, 2020. p. 61-70.

ALENCAR, Leticia Lins de. Participação popular na elaboração de atos normativos por agências reguladoras federais: uma análise da experiência acumulada nos últimos 20 anos *In*: PEREZ, Marcos Augusto; SOUZA, Rodrigo Pagani de (Org.). *Controle da Administração Pública*. v. 1. Belo Horizonte: Editora Fórum, 2016. p. 217-242.

ALMEIDA, Fernando Dias Menezes de. *Contrato Administrativo*. São Paulo: Quartier Latin, 2012.

ALMEIDA, Fernando Dias Menezes de. Mecanismos de consenso no direito administrativo. *In*: ARAGÃO, Alexandre Santos de; MARQUES NETO, Floriano de Azevedo (Coord.). *Direito administrativo e seus novos paradigmas*. Belo Horizonte: Fórum, 2008. p. 335-349.

ALMEIDA, Fernando Dias Menezes de; REISDORFER, Guilherme F. Dias. COVID-19: imprevisão e fato do príncipe nos contratos administrativos. *In*: CUNHA FILHO, Alexandre Jorge Carneiro da; ARRUDA, Carmen Silvia L. de; ISSA, Rafael Hamze; SCHWIND, Rafael Wallbach. *Direito em tempos de crise*: Covid-19. Vol. IV. São Paulo: Quartier Latin, 2020. p. 25-37.

ALVARENGA, Darlan. Governo arrecada R$24,5 bilhões com leilão de aeroportos. *G1*, 06 fev. 2012. Disponível em: http://g1.globo.com/economia/negocios/noticia/2012/02/governo-arrecada-r-245-bilhoes-com-leilao-de-aeroportos.html. Acesso em: 28 nov. 2021.

ALVES, Aluisio. Governo levanta R$3,3 bi em leilão de aeroportos, CCR leva blocos Sul e Central, Vinci fica com Norte. *Isto é Dinheiro*, 07 abr. 2021. Disponível em: https://www.istoedinheiro.com.br/governo-levanta-r33-bi/. Acesso em: 13 nov. 2021.

ANDRADE, Letícia Queiroz. *Teoria das relações jurídicas da prestação de serviço público sob regime de concessão*. São Paulo: Malheiros, 2015.

ARAGÃO, Alexandre Santos de. *Agências reguladoras e a evolução do direito administrativo econômico*. 2ª edição. Rio de Janeiro: Forense, 2006.

ARAGÃO, Alexandre Santos de. A evolução da proteção do equilíbrio econômico-financeiro nas concessões de serviços públicos e nas PPPs. *Revista de Direito Administrativo*, v. 263, 2013, p. 35-63.

ARAGÃO, Alexandre Santos de. O atual estágio da regulação estatal no Brasil. *In*: MARRARA, Thiago (Org.). *Direito administrativo*: transformações e tendências. São Paulo: Almedina, 2014. p. 227-260.

ARANHA, Carla. CCR vence leilão da Dutra com lance de 1,7 bilhão de reais. *Exame*, 29 out. 2021. Disponível em: https://exame.com/brasil/ccr-vence-leilao-da-dutra-com-lance-de-17-bilhao-de-reais/. Acesso em: 13 nov. 2021.

ARAÚJO, Fernando. *Teoria econômica do contrato*. Coimbra: Almedina, 2007.

AURÉLIO, Bruno. *A exploração da infraestrutura aeroportuária no Brasil*: a Infraero e as concessionárias de serviço público. São Paulo: Editora Contracorrente, 2017.

ÁVILA, Humberto. Repensando o "Princípio da Supremacia do Interesse Público sobre o Particular". *Revista Eletrônica sobre a Reforma do Estado* (RERE), Salvador, Instituto Brasileiro de Direito Público, nº 11, set./out./nov. 2007. Disponível em: http://www.direitodoestado.com.br/rere.asp. Acesso em: 05 maio 2019.

AZEVEDO, Antônio Junqueira de. *Negócio jurídico*: existência, validade e eficácia. 4ª edição. São Paulo: Saraiva, 2002.

BANDEIRA DE MELLO, Celso Antônio. *Curso de Direito Administrativo*. 28. ed. rev. e atual. São Paulo: Malheiros Editores, 2011.

BANDEIRA DE MELLO, Celso Antônio. Contrato administrativo: fundamentos da preservação do equilíbrio econômico financeiro. *Revista de Direito Administrativo*, Rio de Janeiro, v. 211, jan./mar. 1998, p. 21-29.

BANDEIRA DE MELLO, Oswaldo Aranha. *Princípios gerais de direito administrativo*. 3ª edição. 2ª tiragem. Vol. I. São Paulo: Malheiros, 2007.

BARROSO, Luis Roberto. Contratos administrativos: limites e possibilidade de alteração. *In*: ALMEIDA, Fernando Dias Menezes de; MARQUES NETO, Floriano de Azevedo; MIGUEL, Luiz Felipe Hadlich; SCHIRATO, Vitor Rhein (Coord.). *Direito público em evolução*: estudos em homenagem à Professora Odete Medauar. Belo Horizonte: Fórum, 2013. p. 421-433.

BARROSO, Luis Roberto. O contrato de concessão de rodovias: particularidades, alteração e recomposição do equilíbrio econômico-financeiro. *Revista de Direito da Procuradoria Geral do Estado do Rio de Janeiro*, v. 1, p. 186-215, 2012.

BATISTA JÚNIOR, Onofre Alves. *Transações administrativas*. São Paulo: Quartier Latin, 2007.

BINENBOJM, Gustavo. A constitucionalização do direito administrativo no Brasil: um inventário de avanços e retrocessos. *Revista Eletrônica sobre a Reforma do Estado – RERE*. Salvador: Instituto Brasileiro de Direito Público, n. 13, mar./abr./maio 2008.

BINENBOJM, Gustavo. *Uma teoria do direito administrativo*: direitos fundamentais, democracia e constitucionalização. Rio de Janeiro: Renovar, 2006.

BITTENCOURT NETO, Eurico. Concertação administrativa interorgânica. São Paulo: Almedina, 2017. p. 193-194.

CÂMARA, Jacintho Arruda. *Obrigações do Estado derivadas de contratos inválidos*. São Paulo: Malheiros, 1999.

CAMINHA, Uinie; LIMA, Juliana Cardoso. Contrato incompleto: uma perspectiva entre direito e economia para contratos de longo termo. *Revista Direito GV*, São Paulo, nº 10 (1), p. 155-200, jan./jun. 2014.

CAMPBELL, David; HARRIS, Donald. Flexibility in long-term contractual relationships: the role of co-operation. *Journal of Law and Society*, Oxford, vol. 20, nº 2, 1993, p. 166-191.

CATEB, Alexandre Bueno; GALLO, José Alberto Albeny. Breves considerações sobre a teoria dos contratos incompletos. In: *XI Conferência Anual da ALACDE*, 2007, Brasília. Latin American and Caribbean Law and Economics Association (ALACDE) Annual Papers, 2007.

CAVALCANTI, Themistocles Brandão. *Instituições de direito administrativo brasileiro*. 2º volume. Rio de Janeiro: Freitas Bastos, 1938.

CINTRA, Antonio Carlos de Araújo. *Motivo e motivação do ato administrativo*. São Paulo: Revista dos Tribunais, 1979.

COASE, Ronald H. The Nature of the Firm. *Economica*, New Series, Nov. 1937, p. 386-405.

FONSECA, Arnoldo Medeiros da. *Caso fortuito e teoria da imprevisão*. 2ª edição (revista e ampliada). Rio de Janeiro: Imprensa Nacional, 1943.

CORREIA, José Manuel Sérvulo. Os grandes traços do direito administrativo no século XXI. *A&C – Revista de Direito Administrativo & Constitucional*, Belo Horizonte, ano 16, n. 63, p. 45-66, jan./mar. 2016.

CUEVA, Ricardo Villas Bôas. Flexibilização do procedimento e calendário processual no Novo CPC. *Interesse Público – IP*, Belo Horizonte, ano 17, n. 94, p. 15-26, nov./dez. 2015.

CUNHA FILHO, Alexandre Jorge Carneiro. *Governança pública*: um ensaio sobre pressupostos e instrumentos de uma ação estatal juridicamente eficiente. São Paulo: Quartier Latin, 2019.

DI PIETRO, Maria Sylvia Zanella. Da constitucionalização do direito administrativo: reflexos sobre o princípio da legalidade e a discricionariedade administrativa. *In*: DI PIETRO, Maria Sylvia Zanella; RIBEIRO, Carlos Vinícius Alves (Coords.). *Supremacia do interesse público e outros temas relevantes do direito administrativo*. São Paulo: Atlas, 2010.

DI PIETRO, Maria Sylvia Zanella. *Direito administrativo*. 24ª edição. São Paulo: Atlas, 2011.

DI PIETRO, Maria Sylvia Zanella. *O equilíbrio econômico-financeiro e o controle das agências reguladoras*. 1ª ed. v. 1. Brasília/DF: Tribunal de Contas da União, 2003. p. 55-65.

DI PIETRO, Maria Sylvia Zanella. *Parcerias na administração pública*: concessão, permissão, franquia, terceirização, parceria público-privada e outras formas. 8ª edição. São Paulo: Atlas, 2011.

DINAMARCO, Cândido Rangel; LOPES, Bruno Vasconcelos Carrilho. *Teoria geral do novo processo civil*. 2ª edição. São Paulo: Malheiros, 2017.

DUTRA, Joisa; KAERCHER, Gustavo. *Regulação contratual ou discricionária no saneamento?* Disponível em: https://www.jota.info/opiniao-e-analise/artigos/regulacao-contratual-ou-discricionaria-no-saneamento-05042021. Acesso em: 08 ago. 2021.

ESTEFAM, Felipe Faiwichow. *Arbitragem e administração pública*: a estrutura da cláusula arbitral em face do regime jurídico-administrativo. Tese de Doutorado. Faculdade de Direito – Pontifícia Universidade Católica de São Paulo – PUC/SP, 2017.

FIGUEIREDO, Lucia Valle. *Extinção dos contratos administrativos*. 2ª edição. São Paulo: Malheiros, 1998.

FREIRE, André Luiz. *Manutenção e retirada dos contratos administrativos inválidos*. São Paulo: Malheiros, 2008.

FREITAS, Rafael Véras de. *Expropriações normativas*. Dissertação de Mestrado. Escola de Direito do Rio de Janeiro da Fundação Getúlio Vargas – FGV, 2015.

FREITAS, Rafael Véras de. Incompletude em contratos de concessão: ainda a teoria da imprevisão? *Revista de Contratos Públicos – RCP*, Belo Horizonte, ano 9, n. 17, p. 151-188, mar./ago. 2020.

FUNGHI, Luis Henrique Baeta. Da dogmática autoritária à administração pública democrática. *Revista de Direito Administrativo*. Rio de Janeiro, v. 257, mar./ago. 2011.

GARCIA, Flávio Amaral. A mutabilidade e incompletude na regulação por contrato e a função integrativa das Agências. *Revista de Contratos Públicos – RCP*, Belo Horizonte, ano 3, n. 5, p. 59-83, mar./ago. 2014.

GARCIA, Flávio Amaral. *A mutabilidade nos contratos de concessão*. São Paulo: Malheiros, 2021.

GARCIA, Flávio Amaral; FREITAS, Rafael Véras de. Concessão de aeroportos: desafios e perspectivas. *Revista Brasileira de Direito Público – RBDP*, Belo Horizonte, ano 10, n. 36, jan./mar. 2012.

GIACOMUZZI, José Guilherme. *Estado e contrato*: supremacia do interesse público. São Paulo: Malheiros, 2011.

GONÇALVES, Pedro. *A concessão de serviços públicos*: uma aplicação da técnica concessória. Coimbra: Almedina, 1999.

GONÇALVES, Pedro. Regulação administrativa e contrato. *Revista de Direito Público da Economia – RDPE*, Belo Horizonte, ano 9, n. 35, jul./set. 2011.

GROTTI, Dinorá Adelaide Musetti. *A experiência brasileira nas concessões de serviço público*. São Paulo: *site* do TCESP, 2011. Disponível em: https://www4.tce.sp.gov.br/sites/default/files/A-experiencia-brasileira-concessoes-servico-publico-artigo_0.pdf. Acesso em: 22 set. 2020.

GROTTI, Dinorá Adelaide Musetti; SAADI, Mário. O procedimento de manifestação de interesse. *In*: JUSTEN FILHO, Marçal; SCHWIND, Rafael Wallbach (Coord.). *Parcerias público-privadas*: reflexões sobre os 10 anos da Lei 11.079/2004. São Paulo: Revista dos Tribunais, p. 153-176.

GUERRA, Sérgio; PALMA, Juliana Bonacorsi de. Art. 26 da LINDB: novo regime jurídico de negociação com a Administração Pública. *Revista de Direito Administrativo – RDA*, ed. especial LINDB, nov. 2018, p. 135-169.

GUIMARÃES, Fernando Vernalha. *Alteração unilateral do contrato administrativo*: interpretação de dispositivos da Lei 8.666/1993. São Paulo: Malheiros, 2003.

GUIMARÃES, Fernando Vernalha. A reforma do modelo de concessões no Brasil. *Revista de Direito Público da Economia – RDPE*, Belo Horizonte, ano 17, n. 68, p. 61-86, out./dez. 2019.

GUIMARÃES, Fernando Vernalha. Uma releitura do poder de modificação unilateral dos contratos administrativos (*ius variandi*) no âmbito das concessões de serviços públicos. *Revista de Direito Administrativo*, Rio de Janeiro, n. 219, jan./mar. 2000, p. 107-125.

GUIMARÃES, Ligia. Consórcio Inframérica vence leilão de aeroporto São Gonçalo do Amarante. *G1*, 22 ago. 2011. Disponível em: http://g1.globo.com/economia/noticia/2011/08/consorcio-inframerica-vence-leilao-de-aeroporto-sao-goncalo-do-amarante.html. Acesso em: 28 nov. 2021.

HARB, Karina Houat. *A revisão na concessão comum de serviço público*. São Paulo: Malheiros, 2012.

HART, Oliver. Incomplete Contracts and Control. *The American Economic Review*, vol. 107, nº 7, jul. 2017, p. 1731-1752.

HART, Oliver; MOORE, John. Incomplete contracts and renegotiation. *Econometrica*, vol. 56, nº 4, jul. 1988, p. 755-785.

JABÔR, Marcela Campos. Oportunismo e assimetria de informações nos contratos administrativos. *Revista de Contratos Públicos – RCP*, Belo Horizonte, ano 9, n. 16, p. 177-188, set. 2019/fev. 2020.

JUSTEN FILHO, Marçal. *Curso de direito administrativo*. 11ª edição. São Paulo: Revista dos Tribunais, 2015.

JUSTEN FILHO, Marçal. Concessões, permissões e autorizações. *In*: DALLARI, Adilson Abreu; NASCIMENTO, Carlos Valder do; MARTINS, Ives Gandra da Silva. (Org.). *Tratado de Direito Administrativo*. v. 1. São Paulo: Saraiva, 2013. p. 515-554.

JUSTEN FILHO, Marçal. *Teoria geral das concessões de serviço público*. São Paulo: Dialética, 2003.

KIRKBY, Mark Bobela-Mota. *Contratos sobre o exercício de poderes públicos*. Coimbra: Coimbra Editora, 2011.

LÁZARO, Natália. Leilão de 22 aeroportos fica até 9,209% acima do esperado e rende R$3,3 bi. *UOL Economia*, 07 abr. 2021. Disponível em: https://economia.uol.com.br/noticias/redacao/2021/04/07/leilao-aeroportos-governo-federal.htm. Acesso em: 13 nov. 2021.

LIMA, Mário Márcio Saadi. *O procedimento de manifestação de interesse à luz do ordenamento jurídico brasileiro*. Belo Horizonte: Fórum, 2015.

LOUREIRO, Gustavo Kaercher; RODRIGUES, Itiberê de Oliveira Castellano. *Tem mesmo base constitucional o equilíbrio econômico-financeiro das concessões? Por um modelo flexível do regime econômico das concessões de serviço público*. São Paulo: CERI – Fundação Getúlio Vargas, 2020.

MACEDO JÚNIOR, Ronaldo Porto. *Contratos relacionais e defesa do consumidor*. 2ª edição. São Paulo: Revista dos Tribunais, 2007.

MACHADO, Bernardo Vianna Zurli; INGOUVILLE, Martin; DAMASCENO, Thiago Machado; SALLES, Daniel Cardoso de; ALBUQUERQUE, Clarissa Taquette Vaz. A evolução recente do modelo de concessão aeroportuária sob a ótica da financiabilidade. *BNDES*, Rio de Janeiro, v. 25, n. 50, p. 7-65, set. 2019. Disponível em: https://web.bndes.gov.br/bib/jspui/bitstream/1408/19101/1/PRArt214970_A%20evolu%C3%A7%C3%A3o%20do%20modelo%20de%20concess%C3%A3o%20aeroportu%C3%A1ria_P_BD.pdf.

MARQUES NETO, Floriano de Azevedo. A superação do ato administrativo autista. *In*: MEDAUAR, Odete; SCHIRATO, Vitor Rhein (Coords). *Os caminhos do ato administrativo*. São Paulo: Revista dos Tribunais, 2012.

MARQUES NETO, Floriano de Azevedo. *Agências reguladoras independentes*: fundamentos e seu regime jurídico. Belo Horizonte: Fórum, 2005.

MARQUES NETO, Floriano de Azevedo. *Concessões*. Belo Horizonte: Fórum, 2015.

MARQUES NETO, Floriano de Azevedo; ZAGO, Marina Fontão. Limites das assimetrias regulatórias e contratuais: o caso dos aeroportos. *Revista de Direito Administrativo – RDA*, Rio de Janeiro, v. 277, p. 175-201, jan./abr. 2018.

MARTINS, Licínio Lopes. O equilíbrio econômico-financeiro do contrato administrativo: algumas reflexões. *Revista de Contratos Públicos – RCP*, Belo Horizonte, ano 1, n. 1, mar./ago. 2012.

MASAGÃO, Mario. *Natureza jurídica da concessão de serviço público*. São Paulo: Saraiva & Cia, 1933.

MAYER, Giovanna. Contratos de concessão, mutabilidade e boa-fé. *Revista de Direito Público da Economia – RDPE*, Belo Horizonte, ano 9, n. 35, jul./set. 2011. Disponível em: http://www.bidforum.com.br/bid/PDI0006.aspx?pdiCntd=74725. Acesso em: 17 mar. 2018.

MCNEIL, Ian. Contracts: adjustment of long-term economic relations under classical, neoclassical and relational contract law. *Northwestern University Law Review*, Chicago, n. 72, p. 854-905, 1978.

MEDAUAR, Odete. A figura da concessão. *In*: MEDAUAR, Odete (Org.). *Concessão de serviço público*. São Paulo. Ed. Revista dos Tribunais, 1995. p. 11-17.

MEDAUAR, Odete. *Controle da administração pública*. 3ª edição. São Paulo: Revista dos Tribunais, 2014.

MEDAUAR, Odete. *Direito Administrativo Moderno*. 17ª ed. rev., atual. e ampl. São Paulo: Revista dos Tribunais, 2013.

MEDAUAR, Odete. Regulação e auto regulação. *Revista de Direito Administrativo – RDA*, Rio de Janeiro, nº 228, p. 123-128, abr./jun. 2002.

MEIRELLES, Fernanda. O paradoxo da regulação por contrato: entre a segurança e a flexibilidade: o caso do tratamento de esgotos em Ribeirão Preto. *X Congreso Internacional del CLAD sobre la Reforma del Estado y de la Administración Pública*, Santiago, Chile, 18-21, Oct. 2005.

MELLO, Celso Antônio Bandeira de. *Discricionariedade e controle jurisdicional*. 2ª edição. São Paulo: Malheiros, 2012.

MIRANDA, Pontes de. *Tratado de direito privado*: bens e fatos jurídicos. Tomo II. Atualizado por Ovídio Rocha Barros Sandoval. São Paulo: Revista dos Tribunais, 2012.

MIRANDA, Pontes de. *Tratado de direito privado*: validade, nulidade e anulabilidade. Tomo IV. Atualizado por Marcos Bernardes de Mello e Marcos Ehrhardt Jr. São Paulo: Revista dos Tribunais, 2012.

MONCADA, Luís S. Cabral de. *A relação jurídica administrativa*: para um novo paradigma de compreensão da atividade, da organização e do contencioso administrativo. Coimbra: Coimbra Editora, 2009.

MONTEIRO, Vera. *Concessão*. São Paulo: Malheiros, 2010.

MOREIRA NETO, Diogo de Figueiredo. O futuro das cláusulas exorbitantes nos contratos administrativos. *In*: ARAGÃO, Alexandre Santos de; MARQUES NETO, Floriano de Azevedo (Coord.). *Direito administrativo e seus novos paradigmas*. Belo Horizonte: Fórum, 2008. p. 571-592.

MOREIRA, Egon Bockmann. *Direito das concessões de serviço público*: inteligência da Lei 8.987/1995 (parte geral). São Paulo: Malheiros, 2010.

MOREIRA, Egon Bockmann. O contrato administrativo como instrumento de governo. *In*: MARRARA, Thiago (Org.). *Direito administrativo*: transformações e tendências. 1ª edição. São Paulo: Almedina, 2014.

MOREIRA, Egon Bockmann. O novo Código de Processo Civil e sua aplicação no processo administrativo. *Revista de Direito Administrativo – RDA*, Rio de Janeiro, v. 273, p. 313-334, set./dez. 2016.

MOREIRA, Egon Bockmann. *Processo administrativo*: princípios constitucionais e a Lei 9.784/1999. São Paulo: Malheiros, 2010.

MORENO, Maís. *A participação do administrado no processo de elaboração dos contratos de PPP*. Dissertação de Mestrado. Faculdade de Direito da Universidade de São Paulo – USP, 2016.

NOBREGA, Marcos. *Direito da infraestrutura*. São Paulo: Quartier Latin, 2010.

NOAH, Lars. Administrative arm-twisting in the shadow of Congressional delegations of authority. *Wisconsin Law Review*, p. 873-941, 1977.

OLIVEIRA, Gustavo Justino de. A agenda da arbitragem com a Administração Pública: "mais do mesmo" ou há espaço para inovação? Contraponto jurídico. *Revista dos Tribunais – RT*, São Paulo, 2018.

OLIVEIRA, Gustavo Justino de. *Contrato de gestão*. São Paulo: Revista dos Tribunais, 2008.

OLIVEIRA, Gustavo Justino de. *Direito administrativo pragmático*. Rio de Janeiro: Lumen Juris, 2020.

OLIVEIRA, Gustavo Justino de. Governança pública e parcerias do Estado: novas fronteiras do direito administrativo. *Revista de Direito da Procuradoria Geral*, Rio de Janeiro, Edição Especial, 2012, p. 113-120.

ORTIZ, Gaspar Ariño. Sobre la naturaleza y razón de ser de los entes reguladores y el alcance de su poder reglamentario. *Revista Eletrônica de Direito Administrativo Econômico – REDAE*, Salvador, Instituto Brasileiro de Direito Público, nº 10, maio/jun./jul. 2007, p. 1-21.

PALMA, Juliana Bonacorsi de. *Atuação administrativa consensual*: estudo dos acordos substitutivos no processo administrativo sancionador. Dissertação de Mestrado. Faculdade de Direito – Universidade de São Paulo, 2010.

PALMA, Juliana Bonacorsi de. *Atividade normativa da administração pública*: estudo do processo administrativo normativo. Tese de Doutorado. Faculdade de Direito da Universidade de São Paulo, 2014.

PALMA, Juliana Bonacorsi de. Governança pública nas parcerias público-privadas: o caso da elaboração consensual de projetos de PPP. In: JUSTEN FILHO, Marçal; SCHWIND, Rafael Wallbach (Coord.). *Parcerias público-privadas*: reflexões sobre os 10 anos da Lei 11.079/2004. São Paulo: Revista dos Tribunais, 2015. p. 114-141.

PALMA, Juliana Bonacorsi de. *Sanção e acordo na administração pública*. São Paulo: Malheiros, 2015.

PEREZ, Marcos Augusto. *A administração pública democrática*. Belo Horizonte: Fórum, 2009.

PEREZ, Marcos Augusto. O negócio jurídico administrativo. *In*: MEDAUAR, Odete; SCHIRATO, Vitor Rhein (Coord.). *Os caminhos do ato administrativo*. São Paulo: Revista dos Tribunais, 2011. p. 263-273.

PEREZ, Marcos Augusto. *Testes de legalidade*: métodos para o amplo controle jurisdicional da discricionariedade administrativa. Belo Horizonte: Fórum, 2020.

PORTO NETO, Benedicto. *Concessão de serviço público no regime da Lei n. 8.987/95*: conceitos e princípios. São Paulo: Malheiros, 1998.

REISDORFER, Guilherme F. Dias. Contratos administrativos – Considerações sobre o regime contratual administrativo e a aplicação das competências exorbitantes. *Revista de Contratos Públicos – RCP*, Belo Horizonte, ano 4, n. 6, p. 99-120, set. 2014/fev. 2015.

REISDORFER, Guilherme F. Dias. Soluções contratuais público-privadas: os procedimentos de manifestação de interesse (PMI) e as propostas não solicitadas (PNS). In.: JUSTEN FILHO, Marçal; SCHWIND, Rafael Wallbach (Coord.) *Parcerias público-privadas*: reflexões sobre os 10 anos da Lei 11.079/2004. São Paulo: Revista dos Tribunais, 2015. p. 177-205.

RENZETTI, Bruno Polonio. *Infraestrutura e concorrência*: o caso dos aeroportos brasileiros. Dissertação de Mestrado. Fundação Getúlio Vargas – Escola de Direito de São Paulo, 2018.

SCHIRATO, Vitor Rhein. As concessões de serviços públicos em evolução. *In*: ALMEIDA, Fernando Dias Menezes de; MARQUES NETO, Floriano de Azevedo; MIGUEL, Luiz Felipe Hadlich; SCHIRATO, Vitor Rhein (Coord.). *Direito público em evolução*: estudos em homenagem à Professora Odete Medauar. Belo Horizonte: Fórum, 2013. p. 565-588.

SCHIRATO, Vitor Rhein. A deterioração do sistema regulatório brasileiro. *Revista de Direito Público da Economia – RDPE*, Belo Horizonte, ano 11, n. 44, out./dez. 2013. Disponível em: http://www.bidforum.com.br/bid/PDI0006.aspx?pdiCntd=99036. Acesso em: 5 set. 2021.

SCHIRATO, Vitor Rhein. As parcerias público-privadas e políticas públicas de infraestrutura. In: JUSTEN FILHO, Marçal; SCHWIND, Rafael Wallbach (Coord.). *Parcerias público-privadas*: reflexões sobre os 10 anos da Lei 11.079/2004. São Paulo: Revista dos Tribunais, p. 73-97.

SCHIEFLER, Gustavo Henrique Carvalho. *Procedimento de Manifestação de Interesse (PMI)*: solicitação e apresentação de estudos e projetos para a estruturação de concessões comuns e parcerias público-privadas. Dissertação de Mestrado. Faculdade de Direito da Universidade de Santa Catarina, 2013.

SCHREIBER, Anderson. *Equilíbrio contratual e dever de renegociar*. 2ª edição. São Paulo: Saraiva, 2020.

SCOTT; Robert E.; TRIANTIS, George G. Incomplete Contracts and the Theory of Contract Design, 56 *Cas. W. Res. L. Rev.* 187 (2005). Disponível em: http://scholarlycommons.law.case.edu/caselrev/vol56/iss1/9.

SOUZA, Rodrigo Pagani de. A legalização da teoria dos atos administrativos: apontamentos sobre os seus impactos na jurisprudência do STF. In: MEDAUAR, Odete; SCHIRATO, Vitor Rhein. *Os caminhos do ato administrativo*. São Paulo: Revista dos Tribunais, 2011.

SOUZA, Rodrigo Pagani de; ALENCAR, Letícia Lins de. O dever de contextualização na interpretação e aplicação do direito público. *In*: VALIATI, Thiago Priess; HUNGARO, Luis Alberto; CASTELLA, Gabriel Morettini e (Coord). *A lei de introdução e o direito administrativo brasileiro*. Rio de Janeiro: Lumen Juris, 2019.

SILVA FILHO, Carlos da Costa e. Interferência recíproca entre os setores aeroportuário e aeroviário e seus impactos concorrenciais. *In*: JUSTEN FILHO, Marçal; SILVA, Marco Aurélio de Barcelos (Coord.). *Direito da Infraestrutura*: estudos de temas relevantes. Belo Horizonte: Fórum, 2019. p. 47-62.

SUNDFELD, Carlos Ari. *Fundamentos de direito público*. 4ª edição. São Paulo: Malheiros, 2007.

SUNDFELD, Carlos Ari. O processo administrativo e seu sentido profundo no Brasil. *In*: SUNDFELD, Carlos Ari; MOTTA, Carlos Pinto Coelho; ARAÚJO, Edmir Netto de *et al*. *Processo administrativo*: temas polêmicos da Lei nº 9.784/1999. São Paulo: Atlas, 2011.

SUNDFELD, Carlos Ari; CÂMARA, Jacintho Arruda; SOUZA, Rodrigo Pagani de. Concessão de serviço público: limites, condições e consequências da ampliação dos encargos da concessionária. *In*: OLIVEIRA, Farlei Martins Riccio (Coord.). *Direito administrativo Brasil – Argentina*: estudos em homenagem a Agustín Gordillo. Belo Horizonte: Del Rey, 2007.

SUNDFELD, Carlos Ari; ROSILHO, André. Onde está o princípio universal da licitação? *In*: SUNDFELD, Carlos Ari; JURSAITIS, Guilherme Jardim (Org.). *Contratos públicos e direito administrativo*. São Paulo: Malheiros, 2015.

SZTAJN, Rachel. A incompletude do contrato de sociedade. *Revista da Faculdade de Direito*, Universidade de São Paulo, São Paulo, n. 99, 2004, p. 283-302.

TÁCITO, Caio. O equilíbrio financeiro na concessão de serviço público. *In*: TÁCITO, Caio. *Temas de direito público (estudos e pareceres)*. v. 1. Rio de Janeiro: Renovar, 1997.

TUON, Ligia. Governo arrecada R$38,8 milhões com leilão de três portos nesta sexta-feira (13). *CNN Brasil Business*, 13 ago. 2021. Disponível em: https://www.cnnbrasil.com.br/business/governo-leiloa-tres-terminais-portuarios-nesta-sexta-feira-13. Acesso em: 13 nov. 2021.

VALDIVIA, Diego Zegarra. La motivación como elemento esencial del acto administrativo. *In*: MEDAUAR, Odete; SCHIRATO, Vitor Rhein (Coord.). *Os caminos do ato administrativo*. São Paulo: Revista dos Tribunais, 2011.

VALIATI, Thiago Priess. O sistema duplo de regulação no Brasil: a regulação por contrato complementada pela regulação por agência. *Revista de Direito Administrativo e Infraestrutura*, nº 8, p. 23-58, 2019.

VENTURI, Elton. Transação de direitos indisponíveis? *Revista de Processo*, v. 251, jan. 2016, p. 391-426.

VÉRAS, Rafael; ALBUQUERQUE, Gustavo Carneiro de. Evoluções regulatórias e experimentais e as concessões de aeroportos. *FGV Transportes*. Disponível em: https://bibliotecadigital.fgv.br/dspace/bitstream/handle/10438/30881/evolucoes_regulatorias_e_experimentais_e_as_concessoes_de_aeroportos_v.0.pdf?sequence=1. Acesso em: 17 ago. 2021.

WILLIAMSON, Oliver E. Transaction-cost economics: the governance of contractual relations. *Journal of Law and Economics*, Vol. 22, No. 2, Oct. 1979, p. 233-261.

XAVIER, Eduardo; PINHEIRO, Luís Felipe Valerim. Atualidades e casuística sobre alteração dos contratos de concessão de infraestrutura. *In*: PEREIRA NETO, Caio Mário da Silva; PINHEIRO, Luís Felipe Valerim (Coord.). *Direito da Infraestrutura*. Vol. 2. São Paulo: Saraiva, 2017. p. 119-172.

ZANCANER, Weida. *Da convalidação e da invalidação dos atos administrativos*. 2ª edição. São Paulo: Malheiros, 1996.

ZANCHIM, Kleber Luiz. *Contratos de parceria público-privada (PPP)*: risco e incerteza. São Paulo: Quartier Latin, 2012.

APÊNDICE A

Tabela com análise dos contratos de concessão e conteúdo dos respectivos termos aditivos

1 1ª Rodada de Concessões de Aeroportos (2011): Aeroporto de São Gonçalo do Amarante

(continua)

Contrato de Concessão do Aeroporto Internacional de São Gonçalo do Amarante	
Data:	28 de novembro de 2011.
Partes:	**1. Poder Concedente:** Agência Nacional de Aviação Civil – ANAC **2. Concessionário:** Inframerica Concessionária do Aeroporto de São Gonçalo do Amarante S.A.
Leis de regência:	De acordo com a cláusula 1.3, a concessão será regida pelos seguintes atos normativos: • Lei Federal nº 8.987/1995; • Lei Federal nº 7.565/1986; • Lei Federal nº 9.491/1997; • Lei Federal nº 11.182/2005; • Decreto Federal nº 7.205/2010; • Portaria nº 1.443-A/MD/2010; • Outras leis e regulamentos aplicáveis, notadamente os editados pela ANAC e pelo DECEA.
Objeto:	"O objeto do presente contrato é a Concessão dos serviços públicos para construção parcial, manutenção e exploração do Aeroporto Internacional de São Gonçalo do Amarante" (cl. 2.1).
Hipóteses de modificação:	1. **Extinção de índice de reajuste:** "no caso de extinção de quaisquer dos índices econômicos indicados neste Contrato e seus Anexos, os mesmos serão alterados pelos índices oficiais substitutos ou, na ausência desses, por outros indicados pela ANAC" (cl. 1.9). 2. **Prorrogação do prazo contratual:** "o Contrato poderá ser prorrogado por 5 (cinco) anos, uma única vez, para fins de recomposição do equilíbrio econômico-financeiro em decorrência de Revisão Extraordinária, na forma da subcláusula 6.20.2" (2.4). 3. **Alteração do cronograma de obras a serem executadas pelo Poder Público, caso o Concessionário as assuma:** pela sistemática do Contrato, o Poder Concedente assumiu a responsabilidade pela execução de certas obras. No entanto, foi previsto que, em caso de atraso, a Concessionária poderá, após prévia autorização da ANAC, assumir a execução de tais obras. Neste caso, além de lhe ser assegurada a recomposição do equilíbrio econômico-financeiro da Concessão (cl. 2.35), é prevista necessidade de apresentação de novo cronograma das obras, a ser aprovado para aprovação pela ANAC (cl. 2.36).

(continua)

Contrato de Concessão do Aeroporto Internacional de São Gonçalo do Amarante

| Hipóteses de modificação: | 4. **Alteração na estrutura do sistema tarifário**: "qualquer alteração na estrutura do sistema tarifário do Contrato, decorrentes de lei ou de norma editada pela ANAC, será refletida no presente Contrato" (cl. 4.8).
5. **Revisão dos Parâmetros da Concessão e determinação da metodologia de cálculo dos fatores X e Q**: é prevista a possibilidade de, no âmbito das Revisões dos Parâmetros da Concessão, a metodologia de cálculo do Fator Q ser revista pela ANAC, após audiência pública, com vistas a criar incentivos para melhoria da qualidade dos serviços prestados (cl. 6.9). Além disso, com exceção da primeira revisão, coloca-se que a metodologia do Fator X será estabelecida pela ANAC (cl. 6.14).
6. **Alteração do valor das tarifas, das obrigações contratuais da Concessionária, além do prazo, para fins de recomposição do equilíbrio econômico-financeiro**: nos termos da cl. 6.20, cabe à ANAC a prerrogativa de escolher a forma pela qual será implementada a recomposição do equilíbrio econômico-financeiro, a saber: "6.20.1. alteração do valor das tarifas; 6.20.2. alteração do prazo da concessão; 6.20.3. alteração das obrigações contratuais da concessionária; 6.20.4. outra forma definida de comum acordo entre ANAC e Concessionária".
7. **Transferência da concessão a outro Concessionário**: é prevista a necessidade de prévia anuência da ANAC para a transferência da Concessão (cl. 10.1). Além das condicionantes legais, o Contrato estabelece proibição à transferência do contrato nos 3 primeiros anos (cl. 10.3).
8. **Determinação da taxa de desconto a ser utilizada no Fluxo de Caixa Marginal**: coloca-se que, no âmbito da revisão dos parâmetros da concessão, será determinada a taxa de desconto a ser utilizada no fluxo de caixa marginal até a revisão dos parâmetros da concessão seguinte (cl. 6.14). Tais procedimentos devem ser precedidos de ampla discussão pública (cl. 6.16). |

(continua)

Contrato de Concessão do Aeroporto Internacional de São Gonçalo do Amarante	
Procedimento de alteração:	1. **Reajuste**: mecanismo que se presta a preservar o equilíbrio econômico-financeiro mediante correção dos valores previstos contratualmente (cl. 6.3). O Contrato estabelece as fórmulas a serem consideradas para o reajuste – levando-se em consideração, entre outros elementos, o Fator de Produtividade (Fator X), a ser definido a cada ciclo de Revisão dos Parâmetros da Concessão. Por fim, de acordo com o contrato, os reajustes serão implementados, conforme o disposto no Contrato, e homologados pela ANAC mediante publicação no Diário Oficial da União (cl. 6.13). 2. **Revisão dos Parâmetros da Concessão**: revisão quinquenal com o objetivo de permitir a determinação da metodologia de cálculo dos Fatores X e Q, que serão aplicados nos reajustes, e a determinação da Taxa de Desconto (cl. 6.14). Tais procedimentos serão precedidos de ampla discussão pública (cl. 6.16). 3. **Revisão extraordinária**: procedimento para recomposição do equilíbrio econômico-financeiro em virtude da ocorrência de eventos relacionados com riscos suportados exclusivamente pelo Poder Concedente (cl. 6.19). São considerados como riscos suportados pelo Poder Concedente, dentre outros, certas hipóteses que importam em alteração das condições originalmente pactuadas (ou de documentos que lhe integram), tais como: (i) mudanças no Projeto Básico por solicitação da ANAC ou de outras entidades públicas, salvo se tais mudanças decorrerem da não-conformidade do Projeto Básico com a legislação em vigor ou com as informações contidas no PEA (cl. 5.2.2); (ii) mudança nas especificações dos serviços objeto da Concessão mediante solicitação da ANAC (cl. 5.2.3); (iii) criação, pela ANAC, de novos padrões de desempenho relacionados a mudanças tecnológicas ou a adequações a padrões internacionais (cl. 5.2.4); (iv) modificação unilateral, imposta pela ANAC, nas condições da Concessão desde que, como resultado direto dessa modificação, verifique-se para a Concessionária alteração dos custos ou da receita (cl. 5.2.11). No Contrato, são estabelecidas cláusulas voltadas a regular o seu procedimento. Não foi estabelecido prazo limite para que a Concessionária possa pleitear o reequilíbrio. Além disso, não é feita referência à regulamentação posterior da ANAC para disciplinar o procedimento. 4. **Aprovação de novos investimentos**: a Concessionária é obrigada a "obter a prévia aprovação da ANAC para os projetos, planos e programas relativos à ampliação e operação do Aeroporto" (cl. 3.1.17), bem como para a realização dos "investimentos a serem realizados para a operação das novas instalações do aeroporto" (cl. 3.1.34). 5. **Judiciário**: sem prejuízo das hipóteses pontuais de cabimento da arbitragem, o foro judicial eleito é o do Distrito Federal, sendo apto a resolver quaisquer controvérsias relativas ao contrato (cl. 15.14). Obs.: embora tenha sido prevista a possibilidade de utilização da via arbitral, o seu cabimento ainda seria muito restrito e limitado. 6. **Arbitragem**: de acordo com o contrato, "quaisquer litígios, controvérsias ou discordâncias relativas às indenizações eventualmente devidas quando da extinção do presente contrato, inclusive quanto aos bens revertidos, serão definitivamente resolvidos por arbitragem" (cl. 15.5).

(continua)

Contrato de Concessão do Aeroporto Internacional de São Gonçalo do Amarante	
Hipóteses de complementação/ integração (regulação, Poder Concedente ou Concessionária):	1. **Procedimento para pagamento do valor de outorga**: as informações necessárias para pagamento serão disponibilizadas pela Secretaria do Tesouro Nacional (cl. 2.10). 2. **Projeto Básico e Cronograma de Investimentos**: De acordo com o Contrato, cabe à Concessionária, "apresentar o Projeto Básico do Aeroporto" e "apresentar o cronograma de realização dos investimentos para aprovação pela ANAC" (cls. 2.16.1 e 2.16.2). O Contrato também disciplina o procedimento de aprovação do Projeto Básico por parte da ANAC (cl. 2.18), sendo possível a determinação de ajustes por parte da ANAC (cl. 2.21). 3. **Bens integrantes da concessão**: Embora contenha cláusulas que tratam sobre reversibilidade dos bens, o Contrato, em seus termos original, não indicava os ativos que viriam a ser disponibilizados à Concessionária. De acordo com o Contrato, no prazo máximo de 6 (seis) meses após a emissão de Ordem de Serviço, a Concessionária seria obrigada a "firmar o Termo de Aceitação Definitivo e de Permissão de Uso de Ativos das instalações do Aeroporto, previsto no Anexo 8 do Contrato, após a devida verificação e conferência dos bens afetos à Concessão" (cl. 2.16.3). Tais ativos constituem, propriamente, os denominados "bens integrantes da concessão" (cl. 2.29.1). Justamente por isso, tratam-se de bens estão enquadrados no conceito de bens reversíveis. Isso porque, nos termos da cláusula 14.1: "Com o advento do termo do contrato de concessão, reverterão à União todos os bens e instalações vinculados à Exploração Aeroportuária, nos termos das subcláusula 2.28 e 2.29 deste Contrato". 4. **Determinações supervenientes da ANAC**: é previsto que é dever de a Concessionária "cumprir e fazer cumprir integralmente o Contrato, em conformidade com as disposições legais e regulamentares, e ainda as determinações da ANAC editadas a qualquer tempo" (cl. 3.1.1). 5. **Detalhamento da prestação dos serviços no aeroporto**: é previsto que o Poder Concedente tem o dever de "regulamentar a prestação dos serviços no Aeroporto, sua operação e manutenção" (cl. 3.2.2). 6. **Novos investimentos em futuras expansões**: é previsto que a Concessionária tem o dever de "assegurar a adequada prestação do serviço concedido, conforme definido no artigo 6.º da Lei federal nº 8.987/95, valendo-se de todos os meios e recursos à sua disposição, incluindo, e não se limitando, a todos os investimentos em futuras expansões, necessários para a manutenção dos níveis de serviço" (cl. 3.1.9).

(continua)

Contrato de Concessão do Aeroporto Internacional de São Gonçalo do Amarante	
Hipóteses de complementação/ integração (regulação, Poder Concedente ou Concessionária):	7. **Detalhamentos da implantação, operação e futuras expansões**: é previsto como dever da Concessionária "obter a prévia aprovação da ANAC para os projetos, planos e programas relativos à implantação, operação e eventuais expansões do Aeroporto" (cl. 3.1.17); 8. **Detalhamento dos investimentos necessários diante da materialização de gatilhos de investimento**: é previsto como dever da Concessionária **(i)** "apresentar à ANAC, na ocorrência do Gatilho de Investimento, os documentos descritos no PEA, a fim de detalhar o plano de investimentos e/ou de ações operacionais necessários à manutenção dos Parâmetros Mínimos de Dimensionamento, observando, para isso, os critérios e procedimentos estabelecidos no referido anexo" (cl. 3.1.31); **(ii)** "promover os investimentos e/ou ações operacionais vinculados ao Gatilho de Investimento, assim considerado o momento em que a relação entre o espaço efetivo e o espaço mínimo por passageiro for menor que 1,2 (um inteiro e dois décimos) conforme descrito no PEA, previstos no prazo estabelecido pelo cronograma aprovado pela ANAC, conforme estabelecido no PEA" (cl. 3.1.32). 9. **Detalhamento da etapa de transição operacional entre aeroportos**: é dever da Concessionária "submeter à aprovação da ANAC, pelo menos 6 (seis) meses antes da data prevista para o início da operação da Fase II, a estratégia que pretende colocar em prática para a transferência da operação aeroportuária e aérea do Aeroporto Augusto Severo para o Aeroporto Internacional de São Gonçalo do Amarante, em consonância com o Anexo 12 do Contrato, de modo a garantir a eficácia da transferência, a segurança operacional nos aeroportos envolvidos e o menor impacto possível na população, assegurando a prévia e ampla publicidade desta operação" (cl. 3.1.19). 10. **Regulamentação do Fator X**: nos termos da cl. 6.6. "por ocasião das Revisões dos Parâmetros da Concessão, o fator X será estabelecido pela ANAC, conforme regulamentação específica, após audiência pública, com vistas ao compartilhamento dos ganhos de produtividade e eficiência com os usuários, a ser aplicado a cada reajuste tarifário até a Revisão dos Parâmetros da Concessão seguinte, observado o disposto na subcláusula 6.16". 11. **Penalidades**: é previsto um rol de penalidades, que pode ser complementado por outras previstas na regulamentação da ANAC. Nos termos da cl. 8.1: "O não cumprimento das Cláusulas deste Contrato, de seus Anexos, do Edital e das normas e regulamentos editados pela ANAC ensejará a aplicação das seguintes penalidades, sem prejuízo de outras previstas em dispositivos legais e regulamentares da ANAC".

1º Termo Aditivo

Data:	22 de maio de 2014.
Fundamento legal:	- Art. 58, I e §2º, da Lei Federal nº 8.666/1993; - Art. 8º, XXIV e XXV, da Lei Federal nº 11.182/2005.

(continua)

Contrato de Concessão do Aeroporto Internacional de São Gonçalo do Amarante

1º Termo Aditivo

Alteração prevista no Contrato?	Não.
Objeto:	- Modificação da cláusula que estabelecia a data em que seria realizada a primeira Revisão dos Parâmetros da Concessão (cl. 6.17), a fim de definir data certa para sua realização.
Motivo:	Não foi explicitado no termo aditivo, o qual faz referência ao Processo nº 00058.022722/2014-63.

2º Termo Aditivo

Data:	30 de maio de 2014.
Fundamento legal:	- Art. 58, I e §2º, da Lei Federal nº 8.666/1993; - Art. 8º, XXIV e XXV, da Lei Federal nº 11.182/2005.
Alteração prevista no Contrato?	Não.
Objeto:	- Admitir a emissão da Ordem de Serviço referente à Fase II ainda que a Concessionária não tenha cumprido integralmente suas obrigações. Por meio desta alteração, foi flexibilizada a cláusula que previa a obrigatoriedade de, dentro do prazo de 36 (trinta e seis) meses, "Concessionária cumprir integralmente suas obrigações dentro deste prazo, cujo termo final coincidirá com a emissão da Ordem de Serviço da Fase II" (cl. 2.23 do Contrato original). No entanto, foram estabelecidas obrigações mínimas que deveriam ser cumpridas e, também, impedimento à cobrança de tarifa de embarque até as obrigações sejam integralmente cumpridas (cl. 2.23.3.1).
Motivo:	Não foi explicitado no termo aditivo, o qual faz referência ao Processo nº 00058.003952/2012-61.

3º Termo Aditivo

Data:	30 de maio de 2014
Fundamento legal:	Não há.

(continua)

Contrato de Concessão do Aeroporto Internacional de São Gonçalo do Amarante	
3º Termo Aditivo	
Alteração prevista no Contrato?	O Contrato original admite o reajuste dos valores e, também, a alteração da estrutura tarifária. No entanto, da análise das mudanças implementadas por este aditivo, não há sinalização de que as alterações se enquadrem em alguma dessas hipóteses.
Objeto:	- Alterar os valores de certas tarifas aeroportuárias e converter a modela (de dólar para real).
Motivo:	Não foi explicitado no termo aditivo, o qual faz referência ao Processo nº 00058.042345/2014-89.
4º Termo Aditivo	
Data:	28 de janeiro de 2015.
Fundamento legal:	Não mencionado.
Alteração prevista no Contrato?	Não.
Objeto:	- Modificação da cláusula que estabelecia a data em que seria realizada a primeira Revisão dos Parâmetros da Concessão (cl. 6.17), a fim de definir data certa para sua realização.
Motivo:	Não foi explicitado no termo aditivo, o qual faz referência ao Processo nº 00058.093611/2014-31.
Decisão nº 32/2015	
Data	1º de abril de 2015.
Fundamento legal	- art. 8º, XXV, da Lei nº 11.182/2005; - art. 4º, XXVI, e 11, III, do Anexo I ao Decreto nº 5.731/2006; - art. 29, VI, da Lei nº 8.987/1995.

(continua)

Contrato de Concessão do Aeroporto Internacional de São Gonçalo do Amarante	
Decisão nº 32/2015	
Alteração prevista no contrato?	Sim. A alteração está prevista na Seção II – Da Revisão dos Parâmetros da Concessão, mais especificamente as cláusulas 6.14, 6.15, 6.16 e 6.17. Vale enfatizar que, conforme diretrizes contratuais, a ANAC realizou a Audiência Pública nº 21/2014 com o objetivo de colher contribuições em relação à proposta de termo aditivo elaborado para definir a metodologia de cálculo do Fator Q. Neste procedimento, foram recebidas apenas 3 (três) contribuições, oriundas dos seguintes agentes: SEAE, ABEAR – Associação Brasileira de Empresas Aéreas e da ANEEAA – Associação Nacional das Empresas Administradoras de Aeroportos. Embora tenha sido submetida à audiência pública uma "proposta" de termo aditivo, nota-se que a opção da Agência foi no sentido de proferir decisão unilateral sobre o tema. A postura chama atenção sobretudo pelo fato de que, quando questionada, pela ABEAR, sobre a necessidade de prévia manifestação de vontade do Concessionário, a própria ANAC havia pontuado que "a Audiência Pública nº 21/2014 diz respeito a proposta de termo aditivo ao contrato de concessão, de maneira que as alterações nela veiculadas serão objeto de instrumento de alteração unilateral, assinado tanto pelo Poder Concedente, como pelo Concessionário, *em comum acordo quanto aos seus termos*. Dessa forma, não há que se falar em alteração unilateral do Contrato, mas sim em manifestação de vontade das partes na alteração de determinadas regras contratuais, materializada na assinatura do instrumento apropriado para tal fim".[1] Apesar disso, verifica-se que não foi esta a opção eleita pela Agência, que instituiu a metodologia de forma unilateral, sem a formalização de termo aditivo.
Objeto:	- Estabelecer a metodologia de cálculo do fator Q a ser utilizada nos reajustes tarifários aplicáveis ao Contrato de Concessão do ASGA.
Motivo:	O motivo fica implícito na medida em que a decisão faz alusão à cláusula contratual que trata sobre o estabelecimento da metodologia de Fator Q.

---

[1] ANAC, Relatório de Contribuições Audiência Pública nº 21/2014, p. 12. Disponível em: https://www.anac.gov.br/participacao-social/consultas-publicas/audiencias/2014/aud21/rac-ap21-2014.pdf. Acesso em: 18 ago. 2021.

Contrato de Concessão do Aeroporto Internacional de São Gonçalo do Amarante	
Decisão nº 192/2016	
Data:	22 de dezembro de 2016.
Fundamento legal:	- art. 1º, §1º, da Lei Federal nº 13.319/2016; - art. 8º, XXV, da Lei Federal nº 11.182/2005.
Alteração prevista no Contrato?	Sim, trata-se de hipótese de alteração unilateral.
Objeto	- Em cumprimento ao disposto no art. 1º, §1º, da Lei Federal nº 13.319/2016, alterar os valores das tarifas aeroportuárias para incorporar o valor correspondente ao Adicional de Tarifa Aeroportuária extinto pela Lei Federal nº 13.319/2016.
Motivo:	Depreende-se do preâmbulo que o motivo da decisão é cumprir o disposto na Lei Federal nº 13.319/2016.
Decisão nº 104/2017	
Data:	28 de junho de 2017
Fundamento legal:	- art. 8º, XXV, e 11, IV, da Lei Federal nº 11.182/2005; - art. 2º, §2º, da Lei Federal nº 13.319/2016
Alteração prevista no Contrato?	Sim, trata-se de hipótese de alteração unilateral.
Objeto:	- Recompor o equilíbrio econômico-financeiro do Contrato, diante das alterações promovidas pela Decisão nº 192/2016, conforme previsto no art. 2º, §2º, da Lei Federal nº 13.319/2016.
Motivo:	Depreende-se do preâmbulo que o motivo da decisão é cumprir o disposto na Lei Federal nº 13.319/2016.
5º Termo Aditivo	
Data:	20 de dezembro de 2017.
Fundamento legal:	- Art. 1º da Lei Federal nº 13.499/2017; - Art. 8º, XXIV, da Lei Federal nº 11.182/2005.

(continua)

(continua)

Contrato de Concessão do Aeroporto Internacional de São Gonçalo do Amarante

5º Termo Aditivo

Alteração prevista no Contrato?	Não.
Objeto:	- Viabilizar a reprogramação dos pagamentos das contribuições fixas, com fundamento no art. 1º da Lei Federal nº 13.499/2017 (cl. 2.9). Também foi estabelecido cronograma com valores diferenciados para a outorga de Garantia de Execução (cl. 3.1.58).
Motivo:	Não foi explicitado no termo aditivo, o qual faz referência ao Processo nº 00058.535524/2017-16.

6º Termo Aditivo

Data:	19 de fevereiro de 2018.
Fundamento legal:	Não mencionado.
Alteração prevista no Contrato?	Não.
Objeto:	- Altera o capítulo que trata sobre a celebração de contratos com terceiros, pelo Concessionário, com vistas à obtenção de receitas não tarifárias. Por meio das modificações, passou-se a admitir a celebração de contratos com prazo superior ao da Concessão em certas hipóteses, desde que obtida prévia anuência do Ministério da Infraestrutura (cl. 4.14 e ss). Em decorrência de tais alterações, também foi alterada a cláusula que dispõe sobre a sub-rogação da ANAC nos contratos com terceiros diante de extinção antecipada do Contrato de Concessão (cl. 13.9)
Motivo:	Não foi explicitado no termo aditivo, o qual faz referência ao Processo nº 00058.529101/2017-59.

Decisão nº 162/2019

Data:	03 de dezembro de 2019.
Fundamento legal:	- arts. 8º, XXIV, e 11, IV, da Lei nº 11.182/2005;

(continua)

Contrato de Concessão do Aeroporto Internacional de São Gonçalo do Amarante

Decisão nº 162/2019

Alteração prevista no Contrato:	Sim. A alteração está prevista na Seção II – Da Revisão dos Parâmetros da Concessão, mais especificamente as cláusulas 6.14, 6.15, 6.16 e 6.17.
Objeto:	- Estabelecer, de forma unilateral, a segunda revisão aos parâmetros da concessão do Contrato de Concessão do ASGA, mediante alteração do teor do Apêndice D do Anexo 2 do Contrato de Concessão. Por meio desta decisão, também foi revista a metodologia de cálculo do Fator Q e dos indicadores de Qualidade de Serviço, como parte da Primeira Revisão dos Parâmetros da Concessão dos Aeroportos de Confins e Galeão, em conformidade com as cláusulas 6.15 a 6.20 dos seus respectivos contratos de concessão. A partir dos documentos divulgados, nota-se esforço da ANAC no sentido de torná-los o mais parecido possível com o conteúdo da revisão já aprovada para outros aeroportos. Com efeito, em grande medida, nota-se que, para a elaboração desta revisão, foram levadas em consideração as condições previstas na 1ª Revisão dos Parâmetros da Concessão de outros aeroportos (Guarulhos, Brasília e Viracopos). Na audiência, foram recebidas 51 (cinquenta e uma) contribuições. A maior parte das contribuições foram submetidas por concessionárias de infraestrutura aeroportuárias ou por associação que representa os interesses destas empresas. No entanto, também a SEAE submeteu contribuições.
Motivo:	O motivo fica implícito na medida em que a decisão faz alusão à cláusula contratual que trata sobre o estabelecimento da metodologia de Fator Q.

7º Termo Aditivo

Data:	19 de novembro de 2020.
Fundamento legal:	Lei Federal nº 13.448/2017.
Alteração prevista no Contrato?	Não.

(conclusão)

Contrato de Concessão do Aeroporto Internacional de São Gonçalo do Amarante

7º Termo Aditivo

Objeto: - Incluir o Anexo 14 ao Contrato de Concessão, que disciplina os termos da extinção amigável do contrato e respectivo procedimento de relicitação (item 1.1 do Anexo). Foi, também, prevista regra de prevalência deste Anexo em detrimento das disposições contratuais, diante de eventual conflito entre ambos (cl. 3.1 do Termo Aditivo). A partir do Termo Aditivo, foi(ram) (i) suspensas as obrigações de pagamento da Outorga e da Contribuição mensal (item 2.1. do Anexo), bem como modificadas as cláusulas de reajuste; (ii) alterada a periodicidade de envio de balancetes pela Concessionária e atribuído à ANAC o direito de acompanhar as reuniões do Conselho de Administração da Concessionária (item 3.3 e 3.4); (iii) estabelecidas vedações à realização de certas transações societárias por parte da Concessionária (item 3.5) e, também, à celebração de contratos com terceiros (item 3.8 e ss.); (iv) inseridas regras distintas voltadas à gestão dos bens reversíveis (item 3.13 e ss.); (v) previstas regras que deverão nortear a prestação dos serviços, bem como procedimento para sua alteração e flexibilização, em caráter excepcional (item 3.14 e ss); (vi) suspensa a exigência de apresentação de garantia de execução contratual; (vii) alteradas as regras sobre indenização pelos investimentos realizados e, também, prevista a aplicação da metodologia prevista na Resolução ANAC nº 533/2019; (viii) estabelecida a obrigatoriedade de a Concessionária elaborar Programa de Desmobilização Operacional (item 4.2 e ss), bem como as balizas que deverão nortear a transferência das operações do aeroporto da Concessionária ao novo operador aeroportuário (item 4.7 e ss.); (ix) estabelecidas as penalidades aplicáveis para a hipótese de descumprimento das condições previstas no Anexo (item 5.1 a 5.5); (x) prevista nova sistemática para a cláusula compromissória (item 6).

Motivo: Não foi explicitado no termo aditivo, o qual faz referência ao Processo nº 00058.009130/2020-02.

(continua)

Minuta de Contrato de Concessão do Aeroporto Internacional de São Gonçalo do Amarante submetida à CP nº 02/2021	
Partes:	**1. Poder Concedente:** Agência Nacional de Aviação Civil – ANAC **2. Concessionário:** a ser definido após a realização do respectivo leilão.
Leis de regência:	De acordo com a cláusula 1.3, a concessão será regida pelos seguintes atos normativos: • Lei Federal nº 8.987/1995; • Lei Federal nº 7.565/1986; • Lei Federal nº 9.491/1997; • Lei Federal nº 11.182/2005; • Lei Federal nº 12.462/2011; • Lei Federal nº 8.666/1993; • Outras leis e regulamentos aplicáveis, notadamente os editados pela ANAC e pelo COMAER.
Objeto:	"O objeto do presente contrato é a Concessão dos serviços públicos para ampliação, manutenção e exploração da infraestrutura aeroportuária do Complexo Aeroportuário de São Gonçalo do Amarante" (cl. 2.1).
Hipóteses de modificação:	1. **Extinção de índices de reajuste:** "no caso de extinção de quaisquer dos índices econômicos indicados neste Contrato e seus Anexos, os mesmos serão alterados pelos índices oficiais substitutos ou, na ausência desses, por outros indicados pela ANAC" (cl. 1.6); 2. **Prorrogação do prazo contratual:** "o contrato poderá ser prorrogado por 5 (cinco) anos, uma única vez, para fins de recomposição do equilíbrio econômico-financeiro em decorrência da revisão extraordinária, na forma prevista neste Contrato" (cl. 2.7). 3. **Alteração na estrutura do sistema tarifário:** "qualquer alteração na estrutura do sistema tarifário do Contrato, decorrentes de lei ou de norma editada pela ANAC, será refletida no presente Contrato" (cl. 4.7). 4. **Alteração do Índice de Qualidade de Serviço e de sua metodologia:** embora o Plano de Exploração Aeroportuária (Anexo I) preveja a metodologia de definição do Fator Q, o Contrato prevê que "por ocasião das Revisões dos Parâmetros da Concessão, os IQS, assim como a metodologia de cálculo do Fator Q, poderão ser revistos pela ANAC, após audiência pública, com vistas a criar incentivos para melhoria da qualidade dos serviços prestados, a ser aplicado a cada reajuste até a próxima Revisão dos Parâmetros da Concessão" (cl. 6.7.2).

Minuta de Contrato de Concessão do Aeroporto Internacional de São Gonçalo do Amarante submetida à CP nº 02/2021	(continua)
Hipóteses de modificação:	5. **Alteração do valor das tarifas, das obrigações contratuais da Concessionária, da Contribuição ao Sistema, além do prazo, para fins de recomposição do equilíbrio econômico-financeiro**: "6.26. Cabe à ANAC a prerrogativa de escolher, dentre as medidas abaixo elencadas, individual ou conjuntamente, a forma pela qual será implementada a recomposição do equilíbrio econômico-financeiro: 6.26.1. alteração do valor das tarifas; 6.26.2. alteração do prazo da concessão; 6.26.3. alteração das obrigações contratuais da concessionária; 6.23.4. revisão da contribuição ao sistema devida pela Concessionária, mediante comum acordo entre ANAC e Concessionária, após prévia aprovação do Ministério da Infraestrutura; ou 6.26.5. outra forma definida de comum acordo entre ANAC e Concessionária, mediante prévia aprovação do Ministério da Infraestrutura". 6. **Transferência da concessão a outro Concessionário**: "Durante todo o prazo da Concessão, a Concessionária não poderá realizar qualquer modificação direta ou indireta no seu controle societário ou transferir a Concessão sem a prévia e expressa anuência da ANAC, sob pena de caducidade" (cl. 10.1). "10.4. Para a transferência do controle societário ou da Concessão, a Concessionária deverá apresentar à ANAC requerimento indicando e comprovando os requisitos de qualificação jurídica, fiscal, técnica e econômica das pessoas jurídicas interessadas, necessárias à assunção da Concessão, bem como demonstrando o compromisso em cumprir todas as cláusulas do Contrato". 7. **Determinação da taxa de desconto a ser utilizada no Fluxo de Caixa Marginal**: coloca-se que, no âmbito da revisão dos parâmetros da concessão, será determinada a taxa de desconto a ser utilizada no fluxo de caixa marginal até a revisão dos parâmetros da concessão seguinte (1.1.50) 8. **Definição do preço relativo à utilização das áreas pela ANAC, alterando o regime de liberdade de preços contratualmente previsto**: o Contrato prevê que a "remuneração pela utilização de Áreas e Atividades Operacionais será livremente pactuada" (cl. 11.6). A definição dos preços, contudo, deve ser realizada com base em "critérios objetivos e não discriminatórios, tais como nível de serviço, disponibilidade de facilidades e previsão de investimentos, entre outros critérios economicamente relevantes" (cl. 11.6.1). Se houver descumprimento dessas disposições, coloca-se que "a ANAC poderá, a qualquer tempo, estabelecer a regulação dos preços relativos à utilização das Áreas e Atividades Operacionais por meio de tarifas-teto, receita máxima ou outro método a ser estabelecido em regulamentação específica após ampla discussão pública, caso em que a Concessionária não fará jus ao reequilíbrio econômico-financeiro do Contrato" (cl. 11.9.2). 9. **Solicitação da relicitação da Concessão, a ser formulada pela Concessionária, hipótese em que será firmado termo aditivo**: "cabe à Concessionária requerer a qualificação do contrato para fins de relicitação, demonstrada sua incapacidade de adimplir as obrigações contratuais ou financeiras assumidas originalmente" (cl. 13.34.1). "13.35. Para viabilizar a relicitação do contrato, as partes deverão ratificar termo aditivo, cujo conteúdo observará os limites definidos pela legislação em vigor no momento de sua celebração. 13.36. A indenização relativa aos investimentos vinculados a bens reversíveis não amortizados, devida à Concessionária em caso de relicitação, será calculada segundo metodologia disciplinada na Resolução nº 533, de 07 de novembro de 2019 e alterações supervenientes".

Minuta de Contrato de Concessão do Aeroporto Internacional de São Gonçalo do Amarante submetida à CP nº 02/2021	
Procedimento de alteração:	1. **Aprovação de novos investimentos:** a Concessionária é obrigada a "obter a prévia aprovação da ANAC para os projetos, planos e programas relativos à ampliação e operação do Aeroporto, na forma do contrato e da regulamentação" (cl. 3.1.16), bem como para a realização dos "investimentos a serem realizados para a operação das novas instalações do aeroporto" (cl. 3.1.42). Para decidir sobre os investimentos solicitados, coloca-se que "a análise da ANAC observará a relevância de potencial impacto negativo às partes interessadas relevantes, nos termos do item 15.3 deste Contrato" (cl. 3.1.43.1). 2. **Revisão dos Parâmetros da Concessão:** revisão quinquenal com o objetivo de permitir a determinação do IQS e da metodologia de cálculo do Fator Q a ser aplicado nos reajustes da Taxa de Desconto a ser utilizada no Fluxo de Caixa Marginal também até a próxima Revisão dos Parâmetros da Concessão, e a determinação dos Parâmetros da Concessão (cl. 1.1.50). Nos termos do Contrato, coloca-se que: "6.14. Em cada Revisão dos Parâmetros da Concessão, a ANAC poderá: 6.14.1. revisar os parâmetros de nível de serviço estabelecidos no PEA, respeitada a alocação de riscos do Contrato; e 6.14.2. avaliar e definir ou redefinir um Sistema de Indicadores atrelados ou não a um mecanismo de incentivo representado pelo Fator Q para o aeroporto, independentemente da movimentação de passageiros". Tais procedimentos "serão precedidos de ampla discussão pública" (cl. 6.15). 3. **Reajuste:** mecanismo que se presta a preservar o equilíbrio econômico-financeiro mediante correção dos valores previstos contratualmente (cl. 6.3). O contrato estabelece as fórmulas a serem consideradas e valores sobre os quais ela deverá incidir (cl. 6.4 a 6.7). Ainda, de acordo com o Contrato, "a implementação e a publicação no Diário Oficial da União dos reajustes serão de responsabilidade da ANAC" (cl. 6.10). 4. **Revisão Extraordinária:** procedimento para recomposição do equilíbrio econômico-financeiro em virtude da ocorrência de eventos relacionados com riscos suportados exclusivamente pelo Poder Concedente (cl. 1.1.51). São considerados como riscos suportados pelo Poder Concedente, dentre outros, certas hipóteses que importam em alteração das condições originalmente pactuadas (ou de documentos que lhe integram), tais como: (i) mudanças no Anteprojeto por solicitação da ANAC ou de outras entidades públicas, salvo se tais mudanças decorrerem da não-conformidade do Anteprojeto com a legislação em vigor à época da realização do investimento ou com as informações contidas no PEA (cl. 5.2.1); (ii) investimentos não previstos em equipamentos ou obras de infraestrutura decorrentes de nova exigência da ANAC ou regulamentação pública e legislação brasileiras supervenientes (cl. 5.2.2); (iii) criação, extinção e alterações não contratualmente previstas de Tarifas Aeroportuárias (cl. 5.2.6).

(continua)

(continua)

Minuta de Contrato de Concessão do Aeroporto Internacional de São Gonçalo do Amarante submetida à CP nº 02/2021	

Procedimento de alteração:	No Contrato, são estabelecidas cláusulas voltadas a regular o seu procedimento. Além disso, colocam-se os prazos máximos para que seja pleiteada a revisão. Nos termos da cl. 6.24.4: "O pedido de Revisão Extraordinária deverá ser apresentado no prazo máximo de 5 anos, contados da data em que ocorreu o evento, sob pena de preclusão do direito à recomposição do equilíbrio". Além disso, para eventos que produzam efeitos contínuos, dispõe o contrato que: "no caso de evento que provoque impacto contínuo no tempo, ou no caso de evento em que o impacto só ocorrerá em momento posterior, o prazo a que se refere o item 6.24.4 contar-se-á da data do início do impacto" (cl. 6.24.5).
	Por fim, coloca-se que "para solicitação de Revisão Extraordinária pela Concessionária devem ser observadas normas específicas da ANAC sobre a matéria" (cl. 6.25.2).
	5. **Proposta Apoiada**: "mecanismo de flexibilização regulatória cujo objetivo é permitir a manutenção do equilíbrio econômico-financeiro da concessão e da eficiência na gestão aeroportuária ao longo do período da concessão" (cl. 6.16).
	Com isso, coloca-se que: "6.17. A Concessionária poderá, apoiada pelas Empresas Aéreas e por operadores de aviação geral, apresentar Proposta Apoiada para, em conjunto ou isoladamente:
	    6.17.1. Alterar valores de Receita Teto e Teto Tarifário ou estabelecer modelos alternativos de tarifação;
	    6.17.2. Estabelecer um ou mais parâmetros da concessão que irão vigorar por prazo determinado;
	    6.17.3. Estabelecer novos compromissos relativos à oferta de infraestrutura e serviços aeroportuários não previstos no Contrato; ou
	    6.17.4. Alterar obrigações contratuais relativas à oferta de infraestrutura e serviços aeroportuários".
	Tal procedimento não poderá ser utilizado para alterar certos investimentos obrigatórios (cl. 6.19).
	A decisão da Agência, em relação à proposta recebida, deve ser norteada pelos parâmetros definidos contratualmente. Nos termos da cl. 6.18: "A ANAC deverá aprovar ou rejeitar a proposta levando em consideração: (i) critérios de boas práticas em termos de tarifação, investimentos, eficiência operacional ou de qualidade de serviço no aeroporto e/ou (ii) os interesses dos Usuários finais do aeroporto".
	O Contrato também prevê que, "enquanto vigente, a Proposta Apoiada, aprovada pela ANAC, prevalece sobre dispositivos contratuais que disciplinam as restrições à tarifação, as obrigações relativas à oferta de infraestrutura e serviços aeroportuários e os parâmetros que compõem a RPC, no que couber, tendo em vista o escopo da proposta" (cl. 6.21).
	Por fim, coloca-se a possibilidade de a ANAC atuar como mediadora para alcançar acordo entre as partes (cl. 6.22).
	6. **Consulta às partes interessadas relevantes**: "a Concessionária deverá consultar as partes interessadas relevantes em relação, pelo menos, ao seguinte:
	15.2.1. Suas propostas de realização de investimentos, adequações ou alterações na infraestrutura aeroportuária que reduzam de forma significativa a oferta de infraestrutura ou que afetem seus Usuários;

Minuta de Contrato de Concessão do Aeroporto Internacional de São Gonçalo do Amarante submetida à CP nº 02/2021 (continua)	

Procedimento de alteração:	15.2.2. Suas propostas para a remuneração pela utilização de Áreas e Atividades Operacionais, nos termos da Seção II do Capítulo XI;
	15.2.3. Suas propostas de tarifação, nos termos da Seção I do Capítulo IV..
	Além disso, para eventos que produzam efeitos contínuos, dispõe o contrato que: "no caso de evento que provoque impacto contínuo no tempo, ou no caso de evento em que o impacto só ocorrerá em momento posterior, o prazo a que se refere o item 6.24.4 contar-se-á da data do início do impacto" (cl. 6.24.5).
	Por fim, coloca-se que "para solicitação de Revisão Extraordinária pela Concessionária devem ser observadas normas específicas da ANAC sobre a matéria" (cl. 6.25.2).
	5. **Proposta Apoiada**: "mecanismo de flexibilização regulatória cujo objetivo é permitir a manutenção do equilíbrio econômico-financeiro da concessão e da eficiência na gestão aeroportuária ao longo do período da concessão" (cl. 6.16).
	Com isso, coloca-se que: "6.17. A Concessionária poderá, apoiada pelas Empresas Aéreas e por operadores de aviação geral, apresentar Proposta Apoiada para, em conjunto ou isoladamente:
	    6.17.1. Alterar valores de Receita Teto e Teto Tarifário ou estabelecer modelos alternativos de tarifação;
	    6.17.2. Estabelecer um ou mais parâmetros da concessão que irão vigorar por prazo determinado;
	    6.17.3. Estabelecer novos compromissos relativos à oferta de infraestrutura e serviços aeroportuários não previstos no Contrato; ou
	    6.17.4. Alterar obrigações contratuais relativas à oferta de infraestrutura e serviços aeroportuários".
	Tal procedimento não poderá ser utilizado para alterar certos investimentos obrigatórios (cl. 6.19).
	A decisão da Agência, em relação à proposta recebida, deve ser norteada pelos parâmetros definidos contratualmente. Nos termos da cl. 6.18: "A ANAC deverá aprovar ou rejeitar a proposta levando em consideração: (i) critérios de boas práticas em termos de tarifação, investimentos, eficiência operacional ou de qualidade de serviço no aeroporto e/ou (ii) os interesses dos Usuários finais do aeroporto".
	O Contrato também prevê que, "enquanto vigente, a Proposta Apoiada, aprovada pela ANAC, prevalece sobre dispositivos contratuais que disciplinam as restrições à tarifação, as obrigações relativas à oferta de infraestrutura e serviços aeroportuários e os parâmetros que compõem a RPC, no que couber, tendo em vista o escopo da proposta" (cl. 6.21).
	Por fim, coloca-se a possibilidade de a ANAC atuar como mediadora para alcançar acordo entre as partes (cl. 6.22).
	6. **Consulta às partes interessadas relevantes**: "a Concessionária deverá consultar as partes interessadas relevantes em relação, pelo menos, ao seguinte:
	15.2.1. Suas propostas de realização de investimentos, adequações ou alterações na infraestrutura aeroportuária que reduzam de forma significativa a oferta de infraestrutura ou que afetem seus Usuários;

(continua)

Minuta de Contrato de Concessão do Aeroporto Internacional de São Gonçalo do Amarante submetida à CP nº 02/2021	
Procedimento de alteração:	15.2.2. Suas propostas para a remuneração pela utilização de Áreas e Atividades Operacionais, nos termos da Seção II do Capítulo XI; 15.2.3. Suas propostas de tarifação, nos termos da Seção I do Capítulo IV. 15.3. Além do disposto no item 15.1, a Concessionária poderá consultar as partes interessadas relevantes em relação às suas propostas para cumprimento das obrigações previstas no PEA, em particular no que se refere aos projetos de investimentos e à elaboração do Plano de Gestão da Infraestrutura – PGI e do Plano de Ações da Concessionária; 15.4. O objetivo das consultas é induzir efetiva cooperação e compartilhamento de informações entre Concessionária e partes interessadas relevantes, promovendo acordos e soluções negociadas. 15.4.1. Para tanto, a Concessionária deve estipular os procedimentos de forma a promover a efetividade das consultas, seguindo boas práticas a exemplo daquelas recomendadas em manuais de organizações internacionais tais como International Civil Aviaton Organization (ICAO), Internacional Air Transport Association (IATA) e Airports Council Internacional (ACI), devendo, em particular: 15.4.1.1. Estabelecer prazo razoável para o recebimento de manifestações das partes interessadas relevantes e garantir que essas tenham acesso às informações necessárias para a elaboração de manifestações fundamentadas. 15.4.1.2. Levar essas manifestações em consideração na elaboração de suas propostas finais. 15.4.1.3. A condução do processo de consulta deverá ser orientada à obtenção de concordância das partes interessadas relevantes, mas caso não seja possível, as contestações fundamentadas às propostas finais da Concessionária devem ser satisfatoriamente respondidas. 15.5. A Concessionária deverá, por meio de protocolos ou relatórios, conforme previsto em cláusulas específicas nos Capítulos II, IV e XI e no Anexo 02 – PEA, comprovar o cumprimento, nos termos do item 15.4, das consultas previstas nos itens 15.1 e 15.2, descrevendo as negociações e apresentando os entendimentos alcançados entre as partes. (...) 15.7. A ANAC poderá publicar documentos de orientação sobre o escopo definido nos itens 15.1 e 15.2 e sobre procedimentos de consulta e publicação de documentos, sem prejuízo de regulamentação posterior. (...) 15.9. As consultas às partes interessadas relevantes podem ser realizadas por meio de associações, comitês técnicos, fóruns de governança ou outros grupos capazes de intensificar a cooperação entre as partes e colaborar para o alcance de acordos e soluções negociadas."

Minuta de Contrato de Concessão do Aeroporto Internacional de São Gonçalo do Amarante submetida à CP nº 02/2021
Hipóteses de complementação/integração (regulação, Poder Concedente ou Concessionária): 1. **Apresentação de informações de acordo com a regulamentação da ANAC:** a Concessionária é obrigada a "observar as disposições sobre apresentação de informações relativas à movimentação aeroportuária previstas na Resolução ANAC nº 464, de 22 de fevereiro de 2018, ou de norma que a substituir" (cl. 3.1.34). 2. **Definição das regras de transferência operacional para a Concessionária:** a "Concessionária deverá apresentar à ANAC, em até 40 (quarenta) dias após a Data de Eficácia do Contrato, o Plano de Transferência Operacional para assunção de todas as atividades relacionadas ao Aeroporto, contendo todas as informações exigidas no Anexo 7 – Plano de Transferência Operacional, o qual será analisado pela ANAC em até 40 (quarenta) dias. Caso sejam necessários ajustes e/ou esclarecimentos, a Concessionária e a ANAC deverão observar os mesmos prazos de entrega e análise de novo plano. Neste Estágio, os prepostos da Concessionária já podem ter livre acesso a todas as instalações do Aeroporto, observadas as normas de segurança em vigor" (cl. 2.18); 3. **Plano contendo as ações para adequação diante de gatilhos:** "a cada evento de gatilho de investimento, a Concessionária deverá apresentar à ANAC, em até 90 (noventa) dias, um plano contendo as ações a serem realizadas para manter o nível de serviço estabelecido e o atendimento aos requisitos de infraestrutura, provendo capacidade adequada para o atendimento da demanda de passageiros, veículos e aeronaves, conforme previsto no Plano de Exploração Aeroportuária" (cl. 2.27). A depender das intervenções, é previsto o procedimento para elaboração e submissão à aprovação da ANAC do anteprojeto de investimentos previstos e o cronograma de execução dos investimentos, dentre outros documentos (cl. 2.27.1, 2.27.2, 2.27.3, 2.7.6); 4. **Execução de novos investimentos para futuras expansões:** a Concessionária é obrigada a "assegurar a adequada prestação do serviço concedido, conforme definido no artigo 6º da Lei Federal nº 8.987/95, valendo-se de todos os meios e recursos à sua disposição, incluindo, e não se limitando, a todos os investimentos em futuras expansões, necessários para a manutenção dos níveis de serviço, conforme a demanda existente e de acordo com o estabelecido no PEA" (cl. 3.1.9). 5. **Procedimento de pagamento:** "as informações necessárias para o pagamento serão disponibilizados pela ANAC à Concessionária" (cl. 2.11.2.1 e, em sentido semelhante, cl. 2.11.2); 6. **Indicação dos bens reversíveis a serem disponibilizados à Concessionária:** "Em até 20 dias da Data de Eficácia, a Concessionária receberá da ANAC a lista de bens móveis, disponibilizada pela Concessionária Anterior, constando aqueles a serem revertidos à União, que serão disponibilizados à Concessionária, e aqueles bens não reversíveis pertencentes à Concessionária Anterior, que poderão ser adquiridos pela Concessionária mediante negociação privada" (cl. 2.20). Interessante notar que, apesar de a concessionária apenas receber os ativos em momento posterior, o contrato atribui a ela os riscos decorrentes de "reforma, melhoria e manutenção de ativos recebidos pela Concessionária, necessários para adequada prestação do serviço" (cl. 5.5.27) e de "eventuais incorreções verificadas na lista de bens disponibilizada" (cl. 5.5.28).

(continua)

(conclusão)

Minuta de Contrato de Concessão do Aeroporto Internacional de São Gonçalo do Amarante submetida à CP nº 02/2021

Hipóteses de complementação/ integração (regulação, Poder Concedente ou Concessionária):	7. **Regulamentação da prestação dos serviços no Aeroporto, sua operação e manutenção**: constitui direito e dever do Poder Concedente "regulamentar a prestação dos serviços no Aeroporto, sua operação e manutenção" (cl. 3.2.2.). Além disso, coloca-se, dentre os riscos da Concessionária, suportar os "custos incorridos para adequação da infraestrutura e serviços prestados aos normativos da ANAC e demais órgãos públicos, inclusive aqueles pré-existentes à assinatura do Contrato" (cl. 5.5.25). 8. **Procedimento arbitral**: "16.22 A ANAC poderá editar ato regulamentar superveniente relativo à arbitragem ou a outros mecanismos adequados de solução de controvérsias, resguardadas as disposições desta Seção". (*) Obs.: em alguns casos, o próprio cláusulado prevê o procedimento para a integração, como, por exemplo, em relação à transferência operacional.

2 **2ª Rodada de Concessões de Aeroportos (2012): Aeroportos Internacionais de Brasília (DF), Campinas (SP) e Guarulhos (SP)**

Contrato de Concessão do Aeroporto Internacional de Guarulhos	
Data:	14 de junho de 2012.
Partes:	**1. Poder Concedente:** Agência Nacional de Aviação Civil – ANAC **2. Concessionária:** Concessionária do Aeroporto Internacional de Guarulhos S.A.
Leis de regência:	De acordo com a cláusula 1.3, a concessão será regida pelos seguintes atos normativos: • Lei Federal nº 8.987/1995; • Lei Federal nº 7.565/1986; • Lei Federal nº 9.491/1997; • Lei Federal nº 11.182/2005; • Outras leis e regulamentos aplicáveis, notadamente os editados pela ANAC e pelo COMAER.
Objeto:	cl. 2.1. "O objeto do presente contrato é a Concessão dos serviços públicos para ampliação, manutenção e exploração da infraestrutura aeroportuária do Complexo Aeroportuário, a ser implementada em quatro fases: 2.1.1. FASE I-A – fase de transferência das operações do Aeroporto da Infraero para a Concessionária; 2.1.2. FASE I-B – fase de ampliação do Aeroporto pela Concessionária para adequação da infraestrutura e melhoria do nível de serviços; e
Objeto:	2.1.3. FASE I-C – demais fases de ampliação, manutenção e exploração do Aeroporto, para manutenção do nível de serviço estabelecido no PEA, de acordo com o disciplinado na Subseção III – Da Fase I-C. 2.1.4. FASE II – demais fases de ampliação, manutenção, exploração do Aeroporto, para atendimento aos Parâmetros Mínimos de Dimensionamento previstos no PEA, de acordo com o disciplinado na Subseção IV – Da Fase II".

(continua)

(continua)

Contrato de Concessão do Aeroporto Internacional de Guarulhos
Hipóteses de modificação: 1. **Extinção de índice de reajuste:** "no caso de extinção de quaisquer dos índices econômicos indicados neste Contrato e seus Anexos, os mesmos serão alterados pelos índices oficiais substitutos ou, na ausência desses, por outros indicados pela ANAC" (cl. 1.9). 2. **Prorrogação do prazo contratual:** "o Contrato poderá ser prorrogado por 5 (cinco) anos, uma única vez, para fins de recomposição do equilíbrio econômico-financeiro em decorrência de Revisão Extraordinária, na forma da subcláusula 6.20.2" (2.6). 3. **Alteração na estrutura do sistema tarifário:** "qualquer alteração na estrutura do sistema tarifário do Contrato, decorrentes de lei ou de norma editada pela ANAC, será refletida no presente Contrato" (cl. 4.9). 4. **Revisão dos Parâmetros da Concessão e alteração dos Indicadores de Qualidade do Serviço, assim como determinação da metodologia de cálculo do fator Q:** é prevista a possibilidade de, no âmbito das Revisões dos Parâmetros da Concessão, a metodologia de cálculo do Fator Q e os Indicadores de Qualidade de Serviço serem revistos pela ANAC, após audiência pública, com vistas a criar incentivos para melhoria da qualidade dos serviços prestados (cl. 6.10). Além disso, coloca-se que o Fator X será definido, nos termos do Contrato, conforme metodologia a ser estabelecida em regulamento da ANAC, previamente submetida à discussão pública (cl. 6.5). 5. **Alteração do valor das tarifas, das obrigações contratuais da Concessionária, além do prazo, para fins de recomposição do equilíbrio econômico-financeiro:** nos termos da cl. 6.21, cabe à ANAC a prerrogativa de escolher a forma pela qual será implementada a recomposição do equilíbrio econômico-financeiro, a saber: "6.21.1. alteração do valor das tarifas; 6.21.2. alteração do prazo da concessão; 6.21.3. alteração das obrigações contratuais da concessionária; 6.21.4. outra forma definida de comum acordo entre ANAC e Concessionária, mediante prévia aprovação da Secretaria de Aviação Civil da Presidência da República". 6. **Transferência da Concessão e do controle societário:** é prevista a necessidade de prévia anuência da ANAC para a transferência da Concessão (cl. 10.1). Além das condicionantes legais, o Contrato restrições temporais à alienação (cl. 10.7). Por fim, também é prevista a possibilidade de o critério de controle previsto contratualmente ser alterado por meio de regulamentação da ANAC (cl. 10.5.1). 7. **Determinação da taxa de desconto a ser utilizada no Fluxo de Caixa Marginal:** coloca-se que, no âmbito da revisão dos parâmetros da concessão, será determinada a taxa de desconto a ser utilizada no fluxo de caixa marginal até a revisão dos parâmetros da concessão seguinte (cl. 6.15.3). Tais procedimentos devem ser precedidos de ampla discussão pública (cl. 6.19).

	Contrato de Concessão do Aeroporto Internacional de Guarulhos
Procedimento de alteração:	1. **Reajuste**: mecanismo que se presta a preservar o equilíbrio econômico-financeiro mediante correção dos valores previstos contratualmente (cl. 6.2). O Contrato estabelece as fórmulas a serem consideradas para o reajuste – levando-se em consideração, entre outros elementos, o Fator de Produtividade (Fator X), a ser definido conforme metodologia a ser estabelecida em regulamento da ANAC, previamente submetido à discussão pública (cl. 6.5). Por fim, de acordo com o contrato, os reajustes serão implementados, conforme o disposto no Contrato, e homologados pela ANAC mediante publicação no Diário Oficial da União (cl. 6.13). 2. **Revisão dos Parâmetros da Concessão**: revisão quinquenal com o objetivo de permitir a determinação dos indicadores de qualidade do serviço e da metodologia de cálculo dos Fatores X e Q, que serão aplicados nos reajustes tarifários até a próxima Revisão dos Parâmetros da Concessão, e a determinação da Taxa de Desconto a ser utilizada no Fluxo de Caixa Marginal também até a próxima Revisão dos Parâmetros da Concessão (cl. 1.1.43). Tais procedimentos serão precedidos de ampla discussão pública (cl. 6.19). 3. **Revisão extraordinária**: procedimento para recomposição do equilíbrio econômico-financeiro do Contrato, a fim de compensar as perdas ou ganhos da Concessionária, devidamente comprovados, em virtude da ocorrência dos eventos trazidos na matriz de riscos, desde que impliquem alteração relevante dos custos ou da receita da Concessionária (cl. 6.20). No Contrato, são estabelecidas cláusulas voltadas a regular o seu procedimento (cl. 6.24 e ss.). Não foi estabelecido prazo limite para que a Concessionária possa pleitear o reequilíbrio. Além disso, não é feita referência à regulamentação posterior da ANAC para disciplinar o procedimento. 4. **Aprovação de novos investimentos e implantação de melhorias**: cabe à ANAC "aprovar projetos, planos e programas relativos à implantação do Aeroporto" (cl. 3.2.6), ademais, a Concessionária é obrigada a obter a prévia aprovação da ANAC para a realização dos "investimentos a serem realizados para a operação das novas instalações do aeroporto" (cl. 3.1.38). "submeter à aprovação da ANAC propostas de implantação de melhorias dos serviços e de novas tecnologias" (cl. 3.1.17). 5. **Judiciário**: sem prejuízo das hipóteses pontuais de cabimento da arbitragem, o foro judicial eleito é o do Distrito Federal, sendo apto a resolver quaisquer controvérsias relativas ao contrato (cl. 17.1). Obs.: embora tenha sido prevista a possibilidade de utilização da via arbitral, o seu cabimento ainda seria muito restrito e limitado. 6. **Arbitragem**: de acordo com o contrato, "quaisquer litígios, controvérsias ou discordâncias relativas às indenizações eventualmente devidas quando da extinção do presente contrato, inclusive quanto aos bens revertidos, serão definitivamente resolvidos por arbitragem" (cl. 16.1).

(continua)

(continua)

Contrato de Concessão do Aeroporto Internacional de Guarulhos	
Hipóteses de complementação/ integração (regulação, Poder Concedente ou Concessionária):	1. **Incorporação de novas áreas a serem transferidas ao Concessionário em momento posterior**: "As áreas que forem desapropriadas após a celebração do presente Contrato terão sua posse transferida à Concessionária mediante um aditivo ao Termo de Aceitação Definitiva e de Permissão de Uso dos Ativos" (item 2.4.). 1. **Procedimento para pagamento do valor de outorga**: as informações necessárias para pagamento serão disponibilizadas pela Secretaria de Aviação Civil da Presidência da República (cl. 2.12). 2. **Projeto Básico e Cronograma de Investimentos**: De acordo com o Contrato, cabe à Concessionária, no início da Fase I-B, "apresentar o Projeto Básico dos investimentos de ampliação e adequação das instalações do Aeroporto" e "apresentar o cronograma de realização dos investimentos para aprovação pela ANAC" (cls. 2.24.1 e 2.24.2). O Contrato também disciplina o procedimento de aprovação do Projeto Básico por parte da ANAC (cl. 2.26), sendo possível a determinação de ajustes por parte da ANAC. 3. **Determinações supervenientes da ANAC**: é previsto o dever de a Concessionária "cumprir e fazer cumprir integralmente o Contrato, em conformidade com as disposições legais e regulamentares, e ainda as determinações da ANAC editadas a qualquer tempo" (cl. 3.1.1). 5. **Detalhamento da prestação dos serviços no aeroporto**: é previsto que o Poder Concedente tem o dever de "regulamentar a prestação dos serviços no Aeroporto, sua operação e manutenção" (cl. 3.2.2). 6. **Novos investimentos em futuras expansões**: é previsto que a Concessionária tem o dever de "assegurar a adequada prestação do serviço concedido, conforme definido no artigo 6.º da Lei federal nº 8.987/95, valendo-se de todos os meios e recursos à sua disposição, incluindo, e não se limitando, a todos os investimentos em futuras expansões, necessários para a manutenção dos níveis de serviço" (cl. 3.1.11). 7. **Detalhamentos da implantação, operação e futuras expansões**: é previsto como dever da Concessionária "obter a prévia aprovação da ANAC para os projetos, planos e programas relativos à implantação, operação e eventuais expansões do Aeroporto" (cl. 3.1.19); 8. **Detalhamento dos investimentos necessários diante da materialização de gatilhos de investimento**: "a cada evento de Gatilho de Investimento, a Concessionária deverá apresentar à ANAC, em até 90 (noventa) dias, o Projeto Básico dos investimentos com vistas à manutenção do nível de serviço, previstos no PGI vigente" (cl. 2.37). As disposições aplicáveis à aprovação do Projeto Básico necessário para execução da Fase I-B também deverão ser observadas para o início de quaisquer obras necessárias em função da materialização dos Gatilhos de Investimento previstos (cl. 2.37 e 2.38). 9. **Detalhamento da etapa de transição operacional entre aeroportos**: durante a Fase I-A, é prevista a necessidade de apresentação de Plano de Transferência Operacional – PTO, pela Concessionária, para disciplinar a assunção de todas as atividades relacionadas ao Aeroporto, devendo a ANAC se manifestar a respeito do tema (cl. 2.20). Uma vez aprovado pela ANAC, o PTO apresentado será executado (cl. 2.21).

(continua)

Contrato de Concessão do Aeroporto Internacional de Guarulhos	
Hipóteses de complementação/ integração (regulação, Poder Concedente ou Concessionária):	Ao final da Concessão, é dever da Concessionária apresentar um Programa de Desmobilização Operacional para aprovação da ANAC, no prazo máximo de 6 (seis) meses (cl. 13.12). **10. Penalidades:** é previsto um rol de penalidades, que pode ser complementado por outras previstas na regulamentação da ANAC. Nos termos da cl. 8.1: "O não cumprimento das Cláusulas deste Contrato, de seus Anexos, do Edital e das normas e regulamentos editados pela ANAC ensejará a aplicação das seguintes penalidades, sem prejuízo de outras previstas em dispositivos legais e regulamentares da ANAC".
Decisão nº 194/2016	
Data	22 de dezembro de 2016.
Fundamento legal	- art. 1º, §1º, da Lei Federal nº 13.319/2016; - art. 8º, XXV, da Lei Federal nº 11.182/2005.
Alteração prevista no contrato?	Sim, trata-se de hipótese de alteração unilateral.
Objeto:	- Em cumprimento ao disposto no art. 1º, §1º, da Lei Federal nº 13.319/2016, alterar os valores das tarifas aeroportuárias para incorporar o valor correspondente ao Adicional de Tarifa Aeroportuária extinto pela Lei Federal nº 13.319/2016.
Motivo:	Depreende-se do preâmbulo que o motivo da decisão é cumprir o disposto na Lei Federal nº 13.319/2016.
Decisão nº 105/2017	
Data	28 de junho de 2017.
Fundamento legal	- art. 11, IV, da Lei Federal nº 11.182/2005; - art. 2º, §2º, da Lei Federal nº 13.319/2016
Alteração prevista no contrato?	Sim, trata-se de hipótese de alteração unilateral.
Objeto:	- Recompor o equilíbrio econômico-financeiro do Contrato, diante das alterações promovidas pela Decisão nº 192/2016, conforme previsto no art. 2º, §2º, da Lei Federal nº 13.319/2016.
Motivo:	Depreende-se do preâmbulo que o motivo da decisão é cumprir o disposto na Lei Federal nº 13.319/2016.

Contrato de Concessão do Aeroporto Internacional de Guarulhos	
1º Termo Aditivo	
Data:	27 de julho de 2017.
Fundamento legal:	Não mencionado.
Alteração prevista no Contrato?	Não.
Objeto:	- Altera o capítulo que trata sobre a celebração de contratos com terceiros, pelo Concessionário, com vistas à obtenção de receitas não tarifárias. Por meio das modificações, passou-se a admitir a celebração de contratos com prazo superior ao da Concessão em certas hipóteses, desde que obtida prévia anuência do Ministério da Infraestrutura (cl. 11.11 e ss). Em decorrência de tais alterações, também foi alterada a cláusula que dispõe sobre a sub-rogação da ANAC nos contratos com terceiros diante de extinção antecipada do Contrato de Concessão (cl. 11.1.1.2). Ademais, foram trazidas certas condicionantes a serem contempladas no teor dos referidos contratos com terceiros.
Motivo:	Não foi explicitado no termo aditivo, o qual faz referência ao Processo nº 00058.503233/2016-70.
2º Termo Aditivo	
Data:	15 de dezembro de 2017.
Fundamento legal:	Art. 1º da Medida Provisória nº 779/2017 e art. 8º, XXIV, da Lei nº 11.182/2005.
Alteração prevista no Contrato?	Não.
Objeto:	- Viabilizar a reprogramação dos pagamentos das contribuições fixas. - Também foi estabelecido cronograma com valores diferenciados para a outorga de Garantia de Execução (cl. 3.1.66). - Consta cláusula de renúncia a reequilíbrio (cl. 8.2. do Termo Aditivo).
Motivo:	Não foi explicitado no termo aditivo, o qual faz referência ao Processo nº 00058.521344 /2017-49 e 00058.520409/2017-39.

(continua)

(continua)

Contrato de Concessão do Aeroporto Internacional de Guarulhos	
3º Termo Aditivo	
Data:	20 de abril de 2018.
Fundamento legal:	Não há.
Alteração prevista no Contrato?	Não.
Objeto:	- Alterar a cláusula 11.1.5, que trata sobre a manutenção de contratos firmados pela Concessionária e terceiros envolvendo a utilização de espaços no complexo aeroportuário nos casos em que houver extinção antecipada da Concessão. De acordo com as alterações promovidas, tais contratos apenas serão mantidos se sua celebração tiver sido precedida de expressa aprovação do Ministério dos Transportes, Portos e Aviação Civil, ouvida a ANAC (e, portanto, não apenas da ANAC, tal como originalmente previsto). - Consta cláusula de renúncia a reequilíbrio (cl. 4.2 do Termo Aditivo).
Motivo:	Não foi explicitado no termo aditivo, o qual faz referência ao Processo nº 00058.503233/2016-70.
4º Termo Aditivo	
Data:	14 de maio de 2020.
Fundamento legal:	Não.
Alteração prevista no Contrato?	Não.
Objeto:	- Postergar a data de pagamento da Contribuição Variável relativa à receita bruta do exercício do ano de 2019, devendo ser aplicado, sobre o valor devido, a variação acumulada do IPCA no período (cl. 2.14.1 e 2.14.2); - Alteração da data de pagamento da contribuição fixa com vencimento em 2020 (cl. 2.13.1); - Trazer condições específicas para o reajuste da Garantia de Execução Contratual no ano de 2020 (cl. 3.1.67.2.1).
Motivo:	Não foi explicitado no termo aditivo, o qual faz referência ao Processo nº 00058.012370/2020-86. Embora não tenha sido explicitado no Termo Aditivo, é sabido que a medida foi tomada em decorrência do contexto de pandemia do Coronavírus-19.

(continua)

Contrato de Concessão do Aeroporto Internacional de Guarulhos

5º Termo Aditivo

Data:	23 de novembro de 2020.
Fundamento legal:	Não.
Alteração prevista no Contrato?	Não.
Objeto:	- Alterar o contrato de forma a, ao invés de se exigir apresentação de Projeto Básico para a realização de obras e novos investimentos, tornar mandatória a apresentação de Anteprojeto pela Concessionária; - Aperfeiçoar normas sobre fiscalização da execução do contrato, sobretudo no tocante ao pagamento das contribuições variáveis, contratação dos seguros exigidos e fiscalização de contratos com terceiros; - Flexibilização dos requisitos para prestação de serviços auxiliar ao transporte aéreo diretamente pela Concessionária. Ao invés de se exigir constituição de subsidiária, tal como originalmente previsto, foi admitida a prestação direta dos serviços pela Concessionária, desde que mantida contabilidade separada. - Inclusão de condições para restringir o acesso de novos entrantes para prestação de serviços auxiliares. - Consta cláusula de renúncia a reequilíbrio (cl. 5.2 do Termo Aditivo).
Motivo:	Não foi explicitado no termo aditivo, o qual faz referência ao Processo nº 00058.010330/2019-66.

6º Termo Aditivo

Data:	17 de dezembro de 2020.
Fundamento legal:	- Art. 1º da Lei 13.499/2027 e art. 8º, XXIV, da Lei nº 11.182/2005.
Alteração prevista no Contrato?	Não.

(conclusão)

Contrato de Concessão do Aeroporto Internacional de Guarulhos
6º Termo Aditivo
Objeto: - O contrato foi novamente alterado com o objetivo de permitir a reprogramação dos pagamentos das contribuições fixas, tendo sido utilizado, como fundamento para alteração, a lei que embasou as alterações promovidas pelo 2º Termo Aditivo. - Com isso, forma alteradas as cláusulas que tratam sobre as datas e parcelas devidas a título de Contribuição Fixa; montantes de garantia de execução; data de reajuste da garantia de execução; e critério de indenização na hipótese de extinção antecipada na concessão. - Consta cláusula de renúncia a reequilíbrio (cl. 8.2 do Termo Aditivo).
Motivo: Não foi explicitado no termo aditivo, o qual faz referência ao Processo nº 00058.045725/2020-13.

3 3ª Rodada de Concessões de Aeroportos (2013): Aeroportos de Confins (MG) e Galeão (RJ)

(continua)

Contrato de Concessão para Ampliação, Manutenção e Exploração do Aeroporto Internacional do Rio de Janeiro/Galeão – Antonio Carlos Jobim	
Partes:	**1. Poder Concedente:** Agência Nacional de Aviação Civil – ANAC **2. Concessionário:** Concessionária Aeroporto Rio de Janeiro S.A.
Leis de regência:	De acordo com a cláusula 1.3, a concessão será regida pelos seguintes atos normativos: • Lei Federal nº 8.987/1995; • Lei Federal nº 7.565/1986; • Lei Federal nº 9.491/1997; • Lei Federal nº 11.182/2005; • Lei Federal nº 12.462/2011; • Outras leis e regulamentos aplicáveis, notadamente os editados pela ANAC e pelo COMAER.
Objeto:	"2.1. O objeto do presente contrato é a Concessão dos serviços públicos para a ampliação, manutenção e exploração da infraestrutura aeroportuária do Complexo Aeroportuário, a ser implementada em três fases: 2.1.1. FASE I-A – fase de transferência das operações do Aeroporto da Infraero para a Concessionária. 2.1.2. FASE I-B – fase de ampliação do Aeroporto pela Concessionária para adequação da infraestrutura e melhoria do nível de serviço; e 2.1.3. FASE II – demais fases de ampliação, manutenção, exploração do Aeroporto, para atendimento aos Parâmetros Mínimos de dimensionamento previstos no PEA, de acordo com o disciplinado na Subseção IV – Da Fase II.".
Hipóteses de modificação:	1. **Extinção de índices de reajuste:** "no caso de extinção de quaisquer dos índices econômicos indicados neste Contrato e seus Anexos, os mesmos serão alterados pelos índices oficiais substitutos ou, na ausência desses, por outros indicados pela ANAC" (cl. 1.9); 2. **Prorrogação do prazo contratual:** "o contrato poderá ser prorrogado por 5 (cinco) anos, uma única vez, para fins de recomposição do equilíbrio econômico-financeiro em decorrência da revisão extraordinária, na forma prevista neste Contrato" (cl. 2.7). 3. **Alteração do prazo para conclusão da Fase I-B:** se houver atraso do Poder Concedente na aprovação do Anteprojeto, o prazo previsto no PEA será alterado, a fim de ajustar ao atraso ocorrido (cl. 2.33 c/c 2.32).

(continua)

Contrato de Concessão para Ampliação, Manutenção e Exploração do Aeroporto Internacional do Rio de Janeiro/Galeão – Antonio Carlos Jobim	
Hipóteses de modificação:	4. **Alteração do capital social mínimo:** A concessionária é obrigada a manter o capital social mínimo previsto Contratualmente, sendo "vedada, em qualquer hipótese, a sua redução sem a prévia e expressa autorização da ANAC" (cl. 3.1.48). 5. **Alteração na estrutura do sistema tarifário:** "qualquer alteração na estrutura do sistema tarifário do Contrato, decorrentes de lei ou de norma editada pela ANAC, será refletida no presente Contrato" (cl. 4.9). 6. **Alteração do Índice de Qualidade de Serviço e de sua metodologia:** embora o Plano de Exploração Aeroportuária (Anexo I) preveja a metodologia de definição do Fator Q, o Contrato prevê que "por ocasião das Revisões dos Parâmetros da Concessão, os IQS, assim como a metodologia de cálculo do Fator Q, poderão ser revistos pela ANAC, após audiência pública, com vistas a criar incentivos para melhoria da qualidade dos serviços prestados, a ser aplicado a cada reajuste até a próxima Revisão dos Parâmetros da Concessão" (cl. 6.11). 7. **Alteração do valor das tarifas, das obrigações contratuais da Concessionária, da Contribuição ao Sistema, além do prazo, para fins de recomposição do equilíbrio econômico-financeiro:** "6.22. Cabe à ANAC a prerrogativa de escolher, dentre as medidas abaixo elencadas, individual ou conjuntamente, a forma pela qual será implementada a recomposição do equilíbrio econômico-financeiro: 6.22.1. alteração do valor das tarifas; 6.22.2. alteração do prazo da concessão; 6.22.3. alteração das obrigações contratuais da concessionária; 6.22.4. revisão da Contribuição Fixa Anual devida pela Concessionária, mediante comum acordo entre ANAC e Concessionária, após prévia aprovação do Ministério da dos Transportes, Portos e Aviação Civil; ou 6.22.5. outra forma definida de comum acordo entre ANAC e Concessionária, mediante prévia aprovação do Ministério dos Transportes, Portos e Aviação Civil". 8. **Transferência da concessão a outro Concessionário:** "Durante todo o prazo da Concessão, a Concessionária não poderá realizar qualquer modificação direta ou indireta no seu controle societário ou transferir a Concessão sem a prévia e expressa anuência da ANAC, sob pena de caducidade" (cl. 10.1). "10.4. Para a transferência do controle societário ou da Concessão, a Concessionária deverá apresentar à ANAC requerimento indicando e comprovando os requisitos de qualificação jurídica, fiscal, técnica e econômica das pessoas jurídicas interessadas, necessárias à assunção da Concessão, bem como demonstrando o compromisso em cumprir todas as cláusulas do Contrato". 9. **Alteração do critério de controle da concessionária:** embora o contrato trate sobre o tema, há cláusula indicando que "regulamentação da ANAC disporá sobre eventual modificação do critério de controle da concessionária e poderá disciplinar a alienação das ações da Concessionária por meio de oferta pública de ações em Bolsa de Valores" (cl. 10.5.1).

Contrato de Concessão para Ampliação, Manutenção e Exploração do Aeroporto Internacional do Rio de Janeiro/Galeão – Antonio Carlos Jobim	(continua)
Hipóteses de modificação:	10. **Definição do preço relativo à utilização das áreas pela ANAC, alterando o regime de liberdade de preços contratualmente previsto**: o Contrato prevê que a "remuneração pela utilização de Áreas e Atividades Operacionais será livremente pactuada" (cl. 11.7). A definição dos preços, contudo, deve ser realizada com base em "critérios objetivos e não discriminatórios, tais como nível de serviço, disponibilidade de facilidades e previsão de investimentos, entre outros critérios economicamente relevantes" (cl. 11.7.1). Se não houver acordo com as partes interessadas relevantes, a ANAC poderá arbitrar conflito (cl. 11.8.4).
Procedimento de alteração:	1. **Aprovação de novos investimentos**: a Concessionária é obrigada a "obter a prévia aprovação da ANAC para os projetos, planos e programas relativos à ampliação e operação do Aeroporto, na forma do contrato e da regulamentação" (cl. 3.1.18), bem como para a realização dos "investimentos a serem realizados para a operação das novas instalações do aeroporto" (cl. 3.1.41). Além disso, coloca-se a necessidade de a Concessionária "submeter à aprovação da ANAC propostas de implantação de melhorias nos serviços e de novas tecnologias, na forma do contrato e da regulamentação" (cl. 3.1.16). 2. **Revisão dos Parâmetros da Concessão**: revisão quinquenal com o objetivo de permitir a determinação do IQS e da metodologia de cálculo dos Fatores X e Q e a determinação da Taxa de Desconto a ser utilizada no Fluxo de Caixa Marginal (cl. 6.15 e 6.16). Embora voltado à atualização dessas variáveis, o Contrato traz à ANAC a prerrogativa de "incorporar outros parâmetros além daqueles mencionados no item 6.16" (cl. 6.19). Tais procedimentos "serão precedidos de ampla discussão pública" (cl. 6.20). 3. **Reajuste**: mecanismo que se presta a preservar o equilíbrio econômico-financeiro mediante correção de determinados valores previstos contratualmente (cl. 6.3). O contrato estabelece as fórmulas a serem consideradas e valores sobre os quais ela deverá incidir (cl. 6.4 a 6.7). Haverá reajustes das contribuições devidas pelo Concessionário, devendo ser considerado, neste caso, a variação do IPCA. Além disso, também são previstas fórmulas de reajuste que incidirão sobre os tetos tarifários. Para este caso, além da variação do IPCA, a fórmula considera outros elementos, como, por exemplo, o Fator Q e o Fator X verificado para o respectivo período (cl. 6.5). Ainda, de acordo com o Contrato, "a implementação e a publicação no Diário Oficial da União dos reajustes serão de responsabilidade da ANAC" (cl. 6.14). 4. **Revisão Extraordinária**: procedimento para recomposição do equilíbrio econômico-financeiro em virtude da ocorrência de eventos relacionados com riscos suportados exclusivamente pelo Poder Concedente, devidamente comprovados e desde que impliquem alteração relevante dos custos ou da receita da Concessionária (cl. 6.21). Neste contrato, não foi feita referência à edição de norma regulatória posterior para disciplinar o procedimento de reequilíbrio. Na realidade, o contrato contém detalhes sobre o procedimento, bem como responsabilidades e prazos correspondentes (cl. 6.25 e ss.);

(continua)

Contrato de Concessão para Ampliação, Manutenção e Exploração do Aeroporto Internacional do Rio de Janeiro/Galeão – Antonio Carlos Jobim	
Procedimento de alteração:	São considerados como riscos suportados pelo Poder Concedente, dentre outros, certas hipóteses que importam em alteração das condições originariamente pactuadas (ou de documentos que lhe integram), tais como: (i) mudanças no Anteprojeto por solicitação da ANAC ou de outras entidades públicas, salvo se tais mudanças decorrerem da não-conformidade com a legislação em vigor ou com as informações contidas no PEA (cl. 5.2.1); (ii) mudança nas especificações dos serviços objeto da Concessão em decorrência de novas exigências de procedimentos de segurança por solicitação da ANAC ou decorrentes de nova legislação ou regulamentação pública brasileiras (cl. 5.2.2); (iii) criação ou extinção de Tarifas Aeroportuárias (cl. 5.2.6); e (iv) custos relacionados à realização dos investimentos e ações necessárias ao pleno atendimento das exigências estabelecidas pelos compromissos assumidos, em data posterior à da publicação do Edital, pelo Poder Público para sediar os Jogos Olímpicos e Paraolímpicos Rio 2016" (cl. 5.2.16). 5. **Procedimento arbitral**: o contrato prevê a possibilidade de adoção da via arbitral e traz delineamentos mínimos sobre o procedimento, matéria e câmara arbitral a ser utilizada (cl. 16.5 e ss).
Hipóteses de complementação/ integração (regulação, Poder Concedente ou Concessionária):	1. **Incorporação posterior de áreas desapropriadas**: nos termos da cl. 2.4, "as áreas que forem desapropriadas após a celebração do presente Contrato terão sua posse transferida à Concessionária mediante um aditivo ao Termo de Aceitação Definitiva e de Permissão de Uso de Ativos, observado ainda os dispostos nos itens 3.1.42 e 3.2.14". 2. **Compromissos assumidos pelo Poder Público para sediar os Jogos Olímpicos**: o Contrato prevê o dever de a Concessionária "observar e cumprir todos os compromissos assumidos pelo Poder Público para sediar os Jogos Olímpicos e Paraolímpicos Rio 2016, ainda que posteriores à data de publicação do Edital, realizando os investimentos e ações necessárias ao pleno atendimento das exigências estabelecidas, observado o disposto na Seção I do Capítulo V deste Contrato" (cl. 3.1.77). 3. **Disponibilização de área à concessionária do Trem de Alta Velocidade, conforme parâmetros estabelecidos pelos órgãos e entidades competentes**: os eventuais prejuízos financeiros e/ou operacionais decorrentes da implantação e operação do TAV no aeroporto deverão ser objeto de composição entre a Concessionária no Aeroporto do Galeão e a Concessionária do TAV, não cabendo qualquer direito de recomposição do equilíbrio econômico-financeiro do presente Contrato ou responsabilidade do Poder Concedente perante a Concessionária do Aeroporto" (cl. 3.1.79). 4. **Definição das regras de transferência operacional para a Concessionária**: a "Concessionária deverá apresentar à ANAC, em até 30 (trinta) dias após a Data de Eficácia do Contrato, o Plano de Transferência Operacional para assunção de todas as atividades relacionadas ao Aeroporto, contendo todas as informações exigidas no Anexo 9 – Plano de Transferência Operacional, o qual será analisado pela ANAC em até 20 (vinte) dias. Em caso de não aprovação, a Concessionária e a ANAC deverão observar os mesmos prazos de entrega e aprovação de novo plano" (cl. 2.21).

(continua)

Contrato de Concessão para Ampliação, Manutenção e Exploração do Aeroporto Internacional do Rio de Janeiro/Galeão – Antonio Carlos Jobim	
Hipóteses de complementação/integração (regulação, Poder Concedente ou Concessionária):	**5. Apresentação de Anteprojeto dos Investimentos e respectivo Cronograma**: em até 90 (noventa) dias, a contar da implementação das condições de eficácia do Contrato, a Concessionária deverá "apresentar o Anteprojeto dos investimentos de ampliação e adequação das instalações do Aeroporto" (cl. 2.25.1), bem como "o cronograma de realização dos investimentos" (cl. 2.25.2). É prevista a necessidade de análise e aprovação do Anteprojeto pela ANAC, dentro do prazo de 30 dias (cl. 2.27). No entanto, tal aprovação "não exclui a necessidade de sua alteração posterior para eventual adequação aos requisitos constantes no contrato, legislação e regulamentação do setor, somente sendo cabível a recomposição do equilíbrio econômico-financeiro nas situações previstas no Capítulo V, Seção I, deste Contrato" (cl. 2.27). Todas as alterações devem ser submetidas para aprovação da ANAC (cl. 2.29). **6. Plano contendo as ações para adequação diante de gatilhos**: "a cada evento de gatilho de investimento, a Concessionária deverá apresentar à ANAC, em até 90 (noventa) dias, o Anteprojeto dos investimentos com vistas à manutenção do nível de serviço, previstos no PGI vigente" (cl. 2.35). O procedimento de submissão e avaliação pela ANAC é idêntico àquele indicado no item 3 acima (cl. 2.36). **7. Determinações supervenientes da ANAC**: é previsto o dever de a Concessionária "cumprir e fazer cumprir integralmente o Contrato, em conformidade com as disposições legais e regulamentares e, ainda, as determinações da ANAC editadas a qualquer tempo" (cl. 3.1.1) e, também, "atender às exigências, recomendações ou observações feitas pela ANAC, conforme os prazos fixados em cada caso" (cl. 3.1.2). **8. Execução de novos investimentos para futuras expansões**: a Concessionária é obrigada a "assegurar a adequada prestação do serviço concedido, conforme definido no artigo 6º da Lei Federal nº 8.987/95, valendo-se de todos os meios e recursos à sua disposição, incluindo, e não se limitando, a todos os investimentos em futuras expansões, necessários para a manutenção dos níveis de serviço; assegurar a adequada prestação do serviço concedido, conforme a demanda existente e de acordo com o estabelecido no PEA" (cl. 3.1.11). **9. Autorização para a realização de atividades que gerem receitas alternativas, complementares e acessórias**: de acordo com o contrato, uma das atividades que o concessionário pode realizar é a cessão do direito de utilização de espaços no complexo aeroportuário por terceiros, o que lhe permite obter receitas não tarifárias. O contrato estabelece certas regras sobre o tema, porém remete a regulação setorial. Nos termos da cl. 11.2.5.: "o concessionário poderá, conforme a regulamentação da ANAC, celebrar com empresas aéreas: 11.2.5.1. contratos que confiram o direito de construir, manter ou utilizar, com exclusividade ou prioridade, terminal ou partes de terminal, mediante prévia aprovação da ANAC; ou 11.2.5.2. outros contratos relativos ao uso de espaço no Complexo Aeroportuário, de modo a assegurar o tratamento justo aos diferentes agentes".

(continua)

Contrato de Concessão para Ampliação, Manutenção e Exploração do Aeroporto Internacional do Rio de Janeiro/Galeão – Antonio Carlos Jobim	
Hipóteses de complementação/ integração (regulação, Poder Concedente ou Concessionária):	10. **Procedimento de pagamento**: "A Secretaria de Aviação Civil da Presidência da República indicará o procedimento a ser observado para a efetivação do pagamento das Contribuições Inicial e Variável" (item 2.13). 11. **Indicação dos bens reversíveis a serem disponibilizados à Concessionária**: De acordo com o Contrato, entre os bens integrantes da Concessão incluem-se aqueles "entregues pela União, conforme inventário constante do Termo de Aceitação Definitiva e de Permissão de Uso de Ativos" (cl. 2.39.1) e aqueles "a serem construídos pelo Poder Público, conforme Anexo 3 – Obras do Poder Público". Além disso, coloca-se que "em qualquer caso de extinção da Concessão, a Concessionária deverá elaborar um inventário completo de todos os bens vinculados à Concessão e entregar à ANAC do prazo solicitado" (cl. 13.9). Sem prejuízo do envio deste relatório em momento posterior, a minuta de Contrato de Concessão prevê, também, a necessidade de a Concessionária manter "inventário atualizado de todos os bens reversíveis da concessão, contendo informações sobre o seu estado de conservação, e disponibilizar, a qualquer tempo, para eventuais consultas e fiscalizações do Poder Concedente" (cl. 14.2.1). Sempre que a Concessionária pretender se desfazer de bens considerados reversíveis, será necessária a obtenção de autorização do Poder Concedente(cl. 14.3). 12. **Regulamentação da prestação dos serviços no Aeroporto, sua operação e manutenção**: constitui direito e dever do Poder Concedente "regulamentar a prestação dos serviços no Aeroporto, sua operação e manutenção" (cl. 3.2.2.). 13. **Apresentação de plano para disciplinar a transição operacional ao término do Contrato**: "Até 2 (dois) anos antes da data do término da vigência da Concessão, a Concessionária apresentará um Programa de Desmobilização Operacional, devendo tal programa ser analisado pela ANAC no prazo máximo de 6 (seis) meses" (cl. 13.12).
Decisão nº 196/2016	
Data:	22 de dezembro de 2016.
Fundamento legal:	- art. 1º, §1º, da Lei Federal nº 13.319/2016; - art. 8º, XXV, da Lei Federal nº 11.182/2005.
Alteração prevista no Contrato?	Sim, trata-se de hipótese de alteração unilateral.
Objeto:	- Em cumprimento ao disposto no art. 1º, §1º, da Lei Federal nº 13.319/2016, alterar os valores das tarifas aeroportuárias para incorporar o valor correspondente ao Adicional de Tarifa Aeroportuária extinto pela Lei Federal nº 13.319/2016.
Motivo:	Depreende-se do preâmbulo que o motivo da decisão é cumprir o disposto na Lei Federal nº 13.319/2016.

(continua)

Contrato de Concessão para Ampliação, Manutenção e Exploração do Aeroporto Internacional do Rio de Janeiro/Galeão – Antonio Carlos Jobim	
Decisão nº 106/2017	
Data:	28 de junho de 2017
Fundamento legal:	- art. 8º, XXV, e 11, IV, da Lei Federal nº 11.182/2005; - art. 2º, §2º, da Lei Federal nº 13.319/2016
Alteração prevista no Contrato?	Sim, trata-se de hipótese de alteração unilateral.
Objeto:	- Recompor o equilíbrio econômico-financeiro do Contrato, diante das alterações promovidas pela Decisão nº 196/2016, conforme previsto no art. 2º, §2º, da Lei Federal nº 13.319/2016.
Motivo:	Depreende-se do preâmbulo que o motivo da decisão é cumprir o disposto na Lei Federal nº 13.319/2016.
1º Termo Aditivo	
Data:	18 de dezembro de 2017
Fundamento legal:	Art. 1º da Medida Provisória nº 779/2017 e art. 8º, XXIV, da Lei nº 11.182/2005.
Alteração prevista no Contrato?	Não.
Objeto:	- Viabilizar a reprogramação dos pagamentos das contribuições fixas. - Também foi estabelecido cronograma com valores diferenciados para a outorga de Garantia de Execução (cl. 3.1.58). - Consta cláusula de renúncia a reequilíbrio.
Motivo:	Não foi explicitado no termo aditivo, o qual faz referência ao Processo nº 00058.511670/2017-48.
2º Termo Aditivo	
Data:	15 de fevereiro de 2018.
Fundamento legal:	Não.

(continua)

Contrato de Concessão para Ampliação, Manutenção e Exploração do Aeroporto Internacional do Rio de Janeiro/Galeão – Antonio Carlos Jobim	
2º Termo Aditivo	
Alteração prevista no Contrato?	Não.
Objeto:	- Altera o capítulo que trata sobre a celebração de contratos com terceiros, pelo Concessionário, com vistas à obtenção de receitas não tarifárias. O Contrato original já admitia a celebração de contrato com terceiros cujo prazo ultrapassasse ao da Concessão, desde que obtida prévia autorização do Ministério dos Transportes, Portos e Aviação Civil, ouvida previamente a ANAC (cl. 11.1.1.). Por meio deste termo aditivo, foram inseridas cláusulas adicionais, de forma a prever que tal autorização também terá o efeito de manter em vigor o contrato com terceiro na hipótese de extinção antecipada da Concessão (cl. 11.1.1.2 e 11.1.4).
Motivo:	Não foi explicitado no termo aditivo, o qual faz referência ao Processo nº 00058.529129/2017-96.
Decisão nº 162/2019	
Data:	03 de dezembro de 2019.
Fundamento legal:	- art. 8º, XXIV, e 11, IV, da Lei nº 11.182/2005;
Alteração prevista no Contrato:	Sim. A alteração está prevista na Seção II – Da Revisão dos Parâmetros da Concessão, mais especificamente as cláusulas 6.15 a 6.20. Vale destacar que a proposta de decisão foi discutida no âmbito da Audiência Pública nº 07/2019, oportunidade em que também foi submetida a considerações a proposta de norma que deu origem à Resolução nº 534/2019, que alterou disposições da Resolução nº 372/2015. A partir dos documentos divulgados, nota-se esforço da ANAC no sentido de torna-los o mais parecido possível com o conteúdo da revisão já aprovada para outros aeroportos. Com efeito, em grande medida, nota-se que, para a elaboração desta revisão, foram levadas em consideração as condições previstas na 1ª Revisão dos Parâmetros da Concessão de outros aeroportos (Guarulhos, Brasília e Viracopos). Na audiência, foram recebidas 51 (cinquenta e uma) contribuições. A maior parte das contribuições foram submetidas por concessionárias de infraestrutura aeroportuárias ou por associação que representa os interesses destas empresas. No entanto, também a SEAE submeteu contribuições.

(continua)

Contrato de Concessão para Ampliação, Manutenção e Exploração do Aeroporto Internacional do Rio de Janeiro/Galeão – Antonio Carlos Jobim

Decisão nº 162/2019

Objeto:	- Estabelecer, de forma unilateral, a revisão da metodologia de cálculo do Fator Q e dos indicadores de Qualidade de Serviço, como parte da Primeira Revisão dos Parâmetros da Concessão dos Aeroportos de Confins e Galeão, em conformidade com as cláusulas 6.15 a 6.20 dos seus respectivos contratos de concessão. Por meio desta decisão, também foi realizada a segunda revisão aos parâmetros da concessão do Contrato de Concessão do Aeroporto de São Gonçalo do Amarante, mediante alteração do teor do Apêndice D do Anexo 2 do Contrato de Concessão.
Motivo:	O motivo fica implícito na medida em que a decisão faz alusão à cláusula contratual que trata sobre o estabelecimento da metodologia de Fator Q.

3º Termo Aditivo

Data:	14 de maio de 2020.
Fundamento legal:	Não.
Alteração prevista no Contrato?	Não.
Objeto:	- Postergar a data de pagamento da Contribuição Variável relativa à receita bruta do exercício do ano de 2019, devendo ser aplicado, sobre o valor devido, a variação acumulada do IPCA no período (cl. 2.15.1 e 2.15.2).
Motivo:	Não foi explicitado no termo aditivo, o qual faz referência ao Processo nº 00058.012549/2020-33. Embora não tenha sido explicitado no Termo Aditivo, é sabido que a medida foi tomada em decorrência do contexto de pandemia do Coronavírus-19.

4º Termo Aditivo

Data:	28 de dezembro de 2020.
Fundamento legal:	Não.

Contrato de Concessão para Ampliação, Manutenção e Exploração do Aeroporto Internacional do Rio de Janeiro/Galeão – Antonio Carlos Jobim	
4º Termo Aditivo	(continua)
Alteração prevista no Contrato?	Não.
Objeto:	- O Contrato estabelecia o regime de execução das Obras que estariam sob a responsabilidade do Poder Público executar por meio da Infraero. Com a celebração deste termo aditivo, foram introduzidas modificações no (i) rol de obras a serem executadas pelo Poder Público, (ii) dinâmica de assunção das obras pelo Concessionário na hipótese de inércia da Infraero (sobretudo com o objetivo de suprimir as referências à observância da Lei 8.666/1993 o que, possivelmente, decorre da edição da Lei 13.303/2016); e (iii) valores de reembolso pela Infraero à Concessionária neste caso. - Consta cláusula de renúncia a reequilíbrio.
Motivo:	Não foi explicitado no termo aditivo, o qual faz referência ao Processo nº 00058.018478/2020-82.
5º Termo Aditivo	
Data:	22 de dezembro de 2020.
Fundamento legal:	Não.
Alteração prevista no Contrato?	Não.
Objeto:	- Foi flexibilizada uma proibição que constava no Anexo V – Fluxo de Caixa Marginal. Nos termos do item 2.1.2 deste Anexo, coloca-se que, no âmbito da revisão quinquenal do Fluxo de Caixa Marginal considerado para fins de recomposição do EEF, seria "vedada a alteração dos valores estimados para os investimentos, custos e despesas considerados nos fluxos dos dispêndios marginais". Por meio deste aditivo, coloca-se que tal vedação "não se aplica à Revisão do Fluxo de Caixa Marginal a ser realizada em 2021 em razão da Revisão Extraordinária, aprovada pela Decisão nº 207, de 12 de novembro de 2020".
Motivo:	Não foi explicitado no teor da decisão, o qual faz referência ao Processo nº 00058.018827/2020-66 e, também, à Decisão nº 207/2020.

(continua)

Contrato de Concessão para Ampliação, Manutenção e Exploração do Aeroporto Internacional do Rio de Janeiro/Galeão – Antonio Carlos Jobim

Decisão nº 207/2020

Data:	12 de novembro de 2020.
Fundamento legal:	Não.
Alteração prevista no Contrato?	Sim (cláusulas de revisão extraordinária).
Objeto:	- Nesta decisão, foi aprovada a revisão extraordinária do Contrato de Concessão em razão dos prejuízos causados pela pandemia de Covid-19, com o objetivo de restabelecer seu EEF. - O valor apurado de desequilíbrio em 2020 corresponde a R$365.660.555,03, devendo o reequilíbrio ser promovido por meio de revisão das contribuições fixa, variável e mensal devidas pela Concessionária.
Motivo:	Não foi explicitado no termo aditivo, o qual faz referência ao Processo nº 00058.018827/2020-66. Embora não tenha sido explicitado no Termo Aditivo, é sabido que a medida foi tomada em decorrência do contexto de pandemia do Coronavírus-19.

4 4ª Rodada de Concessões de Aeroportos (2017): Aeroportos Internacionais de Florianópolis (SC), Fortaleza (CE), Porto Alegre (RS) e Salvador (BA)

(continua)

Contrato de Concessão para Ampliação, Manutenção e Exploração do Aeroporto Internacional de Fortaleza – Pinto Martins	
Partes:	**1. Poder Concedente:** Agência Nacional de Aviação Civil – ANAC **2. Concessionário:** Fraport Brasil S.A. Aeroporto de Fortaleza
Leis de regência:	De acordo com a cláusula 1.3, a concessão será regida pelos seguintes atos normativos: • Lei Federal nº 8.987/1995; • Lei Federal nº 7.565/1986; • Lei Federal nº 9.491/1997; • Lei Federal nº 11.182/2005; • Lei Federal nº 12.462/2011; • Outras leis e regulamentos aplicáveis, notadamente os editados pela ANAC e pelo COMAER.
Objeto:	"O objeto do presente contrato é a Concessão dos serviços públicos para a ampliação, manutenção e exploração da infraestrutura aeroportuária do Complexo Aeroportuário" (cl. 2.1).
Hipóteses de modificação:	1. **Extinção de índices de reajuste:** "no caso de extinção de quaisquer dos índices econômicos indicados neste Contrato e seus Anexos, os mesmos serão alterados pelos índices oficiais substitutos ou, na ausência desses, por outros indicados pela ANAC" (cl. 1.6); 2. **Prorrogação do prazo contratual:** "o contrato poderá ser prorrogado por 5 (cinco) anos, uma única vez, para fins de recomposição do equilíbrio econômico-financeiro em decorrência da revisão extraordinária, na forma prevista neste Contrato" (cl. 2.8). 3. **Alteração do capital social mínimo:** A concessionária é obrigada a manter o capital social mínimo previsto Contratualmente, sendo "vedada, em qualquer hipótese, a sua redução sem a prévia e expressa autorização da ANAC" (cl. 3.1.46). 4. **Alteração na estrutura do sistema tarifário:** "qualquer alteração na estrutura do sistema tarifário do Contrato, decorrentes de lei ou de norma editada pela ANAC, será refletida no presente Contrato" (cl. 4.9).

Contrato de Concessão para Ampliação, Manutenção e Exploração do Aeroporto Internacional de Fortaleza – Pinto Martins	(continua)
Hipóteses de modificação:	5. **Alteração do Índice de Qualidade de Serviço e de sua metodologia**: embora o Plano de Exploração Aeroportuária (Anexo I) preveja a metodologia de definição do Fator Q, o Contrato prevê que "por ocasião das Revisões dos Parâmetros da Concessão, os IQS, assim como a metodologia de cálculo do Fator Q, poderão ser revistos pela ANAC, após audiência pública, com vistas a criar incentivos para melhoria da qualidade dos serviços prestados, a ser aplicado a cada reajuste até a próxima Revisão dos Parâmetros da Concessão" (cl. 6.10). 6. **Alteração do valor das tarifas, das obrigações contratuais da Concessionária, da Contribuição ao Sistema, além do prazo, para fins de recomposição do equilíbrio econômico-financeiro**: "6.26. Cabe à ANAC a prerrogativa de escolher, dentre as medidas abaixo elencadas, individual ou conjuntamente, a forma pela qual será implementada a recomposição do equilíbrio econômico-financeiro: 6.26.1. alteração do valor das tarifas; 6.26.2. alteração do prazo da concessão; 6.26.3. alteração das obrigações contratuais da concessionária; 6.23.4. revisão da Contribuição Fixa Anual devida pela Concessionária, mediante comum acordo entre ANAC e Concessionária, após prévia aprovação do Ministério da dos Transportes, Portos e Aviação Civil; ou 6.26.5. outra forma definida de comum acordo entre ANAC e Concessionária, mediante prévia aprovação do Ministério dos Transportes, Portos e Aviação Civil". 7. **Transferência da concessão a outro Concessionário**: "Durante todo o prazo da Concessão, a Concessionária não poderá realizar qualquer modificação direta ou indireta no seu controle societário ou transferir a Concessão sem a prévia e expressa anuência da ANAC, sob pena de caducidade" (cl. 10.1). "10.4. Para a transferência do controle societário ou da Concessão, a Concessionária deverá apresentar à ANAC requerimento indicando e comprovando os requisitos de qualificação jurídica, fiscal, técnica e econômica das pessoas jurídicas interessadas, necessárias à assunção da Concessão, bem como demonstrando o compromisso em cumprir todas as cláusulas do Contrato". 8. **Definição do preço relativo à utilização das áreas pela ANAC, alterando o regime de liberdade de preços contratualmente previsto**: o Contrato prevê que a "remuneração pela utilização de Áreas e Atividades Operacionais será livremente pactuada" (cl. 11.7). A definição dos preços, contudo, deve ser realizada com base em "critérios objetivos e não discriminatórios, tais como nível de serviço, disponibilidade de facilidades e previsão de investimentos, entre outros critérios economicamente relevantes" (cl. 11.7.1). A proposta de alteração dos valores e critérios de remuneração e de criação de novas cobranças devem ser "precedidas de consulta às partes interessadas relevantes" (cl. 11.8), devendo, em qualquer caso, observar os requisitos descritos na cl. 11.7.1. A Concessionária apenas poderá implementar o protocolo de concordância após aprovação da ANAC (cl. 11.9.1), que poderá, inclusive, determinar a revisão do acordo caso o considere potencialmente prejudicial aos passageiros ou verifique que alguma parte interessada relevante não consta do protocolo de concordância (cl. 11.10). Se não houver acordo com as partes interessadas relevantes, a ANAC poderá arbitrar conflito (cl. 11.11).

Contrato de Concessão para Ampliação, Manutenção e Exploração do Aeroporto Internacional de Fortaleza – Pinto Martins	
Procedimento de alteração:	1. **Aprovação de novos investimentos**: a Concessionária é obrigada a "obter a prévia aprovação da ANAC para os projetos, planos e programas relativos à ampliação e operação do Aeroporto, na forma do contrato e da regulamentação" (cl. 3.1.15), bem como para a realização dos "investimentos a serem realizados para a operação das novas instalações do aeroporto" (cl. 3.1.39). 2. **Revisão dos Parâmetros da Concessão**: revisão quinquenal com o objetivo de permitir a determinação do IQS e da metodologia de cálculo dos Fatores X e Q e a determinação da Taxa de Desconto a ser utilizada no Fluxo de Caixa Marginal (cl. 6.15). Além disso, nos termos do Contrato, coloca-se que em cada Revisão dos Parâmetros da Concessão, a ANAC poderá "atualizar os parâmetros estabelecidos no Apêndice B do PEA, respeitada a alocação de riscos do Contrato" (cl. 6.18). Este contrato trouxe balizas para a revisão do Fator X. De acordo com a cl. 6.19, "durante todo o período de Concessão, o Fator X poderá apresentar qualquer valor desde que esteja entre o intervalo de -2,0% e 2,0%". Tais procedimentos "serão precedidos de ampla discussão pública" (cl. 6.20). 3. **Reajuste**: mecanismo que se presta a preservar o equilíbrio econômico-financeiro mediante correção de determinados valores previstos contratualmente (cl. 6.3). O contrato estabelece as fórmulas a serem consideradas e valores sobre os quais ela deverá incidir (cl. 6.4 e 6.7). Haverá reajustes das contribuições devidas pelo Concessionário, devendo ser considerado, neste caso, a variação do IPCA. Além disso, também são previstas fórmulas de reajuste que incidirão sobre os tetos tarifários. Para este caso, além da variação do IPCA, a fórmula considera outros elementos, como, por exemplo, o Fator Q e o Fator X verificado para o respectivo período (cl. 6.5). Ainda, de acordo com o Contrato, "a implementação e a publicação no Diário Oficial da União dos reajustes serão de responsabilidade da ANAC" (cl. 6.13). 4. **Revisão Extraordinária**: procedimento para recomposição do equilíbrio econômico-financeiro em virtude da ocorrência de eventos relacionados com riscos suportados exclusivamente pelo Poder Concedente, devidamente comprovados e desde que impliquem alteração relevante dos custos ou da receita da Concessionária (cl. 6.21). O dispositivo contratual em questão faz alusão, ainda, à necessidade de observância de "norma específica da ANAC sobre o assunto" no âmbito dos procedimentos de revisão extraordinária (cl. 6.21 e 6.28).

(continua)

(continua)

Contrato de Concessão para Ampliação, Manutenção e Exploração do Aeroporto Internacional de Fortaleza – Pinto Martins	
Procedimento de alteração:	São considerados como riscos suportados pelo Poder Concedente, dentre outros, certas hipóteses que importam em alteração das condições originalmente pactuadas (ou de documentos que lhe integram), tais como: (i) mudanças no Anteprojeto por solicitação da ANAC ou de outras entidades públicas, salvo se tais mudanças decorrerem da não-conformidade com a legislação em vigor ou com as informações contidas no PEA (cl. 5.2.1); (ii) mudança nas especificações dos serviços objeto da Concessão em decorrência de novas exigências de procedimentos de segurança por solicitação da ANAC ou decorrentes de nova legislação ou regulamentação pública brasileiras (cl. 5.2.2); (iii) criação, extinção e alterações não contratualmente previstas de Tarifas Aeroportuárias (cl. 5.2.6). No Contrato, são estabelecidas cláusulas voltadas a regular o seu procedimento, embora tenha sido feita alusão à necessidade de observância das normas da ANAC sobre o tema (cl. 6.21 e 6.28). 5. **Consulta às partes interessadas relevantes:** "a Concessionária deverá consultar as partes interessadas relevantes em relação, pelo menos, ao seguinte: 15.2.1. Suas propostas para cumprimento das obrigações previstas no PEA, em particular no que se refere aos projetos de investimentos e à elaboração do Plano de Gestão da Infraestrutura – PGI, do Plano de Qualidade de Serviço – PQS e dos Acordos de Nível de Serviço; 15.2.2. Suas propostas para a remuneração pela utilização de Áreas e Atividades Operacionais, nos termos da Seção II do Capítulo XI; 15.2.3. Suas propostas de gerenciamento tarifário, nos termos da Seção I do Capítulo IV. 15.2. O objetivo das consultas é induzir efetiva cooperação e compartilhamento de informações entre Concessionária e partes interessadas relevantes, promovendo acordos e soluções negociadas. 15.2.1. Para tanto, a Concessionária deve estipular prazo razoável para o recebimento de manifestações das partes interessadas relevantes e garantir que essas tenham acesso às informações necessárias para a elaboração de manifestações fundamentadas. 15.2.2. A Concessionária deve, ainda, levar essas manifestações em consideração na elaboração de suas propostas finais no que se refere, pelo menos, ao escopo definido pelo item 15.1. 15.4. A Concessionária deverá, por meio de protocolos ou cumprimento, nos termos do item 15.2, das consultas previstas nos Capítulos II, IV e XI e no Anexo 02 – PEA, comprovar o cumprimento, nos termos do item 15.2, das consultas previstas nos itens 15.1, descrevendo as negociações e apresentando os entendimentos alcançados entre as partes. (...)

(continua)

Contrato de Concessão para Ampliação, Manutenção e Exploração do Aeroporto Internacional de Fortaleza – Pinto Martins

Procedimento de alteração:	15.5. A ANAC poderá publicar documentos de orientação sobre o escopo definido nos itens 15.1 e sobre procedimentos de consulta e publicação de documentos, sem prejuízo de regulamentação posterior. (...) 15.7. As consultas às partes interessadas relevantes podem ser realizadas por meio de associações, comitês técnicos, fóruns de governança ou outros grupos capazes de intensificar a cooperação entre as partes e colaborar para o alcance de acordos e soluções negociadas". 6. **Arbitragem:** as hipóteses de submissão de conflitos à arbitragem foram significativamente ampliadas neste contrato. Nos termos da cl. 17.5, "nos termos da Medida Provisória nº 752, de 24 de novembro de 2016, poderá a ANAC regulamentar a possibilidade de submissão de litígios, controvérsias ou discordâncias relativas aos direitos patrimoniais disponíveis a arbitragem ou a outros mecanismos alternativos de solução de controvérsia".
Hipóteses de complementação/ integração (regulação, Poder Concedente ou Concessionária):	1. **Definição das regras de transferência operacional para a Concessionária:** a "Concessionária deverá apresentar à ANAC, em até 30 (trinta) dias após a Data de Eficácia do Contrato, o Plano de Transferência Operacional para assunção de todas as atividades relacionadas ao Aeroporto, contendo todas as informações exigidas no Anexo 9 – Plano de Transferência Operacional, o qual será analisado pela ANAC em até 20 (vinte) dias. Em caso de não aprovação, a Concessionária e a ANAC deverão observar os mesmos prazos de entrega e aprovação de novo plano" (cl. 2.24). 2. **Apresentação de Anteprojeto dos Investimentos e respectivo Cronograma:** em até 120 (cento e vinte) dias, a contar da implementação das condições de eficácia do Contrato, a Concessionária deverá "apresentar o Anteprojeto dos investimentos de ampliação e adequação das instalações do Aeroporto para análise da ANAC" (cl. 2.44.1), bem como "o cronograma de realização dos investimentos, incluindo os prazos para realização de testes operacionais" (cl. 2.44.2). É prevista a necessidade de a Concessionária comprovar à ANAC que o Anteprojeto foi submetido à avaliação das empresas aéreas (cl. 2.46), tendo que indicar a justificativa para as contribuições não aceitas (cl. 2.46.1). Além disso, são estabelecidos prazos e procedimento para avaliação do Anteprojeto pela ANAC (cl. 2.48), bem como as solicitações que poderão ser realizadas pela Agência no âmbito desta avaliação (cl. 2.49). O mesmo procedimento deve ser realizado após o término da Fase I-B de execução do Contrato e início da Fase I-C, que contempla a ampliação do Aeroporto para adequação da infraestrutura e recomposição total do nível de serviço ao estabelecido no PEA, para todas as instalações do aeroporto (cl. 2.56 c/c 2.58). 3. **Plano contendo as ações para adequação diante de gatilhos:** "a cada evento de gatilho de investimento, a Concessionária deverá apresentar à ANAC, em até 90 (noventa) dias, o Anteprojeto dos investimentos com vistas à manutenção do nível de serviço, previstos no PGI vigente" (cl. 2.62). O procedimento de submissão e avaliação pela ANAC é idêntico àquele indicado no item 2 acima (cl. 2.63).

Contrato de Concessão para Ampliação, Manutenção e Exploração do Aeroporto Internacional de Fortaleza – Pinto Martins	(continua)
Hipóteses de complementação/ integração (regulação, Poder Concedente ou Concessionária):	4. **Determinações supervenientes da ANAC**: é previsto o dever de a Concessionária "cumprir e fazer cumprir integralmente o Contrato, em conformidade com as disposições legais e regulamentares e, ainda, as determinações da ANAC editadas a qualquer tempo" (cl. 3.1.1) e, também, "atender às exigências, recomendações ou observações feitas pela ANAC, conforme os prazos fixados em cada caso" (cl. 3.1.2). 5. **Execução de novos investimentos para futuras expansões**: a Concessionária é obrigada a "assegurar a adequada prestação do serviço concedido, conforme definido no artigo 6º da Lei Federal nº 8.987/95, valendo-se de todos os meios e recursos à sua disposição, incluindo, e não se limitando, a todos os investimentos em futuras expansões, necessários para a manutenção dos níveis de serviço, conforme a demanda existente e de acordo com o estabelecido no PEA" (cl. 3.1.9). 6. **Procedimento de pagamento**: "O Ministério dos Transportes, Portos e Aviação Civil indicará o procedimento a ser observado para a efetivação do pagamento das Contribuições Inicial e Variável" (item 2.21). 7. **Indicação dos bens reversíveis a serem disponibilizados à Concessionária**: De acordo com o Contrato, entre os bens integrantes da Concessão incluem-se aqueles "entregues pela União, conforme inventário constante do Termo de Aceitação Definitiva e de Permissão de Uso de Ativos" (cl. 2.66.1). Além disso, coloca-se que "em qualquer caso de extinção da Concessão, a Concessionária deverá elaborar um inventário completo de todos os bens vinculados à Concessão e entregar à ANAC do prazo solicitado" (cl. 13.9). Sem prejuízo do envio deste relatório em momento posterior, a minuta de Contrato de Concessão prevê, também, a necessidade de a Concessionária manter "inventário atualizado de todos os bens reversíveis da concessão, contendo informações sobre o seu estado de conservação, e disponibilizar, a qualquer tempo, para eventuais consultas e fiscalizações do Poder Concedente" (cl. 14.2.1). Em relação à alienação ou doação dos bens reversíveis, exige-se prévia autorização da ANAC (cl. 14.3). 8. **Regulamentação da prestação dos serviços no Aeroporto, sua operação e manutenção**: constitui direito e dever do Poder Concedente "regulamentar a prestação dos serviços no Aeroporto, sua operação e manutenção" (cl. 3.2.2). 9. **Apresentação de plano para disciplinar a transição operacional ao término do Contrato**: "Até 2 (dois) anos antes da data do término da vigência da Concessão, a Concessionária apresentará um Programa de Desmobilização Operacional, devendo tal programa ser analisado pela ANAC no prazo máximo de 6 (seis) meses" (cl. 13.12).

(continua)

Contrato de Concessão para Ampliação, Manutenção e Exploração do Aeroporto Internacional de Fortaleza – Pinto Martins

1º Termo Aditivo

Data:	15 de outubro de 2018.
Fundamento legal:	Não mencionado.
Alteração prevista no Contrato?	Não.
Objeto:	- Altera o capítulo que trata sobre a celebração de contratos com terceiros, pelo Concessionário, com vistas à obtenção de receitas não tarifárias. O Contrato original já admitia a celebração de contrato com terceiros cujo prazo ultrapassasse o da Concessão, desde que obtida prévia autorização do Ministério dos Transportes, Portos e Aviação Civil, ouvida previamente a ANAC (cl. 11.1.1). Por meio deste termo aditivo, foram inseridas cláusulas adicionais, de forma a prever que tal autorização também terá o efeito de manter em vigor o contrato com terceiro na hipótese de extinção antecipada da Concessão (cl. 11.1.1.2 e 11.1.4).
Motivo:	Não foi explicitado no termo aditivo, o qual faz referência ao Processo nº 00058.529128/2017-41.

2º Termo Aditivo

Data:	04 de julho de 2019.
Fundamento legal:	Não mencionado.
Alteração prevista no Contrato?	Não.
Objeto:	- Altera-se o prazo previsto para a conclusão da Fase I-B, originalmente previsto no Anexo 2 – PEA (item 7.1); - Apesar de o prazo para conclusão de todos os investimentos previstos da Fase I-B ter sido ampliado, foi determinada a necessidade de determinadas obras serem concluídas em prazo inferior (o que, ao que parece, seria o prazo original de conclusão da Fase I-B), (itens 7.4.1, 7.4.2, 7.4.3, 7.4.4. e 7.4.8.3).
Motivo:	Não foi explicitado no termo aditivo, o qual faz referência ao Processo nº 00058.535797/2017-52.

(continua)

Contrato de Concessão para Ampliação, Manutenção e Exploração do Aeroporto Internacional de Fortaleza – Pinto Martins	
3º Termo Aditivo	
Data:	06 de maio de 2020.
Fundamento legal:	Não mencionado.
Alteração prevista no Contrato?	- Não.
Objeto:	- Alterar a descrição da área relativa ao Complexo Aeroportuário, objeto do Contrato de Concessão, de forma a constar que, da área original de 4.439.269,73 m², houve redução de 3.500 m² "destinada a construção alça complementar ao Viaduto da Av. Bernardo Manuel com a Av. Carlos Jereissati, localizada conforme projeto apresentado pelo Departamento Estadual de Trânsito do Ceará – DETRAN/CE no bojo do Ofício n. 013/2019- DITRAN-DETRAN-CE e anexos, e colocada à disposição da Secretaria de Coordenação e Gestão do Patrimônio da União do Ministério da Economia-SCGPU/ME para transferência ao Estado do Ceará" (item 4.1.1.1 do Anexo 2 – PEA).
Motivo:	O Termo Aditivo não traz "Considerandos" específicos que permitam uma melhor contextualização da alteração. No entanto, é possível inferir o motivo da análise da alteração implementada, a saber: determinação do "Departamento Estadual de Trânsito do Ceará – DETRAN/CE no bojo do Ofício n. 013/2019- DITRAN-DETRAN-CE e anexos, e colocada à disposição da Secretaria de Coordenação e Gestão do Patrimônio da União do Ministério da Economia-SCGPU/ME para transferência ao Estado do Ceará".
4º Termo Aditivo	
Data:	11 de maio de 2020.
Fundamento legal:	Não mencionado.
Alteração prevista no Contrato?	Não.
Objeto:	- Postergar a data de pagamento da Contribuição Variável relativa à receita bruta do exercício do ano de 2019, devendo ser aplicado, sobre o valor devido, a variação acumulada do IPCA no período (cl. 2.19.1 e 2.19.2).
Motivo:	Não foi explicitado no termo aditivo, o qual faz referência ao Processo nº 00058.012647/2020-60. Embora não tenha sido explicitado no Termo Aditivo, é sabido que a medida foi tomada em decorrência do contexto de pandemia do Coronavírus-19.

5 5ª Rodada de Concessões de Aeroportos (2019): Aeroportos do Bloco Nordeste (Recife/PE, Maceió/AL, João Pessoa/PB, Aracajú/SE, Campina Grande/PB e Juazeiro do Norte/CE), Bloco Centro-Oeste (Cuiabá/MT, Sinop/MT, Rondonópolis/MT e Alta Floresta/MT) e Bloco Sudeste (Vitória/ES e Macaé/RJ)

(continua)

Contrato de Concessão para Ampliação, Manutenção e Exploração dos Aeroportos Integrantes do Bloco Nordeste	
Partes:	1. **Poder Concedente**: Agência Nacional de Aviação Civil – ANAC 2. **Concessionário**: Aeroportos do Nordeste do Brasil S.A.
Leis de regência:	De acordo com a cláusula 1.3, a concessão será regida pelos seguintes atos normativos: • Lei Federal nº 8.987/1995; • Lei Federal nº 7.565/1986; • Lei Federal nº 9.491/1997; • Lei Federal nº 11.182/2005; • Lei Federal nº 12.462/2011; • Lei Federal nº 8.666/1993; • Outras leis e regulamentos aplicáveis, notadamente os editados pela ANAC e pelo COMAER.
Objeto:	"O objeto do presente contrato é a Concessão dos serviços públicos para a ampliação, manutenção e exploração da infraestrutura aeroportuária dos Complexos Aeroportuários integrantes do Bloco Nordeste" (cl. 2.1).
Hipóteses de modificação:	1. **Extinção de índices de reajuste**: "no caso de extinção de quaisquer dos índices econômicos indicados neste Contrato e seus Anexos, os mesmos serão alterados pelos índices oficiais substitutos ou, na ausência desses, por outros indicados pela ANAC" (cl. 1.6); 2. **Prorrogação do prazo contratual**: "o contrato poderá ser prorrogado por 5 (cinco) anos, uma única vez, para fins de recomposição do equilíbrio econômico-financeiro em decorrência da revisão extraordinária, na forma prevista neste Contrato" (cl. 2.7). 3. **Alteração do capital social mínimo**: "A concessionária poderá solicitar à ANAC autorização para a redução dos valores previstos no item 3.1.49, devendo demonstrar que os seus fluxos de caixa futuros são suficientes para o cumprimento de suas obrigações contratuais" (cl. 3.1.51). 4. **Alteração na estrutura do sistema tarifário**: "qualquer alteração na estrutura do sistema tarifário do Contrato, decorrentes de lei ou de norma editada pela ANAC, será refletida no presente Contrato" (cl. 4.7).

Contrato de Concessão para Ampliação, Manutenção e Exploração dos Aeroportos Integrantes do Bloco Nordeste	
Hipóteses de modificação:	5. **Alteração do Índice de Qualidade de Serviço e de sua metodologia**: embora o Plano de Exploração Aeroportuária (Anexo I) preveja a metodologia de definição do Fator Q, o Contrato prevê que "por ocasião das Revisões dos Parâmetros da Concessão, os IQS, assim como a metodologia de cálculo do Fator Q, poderão ser revistos pela ANAC, após audiência pública, com vistas a criar incentivos para melhoria da qualidade dos serviços prestados, a ser aplicado a cada reajuste até a próxima Revisão dos Parâmetros da Concessão" (cl. 6.7.2). 6. **Alteração do valor das tarifas, das obrigações contratuais da Concessionária, da Contribuição ao Sistema, além do prazo, para fins de recomposição do equilíbrio econômico-financeiro**: "6.25. Cabe à ANAC a prerrogativa de escolher, dentre as medidas abaixo elencadas, individual ou conjuntamente, a forma pela qual será implementada a recomposição do equilíbrio econômico-financeiro: 6.26.1. alteração do valor das tarifas; 6.26.2. alteração do prazo da concessão; 6.26.3. alteração das obrigações contratuais da concessionária; 6.23.4. revisão da contribuição ao sistema devida pela Concessionária, mediante comum acordo entre ANAC e Concessionária, após prévia aprovação do Ministério da Infraestrutura; ou 6.26.5. outra forma definida de comum acordo entre ANAC e Concessionária, mediante prévia aprovação do Ministério da Infraestrutura". 7. **Transferência da concessão a outro Concessionário**: "Durante todo o prazo da Concessão, a Concessionária não poderá realizar qualquer modificação direta ou indireta no seu controle societário ou transferir a Concessão sem a prévia e expressa anuência da ANAC, sob pena de caducidade" (cl. 10.1). "10.4. Para a transferência do controle societário ou da Concessão, a Concessionária deverá apresentar à ANAC requerimento indicando e comprovando os requisitos de qualificação jurídica, fiscal, técnica e econômica das pessoas jurídicas interessadas, necessárias à assunção da Concessão, bem como demonstrando o compromisso em cumprir todas as cláusulas do Contrato". 8. **Definição do preço relativo à utilização das áreas pela ANAC, alterando o regime de liberdade de preços contratualmente previsto**: o Contrato prevê que a "remuneração pela utilização de Áreas e Atividades Operacionais será livremente pactuada" (cl. 11.6). A definição dos preços, contudo, deve ser realizada com base em "critérios objetivos e não discriminatórios, tais como nível de serviço, disponibilidade de facilidades e previsão de investimentos, entre outros critérios economicamente relevantes" (cl. 11.6.1). A proposta de alteração dos critérios de remuneração e de criação de novas cobranças devem ser "precedidas de consulta às partes interessadas relevantes" (cl. 11.7), devendo, em qualquer caso, observar os requisitos descritos na cl. 11.6.1. Para determinados aeroportos (Recife, Maceió, João Pessoa, Aracaju, Vitória e Cuiabá), é exigida a apresentação à ANAC de concordância das partes em relação à proposta (cl. 11.8). Em relação a estes aeroportos, a ANAC poderá determinar a revisão do acordo caso o considere potencialmente prejudicial aos passageiros ou verifique que alguma parte interessada relevante não consta do protocolo de concordância (cl. 11.8.2). Em relação aos demais, coloca-se que conflitos devem ser resolvidos diretamente entre as partes, embora fique a critério da ANAC "compor administrativamente conflitos de interesses não resolvidos por meio de acordos diretos estabelecidos entre as partes" (cl. 11.9.1).

(continua)

(continua)

Contrato de Concessão para Ampliação, Manutenção e Exploração dos Aeroportos Integrantes do Bloco Nordeste

Hipóteses de modificação:	9. **Solicitação da relicitação da Concessão**, a ser formulada pela Concessionária, hipótese em que será firmado termo aditivo: "cabe à Concessionária requerer a qualificação do contrato para fins de relicitação, demonstrada sua incapacidade de adimplir as obrigações contratuais ou financeiras assumidas originalmente" (cl. 13.32.1). "13.33. Para viabilizar a relicitação do contrato, as partes deverão ratificar termo aditivo, cujo conteúdo observará os limites definidos pela legislação em vigor no momento de sua celebração". Além disso, remete-se a regulamentação posterior os critérios de definição de indenização. Nos termos da cl. 13.34, "a indenização devida à Concessionária em caso de relicitação será calculada segundo metodologia disciplinada em ato do Poder Concedente".
Procedimento de alteração:	1. **Aprovação de novos investimentos**: a Concessionária é obrigada a "obter a prévia aprovação da ANAC para os projetos, planos e programas relativos à ampliação e operação do Aeroporto, na forma do contrato e da regulamentação" (cl. 3.1.15), bem como para a realização dos "investimentos a serem realizados para a operação das novas instalações do aeroporto" (cl. 3.1.36). 2. **Revisão dos Parâmetros da Concessão**: revisão quinquenal com o objetivo de permitir a determinação do IQS e da metodologia de cálculo dos Fatores X e Q e a determinação da Taxa de Desconto a ser utilizada no Fluxo de Caixa Marginal (cl. 6.12). Nos termos do Contrato, coloca-se que: "6.14. Em cada Revisão dos Parâmetros da Concessão, a ANAC poderá: 6.14.1. atualizar os parâmetros estabelecidos no Apêndice B do PEA, respeitada a alocação de riscos do Contrato; e 6.14.2. avaliar e definir ou redefinir um Sistema de Indicadores atrelados ou não a um mecanismo de incentivo representado pelo Fator Q para todos os aeroportos, independentemente da movimentação de passageiros". Tais procedimentos "serão precedidos de ampla discussão pública" (cl. 6.15). 3. **Reajuste**: mecanismo que se presta a preservar o equilíbrio econômico-financeiro mediante correção de determinados valores previstos contratualmente (cl. 6.3). O contrato estabelece as fórmulas a serem consideradas e valores sobre os quais ela deverá incidir (cl. 6.4 a 6.7). Ainda, de acordo com o Contrato, "a implementação e a publicação no Diário Oficial da União dos reajustes serão de responsabilidade da ANAC" (cl. 6.10).

(continua)

Contrato de Concessão para Ampliação, Manutenção e Exploração dos Aeroportos Integrantes do Bloco Nordeste

Procedimento de alteração:	4. **Revisão Extraordinária**: procedimento para recomposição do equilíbrio econômico-financeiro em virtude da ocorrência de eventos relacionados com riscos suportados exclusivamente pelo Poder Concedente, devidamente comprovados e desde que impliquem alteração relevante dos custos ou da receita da Concessionária (cl. 6.23).
	
	 São considerados como riscos suportados pelo Poder Concedente, dentre outros, certas hipóteses que importam em alteração das condições originalmente pactuadas (ou de documentos que lhe integram), tais como: (i) mudanças no Anteprojeto por solicitação da ANAC ou de outras entidades públicas, salvo se tais mudanças decorrerem da não-conformidade do Anteprojeto com a legislação em vigor à época da realização do investimento ou com as informações contidas no PEA (cl. 5.2.1); (ii) investimentos não previstos em equipamentos ou obras de infraestrutura decorrentes de nova exigência da ANAC ou regulamentação pública e legislação brasileiras supervenientes (cl. 5.2.2); (iii) criação, extinção e alterações não contratualmente previstas de Tarifas Aeroportuárias (cl. 5.2.6).
	
	 No Contrato, são estabelecidas cláusulas voltadas a regular o seu procedimento. Além disso, colocam-se os prazos máximos para que seja pleiteada a revisão. Nos termos da cl. 6.23.4: "O pedido de Revisão Extraordinária deverá ser apresentado no prazo máximo de 5 anos, contados da data em que ocorreu o evento, sob pena de preclusão do direito à recomposição do equilíbrio". Além disso, para eventos que produzam efeitos contínuos, dispõe o contrato que: "no caso de evento que provoque impacto contínuo no tempo, ou no caso de evento em que o impacto só ocorrerá em momento posterior, o prazo a que se refere o item 6.2.4 contar-se-á da data do início do impacto" (cl. 6.23.5).
	
	 Por fim, coloca-se que "para solicitação de Revisão Extraordinária pela Concessionária devem ser observadas normas específicas da ANAC sobre a matéria" (cl. 6.24.2).
	
	 5. **Proposta Apoiada**: "mecanismo de flexibilização regulatória cujo objetivo é permitir a manutenção do equilíbrio econômico-financeiro da concessão e da eficiência na gestão aeroportuária ao longo do período da concessão" (cl. 6.16).
	
	 Com isso, coloca-se que: "6.17. A Concessionária poderá, apoiada pelas Empresas Aéreas, apresentar Proposta Apoiada para, em conjunto ou isoladamente:
	
	     6.17.1. Alterar valores de Receita Teto e Teto Tarifário ou estabelecer modelos alternativos de tarifação;
	     6.17.2. Estabelecer um ou mais parâmetros da concessão que irão vigorar no quinquênio subsequente a partir da Revisão de Parâmetros da Concessão seguinte;
	     6.17.3. Estabelecer novos compromissos relativos à oferta de infraestrutura e serviços aeroportuários não previstos no Contrato; ou
	     6.17.4. Alterar obrigações contratuais relativas à oferta de infraestrutura e serviços aeroportuários".
	
	 A decisão da Agência, em relação à proposta recebida, deve ser norteada pelos parâmetros definidos contratualmente. Nos termos da cl. 6.18: "A ANAC deverá aprovar ou rejeitar a proposta levando em consideração: (i) critérios de boas práticas em termos de tarifação, investimentos, eficiência operacional ou de qualidade de serviço no aeroporto e/ou (ii) os interesses dos Usuários finais do aeroporto".

Contrato de Concessão para Ampliação, Manutenção e Exploração dos Aeroportos Integrantes do Bloco Nordeste	
	(continua)
Procedimento de alteração:	O Contrato também prevê que, "enquanto vigente, a Proposta Apoiada, aprovada pela ANAC, prevalece sobre dispositivos contratuais que disciplinam as restrições à tarifação, as obrigações relativas à oferta de infraestrutura e serviços aeroportuários e os parâmetros que compõem a RPC, no que couber, tendo em vista o escopo da proposta" (cl. 6.21). Por fim, coloca-se a possibilidade de a ANAC atuar como mediadora para alcançar acordo entre as partes (cl. 6.21). 6. **Consulta às partes interessadas relevantes:** "a Concessionária deverá consultar as partes interessadas relevantes em relação, pelo menos, ao seguinte: 15.2.1. Suas propostas para cumprimento das obrigações previstas no PEA, em particular no que se refere aos projetos de investimentos e à elaboração do Plano de Gestão da Infraestrutura – PGI, do Plano de Qualidade de Serviço – PQS e dos Acordos de Nível de Serviço; 15.2.2. Suas propostas para a remuneração pela utilização de Áreas e Atividades Operacionais, nos termos da Seção II do Capítulo XI; 15.2.3. Suas propostas de tarifação, nos termos da Seção I do Capítulo IV. 15.3. O objetivo das consultas é induzir efetiva cooperação e compartilhamento de informações entre Concessionária e partes interessadas relevantes, promovendo acordos e soluções negociadas. 15.3.1. Para tanto, a Concessionária deve estipular os procedimentos de forma a promover a efetividade das consultas, seguindo boas práticas a exemplo daquelas recomendadas em manuais de organizações internacionais tais como International Civil Aviaton Organization (ICAO), Internacional Air Transport Association (IATA) e Airports Council Internacional (ACI), devendo, em particular: 15.3.1.1. Estabelecer prazo razoável para o recebimento de manifestações das partes interessadas relevantes e garantir que essas tenham acesso às informações necessárias para a elaboração de manifestações fundamentadas. 15.3.1.2. Levar essas manifestações em consideração na elaboração de suas propostas finais. 15.4. A Concessionária deverá, por meio de protocolos ou relatórios, conforme previsto em cláusulas específicas nos Capítulos II, IV e XI e no Anexo 02 – PEA, comprovar o cumprimento, nos termos do item 15.3, das consultas previstas nos itens 15.1 e 15.2, descrevendo as negociações e apresentando os entendimentos alcançados entre as partes. (...) 15.7. A ANAC poderá publicar documentos de orientação sobre o escopo definido nos itens 15.1 e 15.2 e sobre procedimentos de consulta e publicação de documentos, sem prejuízo de regulamentação posterior. (...) 15.8. As consultas às partes interessadas relevantes podem ser realizadas por meio de associações, comitês técnicos, fóruns de governança ou outros grupos capazes de intensificar a cooperação entre as partes e colaborar para o alcance de acordos e soluções negociadas."

(continua)

Contrato de Concessão para Ampliação, Manutenção e Exploração dos Aeroportos Integrantes do Bloco Nordeste	
Hipóteses de complementação/ integração (regulação, Poder Concedente ou Concessionária):	1. **Definição das regras de transferência operacional para a Concessionária:** a "Concessionária deverá apresentar à ANAC, em até 40 (quarenta) dias após a Data de Eficácia do Contrato, o Plano de Transferência Operacional para assunção de todas as atividades relacionadas ao Aeroporto, contendo todas as informações exigidas no Anexo 7 – Plano de Transferência Operacional, o qual será analisado pela ANAC em até 40 (quarenta) dias. Caso sejam necessários ajustes e/ou esclarecimentos, a Concessionária e a ANAC deverão observar os mesmos prazos de entrega e análise de novo plano. Neste Estágio, os prepostos da Concessionária já podem ter livre acesso a todas as instalações do Aeroporto, observadas as normas de segurança em vigor" (cl. 2.21). 2. **Apresentação de Anteprojeto dos Investimentos:** "A Concessionária, obrigatoriamente para os aeroportos com movimento igual ou superior a cinco milhões de passageiros/ano e facultativamente para os demais, em até 180 (cento e oitenta) dias da eficácia do contrato, deverá apresentar o Anteprojeto dos investimentos de ampliação e adequação das instalações do lado terra do Aeroporto para análise da ANAC, bem como o cronograma de realização de todos os investimentos, incluindo os prazos para a realização de testes operacionais, a serem realizados dentro do prazo da Fase I-B" (cl. 2.25). É prevista a necessidade de a Concessionária comprovar à ANAC que o Anteprojeto foi submetido à avaliação das empresas aéreas (cl. 2.25.2), tendo que indicar a justificativa para as contribuições não aceitas (cl. 2.25.3). Além disso, são estabelecidos prazos e procedimento para avaliação de Anteprojeto pela ANAC (cl. 2.25.6), bem como as solicitações que poderão ser realizadas pela Agência no âmbito desta avaliação (cl. 2.25.7). 3. **Plano contendo as ações para adequação diante de gatilhos:** "a cada evento de gatilho de investimento, a Concessionária deverá apresentar à ANAC, em até 90 (noventa) dias antes da data prevista para o início das intervenções, o Anteprojeto dos investimentos previstos no PGI vigente necessários para manter durante toda a Fase II de realização do objeto da Concessão o nível do serviço estabelecido, conforme os Parâmetros Mínimos de Dimensionamento, e o balanceamento da capacidade da infraestrutura aeroportuária" (cl. 2.28). O procedimento de submissão e avaliação pela ANAC é idêntico àquele indicado no item 2 acima. 4. **Determinações supervenientes da ANAC:** é previsto o dever de a Concessionária "cumprir e fazer cumprir integralmente o Contrato, em conformidade com as disposições legais e regulamentares e, ainda, as determinações da ANAC editadas a qualquer tempo" (cl. 3.1.1) e, também, "atender às exigências, recomendações ou observações feitas pela ANAC, conforme os prazos fixados em cada caso" (cl. 3.1.2)

(conclusão)

Contrato de Concessão para Ampliação, Manutenção e Exploração dos Aeroportos Integrantes do Bloco Nordeste	
Hipóteses de complementação/ integração (regulação, Poder Concedente ou Concessionária):	**5. Execução de novos investimentos para futuras expansões**: a Concessionária é obrigada a "assegurar a adequada prestação do serviço concedido, conforme definido no artigo 6º da Lei Federal nº 8.987/95, valendo-se de todos os meios e recursos à sua disposição, incluindo, e não se limitando, a todos os investimentos em futuras expansões, necessários para a manutenção dos níveis de serviço, conforme a demanda existente e de acordo com o estabelecido no PEA" (cl. 3.1.9). **6. Procedimento de pagamento**: "O Ministério da Infraestrutura indicará o procedimento a ser observado para a efetivação do pagamento das Contribuições Inicial e Variável" (item 2.18). **7. Indicação dos bens reversíveis a serem disponibilizados à Concessionária**: Os bens disponibilizados pelo Poder Concedente à Concessionária foram indicados em anexo próprio juntado ao Edital e foi estabelecido procedimento próprio, no Contrato, para reporte de eventual impossibilidade de localização de determinado ativo por parte da Concessionária no respectivo aeroporto (cl. 14.14). Além disso, coloca-se que "em qualquer caso de extinção da Concessão, a Concessionária deverá elaborar um inventário completo de todos os bens vinculados à Concessão e entregar à ANAC do prazo solicitado" (cl. 13.9). Sem prejuízo do envio deste relatório em momento posterior, a minuta de Contrato de Concessão prevê, também, a necessidade de a Concessionária manter sistema de controle patrimonial de todos os bens da concessão, cabendo a ela encaminhar à ANAC os seguintes relatórios: Relatório Interno de Bens – RIB, Relatório Externo de Bens – REB e Relatório de Movimentação de Bens – RMB (CL. 14.4, 14.5, 14.6 e 14.7). Tais cláusulas disciplinam o conteúdo de tais relatórios e datas de envio pelo Concessionário. Em relação à alienação ou doação dos bens móveis reversíveis, a regra geral é a liberdade do Concessionário, porém, em determinadas condições, exige-se prévia autorização da ANAC (cl. 14.8 e 14.8.1). **8. Regulamentação da prestação dos serviços no Aeroporto, sua operação e manutenção**: constitui direito e dever do Poder Concedente "regulamentar a prestação dos serviços no Aeroporto, sua operação e manutenção" (cl. 3.2.2). Além disso, coloca-se, dentre os riscos da Concessionária, suportar os "custos incorridos para adequação da infraestrutura e serviços prestados aos normativos da ANAC e demais órgãos públicos, inclusive aqueles pré-existentes à assinatura do Contrato" (cl. 5.5.25). **9. Apresentação de plano para disciplinar a transição operacional ao término do Contrato**: "Até 2 (dois) anos antes da data do término da vigência da Concessão, a Concessionária apresentará um Programa de Desmobilização Operacional, devendo tal programa ser analisado pela ANAC no prazo máximo de 6 (seis) meses" (cl. 13.12). **10. Procedimento arbitral**: "17.15. A ANAC poderá editar ato regulamentar superveniente relativo à arbitragem ou a outros mecanismos adequados de solução de controvérsias, resguardadas as disposições desta Seção".

APÊNDICE B

Tabela com análise de atos normativos editados pela ANAC

(continua)

Assunto	Ato Normativo	Conteúdo relevante
Estabelece, para os anos de 2012 e 2013, a metodologia de cálculo do Fator X e o valor a ser aplicado no reajuste das tarifas aeroportuárias de embarque, pouso e permanência e dos preços unificado e de permanência referente a certos aeroportos	Resolução nº 215, de 30 de janeiro de 2012.	√ Estabelece, para o período de que trata, a metodologia de cálculo do fator X^2 para o reajuste das tarifas aeroportuárias de embarque, pouso e permanência e dos preços unificado e de permanência, domésticos e internacionais, para os aeroportos públicos que <u>não estejam sob condições tarifárias específicas</u> definidas em ato de autorização ou em contrato de concessão (art. 1º). √ Além de indicar a metodologia, a resolução determinou, a partir dela, o valor do fator X a ser aplicado nos reajustes tarifários de 2012 e 2013. √ Com isso, foi estabelecido em 1,95% o fator x aplicável ao reajuste das tarifas de que trata aos aeroportos públicos que não estejam sob condições tarifárias específicas definidas em ato de autorização ou em contrato de concessão (art. 2º).
		Processo de edição do ato normativo
		O teor desta norma foi objeto de discussão no âmbito da Audiência Pública nº 01/2012. Da análise das contribuições apresentadas, nota-se que houve baixa adesão. Com efeito, apesar da sensibilidade do tema, foram apresentadas apenas 3 (três) contribuições (Infraero, SEAE e Sindicato Nacional das Empresas Aeroviárias). É possível que este cenário decorra do baixo prazo concedido para apresentação de contribuições (15 dias) e do fato de, à época, apenas ter sido firmado o contrato de concessão de ASGA.

---

[2] Nos termos desta resolução, define-se fator X como o "componente que incidirá na fórmula do reajuste anual com o objetivo de repassar para os consumidores ganhos esperados de produtividade. Esse conceito se confunde com a ideia de repassar para os consumidores os ganhos já atingidos de produtividade, tendo em vista que a previsão da trajetória futura de uma determinada variável envolve a observação do seu passado recente" (Resolução ANAC nº 215/2012, p. 3).

(continua)

Assunto	Ato Normativo	Conteúdo relevante
Reajuste do teto das tarifas aeroportuárias	Resolução nº 216, de 30 de janeiro de 2012.	√ Diante da Resolução nº 215/2012, este ato promoveu o reajuste do teto das tarifas aeroportuárias de embarque, pouso e permanência e dos preços unificado e de permanência, domésticas e internacionais, para os aeroportos públicos que não estejam sob condições tarifárias específicas. √ Ou seja, há deferência às regras contratualmente previstas, caso estejam em sentido contrário ao disposto na norma.
		Processo de edição do ato normativo
		Não houve audiência e consulta pública neste caso, tendo em vista que o ato apenas materializou aquilo que já havia sido definido na Resolução 215/2012.
Norma de alocação e remuneração de áreas aeroportuárias	Resolução nº 302, de 5 fevereiro de 2014.	√ A norma estabelece critérios para alocação e remuneração de áreas aeroportuárias nos aeródromos públicos (art. 1º). √ A norma confere autonomia para o operador de aeródromo para entabular negociações privadas, fixando diretrizes à disponibilização, sobretudo diante de casos de escassez de área. Em caso de conflitos, é prevista a possibilidade de a ANAC arbitrar, na via administrativa, os conflitos de interesse não resolvidos.
		Processo de edição do ato normativo
		Foi realizada Audiência Pública nº 16/2012 para discutir a proposta de resolução em questão. Neste procedimento, foram recebidas 77 (setenta e sete) contribuições de uma série de agentes, como, por exemplo, empresas aéreas, Infraero, USP, consultoria econômica, distribuidora de combustíveis líquidos, polícia militar, associações e sindicatos de representação de companhias aéreas, pessoas físicas, SEAE – Secretaria de Acompanhamento Econômico. As contribuições foram respondidas pela ANAC e, de acordo com relatório divulgado, verifica-se que foram acolhidas totalmente 4 (quatro) contribuições e parcialmente 18 (dezoito) contribuições, tendo sido rejeitadas as demais.

(continua)

Assunto	Ato Normativo	Conteúdo relevante
Regulação tarifária e reajuste dos tetos das tarifas aeroportuárias	Resolução nº 350, de 19 de dezembro de 2014.	√ Estabelece o modelo de regulação tarifária e reajuste dos tetos das tarifas aeroportuárias de armazenagem a capatazia e as regras de arrecadação e recolhimento; √ É prevista a aplicação do IPCA para o reajuste anual do teto tarifário das tarifas aeroportuárias de que trata (art. 4º); √ Coloca-se que o reajuste dos tetos das tarifas será fixado por meio de Portaria da SRE (art. 5), cabendo aos operadores divulga-los; √ O modelo de regulação tarifária e o reajuste dos tetos das tarifas aeroportuárias aplicam-se somente aos aeroportos públicos que não estejam sob condições tarifárias específicas definidas em ato de autorização ou contrato de concessão (art. 1º, parágrafo único); √ Muitas normas desta Resolução se encontram, atualmente, modificadas ou revogadas pela Resolução nº 508/2019, que trata especificamente sobre os aeroportos geridos pela Infraero.
		Processo de edição do ato normativo
		Antes da edição desta norma, foi realizada a Audiência Pública nº 13/2014. Neste procedimento, foram recebidas 41 (quarenta e uma) contribuições de diferentes agentes: pessoas físicas, concessionárias de infraestrutura aeroportuária, empresas áreas, associações e sindicatos que representam os interesses das empresas de administração aeroportuária e SEAE.
Estabelece, para o período de 2015-2019, a metodologia de cálculo e o valor do Fator X a ser aplicado nos reajustes tarifários do Contrato de Concessão de ASGA.	Resolução nº 354, de 17 de março de 2015	√ Estabelecer, nos termos desta Resolução, a metodologia de cálculo e a aplicação do fator X no valor de 0,560% (quinhentos e sessenta milésimos por cento) no reajuste tarifário anual das tarifas aeroportuárias (TA) e de uso das comunicações e dos auxílios de rádio e visuais em área terminal de tráfego (TAT) de ASGA.
		Processo de edição do ato normativo
		Antes de ser editada, a ANAC realizou Audiência Pública nº 20/2014 para colher subsídios em relação à proposta de norma. Não foram disponibilizadas as contribuições recebidas, porém, da análise do relatório de avaliação da ANAC em relação às contribuições, nota-se que foram recebidas apenas 3 (três) contribuições, submetidas pelos seguintes agentes: ANEAA – Associação Nacional das Empresas Administradoras de Aeroportos, SEAE e ABEAR – Associação Brasileira das Empresas Aéreas.

(continua)

Assunto	Ato Normativo	Conteúdo relevante
Fiscalização da qualidade dos serviços prestados	Resolução nº 372, de 15 de dezembro de 2015.	√ Regulamentar, nos termos desta Resolução, as regras para a aferição, a fiscalização e a apresentação dos resultados dos Indicadores de Qualidade de Serviço - IQS, do Plano de Qualidade de Serviços - PQS e do Relatório de Qualidade de Serviço - RQS pelas Concessionárias (art. 1º). √ Houve deferência, na norma, aos procedimentos previstos contratualmente. Nos termos do art. 2º, "para os efeitos desta Resolução devem-se considerar os dispositivos dos Contratos de Concessão de Infraestrutura Aeroportuária". √ A norma estabelece certas exigências para a apuração de cada indicador ou elaboração dos planos, bem como eventuais fórmulas e procedimento de interação e avaliação pela ANAC. A título exemplificativo, em relação ao IQS, é prevista a necessidade de a concessionária contratar e remunerar empresa especializada e independente para realizar estudos relativos ao cálculo deste indicador (art. 3º). Apesar disso, coloca-se, de forma expressa, que tal exigência não será aplicável ao Aeroporto de São Gonçalo do Amarante, uma vez que o respectivo contrato de concessão autoriza que a concessionária realiza a aferição do IQS diretamente (art. 3º, §3º). √ Em diversas outras passagens, são estabelecidas regras específicas, com ressalva expressa à sua aplicação às concessionárias de Brasília, Guarulhos, Campinas, Confins, Galeão e São Gonçalo do Amarante (art. 10, parágrafo único; art. 11, 12, 14, 17, 18, 22, 31, §3º), √ Isso decorre do fato de que os contratos de concessão destas concessionárias preveem tratamento distinto à matéria. Ou seja, houve respeito ao texto destes contratos, embora tenha sido conferido certo detalhamento em alguns casos (art. 11-A, 12-A, 18-A). √ Possivelmente, nos contratos mais recentes, houve opção no sentido de conferir tratamento mais genérico, remetendo à regulação da ANAC um tratamento uniforme e sistematizado ao tema, aplicável a todas as concessões de forma indistinta. Embora seja compreensível a estratégia e ela possa ser pertinente, sobretudo para que seja evitada assimetria regulatória, é necessário que haja cautela no procedimento de edição dos referidos atos normativos.

(continua)

Assunto	Ato Normativo	Conteúdo relevante
Fiscalização da qualidade dos serviços prestados	Resolução nº 372, de 15 de dezembro de 2015.	**Processo de edição do ato normativo**
		A norma havia sido submetida à discussão no âmbito da Audiência Pública nº 15/2015. Vale destacar que, na proposta de norma original, não havia sido prevista qualquer ressalva com relação à situação específica de aeroportos já concedidos. A intenção da agência, pelo que se depreende da proposta de norma submetida à consulta e audiência pública, era no sentido de estabelecer regramento uniforme a toda e qualquer concessionária. Ou seja, havia uma intenção no sentido de, propriamente, alterar (e não meramente integrar) o disposto em contratos já firmados. Em meio à audiência e consulta pública, foram submetidas 213 (duzentas e treze) contribuições ao texto. As contribuições foram encaminhadas por concessionárias, empresas aéreas, associações de representação das concessionárias, associações de representação dos interesses das empresas aéreas, consultorias especializadas e pessoas físicas. Após a realização deste procedimento e recebidas as contribuições, foi publicada a Resolução nº 372/2015 com teor substancialmente distinto.
Estabelece, para o período de 2016-2020, o valor do Fator X a ser considerado aos aeroportos que não estejam sujeitos a condições tarifárias distintas.	Resolução nº 374, de 28 de janeiro de 2016.	√ A partir da metodologia definida na Resolução nº 350/2014, a ANAC editou essa norma estabelecendo a aplicação do fator X no valor de -1,589% ao reajuste tarifário anual das tarifas aeroportuárias aplicáveis aos aeroportos públicos que não estejam sob condições tarifárias específicas definidas em ato de autorização ou concessão.
		Processo de edição do ato normativo
		A proposta de norma foi submetida à Audiência Pública nº 20/2015, em que foram apresentadas, tão somente, 2 (duas) contribuições, sendo uma delas da Infraero e a outra da SEAE.

(continua)

Assunto	Ato Normativo	Conteúdo relevante
Cobrança e arrecadação das tarifas aeroportuárias	Resolução nº 432, de 19 de junho de 2017.	√ Dispõe sobre as regras de cobrança e arrecadação das tarifas aeroportuárias de embarque, conexão, pouso e permanência para os aeródromos civis públicos tarifadores (art. 1º). √ Houve deferência, na norma, aos procedimentos previstos contratualmente. Isso porque, de acordo com a Resolução, "em caso de divergência entre o disposto nesta Resolução e os contratos de concessão, prevalecerá o disposto nos contratos de concessão" (art. 1º, §2º). √ A Resolução trata sobre as seguintes tarifas aeroportuárias: tarifa de embarque, tarifa de conexão, tarifa de pouso, tarifa unificada de embarque e pouso, tarifa de permanência em pátio de manobra e tarifa de permanência em área de estadia (art. 3º). Foram estabelecidos os serviços remunerados por cada uma delas, responsável pelo seu pagamento bem como o critério para cálculo ou a sua respectiva fórmula (art. 4º ao 13). √ Apesar do disposto na norma, exige-se a observância das isenções tarifárias previstas em lei (art. 23) e outras hipótese em que não deve incidir a cobrança de tarifas (art. 24, 25 e 26).[3] √ O reajuste dos tetos das tarifas aeroportuárias disciplinadas na resolução ocorrerá em conformidade com regulamentação específica (art. 27).
		Processo de edição do ato normativo
		Esta resolução havia sido discutida no âmbito da Audiência Pública nº 06/2016, que deu origem a esta norma e à Resolução nº 433/2017, que estabeleceu regras sobre o envio de informações sobre movimentação de aeronaves por parte dos operadores de aeródromos públicos. No âmbito da audiência pública, foram recebidas 76 (setenta e seis) contribuições, oriundas de pessoas físicas, associações de empresas concessionárias e concessionárias.

---

[3] "Art. 24. As tarifas aeroportuárias não incidem sobre as aeronaves em operação de busca e salvamento, de investigação de acidentes aeronáuticos e outras missões de caráter público, quando requisitadas pela autoridade competente, segundo definição contida em legislação específica. Art. 25. As tarifas de embarque não incidem sobre tripulantes e tripulantes extras. Art. 26. As tarifas de permanência não incidem sobre as aeronaves: I - estacionadas em áreas arrendadas para oficinas homologadas pela ANAC, enquanto perdurar o serviço de manutenção; e II - que estiverem utilizando os serviços de guarda de aeronaves em áreas cedidas aos aeroclubes".

(continua)

Assunto	Ato Normativo	Conteúdo relevante
Altera a taxa de desconto dos fluxos de caixa marginal para os contratos de concessão de Guarulhos, Viracopos, Brasília, Confins e Galeão.	Resolução nº 451, de 27 de novembro de 2017.	√ Define novas taxas de desconto a serem aplicados no fluxo de caixa marginal a serem adotadas nos processos de revisão extraordinária dos contratos de concessão dos aeroportos de que trata (art. 1º). √ Para Guarulhos, Viracopos e Brasília, foi definida taxa de desconto de 8,55%. Para Confins e Galeão, estabeleceu-se a taxa de desconto de 6,81%.
		Processo de edição do ato normativo
		A proposta de norma foi submetida à Audiência Pública nº 11/2017, tendo sido apresentada uma única contribuição por parte da SEAE. Apesar da ausência de participação de concessionárias, a ANAC informou, na Justificativa divulgada por ocasião da Audiência Pública nº 11/2017, que foi realizado Chamamento Prévio, por meio documental e de reuniões, com o objetivo de colher subsídios e promover discussões conceituais relativas à primeira revisão dos parâmetros da concessão dos aeroportos de Brasília, Campinas e Guarulhos.

(continua)

Assunto	Ato Normativo	Conteúdo relevante
Estabelecer regras para a aferição, a fiscalização e a apresentação dos resultados dos Indicadores de Qualidade de Serviço - IQS, do Plano de Qualidade de Serviços - PQS e do Relatório de Qualidade de Serviço - RQS pelas Concessionárias de Serviço Público de Infraestrutura Aeroportuária	Resolução nº 453, de 20 de dezembro de 2017.	√ A Resolução introduz alterações à Resolução nº 372/2015, de forma a contemplar regramento específico para a apuração do IQS, PQS e RQS das concessionárias dos aeroportos de Brasília, Guarulhos e Campinas. √ Em relação a vários pontos da norma já existente houve, na realidade, ressalva quanto à aplicação da Resolução nº 372/2015 para estes aeroportos, tendo em vista a importância de observância das regras específicas do Anexo dos respectivos Contratos de Concessão.
		Processo de edição do ato normativo
		A proposta original, submetida à Audiência Pública nº 13/2017, contudo, contemplava alterações mais substanciais à metodologia do IQS, além da definição de nova taxa de desconto aos aeroportos de que trata. No tocante ao IQS, a proposta consistia em promover alteração unilateral, a fim de substituir a metodologia originariamente prevista nos Contratos. Embora, antes mesmo da audiência e consulta pública, a ANAC tivesse realizado consulta preliminar às Concessionárias no âmbito de Chamamento Prévio,[4] nota-se, do teor das contribuições recebidas, forte resistência à proposta endereçada. No âmbito da audiência e consulta pública, foram apresentadas 94 contribuições, veiculadas por pessoas físicas (possivelmente representantes das concessionárias). Inúmeras contribuições apontaram problemas na condução deste processo normativo, como, por exemplo, em (i) decorrência do curto prazo para manifestação dos interessados, (ii) o fato de que se trataria de verdadeira alteração unilateral imotivada e sem o devido restabelecimento do equilíbrio econômico-financeiro, (iii) motivação inadequada às contribuições recebidas no âmbito do Chamamento Prévio; (iv) ausência de consideração efetiva da agência em relação a subsídios encaminhados (Contribuição nº 428a, 430d, 431a, 431b, 431d, 431p, 431q).

---

[4] Conforme se depreende da Exposição de Motivos divulgada no âmbito da Audiência Pública nº 13/2017, "foram incluídas no sítio eletrônico da ANAC, sob a aba 'Chamamento prévio sobre a Primeira Revisão dos Parâmetros da Concessão (RPC) dos Aeroportos de Brasília, Campinas e Guarulhos, quanto aos Indicadores de Qualidade do Serviço (IQS) e os aspectos de qualidade de serviço, Fator X e Taxa de Desconto do Fluxo de Caixa Marginal', informações acerca da proposta inicial desta Agência com relação aos aspectos a serem abordados na RPC, com o objetivo de estimular o recebimento de contribuições sobre

(continua)

Assunto	Ato Normativo	Conteúdo relevante
Estabelece o valor do Fator X a ser considerado no reajuste tarifário anual para concessões específicas	**Resolução nº 456, de 20 de dezembro de 2017.**	√ Estabelece, para o período de 2018-2022, o fator X a ser aplicado nos reajustes tarifários referentes às tarifas aeroportuárias dos contratos de concessão de Guarulhos, Viracopos e Brasília (art. 1º). √ Foi estabelecido em -0,355% o fator x aplicável ao reajuste tarifário anual.
		Processo de edição do ato normativo
		Esta resolução havia sido objeto da Audiência Pública nº 16/2017. Em meio a este procedimento, foram recebidas contribuições das concessionárias de Brasília e Guarulhos, diretamente impactadas pelas condições previstas na Resolução, bem como da ANEAA – Associação Nacional das Empresas Administradoras de Aeroportos. É importante destacar que, conforme se depreende do Relatório elaborado pelo Diretor Re. Hélio Paes de Barros Júnior, nota-se que os responsáveis pela elaboração da proposta de norma não se limitaram a realizar, tão somente, a audiência e consulta pública. Nos termos do Relatório, "esta iniciativa de revisão quanto a metodologia de cálculo do Fator X teve início com o envio para as concessionárias de proposição de plano de trabalho, o qual compreendeu uma etapa preliminar de discussão entre a Agência e os interessados a fim de coletar subsídios para elaboração da proposta de RPC. Nessa etapa preliminar, houve reuniões presenciais com a participação das Concessionárias e, adicionalmente, foi instaurado um procedimento de 'Chamamento Prévio', pelo qual quaisquer interessados poderiam submeter contribuições por meio de formulário eletrônico disponível na página oficial da ANAC na internet" (item 1.5 do Relatório, datado de 29 de agosto de 2017, que integra os autos do Processo nº 00058.518070/2017-19).

---

os aspectos regulatórios ora em discussão, e também foram disponibilizados documentos referentes à Nota Explicativa que tratou dos aspectos gerais das propostas técnicas, bem como uma Errata. Esta etapa prévia foi realizada no período entre 19/12/2016 e 03/03/2017, possibilitando assim acesso ao público geral (sociedade, pesquisadores, estudantes, especialistas, associações representativas e outros)" (p. 2).

(continua)

Assunto	Ato Normativo	Conteúdo relevante
Revisão Extraordinária em Concessões de Infraestrutura Aeroportuária	Resolução nº 528, de 28 de agosto de 2019. (Esta resolução revoga a Resolução nº 355, de 17 de março de 2015, que vinha tratando sobre o tema).	√ Dispõe sobre os procedimentos e as taxas de desconto dos fluxos de caixa marginais a serem adotados nos processos de Revisão Extraordinária nos Contratos de Concessão de infraestrutura aeroportuária federal; √ Poderá ser promovida a revisão extraordinária, para fins de reequilíbrio contratual, quando materializado risco do Poder Concedente que implique alteração relevante dos custos ou receitas da Concessionária (art. 2º). Na norma anteriormente em vigor, haviam sido definidos parâmetros objetivos para dimensionamento do impacto no equilíbrio contratual (art. 2º, §§ 1º e 2º, da Resolução nº 355/2015). No entanto, na Resolução nº 528/2019, é previsto tão somente que isso ocorrerá "nas condições estabelecidas no contrato" (art. 2º). √ A Resolução prevê a necessidade de o procedimento de revisão extraordinária ser iniciado em, no máximo, 5 anos a contar da data da ocorrência do evento (ainda que de efeitos continuados), sob pena de preclusão (art. 3º, §§1º, 2º e 3º). √ É possível que o Poder Concedente ou que a Concessionária dê início ao processo de revisão extraordinária, sendo previstos os documentos para instrução do pleito e prazos de manifestação (art. 5º, 6º, e 7º). São estabelecidas as regras procedimentais a serem observadas na tramitação deste tipo de pleito. Vale notar que muitas delas atribuem ônus à Concessionária, independentemente de o procedimento ter sido iniciado por solicitação desta.[5] √ Caso o Poder Concedente solicite novos investimentos ou serviços, não previstos em contrato, coloca-se que, antes do reequilíbrio, a ANAC poderá requerer à Concessionária a elaboração de projetos básico e executivo, sendo estabelecidas certas normas que precisarão ser observadas (art. 11º).

---

[5] Nos termos do art. 7º: "§ 2º A ANAC poderá solicitar outros documentos, assim como laudos econômicos específicos, elaborados por entidades independentes contratadas pela Concessionária a pedido da ANAC. § 3º Compete à Concessionária a contratação de empresa especializada independente para elaboração dos laudos e documentos previstos no § 2º deste artigo, devendo submeter o nome e a qualificação da empresa à ANAC, que terá o direito de veto na contratação, mediante despacho devidamente motivado, cabendo à Concessionária, neste caso, apresentar nova empresa. § 4º Os custos com diligências e estudos necessários à plena instrução do pedido serão de responsabilidade da Concessionária, ainda que decorrentes de determinações da ANAC".

(continua)

Assunto	Ato Normativo	Conteúdo relevante
Revisão Extraordinária em Concessões de Infraestrutura Aeroportuária	**Resolução nº 528, de 28 de agosto de 2019.** (Esta resolução revoga a Resolução nº 355, de 17 de março de 2015, que vinha tratando sobre o tema).	√ Vale destacar que, apesar do regime de alteração unilateral previsto na Lei 8.987/1995, a norma prevê que, antes mesmo da revisão extraordinária, "no prazo máximo de 90 (noventa) dias a ANAC fará a análise e aprovação do Projeto Básico, podendo emitir autorizações parciais de construção durante o período de análise" (art. 11, III). Ou seja, busca-se impor à Concessionária o dever de iniciar obras independentemente do efetivo restabelecimento do equilíbrio original do contrato. √ É prevista a adoção da metodologia do fluxo de caixa marginal para fins de recomposição do equilíbrio econômico-financeiro do Contrato no âmbito das revisões extraordinárias (art. 12º). Além disso, a norma impõe a realização de revisões posteriores ao reequilíbrio, a fim de verificar se as projeções de demanda consideradas no procedimento foram efetivadas e, se for o caso, ajustá-las aos dados reais (art. 15); √ São indicados os mecanismos que poderão ser utilizados para fins de reequilíbrio contratual: (i) alteração do valor de tarifas; (ii) alteração do prazo da concessão; (iii) alteração das obrigações contratuais da Concessionária; (iv) revisão da contribuição fixa devida pela Concessionária; (v) outra forma definida de comum acordo entre ANAC e Concessionária (art. 13); √ A resolução estabelece as taxas de desconto a serem consideradas no fluxo de caixa marginal de cada aeroporto (art. 16 e Anexo), que permanecerão inalteradas até a revisão dos parâmetros de cada uma das concessões a que se refere.
		Processo de edição do ato normativo
		A norma editada havia sido objeto da Audiência Pública nº 16/2018. Antes disso, contudo, já havia sido realizado outro processo de consulta e audiência pública para obtenção de subsídios em relação ao seu teor (Audiência Pública nº 12/2017), tendo sido acrescidos outros assuntos além daqueles previamente debatidos, além de alterados certos aspectos que haviam sido objeto da proposta de norma anterior. No âmbito da Audiência Pública nº 16/2018, foram recebidas 68 (sessenta e oito) contribuições, oriundas de diversas empresas concessionárias de infraestrutura aeroportuária, associações representantes dos interesses destas empresas e representativas dos interesses de empresas em geral do setor de infraestrutura e pessoas físicas.

(continua)

Assunto	Ato Normativo	Conteúdo relevante
Indenização em caso de extinção antecipada de concessão	Resolução nº 533, de 7 de novembro de 2019.	√ Regulamenta o cálculo dos valores de indenização referentes aos investimentos vinculados a bens reversíveis não amortizados em caso de extinção antecipada da concessão por relicitação, caducidade ou falência (art. 1º); √ É interessante notar que, nesta norma, há uma definição do que são considerados bens reversíveis. Usualmente, os contratos trazem essa definição. No entanto, a resolução não fez alusão à definição porventura prevista em cada contrato individualmente considerado. Sendo assim, caso haja alguma alteração em relação ao disposto em cada contrato, é possível que se considere que este artigo promove, diretamente, uma modificação nos termos dos contratos de concessão em vigor (art. 2º): Art. 2º. São bens reversíveis aqueles indispensáveis à continuidade e atualidade da prestação do serviço objeto da concessão, assim considerados: I- os bens repassados à Concessionária pelo Poder Público, exceto os que tiveram o seu desfazimento realizado; II- o sítio aeroportuário e suas edificações, instalações, obras civis e benfeitorias nele localizadas; III- as máquinas, os equipamentos, os bens de informática, os aparelhos, os utensílios, os instrumentos, os veículos e os móveis; IV- os softwares utilizados na prestação dos serviços objeto da concessão; e V- as licenças ambientais, os projetos de obras executadas pela Concessionária e os manuais técnicos vigentes. § 1º. Não são reversíveis os bens e sistemas adquiridos pela Concessionária utilizados exclusivamente em atividades administrativas. § 2º. Em relação aos softwares abrangidos pelo inciso IV do caput que sejam de propriedade de terceiros, o antigo operador deverá assegurar a plena operação e manutenção por um prazo de pelo menos 120 (cento e vinte) dias após a transferência das atividades ao novo operador do aeroporto, resguardado o direito de indenização ao antigo operador em relação aos custos incrementais. § 3º. A reversibilidade do bem e o direito de indenização nos termos desta Resolução independem das práticas contábeis adotadas pela Concessionária. √ No momento da instauração do processo de caducidade do contrato de concessão, qualificação para relicitação ou deferimento do pedido de recuperação judicial ou falência, a concessionária deverá disponibilizar lista de todos os bens existentes, indicando, dentre outras informações, a "posição da Concessionária sobre a reversibilidade ou não do bem" (art. 3º, IV).

(continua)

Assunto	Ato Normativo	Conteúdo relevante
Indenização em caso de extinção antecipada de concessão	Resolução nº 533, de 7 de novembro de 2019.	√ A Resolução estabelece as regras que deverão ser consideradas para nortear o cálculo da indenização. Nos termos do art. 4º, "será calculada com base nos valores do custo de aquisição dos bens reversíveis". Será aplicável ao valor do custo de aquisição a atualização pelo IPCA e a amortização considerando a vida útil e o padrão de consumo dos benefícios econômicos dos bens, realizados e projetados (art. 5º). Também foram definidas regras para cálculo da amortização e da vida útil dos ativos. √ Não serão indenizados, em regra, valores referentes a margem de receita de construção, adiantamento a fornecedores por serviços não realizados, créditos tributários, bens e direitos cuja cessão gratuita ao Poder Concedente esteja prevista no contrato e investimentos voluptuários (art. 4º, §1º).
		Processo de edição do ato normativo
		A ANAC havia realizado a Audiência Pública nº 11/2019 com o objetivo de colher os subsídios em relação à proposta de norma elaborada pela Agência. Foram recebidas 36 (trinta e seis) contribuições em tais procedimentos, oriundas, em sua maioria, de concessionárias, mas, também, de pessoas físicas e associação de empresas de infraestrutura.
Altera as regras para aferição, fiscalização e apresentação dos resultados dos Indicadores de Qualidade de Serviço – IQS e da metodologia de cálculo do Fator Q	Resolução nº 534, de 03 de dezembro de 2019.	√ Esta norma trouxe alterações ao texto da Resolução nº 372/2015, que tratou sobre apresentação dos resultados dos IQS, PQS e RQS. √ As alterações tiveram por objetivo, em resumo, excepcionar a aplicação das normas da Resolução nº 372/2015, em função das alterações promovidas no âmbito da revisão dos parâmetros da concessão destes respectivos contratos.
		Processo de edição do ato normativo
		A proposta de norma foi objeto de discussão no âmbito da Audiência Pública nº 07/2019. Neste procedimento, também foi discutida a 1ª Revisão dos Parâmetros da Concessão de Confins e Galeão e a 2ª Revisão dos Parâmetros da Concessão de São Gonçalo do Amarante. A partir dos documentos divulgados, nota-se esforço da ANAC no sentido de torna-los o mais parecido possível com o conteúdo da revisão já aprovada para outros aeroportos. Com efeito, em grande medida, nota-se que, para a elaboração desta revisão, foram levadas em consideração as condições previstas na 1ª Revisão dos Parâmetros da Concessão de outros aeroportos (Guarulhos, Brasília e Viracopos).

(continua)

Assunto	Ato Normativo	Conteúdo relevante
Altera as regras para aferição, fiscalização e apresentação dos resultados dos Indicadores de Qualidade de Serviço – IQS e da metodologia de cálculo do Fator Q	Resolução nº 534, de 03 de dezembro de 2019.	**Processo de edição do ato normativo** Na audiência, foram recebidas 51 (cinquenta e uma) contribuições. A maior parte das contribuições foram submetidas por concessionárias de infraestrutura aeroportuárias ou por associação que representa os interesses destas empresas. No entanto, também a SEAE submeteu contribuições. Não foi possível localizar informações no sentido de que teria havido prévia discussão junto às concessionárias, de modo que, possivelmente, a primeira oportunidade em que tiveram contato com o assunto foi no âmbito da Audiência Pública. Da análise do teor das contribuições, nota-se discordância, por parte de alguns concessionários, com relação a propostas veiculadas pela Agência, bem como interpretação no sentido de que, por meio da introdução de certas medidas sem o devido consenso, poderia haver alteração unilateral, com impactos econômicos às concessionárias (contribuições nº 08, 45, 46).[6]

---

[6] Na Contribuição nº 08, apresentada pela ANEAA – Associação Nacional das Empresas Administradoras de Aeroportos, recomendou-se a inclusão, na proposta de norma, de mecanismo para fomentar o diálogo com as concessionárias no âmbito da definição dos padrões de desempenho dos IQS, em linha com a redação original do dispositivo. De acordo com a justificativa: "O fato de haver um entendimento sobre determinado ponto contratual divergente não permite que, unilateralmente, seja suprimida uma passagem do contrato para impor a interpretação da Agência. Fazer isto seria negar não apenas o caráter consensual da RPC, mas sim a própria força vinculativa do contrato de concessão. Sendo assim, caso o referido item seja excluído acabariam por ferir o equilíbrio econômico-financeiro dos contratos ao se alterar unilateralmente o rol de direitos e deveres dos contratantes, na medida em que há evidente impacto econômico". Em sua resposta, a ANAC não se despiu da posição de autoridade, mas reforçou a importância de divergências serem resolvidas. De acordo com a Agência: "qualquer divergência de posicionamento deve-se resolver via motivação do ato administrativo, de maneira a explicitar os fundamentos e princípios que nortearam a decisão final da área técnica" (Relatório de Análise das Contribuições apresentadas no âmbito da Audiência Pública nº 07/2019, p. 13 e 14. Disponível em: https://www.gov.br/anac/pt-br/acesso-a-informacao/participacao-social/consultas-publicas/audiencias/2019/07/ap-07-2019-rac.pdf. Acesso em 19 de agosto de 2021).

(continua)

Assunto	Ato Normativo	Conteúdo relevante
Estabelece o valor do Fator X a ser considerado no reajuste tarifário anual para concessões específicas.	Resolução nº 539, de 18 de dezembro de 2019.	√ Estabelece, para o período de 2020-2024, o fator X a ser aplicado nos reajustes tarifários referentes às tarifas aeroportuárias dos contratos de concessão de Confins, Galeão e São Gonçalo do Amarante (art. 1º). √ Para cada aeroporto, foi estabelecido um percentual distinto de Fator X, a saber: (i) para Confins, -0,52%, (ii) para Galeão, -0,70% e (iii) para São Gonçalo do Amarante, -0,80%. √ É interessante avaliar as contribuições recebidas pela ANAC na audiência pública, pois muitas delas questionaram a condução do procedimento pela Agência.
		Processo de edição do ato normativo
		A proposta de resolução havia sido discutida no âmbito da Audiência Pública nº 09/2019. Antes da realização da Audiência Pública, verifica-se, da análise da documentação divulgada, que havia sido realizado Chamamento Prévio pela Agência, com o envolvimento das concessionárias impactadas. No âmbito da Audiência Pública, nota-se que foi reconhecida a existência de especificidades contratuais, apesar disso, a opção da ANAC, ao elaborar a proposta de norma, foi no sentido de "propor, desde já, uma metodologia que espera ser simples e generalizável, além de consistente, de forma que seja utilizada homogeneamente para os três aeroportos, e, idealmente, para os demais aeroportos nas próximas RPCs".[7] No âmbito da Audiência Pública, foram recebidas contribuições das concessionárias diretamente impactadas pela medida (Confins, Galeão e São Gonçalo do Amarante), bem como de outras que, embora não diretamente afetadas, possuem contratos que adotam mecanismos semelhantes (Fortaleza e Porto Alegre). Além disso, foram recebidas contribuições de associação que representa o interesse dessas concessionárias. Ao avaliar as contribuições recebidas, a ANAC sinalizou interesse no sentido de aplicar o mesmo método para as demais concessionárias.

---

[7] ANAC, Justificativa divulgada no âmbito da Audiência Pública nº 09/2019, p. 16. Disponível em: https://www.gov.br/anac/pt-br/acesso-a-informacao/participacao-social/consultas-publicas/audiencias/2019/09/ap-09-2019-justificativa.pdf. Acesso em 19 de agosto de 2021.

(continua)

Assunto	Ato Normativo	Conteúdo relevante
Apuração de infrações às cláusulas do Contrato de Concessão	Resolução nº 599, de 14 de dezembro de 2020.	√ Estabelecer o rito do processo administrativo para a apuração de infrações praticadas pelas às cláusulas dos contratos de concessão, nos editais, bem como à regulamentação (art. 1º); √ Houve deferência, na norma, aos procedimentos previstos contratualmente. De acordo com a Resolução, "**prevalecerão** as previsões contidas nos contratos de concessão de infraestrutura aeroportuária, em seus editais e em seus respectivos anexos em caso de divergência entre elas e os dispositivos desta Resolução" (art. 56); √ Há clara diretriz no sentido da cooperação: "A fiscalização priorizará medidas de educação, orientação, monitoramento, melhoria contínua, prevenção, coordenação e regularização de condutas, transparência e cooperação" (art. 1º, parágrafo único); √ Ao tratar sobre valor-base da multa, houve respeito ao disposto nos contratos de concessão, tendo sido prevista a possibilidade de ser aplicada com base em percentual da receita bruta ou em valor máximo pré-fixado à luz das cláusulas contratuais (art. 2º, IV); √ São estabelecidas normas procedimentais que tratam sobre intimação e manifestação do interessado (art. 5º). Além disso, a norma trata sobre vícios procedimentais e sua convalidação (art. 6º e 7º); √ Admite-se a adoção de providências administrativas *preventivas* (aviso de condição irregular e solicitação de reparação de condição irregular), procedimento e obrigações da Concessionária diante do seu recebimento (art. 8º ao 13). Tais medidas são cabíveis nos casos em que se tratar de conduta de baixa lesividade (art. 9º); √ A resolução também trata sobre a adoção de providências administrativas *sancionatórias*, sendo consideradas como tais as "penalidades dispostas nos contratos de concessão, sem prejuízo de outras previstas na legislação específica" (art. 14). Constatada infração que enseje a aplicação destas providências, será instaurado processo administrativo sancionador (art. 15); √ O procedimento aplicável foi definido de forma bastante detalhada. De acordo com a Resolução, será iniciado com notificação da infração (arts. 16 a 19), sendo também necessária a elaboração de relatório de ocorrência (art. 20). Os atos processuais a serem praticados na fase de instrução foram regulados em pormenores, bem como os requisitos da decisão de primeira instância (art. 30) e procedimento e prazos na fase recursal (art. 33 a 39). Por fim, também foi prevista a possibilidade de revisão, a qualquer tempo, do processo sancionatório pela diretoria colegiada (art. 41); √ A norma também estabelece a possibilidade de adoção, a qualquer tempo, de providências administrativas acautelatórias, a fim de manter a prestação de serviço público adequado (art. 47).

(conclusão)

Assunto	Ato Normativo	Conteúdo relevante
Apuração de infrações às cláusulas do Contrato de Concessão	Resolução nº 599, de 14 de dezembro de 2020.	**Processo de edição do ato normativo**
		Antes de ser editada, o conteúdo desta norma foi objeto da Consulta Pública nº 02/2020. No âmbito deste procedimento, foram recebidas 92 contribuições, apresentadas por concessionárias de infraestrutura aeroportuária ou por associação representativa dos interesses destas empresas.

Esta obra foi composta em fonte Palatino Linotype, corpo 10
e impressa em papel Pólen Bold 70g (miolo) e Supremo 250g
(capa) pela Artes Gráficas Formato, em Belo Horizonte/MG.